西方传统 经典与解释

Classici et commentarii

HERMES

HERMES

在古希腊神话中，赫耳墨斯是宙斯和迈亚的儿子，奥林波斯神们的信使，道路与边界之神，睡眠与梦想之神，亡灵的引导者，演说者、商人、小偷、旅者和牧人的保护神……

西方传统 经典与解释
Classici et commentarii

HERMES

施特劳斯讲学录

刘小枫 ● 主编

古典政治哲学基本原则
——亚里士多德讲疏（1961年）

Basic Principles of Classical Political Philosophy (Aristotle)
A course offered in the autumn quarter, 1961

［美］施特劳斯（Leo Strauss）◎讲疏

［美］辛曼（M. Richard Zinman）◎编订

徐健◎译

华东师范大学出版社

华东师范大学出版社六点分社　策划

本书由中国社会科学院"绝学"、冷门学科建设项目——"古典学研究"资助出版

出版说明

　　1949 年，已到知天命之年的施特劳斯执教芝加哥大学政治学系。自 1956 年起至去世(1973)，施特劳斯授课大多有录音。施特劳斯去世后，部分录音记录稿一直在施特劳斯的学生们手中私下流传，并经学生之手进一步流传，其实际影响断难估量。本世纪初，部分记录稿的影印件也流传到我国年轻学子当中。这些打印的录音记录稿文字多有舛误，有些地方因油墨模糊字迹难辩，还有不少明显脱漏。

　　2008 年，施特劳斯遗产继承人和管理人——施特劳斯的养女珍妮教授(Professor Jenny Strauss)和芝加哥大学"施特劳斯中心"(The Estate of Leo Strauss)主任塔科夫教授(Professor Nathan Tarcov)决定整理施特劳斯的全部讲课记录稿，并在"施特劳斯中心"的网站上陆续刊布，供天下学人分享。2013 年，本工作坊计划将陆续刊布的整理成果译成中文，珍妮教授和塔科夫教授得知此计划后，全权委托本工作坊主持施特劳斯讲课记录整理稿的中译，并负责管理中译版权。

　　本工作坊按"施特劳斯中心"陆续刊布的整理本组织迻译(页码用方括号标出)，翻译进度取决于整理计划的进度。原整理稿均以课程名称为题，中文稿出版时，为了使用方便，我们拟了简要的书名，并在副标题位置标明课程名称。

刘小枫

2016 年元月

古典文明研究工作坊

目　　录

施特劳斯讲学录整理规划

首席编者　塔科夫(Nathan Tarcov)

执行编者　麦基恩(Gayle McKeen)

李向利　译

　　施特劳斯不仅是著名思想家和作家,还是有着巨大影响的老师。在他的这些课程讲学录中,我们能看到施特劳斯对众多文本的疏解(其中很多文本他写作时很少或根本没提到过),以及对学生提问和异议的大段回应。在数量上,这些讲学录是施特劳斯已出版著作的两倍还多。对研究和修习施特劳斯著作的学者和学生们而言,它们将极大地增添可供参阅的材料。

　　1950 年代早期,由学生记录的施特劳斯课程笔记的油印打字稿,就已经在施特劳斯的学生们中间传阅。1954 年冬,与施特劳斯的[关于]自然权利(Natural Right)的课程相关的首份录音资料,被转录成文字稿分发给学生们。斯多灵(Herbert J. Storing)教授从瑞尔姆基金会(Relm Foundation)找到资助,以支持录音和文字稿转录,从 1956 年冬施特劳斯开设的历史主义与现代相对主义(Historicism and Modern Relativism)课程开始,该资助成为固定的[资金]基础。自 1958 年起至1968 年离开芝加哥大学,施特劳斯在这里开设的 39 个课程中,被录音和转录成文字稿的有 34 个。从芝大退休后,1968 年春季、1969 年秋季和[接下来的]春季学期,施特劳斯在克莱蒙特男子学院(Claremont Men's College)授课,有录音(尽管他在那里的最后两次课的磁带已佚),他在圣约翰学院(St. John's College)四年的课程也有录音,直至他于 1973 年 10 月去世。

　　现存原始录音的质量和完整性差别很大。施特劳斯[讲课]离开麦克风时,声音会弱得听不到;麦克风有时也难以捕捉到学生们提问的声音,却常常录下门窗开关声、翻书声、街道上[过往]的车辆声。更换磁带时录音中断,[记录稿]就留下众多空白。施特劳斯讲课超过两个小时(这种情况经常发生),磁带就用完了。录音磁带转录成文字稿后,磁带有时被再次利用,导致声音记录非常不完整。时间久了,磁带[音质]还会受损。1990 年代后期,首先是格里高利(Stephen Gregory)先生,然后是芝大的奥林中心(John M. OlinCenter,由 John M. Olin Foundation 设立,负责调查民主制的理论与实践)管理人,发起重新录制工作,即对原始磁带数码化,由 Craig Harding of September Media 承制,以确保录音的保存,提高可听度,使之最终能够公布。重新录制工作由奥林中心提供资金支持,并先后由克罗波西(Joseph Cropsey)和施特劳斯遗稿执行人负责监管。格里高利先生是芝大美国建国原则研究中心(Center for the Study of the Principles of the American Founding)管理人,他在米勒中心(Jack Miller Center)的资助下继续推进这项规划,并在[美国]国家人文基金会保存和访问处(Division of Preservation and Access of the National Endowment for the Humanities)的拨款帮助下,于 2011 年完成了这项规划,此时他是芝大施特劳斯中心(Leo Strauss Center)管理人。这些音频文件可从施特劳斯中心的网站上获得:http://leostrausscenter. uchicago. edu/courses。

施特劳斯允许进一步整理录音和转录成文字稿,不过,他没有审核这些讲学录,也没有参与这项规划。因此,施特劳斯亲密的朋友和同事克罗波西最初把[讲学稿]版权置于自己名下。不过,在 2008 年,他把版权转为施特劳斯的遗产。从 1958 年起,每份讲学录都加了这样的题头说明(headnote):

> 这份转录的文字稿是对最初的口头材料的书面记录,大部分内容是在课堂上自发形成的,没有任何部分有意准备出版。只有感兴趣的少数人得到这份转录的文字稿,这意味着不要利用它,利用就与这份材料私下的、部分地非正式的来源相抵触。郑重恳请收到它的人,不要试图传播这份转录的文字稿。这份转录的文字

稿未经讲学人核实、审阅或过目。

2008 年, 施特劳斯［遗产］继承人——他的女儿珍妮（Jenny Strauss）——请塔科夫（Nathan Tarcov）接替克罗波西［承担施特劳斯遗稿执行人］的工作。此时, 塔科夫是芝大奥林中心以及后来的芝大美国建国原则研究中心的主任, 而克罗波西直到去世, 已经作为施特劳斯遗稿执行人忠诚服务了 35 年。珍妮和塔科夫一致认为, 鉴于旧的、常常不准确且不完整的讲学录已经大范围流传, 以及［人们］对施特劳斯思想和教诲的兴趣持续不减, 公开［这些讲学录］, 对感兴趣的学者和学生们来说, 会是一种帮助。他们也受到这样一个事实的鼓励:施特劳斯本人曾与班塔曼出版社（Bantam Books）签订过一份合同, 准备出版这些讲学录中的四种, 尽管最终一个都没出版。

成立于 2008 年的芝大施特劳斯中心发起了一项规划:以已经重新录制的录音材料为基础订正旧的文字记录稿;转录尚未转录成文字稿的录音材料;为了可读性, 注释且编辑所有的记录稿, 包括那些没有留存录音材料的［记录稿］。这项规划由施特劳斯中心主任塔科夫任主席, 由克罗波西负责管理, 得到来自维尼亚尔斯基家族基金会（Winiarski Family Foundation）、希夫林夫妇（Mr. Richard S. Shiffrin and Mrs. Barbara Z. Schiffrin）、埃尔哈特基金会（Earhart Foundation）和赫特格基金会（Hertog Foundation）拨款的支持, 以及大量其他捐赠者的捐助。筹措资金期间, 施特劳斯中心得到芝大社会科学部主任办公室（Office of the Dean of the Division of the Social Sciences）职员伯廷赫布斯特（Nina Botting-Herbst）和麦卡斯克（Patrick McCusker）大力协助。基于重新录制的磁带［修订］的这些记录稿, 远比原有的记录稿精确和完整——例如, 新的霍布斯（Hobbes）讲学录, 篇幅是旧记录稿的两倍。熟悉施特劳斯著作及其所教文本的资深学者们被委任为编者, 基础工作则大多由作为编辑助理的学生们完成。

编辑这些讲学录的目标, 在于尽可能保存施特劳斯的原话, 同时使讲学录更易于阅读。施特劳斯身为老师的影响（及其魅力）, 有时会显露在其话语的非正式特点中。我们保留了在学术性文章（prose）中可能不恰当的句子片段；拆分了一些冗长、含糊的句子；删除了一些重复的从句或词语。破坏语法或思路的从句，会被移到句子或段落的其他部分。极个别情况下，可能会重新排列某个段落中的一些句子。对于没有录音资料流传的记录稿，我们会努力订正可能的错误转录。所有这些类型的改动都会被注明。(不过，根据重新录制的录音资料对旧记录稿做的改动，没有注明。)我们在尾注中注明改动和删除的内容(不同的拼写、斜体字、标点符号、大写和分段)，尾注号附在变动或删除内容前的词语或标点符号上。文本中的括号显示的是插入的内容。缺乏录音资料的记录稿中的省略号仍然保留，因为很难确定它们指示的是删除了施特劳斯说的某些话，还是他的声音减弱[听不清]，抑或起破折号作用。录音资料中有听不见的话语时，我们在记录稿中加入省略号。[记录稿中]相关的管理细节，例如有关论文或研讨班的话题或上课的教室、时间等，一律删除且不加注，不过我们保留了[施特劳斯布置的]阅读任务。所有段落中的引文都得到补充，读者能够方便地结合[引述的所讲]文本[的内容]阅读讲学录。施特劳斯提及的人物、文本和事件，则通过脚注进行了确认。

　　读者应该谅解这些讲学录的口语特点。文中有很多随口说出的短语、口误、重复和可能的错误转录。无论这些讲学录多么具有启发性，我们都不能认为它们可以与施特劳斯本人为出版而写的那些著作等量齐观。

2014 年 8 月

编订者说明

[i]编订者将对本卷讲稿作如下说明。

本课程以讲座形式授课,并且施特劳斯留出时间供学生提问和老师作答。课程指定的文本是巴克(Ernest Barker)编译的《亚里士多德的〈政治学〉》(*The Politics of Aristotle*,1946)。当课上朗读《亚里士多德的〈政治学〉》中的文段时,本卷讲稿记录了该文本中出现的一些词句。原来的拼写被保留了下来。所有朗读的文段均已注明出处。

本课程没有现存录音带。本卷讲稿是基于某些不为我们所知的人所作的原始文字记录稿。录音带的质量在某些时候并不可靠。第二、三、十四和十五讲突然中断,就是因为录音带有问题,使得文字转录员无法继续工作。在录音带的某些部分听不见或无法听清的时候,转录员就插入省略号。这些都被保留了下来。有时候,编订者提供了自认为缺失的单词或短语,这些插入均以方括号标明。原始文字记录稿可以在芝加哥大学图书馆特色馆藏的列奥·施特劳斯档案中查阅。

在许多讲稿的开头,在课程的开授日期之后有一个脚注编码,这些脚注由编订者所加,向读者推荐施特劳斯某些现已发表的作品。在这些讲稿中,施特劳斯要么使用一份正在撰写的作品,要么提及或暗示他先前发表的作品。对编订者来说,就这些作品提供注释很是重要,因为这是为数不多的课程之一(也许是唯一的课程),在其中施特劳斯似乎在阅读即将出版的手稿。

本卷讲稿由辛曼编订,并得到阿伦斯(Stephanie Ahrens)、杰克逊(Bradley Jackson)和麦基恩(Gayle McKeen)的协助。

第一讲　导论:时代危机及其根源与回归亚里士多德的政治哲学

(1961 年 10 月 2 日)①

　　[1]施特劳斯:我[讲的古典政治哲学]是指柏拉图、亚里士多德、西塞罗和中世纪政治哲人的思想。这是一个历史问题,但我不会从史学家的视角来处理它。我将先解释下视角。你们都听说过而且每天都会听到我们时代的危机。我打算从这场危机开始,我认为我们要是没有意识到它,就会缺乏对古典政治学进行严肃研究的动力。那么这场危机是什么呢? 1917 年,斯宾格勒②将这场危机诊断为西方的没落。他这么说是什么意思呢? 他把西方理解为少数高级文化中的一种文化。但对斯宾格勒来说,西方又不仅仅是众多文化中的一种:对他来说,西方是一种全面的文化。首先,西方是唯一关心对所有文化作同情理解的文化,而不是把所有其他文化视为众多形式的野蛮而予以排斥。因此,西方是唯一对文化的含义有充分意识的文化。

　　最初,文化是指唯一的(the)人类心智的唯一的(the)文化,这意味

---

① 参施特劳斯,《后记一则》("An Epilogue"),收于《古今自由主义》(*Liberalism Ancient and Modern*,Chicago:The University of Chicago Press,1968,1995),页 203—223。原刊于《对政治的科学研究论文集》(*Essays on the Scientific Study of Politics*),Herbert J. Storing 编(New York:Holt,Rinehart,and Winston,1962),页 305—327。亦参施特劳斯,《城邦与人》(*The City and Man*,New York:Rand McNally,1964),页 1—12。

② 斯宾格勒(Oswald Spengler,1880—1936),德国的史学家和文化理论家,最著名的作品是《西方的没落》(*The Decline of the West*),Charles Francis Atkinson 译,2 卷(New York:Alfred A. Knopf,1922)。

着只能有一种人类心智的文化。虽有各种各样的错误文化,但它们不配称作文化。斯宾格勒以文化的现代含义即在 19 世纪和 20 世纪的含义为预设,据此,文化必然意味着有多种文化。从语法上讲,[这意味着]"文化"这个术语可以用复数形式。但正是因为西方被认为是文化对自身实现充分澄清的文化,西方才是最终的文化。所有其他文化虽都是真正的文化,但不理解什么是文化。西方已经学会理解这一点。既然西方文化是最终的文化,西方的没落就等于高级文化之可能性本身的最终耗尽。人类的可能性被耗尽了。

但是,只要最高等级的人类任务尚存,人类的可能性就不可能被耗尽。换句话说,只要人所面对的那些根本谜题还没有被解决到能够解决的程度[,人类的可能性就不会被耗尽]。因此,我们暂时可以说,斯宾格勒隐含的和决定性的预设并不是真的。我们的科学认为自己能无限进步;如果根本的谜题得到解决,这一宣言似乎就讲不通。[2]如果科学能无限进步,人类历史就不可能有一个有意义的终结。人类历史无法完结。只有来自外部的灾难性中断。然而,在某种意义上,斯宾格勒被证明是正确的:西方的没落已经发生了。顺便说一句,斯宾格勒一书的德文原版的书名①没法用英文来充分展现。更字面的翻译是在 the Setting of the West[西方的下落]——就像太阳的下落——和 the destruction of the West[西方的毁灭]之间。但这只是顺带一提。

但西方的没落肯定已经发生了,我们只要看看自 1900 年以来全球大国均势(balance of power)的变化。1900 年前后,西方——事实上是本国加上大不列颠和德国,本可以为地球上的其他国家制定法律。西方控制了全球至少一个世纪。今天,西方远没有统治地球,请允许我[提醒]你们,西方的生存本身受到东方——东方的技术、人数和反西方的激情的威胁。因为西方完全没有意识到世界上反西方的仇恨的权力。在《共产党宣言》中,布尔什维克主义的胜利被描述为西方对东方的胜利。马克思和恩格斯认为,作为法国革命、德国哲学、英国工业的继承者,进而作为西方巅峰的政治生活和智性生活的继承者,德国和法

---

①　*Der Untergang des Abendlandes.*

国的工人阶级还有英国的工人阶级是整个西方传统的承载者,因此,布尔什维克主义的胜利意味着最成熟的西方思想和行动对东方的胜利。如今,我们开始看到,布尔什维克主义的胜利或许确实意味着原来西方科学技术的胜利,但同时也肯定意味着放弃一切区分西方[自由主义]和东方专制主义的东西。

　　然而,无论西方的权力多么没落,无论西方面临的危险多么巨大,这种没落,这种危险,不,甚至西方的失败乃至毁灭,都未必会构成西方的危机。西方可以在枪林弹雨、旗帜飞扬的情况下,带着确定无疑的目标,光荣地倒下。西方的危机在于西方本身事实上已经变得不再确信自己的目标。这意味着西方曾一度确信自己的目标,这个目标就是可以将所有人统一起来。我们对自己的未来[不]再有清晰的设想。我们有些人甚至对未来感到绝望,这种绝望或许很有助于解释垮掉的一代(beatniks)和青少年犯罪等现象。我所说的并不意味着,一个社会除非献身于某个普遍的目标,即献身于所有人的统一这个目标,否则就不可能健康。一个社会能够是部落性的同时又不失健康。然而,一个习惯于根据普遍目标来思考的社会一旦对那个普遍目标失去信心,定然会变得彻底迷失方向。我们当然可以在不久之前的岁月里找见那种普遍的目标;第二次世界大战期间和之后的某些官方声明就是例证。这些声明只不过以缩微的形式重现了一个已在若干世纪——即现代诸世纪——中发挥作用的愿景。这个愿景的中心竖立着科学的肖像。这种现代科学应该不再像老科学那样,它是行动的、宽仁的(charitable),而不是静观的(contemplative)、骄傲的。它应该是为解除人的等级服务的。它应该使人能够通过对自然(nature)的智性征服而成为自然的主人和所有者。[3]通过实现普遍富裕,它应该使得每个人分享社会的所有好处成为可能。它应该实现正义的社会:一个由自由平等的男人和女人组成的普遍社会,在这个社会中,每个人都能够充分发展自己的所有能力,这样每个人的发展就会与其他每个人的发展完全协调。以前,人们[对]这种普遍目标存有一些怀疑,但随着原子弹及其后裔的出现,这种怀疑便广泛蔓延,我相信它影响着我们每一个人。简单地说,我们如今面临的不是通过普遍富足和消除苦难而建立的普遍正义的社会,而是一种比以往任何苦难都更大的苦难:人类种族可能会被那种似乎能消除苦难的科学所毁灭的苦难。

对现代事业的某种怀疑已有显现,这种怀疑不必从任何[大学的系]主任那里蔓延出来。它很常见;你们可以在日报上找到它。还有一个常被建议的解决方案,那就是返归我们的"西方遗产",返归"西方传统"。① 但这个解决方案的价值很值得怀疑。西方传统是什么意思?难道这是一种部落主义(tribalism),让其他国族(nations)也返归它们的传统? 不可能存在着某种真正的理解吗? 我们一刻也不能忘记,西方传统的灵感和目的都不是西方的:它声称要向所有人传达一个信息。西方传统起源于西方,这在某种程度上是个意外。

还有一点我们也不能忘记,虽然你们有些人可能觉得有点过于学术:作为现代科学发展的基础和先导,这种西方传统的特点在于其自身中有一种对抗性。我们若深入到西方传统的表面之下就会发现,它用两种不同甚至相反的话语来言说。西方传统有两个根源,正如你们在每一门西方文明的基础课程中学到的:它有一个圣经根源,同时它还有一个希腊根源。这两个根源非但不同,而且相反。我们若能很好地理解这两者,就会发现它们互不相容。所以我只想向你们指出,这种对西方传统的回归并不像我们时代有些人似乎以为的那样简单。

我用如下常识性的公式来总结我所说的话。我们正处于一种全新的困境中,而且我们也没有什么诀窍。在这种情况下,我们是初学者。在这种姿态下,我们转向古典[政治哲学],以便看看是否有一些光从那里发出,而这或许最终能为我们指明道路。这就是这门课程的总体意图。

现在,为了更靠近一点我的主题,我将以一种更技术的方式重申我说过的内容,也就是谈论现今的政治理论——不是被称为我们时代的危机这一宽广的东西,而是一门专业中我们的专业,轮中之轮(a wheel within a wheel),政治科学系中的政治理论。现在那里的情况是怎样的? 在当今的政治科学中有一个领域是公认的,至少在本[4]国是这

_____

① 原始文字记录稿中就有引号。

样。首先,我认为现在普遍承认理论是必要的。19 世纪经常出现的观点——事实(facts),而不是理论——在我们这个年代销声匿迹了,因为现在人们承认(基于不同的理由,但我认为是每个人都承认的),没有理论你就无法探明任何事实。普遍同意的第二点是:理论(theory)不能是意识形态(ideology)。意识形态,不管意味着什么,都是一种在理论上无法得到辩护或证明的学说(doctrine)。举个例子,政治理论的功能不能是鼓舞士气。人们对此的认可非常有限,但我相信真是那样。

但现在的分歧是什么?今天在本国,关于政治理论存在着非常明显的分歧。可以用如下公式来表明这一点。有些人将理论理解成他们所称的因果理论(causal theory),还有些人则将理论理解成他们所称的规范理论(normative theory)。我相信你们一定听过这些表述。这基于一种我在这门课上不得不讲很多的区分,一种基本的区分:事实和价值(values)的区分。学界广泛但非普遍地承认,只有事实陈述才能被证实或证伪,才能为真或假,而价值判断作为价值判断不受理性控制。那么,事实判断和价值判断之间的区分,或者事实和价值之间的区分,构成了那两种不同理论观念的基础。因果理论想帮助我们理解事实以及事实之间的关系;规范理论声称是一种关于如今所称的价值的理性学说。规范理论和因果理论的分歧,现在是学界讨论的核心主题,如果我没看错的话,这个层面的讨论已经穷尽了。我认为,大约自五六年[前]以来,你们不会找到任何一方有哪怕一个新的论点,当前需要的是把整个问题置于更宽广的基础之上。我后面会解释这一点。

然而,我们不能忘记当今政治理论中的另一个要素,这既不是规范理论,也不是因果理论,而是政治理论史或政治哲学史对政治哲学本身的替代。也就是说,我不认为有人要求这种形式的替代,至少在上一代人那里没有,但这是一个行政或官僚的事实。如果你们看看学院和大学里很多以政治理论为标题的课程公告,就会发现只有关于政治理论史的课程。

现在让我们思考一下这个话题。政治哲学史对政治哲学的替代基于这样一个假设:严格意义上的政治哲学是不可能的。通常给出的理由是:任何政治哲学都包含一种从事实判断到价值判断的不正当(illegitimate)过渡形式,所以政治哲学很荒谬,也因此,我们唯一能做的就是研究政治哲学史。现在我想说,在这个基础上研究政治哲学史很荒谬。我们不会从中学到任何你从逻辑学教科书的某段话中学不到的东西,这类教科书已经证明从事实判断到价值判断的过渡不可能。那样规定的政治哲学史适合位于逻辑学教科书的一些脚注中,在那里你可以通过柏拉图、亚里士多德、洛克和卢梭等例子来说明这种从事实到价值的过渡的荒谬。[5]但如果有人认为,基于这样或那样的理由,人们应该出于对过去事物的某种感伤的热爱而研究政治哲学,那么也许我会说,在这个基础上,政治哲学史压根不能得到研究。任何健全的人都不会在没有某种激励的情况下从事这份艰难的工作。那么,研究[一种]学说时所需的激励在于这样一种可能性:这是一种真正的学说,从中可以学到一些东西。但如果你事先知道你不能从中学到任何严肃的东西,那么研究它就是浪费时间,而没有人会这样做。在那个基础上提供的对过去政治哲学的阐释非常清楚地显露出其自身缺乏激励。他们不会保持必要的谨慎。他们为什么要这样?这种阐释在智性上并不比集邮更值得尊重,也许不如集邮值得尊重。

　　我不得不做出的小调整很快就会做出。有人可能会说,只是为了指出另一种可能性,对政治哲学之不可能性的信持本身也许才在智性的意义上是我们所称的我们时代危机的核心。有人可能会说,通过质疑政治哲学的可能性,我们可以质疑西方传统的整个原则。正是通过这种行为,我们可以摆脱传统本身。我们不再延续传统,因为我们不再相信它。这本身或许会解放人类的心智,或许会促使人们重新看待柏拉图、亚里士多德、洛克、卢梭等等。但与此相去甚远的是,他们没有去重新看待。他们延续了关于卢梭等人的理解传统,而他们自己又通过否认政治哲学的可能性来否认这种理解的基础,这听起来很不可思议。

　　但是现在让我们看看事情的另一面,谈论一下严肃的东西。这件事不严肃的一面不是我的错。我只是不得不重现它,否则我们不能达成理解。为什么政治哲学史现在也正是现在从任何视角来看都必要?那些相信只有因果理论是可能的人关心的是发现政治行为的法则。现在,行为(behavior)这个术语被用来与另一个事物即价值作对比:在没有对行为的价值做出判断的情况下,人们会如何行为;他们的行为,就像石头的行为、恒星的行为、虱子的行为,等等。我们想要找出政治行为的法则,而不是找出描述杜鲁门—艾森豪威尔时期美国选民如何行为的法则。后一种法则将具有低水平的一般性。真正科学的心智将不会满足于此。换句话说,真正的科学方法是充分认识到褊狭主义(parochialism)的危险,即他们可能对政治生活做出的陈述只在短期内对地球上的某个小角落有效。打个比方,有人可能会写一篇关于保守主义的文章,而他唯一的依据是比如他在1956年前后在合众国北部所作的一些观察。我认为每一个科学的心智都绝对会被这样的事情震惊。打个比方,为什么不看看伊丽莎白时代的英格兰?看看那里符合保守主义的东西是否也符合这里的保守主义,等等。否则就称不上具有相当普遍性的科学陈述。所以我们很清楚这种褊狭主义的危险。为了克服这种危险,我们不得不了解过去。我们不可能以经验的方式对未来的政治行为说上一二,这显然是因为不可能存在关于未来事件本身的经验知识。但我们能有关于过去的知识,[而且我们需要这样的知识]以开阔我们的[6]视界,这就是通常所理解的"历史知识"。我们必须如其所是地理解过去,以便为足够开阔的归纳获取予料(data)。当然,我们不能把我们探查的这些现象,比如公元前5世纪雅典的投票技术,我们不能把它们从其所处的背景中抽离出来。我们必须看到那种民主和我们这种民主之间的差别,否则我们只会得到已被误解的予料。

　　现在,在我们必须作为严格的经验行为主义科学家来研究的这些事物中,不仅有制度之类的东西,还有意识形态[因为人们广泛认为后者在政治生活中发挥着相当大的作用]。我想我可以说这被人们普遍承认。所以我们不得不研究意识形态,但不仅仅是当今的意识形态,因为,比如我们对布尔什维克主义和法西斯主义的意识形态做出的任何归纳,当然不足以确立起一般法则,因为或许王权神授的意识形态有一种完全不同的意识形态结构——不研究就没法确定。我还不止于此。在这些意识形态中,我们还发现了一些传统上被称为政治理论或政治哲学的断言。它们是什么样的意识形态?它们和一般的意识形态一样吗?我们不得不去探查。此外,为了恰当理解这些被称为政治哲学的特殊意识形态,我们不得不去探查这些学说的首创者,比如洛克如何理解这些学说,以及大多数追随者如何理解它们,而对手或敌手又作何理解。洛克的意思和他的追随者们的意思一样吗?还是追随者们没有充分理解?或者我们是否认为,我们能够通过将其追随者的观点和其对手的观点结合起来,以解释洛克的意思,并说它一定是在两者之间的某个地方?我们不知道,所以我们必须研究洛克的学说本身。然后我们可以得到这样一个有趣的观察结果:在从一个优越的心智到他的无论多有智性的追随者的过程中,学说的品质都在某种程度上改变了。在这种探询中,有一种被称为卡里斯玛的常规化(routinization of charisma)的现象。你们听说过吗?它由韦伯(Max Weber)引入。①呃,有某种像卡里斯玛之类的东西。最初,[卡里斯玛]是基督教神学中的一个概念,但韦伯在社会学中将其作为一种特殊的天赋或天才来使用,从这种意义上说,艾森豪威尔总统具有个人魅力,或者换种说法,戴高乐是一个悲剧人物,等等。韦伯发现了某个一般法则,他称其为卡里斯玛的常规化:最初能给予启示的人变得官僚化。这在韦伯的科学中被视为一种正当的(legitimate)主题。同样地,我要说,高级思想的庸俗化也必须是一种正当的主题。

所以,如果我们真想把我们的行为社会科学置于宽广的基础之上,就必须依过去的政治哲学自身的方式来尽可能仔细地研究这些政治哲学,否则将错过社会实在中一个非常重要的部分。然而,当我们这样做时,如果我们完全从史学或社会学的视角来[仔细]研究这种学说,就会有一种奇怪的体验(至少我们有些人或许会有)。为了真正理解这学说,我们必须进入它,我们必须严肃对待它。我们必须在某种[7]程度上重新演绎思想,比如洛克的思想。换句话说,这意味着我们必须从洛克的视角来看待政治事物。仅仅阅读和引用还不够,你必须试验之。

① 韦伯(1864—1920),德国社会学家,著述颇丰,包括《新教伦理与资本主义精神》(*The Protestant Ethic and the Spirit of Capitalism*,1905)。他对卡里斯玛的常规化所作的讨论见《经济与社会》(*Economy and Society*),Guenther Roth /Claus Wittich 编(Berkeley:University of California Press,1968),第 16 章。

当你这么做的时候,你或许会惊讶地发现它奏效了。结果是什么?结果是,你从外部来看待我们当今的科学行为主义社会科学。你不再从当今的科学行为主义者的视角来看待社会现象,而是从哲学的视角来看待它们。也许你[有]这样的体验,认为这是可行的,甚至有它的优势,它不仅仅是一次"冒险"①——就像去一个乡村集市,在那里有各种各样的伪危险——而真是一件值得了解的严肃之事。总之,你最终了解到,能真正理解当今社会科学之基础的不是逻辑学,而是众所周知的社会哲学史或政治哲学史。可以说,逻辑学仅仅是一种对前提,比如对当今社会科学的前提的[僵化]陈述。而当今社会科学的这些前提的意义是什么,以及那个使得它们能够打动人的母体,都将从那样的历史研究中得出。因此,即使我们承认现今行为主义社会科学的前提,我们还是因这种科学本身的要求而被迫去做某些试验,而试验的结果在所有情况下都无法预测。这是一次冒险,可以说,你出了海,那里的风或许会把你吹向任何计算机都无法预测的地方。

现在让我把这点和我之前提到的一个议题联系起来。我说过,如果我们完全从外部来看待政治科学、社会科学、政治理论的情况,就会看到这个议题是事实与价值的区分,而关于这个议题的某些讨论已经持续了一段时间。[这种]印象将一直得到确认。但如果不把这个议题置于更宽广的基础之上,就不能很好地理解它。事实与价值的区分将自己呈现为科学方法、科学逻辑等此类东西的必然结果。事实与价值的区分属于现今呈现出来的对政治事物的科学理解(scientific understanding of political things)。但还有一种我们都熟悉的对政治事物的理解,我粗略地称之为对政治事物的常识理解(commonsense understanding of political things)。公民在理解政治事物时不会意识到事实和价值的根本区分。当某公民说"这家伙是一个骗子",然后说"这家伙身高六英尺,头发是这样的"时,他并不觉得[这两个]陈述在逻辑上[有何不同]。就涉及骗子的陈述而言,他或许不得不去法院确认这家伙毫无疑问是一个骗子,但这是次要的。两个陈述本身具有相同的

———————

① 原稿中就有引号。

"逻辑"特征。因此,事实—价值的议题与一个更宽广的议题联系在一起:科学理解[与]公民对政治事物的理解相对。

如今,在科学行为主义者粗朴形式的观点中,我们当然被告知,常识理解是胡说八道,没有好处。而且有很好的证据,例如常识允许有女巫。就常识而言女巫和非女巫一样真实,而我们需要科学来摆脱女巫。常识由某些真理与像引人注目的迷信之类的东西混合而成。你不能信任整个常识:忘掉常识,一扫而尽,与它一刀两断。这当然是[8]绝对不可能的,但不是由于肉身的软弱——这点可以通过更精细的方法来克服——而是理所当然地不可能。任何一个不折不扣的数理政治科学家所作的任何陈述在每一个点上都是基于常识性知识。即使他核实每一个点,例如,他不相信希特勒的纳粹德国在 1945 年垮台,并且为了彻底查明当时德国是否有投降而去查阅档案——他可以这样做,但最终,他依赖于在某个时刻知道战争结束的每一位 G. I.①所拥有的那种理解。对政治事物的常识理解是任何可能的科学学说不可或缺的基础。这个基本的事情必须提一下。我为此感到羞愧,但我必须提一下,因为有些人表现得好像这不是真的。

对政治事物的常识理解是科学理解得以产生的母体,如果我是一个行为主义者,就会给出这样的论证——我会要求我自己这样做:既然科学理解具有常识理解绝不具备的优势,那么科学理解肯定是在常识理解之后,是对常识理解的一种修正。作为一个科学人,我想知道这一修正的本性(nature)、这一转变的本性,想要看看科学理解如何从常识理解(比如对美国政党体制的常识理解)中产生,它给了我什么是我从常识理解中得不到的东西。这并不是基于对一般科学的模糊信念,我们相信这种信念基于自然科学的成功,这种成功无可比拟,在政治科学中没有可比拟的成功,但这确实需要研究。

现在让我们思考一下。首先,我们想理解对政治事物的常识理解意味着什么。也就是说,我们想理解政治事物如何呈现给公民、治国者(statesman)或介于两者之间的一切事物,不只是在本国的现在,而且本

---

① 一个 G. I. 指美国陆军的一名士兵,字母代表 government issue。

质上讲是在人们在政治社会中一起生活的任何时候——在大多数时候的大多数地方。因而我们要求,我们的首要任务是,对政治生活中表现出来的政治事物,重申一种连贯而清晰的阐述。这是一项非常困难的工作。让我们感到欣慰的是,在我们之前就有人做过。我们不必再做。我认为,相比现存的任何其他书,我们在亚里士多德的《政治学》中更能找见的正是:一种对于向我们公民显现的政治事物的呈现。本课程的总论题将不仅仅证明还要考虑这一论点,因为我将不得不对这一陈述做很多注解、很多限定;但这可以说是一种口号,是本课程要兑现一半的承诺。首先我将向你们表明,该陈述为什么不可能完全为真。我们通常把那种公民理解称为常识理解,而与科学理解相对。在科学和我现在使用的常识之间的区分是 17 世纪现代科学发展的结果。在这种新科学出现后,这种新科学的一些局限显现出来了,意识到这种局限性的人们创造了像我们当今的术语“常识”(common sense)这样的术语,以表明一门科学无法[对]其进行审议。我和许多同时代人现在使用的“常识”[9]是后科学的,意思是后现代的①科学,因此无法适用于亚里士多德,他在这个意义上当然是前科学的,也就是前现代的。还有其他明显的异议,但我只想提一下,以免有人相信我没有看到其中一些东西。

让我重述一下我的论题。我故意夸大了它。政治思想或政治理解之类的东西总是存在,这不言而喻。你会发现,在人们住在一起的任何地方,都有类似政府的东西。在某一时刻,与这种单纯前科学的理解相对的政治哲学或政治科学出现了,我想说,记录这种政治哲学或政治科学之出现的伟大文献是亚里士多德的《政治学》。现在人们可以提出很多异议。首先,从纯粹的古文物研究(antiquarian)角度来看,为什么是亚里士多德? 在亚里士多德之前有一些思想家——柏拉图、智术师(sophists),也许还有其他一些人,他们也是政治哲学家和政治科学家。我们不得不加以细究。有人可能会提出第二点。你把那种常识称为亚里士多德《政治学》中的要素,但这并不合理,因为它不只是常识,而是

---

① 也就是,在现代科学之后。

希腊人的常识。有人甚至会特别指出,它不只是一般而言的希腊人的常识,而是希腊上层阶级的常识,而不是我所说的,人本身的常识。总之,我不得不面对这些严重的困难,在这样做的过程中,在试图解决这些困难的过程中,我希望我能让你们对亚里士多德《政治学》中经常被忽视的基本原则,进而对我们的整个问题有一些理解。这就是这门课程的总体意图。

就我所提的任何观点,有没有人想和我争论,或者质疑或反对我?这或许对我们大家都有帮助。我们不要害羞。我在本导论中是否已经充分说明了课程要旨?我的意思是,在什么意义上,它是一个历史主题但不能从史学家的视角切入?你们看到现今社会科学的情况尤其是和现今政治科学的情况之间的联系了吗?我想,你们每个人大概都具备一名该学院①毕业生[所具备]的知识。当然,你们有些人来自其他学院,或许没有这个特殊的优势。

学生:您说对亚里士多德生活的那个时期的历史理解对我们没有任何帮助。

施特劳斯:我对亚里士多德生活的那个时期说过什么吗?

同一个学生:我想没有。我不确定。

施特劳斯:好吧,我会告诉你的。我没有。我这样做不只是出于疏忽,我会试图指出其中的困难。当有人谈到亚里士多德生活的那个时期,他就假定我们不知何故知道这个时期。这种知识并不是特别基于亚里士多德,而是基于其他古代作家,基于地下发现——你知道,基于发掘物和各种诸如此类的东西。一种关于[公元前]350年前后的雅典的合成图[10]出现了。是的,假定我们知道。也许亚里士多德会完全不同地看待这件事。这没有可能吗?这种对所谓客观情境的知识有什么用呢?对于理解亚里士多德来说,用处大概是非常小的。反过来,你现在获得的图景在五十年后肯定会完全不同。你知道,新的发掘物,还有现代学者在历史探查中新的视角:一幅全新的图景。从亚里士多德对亚历山大大帝只字不提来看,情况完全如此。也许在学习《政治学》

---

① 也就是,芝加哥大学学院(College of the University of Chicago)。

的过程中,你会明白为什么他对亚历山大大帝只字不提。你知道我说的这个历史典故是什么意思吗？亚历山大是与亚里士多德同时代的年轻人,他征服了波斯帝国,并在某种程度上使得所谓的希腊城邦国家成为一件老古董；而亚里士多德《政治学》的关键主题据说是希腊城邦国家。我们更应该学习《政治学》而非柏拉图《王制》(*Republic*)的原因是次要的,我会在适当的时候讨论这个问题。就目前而言,这样回答足够了吗？

同一个学生：我还有一个问题。您是说常识理解有两种,后科学的和之前存在的？

施特劳斯：你可以说这是现今常见的观点。现今常见的观点认为,在每一社会、每一国都有一种一般的意见——这有一定的基础,而非完全没有根据。当然,一般的意见在不同的国和年代之间不同。但我指的是比这更精确的东西。定义它并不容易,但首先,所有……支持没有唯一的常识这一观点：有 n 种常识。这是公认的观点,而且很值得尊重。能否有作为政治之不变基础的唯一的常识,这一问题需要论证。我们无法立即下断言。但另一方面,在我们现今所拥有的东西(我的意思是我们在政治科学中的方法论问题)的基础上,有必要区分科学和常识,承认常识的优先性,并要求对常识理解之澄清作为对派生的科学理解之澄清的基础。由于当前的历史视界的缘故,能否做到这一点还是个问题。我相信这能做到,但这肯定是个问题。

学生：一开始您提到西方文化有两个根源,希腊的和圣经的,我记得您说过这两者非但不同,而且不相容。我想知道在什么意义上——

施特劳斯：这是一个非常好的问题,我很感谢你能提出来。它们在某种意义上相容,这很明显。当我说它们不相容,我的意思是它们最终会以如下方式不相容。西方两千年来一直试图创造出圣经和希腊[哲学]的综合体,在某种程度上,这种综合体奏效了。但是在什么意义上呢？这两个搭档都声称自己有优先权,比如说,神学家们：他们毫不犹豫地使用希腊哲学,他们先前从来没有过,但他们把希腊哲学理解为神学的婢女。这可以做到。反过来也一样,有相当多的哲人作为亚里士多德的追随者,说宗教非常好,非常有用。但其中的[11]意味由哲学决定,而不是由圣经宗教本身的说法决定。换句话说,这些哲人还将圣经宗教认作婢女。对于我所说的,唯一的异议是:可以有这样一种综合体,其中没有一个要素是权威的或统领的;但我相信这种综合体并不存在。换句话说,这种综合总是要么在信仰要素中,然后圣经要素获胜,要么在知识要素中,哲学获胜。

学生:您是否暗示或想给人一种印象,历史主义者对政治科学的研究方法是一种相当无用的东西,就像集邮一样? 这和无神论者把神话当作人类历史现象来研究的理由一样吗?

施特劳斯:无神论者研究神话的情况或许更合理一点,但一个没有其他事情可做的人或许会做各种各样的事情。但是,关于"历史主义"(historicism)这个术语,我是比较精确地使用这术语的,我不会把我所勾勒的那种立场称为历史主义。当然,从广义上讲,历史主义意味着在历史研究中迷失自我,把历史研究本身视为目的。这在理论上不值得尊重,但作为一个自由的人,我觉得,只要不是彻头彻尾的犯罪,每个人都应该被允许做他喜欢做的事情。但这在理论上不值得尊重,因为,除了他们无法解释自己在做的事情之外,他们因为缺乏激励(incentive)而无法做好自己打算做的事情。在某种程度上我认为确实如此——那么,他们怎么称呼激励的? 我相信是"动力"(motivation)。他们确实没有适当的动力。例如,为什么[不应该]有人研究占星术或各种形式的魔法,如果你事先知道这些都是胡说八道的话? 确实,我们并不指望从魔法研究中获得关于我们自己的最重要的信息。你会承认的。政治哲学史声称不只是研究那些臭名昭著的错误,但如果你读一下萨拜因《政治学说史》(History of Political Thought)①的导论,我有段时间没读了,但从导论或序言获得的总体印象是,它基本上是一部关于谬论的历史。但萨拜因是一个非常温和的人,因此他不会用这些严厉的语词来表述,但是,必须允许不那么温和的人说出来。

---

① 萨拜因(George H. Sabine,1880—1961),美国的哲学教授。施特劳斯所指的书是萨拜因的《政治学说史》(A History of Political Theory,New York:American Publishers,1937)。

学生：基于您的假设，即必须依其自身的方式来研究过去的理论，这种对"依其自身的方式"（on their own terms）的强调在多大程度上涉及语言的限制和语言的精确等等？例如，霍布斯对"力量"（force）这一术语的使用，也许比当代政治理论家使用的更具机械论意义。

施特劳斯：读一下霍布斯，看看他在使用"力量"时是指什么。理想情况下，如果你有时间，你会收集所有霍布斯使用"力量"的段落。基于霍布斯使用而今人不会使用"力量"这术语的某个单一段落，所作的一些一般性思辨都不充分。我们不得不了解这个词在霍布斯那里的意义范围，然后你可能会发现相当多的意义……①在霍布斯那里没有。我看不出这里有什么是不可能的，我的意思是，除非[12]将个人自己不愿做乏味的统计工作视为一件不可能的事。你提出的异议经常有人提，但就你所述，我认为它没有任何力量。

在像希腊语这样的外国语言中，柏拉图和亚里士多德他们可能使用了在现代语言中没有直接对应的术语。但如果这些术语是政治学说中重要的、关键的术语，他们就会解释它们；如果柏拉图没有这么做，亚里士多德肯定会这么做。有一个关键术语，如果我能预测到后来的发展，这个术语在亚里士多德和柏拉图那里通常被译为"宪制"（constitution）。他们所说的"宪制"的意思与寻常美国人在谈宪制时的意思完全不同。我们很容易就能看出差别甚至将其巧妙地描述出来，因为寻常美国人说出了译者们用"宪制"来翻译的 x 的意思。

有一种怀疑论（skepticism）得到了支持，我不是说你，这种怀疑论来自对某种不可或缺的工作的厌恶。总之，不要放弃，做这种必要的工作来回答那个问题。当然，如果你只基于译本来尝试理解亚里士多德等人，就会遇到相当大的障碍。我也可以解释给你听。所有的现代译者——不是中世纪译者，他们有着完全不同的特点——但现代译者广泛持有这种观点：从根本上讲，我们知道得更多，也就是说，我们可以用我们时代最方便、最流利的术语，用它们来译那些术语，尽管后者的意思非常不同。②

---

①　原转录员注："（省略号表示听不见）"。

②　这时换录音带。

——在……以前，生活在这些极其幸福、宁静的时代……不存在任何激励。他们知道19世纪政治哲学中常见的论题——政治义务理论以及国家和个人，知道这些都是关键的主题。他们知道这些是因为他们知道他们生活在世界之巅。如今，我们已经对那种认为我们从根本上比过去的人更智慧、更有经验、更先进的信念产生了怀疑。因此，随着我们对自己的优越性变得不确定，我们就会变得更加尊重过去的人，顺便提一下，也会更加尊重其他文化背景的人，因此我们会非常严肃地对待他们。你明白我的意思吗？我总是不得不使用一些你或许不熟悉的例证，而且，既然我不认识你，我就猜不出哪个最合适。

同一个学生：也许我可以换一种方式，比如依据洛克在《政府论（下篇）》（Second Treatise）中使用过的……①在过去，有些人认为它只是一种契约，而还有些人认为它事实上是两种契约，因为在第二种情况下人们把"信托"（trust）一词的使用解释成是在暗示一种契约（contract）。可是，"信托"和"契约"之间有区别。

施特劳斯：呃，这不是又一次揭示了我们不得不做的事情吗？在洛克的用法中，"信托"是否一定暗示着一种技术意义上的契约？有没有什么证据能够证明这样一种似乎是实践性的、实质性的看法，即立法机关（legislature）和执行机关（executive）之间存在一种契约关系？洛克那里有吗？我的意思是，人们谈论詹姆斯二世（James Ⅱ）在1688年打破的契约，并不意味着洛克同意那个观点，即使他偶尔会在那个极为流行的陈述中[默默地]驳斥这种理解。这些都是原则上可以解决的具体问题。[13]它们有时需要很多工作。但这不是一些人相信你在诗歌中会遇到的那种问题。我的意思是，洛克没有试图去传达一种情绪。他显得更加严酷，没那么绵柔。我看原则上没有什么困难。实际的困难总是很大，但这就是我们来这里的目的。请讲？

学生：今天您用了"政治理论"和"政治哲学"这两个术语，在我看来，它们的用途几乎一样，而且作为一种……您觉得没有区别？

---

① 这里很可能缺了一个复句。施特劳斯的回应表明，这个学生参考了洛克《政府论（下篇）》（1689年）第19章第222节。

　　施特劳斯:哦,当然。但在导论性的讲座中(而且我离开这校园已经十五或十六个月了,那里有很多新面孔),我试着尽可能地口语化。我认为我们应该加以区分,对此我或许会偶尔谈及。但你知道,在一种一般性的陈述中,我试着描述学界的总体情况,我不能使用我认为最精确的术语。这是一种失真。

　　学生:有一点与此稍有关系。您谈到了意识形态和理论之间的差别,您还谈到意识形态在理论上无法得到辩护或证明,我想知道您是否会进一步说,任何意识形态都不诚实,或者都是一种欺骗,或者在某种程度上都不真实。

　　施特劳斯:如果你足够自由,把自欺也包括在欺骗中,那我就赞同你讲的。可算作彻头彻尾的说谎者的人非常少见;我认为大多数的说谎者都是被欺骗的骗子。我会说,如果我有权利的话,我会干脆废除“意识形态”这个术语。在经验研究中,它也是极其错误的,极其误导人的。当谈到非常简单的正义原则比如审讯原则时,考虑到这些原则并不比“先到先得”的原则更精细,将其称为一种意识形态似乎就极其荒唐可笑和令人反感。这个术语完全没有必要。可以说,“意见”(opinion)、政治意见(political opinion),是更好的术语,而且不那么自命不凡。还有些情况下,我们必须说“虚假但令人印象深刻的学说”,这也完全比提“意识形态”更清楚。但是那些精确的社会科学家在术语上极为不精确。将柏拉图《王制》、希特勒《我的奋斗》(*Mein Kampf*)、四大自由声明(Four Freedoms statement)①同等对待,以及“先到先得”这样的简单原则,在我看来揭示了令人震惊的缺乏区别。

　　现在让我们继续。现在,当我提到古典作品尤其是亚里士多德的《政治学》时,人们可以正确地说:就算当今社会科学真不能自足,需要一种真正的政治哲学,那为什么不能是洛克、卢梭、黑格尔等许多人的现代政治哲学? 这是一个绝对必要的问题。我现在不会讲我的理由,因为这将贯穿整个课程,但[我会给你们]一个提示。我相

---

①　引自 1941 年美国总统罗斯福(Franklin D. Roosevelt)发表的国情咨文。四大自由是言论自由、宗教自由、免于匮乏的自由和免于恐惧的自由。

信,古典政治哲学和现代政治哲学之间的区分是我们所能做出的最根本的历史区分。[14]假如我们察看一批从最早到最晚的伟大思想家并把这个序列称为哲学史,我们都知道,我们实际上是被迫将其划分为不同的时期。我想说,最合情理和最清晰的分法是现代政治哲学和前现代政治哲学。现在我来解释一下。人们广泛承认肯定发生了什么事。这本身当然不是决定性的。在 16 和 17 世纪之前一直占主导的传统,主要以亚里士多德为代表,但也以柏拉图为代表,这两个人显然可以追溯到一个从未写作的人:苏格拉底。传统的观点认为,政治哲学的奠基者是苏格拉底,这个观点一直遭到抗辩,我后面会讨论。可以说,一般而言,16 和 17 世纪之前的政治哲学是对苏格拉底思想的这样或那样的修正。之后断裂发生了。我们怎么知道发生了断裂?这里我还是用最简单的准绳。什么时候有人会说,"在我之前[出现的]一切都错误,或者至少在根本上不充分,我们不得不制造一个全新的开端"?我认为在进一步的知会之前,一旦宣布断裂,断裂就会发生。

现在如果你们浏览一下要素——这并不是很困难,因为毕竟没有那么多一流的思想家,你们可以特别读一下他们作品的序言和导论,这些都是声明通常出现的地方——你们就会发现,这种性质的最强烈的声明出现在霍布斯的政治哲学中。确实,霍布斯那里有非常深刻的变革。如果你们采用这个外部准绳……①——声称要在政治哲学上做出全新的尝试,这消解了现今所提出的许多论断。例如,有些人说廊下派(Stoics)带来了根本性的变革。这是一个更现代的构想。我们对廊下派知之甚少,我说的是最初的廊下派——我们只有一些辑语(fragments)。我们了解西塞罗、塞涅卡(Seneca)、奥勒留(Marcus Aurelius)。这是很晚的事了。但那里无论有什么,都不意味着与苏格拉底的根本

①　这时录音带有中断,很可能缺了一个复句。施特劳斯档案中有一套讲座笔记的打字稿,由一位参加过这门课程的匿名的学生筹划。笔记采用提纲形式,49页长,准确无误。在某些情况下,它有助于填补文字记录稿中的缺漏。就目前的情况,它里面有这样的陈述:"之前没有[像霍布斯的断裂]那样重大的断裂。"

原则有任何断裂。他们与柏拉图和亚里士多德之间有相当大的差别,但没有根本的断裂:只是一种修正。然后还有些人说,14 世纪的一位作家,名叫帕多瓦的马西利乌斯(Marsilius of Padua),①在某种程度上是第一个现代政治思想家。但如果你们读一下马西利乌斯,就会发现他并没有声称自己不只是一个亚里士多德主义者。亚里士多德是权威。在探查之前,我姑且相信马西利乌斯,并认为如果他有那种激进的观念,他就会发现这不是亚里士多德的,否则他就是一个缺乏判断力的人,从而会因为缺乏智性而被排除在政治哲学的奠基者之外。那么还有其他最常见的例子吗? 呃,马基雅维利。这更复杂一点;我现在就不细究了。无论如何,我想说,这个时代,即 17 世纪,这个现代科学崭露头角的时代,[15]在[它的]最后,有一场叫作“古代人与现代人之争”(the quarrel among the ancients and the moderns)的争论,尤其是在法兰西,当然英格兰也有。有一份文献你们大多数人一听就知道,那就是斯威夫特的《书籍之战》(Swift's *Battle of the Books*)。这场争论通常被理解为一个文学问题:现代的悲剧(tragedies)和喜剧,比如高乃依和拉辛的,②比欧里庇得斯或索福克勒斯的肃剧(tragedies)好还是差。但真正有趣的不是文学领域而是哲学和科学领域,尤其是我们的特殊领域,政治哲学。一种真正的根本性断裂已经发生,这在很大程度上取决于对这一根本性变革的意义的理解。

现在,为了筹划这样一种理解,我认为我们应该从一个简单的考虑开始,这是我在过去向我的班级提出的,如果在座有人听我说过,还请包涵。让我们从结尾开始,至少从对我们来说是探查的结尾开始。[让我们]从现今[开始],对比一下随着哲学的出现而来的对哲学的总体观念,与亚里士多德的观念。我认为,这是一种关于我们主题的足够宽广的导论。[它]也需[要]注解,但某些即刻可明的东西可以观察

---

① 帕多瓦的马西利乌斯(约 1275—1342 年),意大利医生和政治哲人,著有《和平的保卫者》(1324 年)。此书的英译本可参 *Defensor pacis*,Alan Gewirth 译(New York:Columbia University Press,2001)。

② 高乃依(Pierre Corneille,1606—1684)和拉辛(Jean Racine,1639—1699),法国悲剧作家。

到。亚里士多德以如下方式划分哲学。哲学有一种并非作为其组成部分的前奏。他称之为逻辑学。然后哲学本身被划分为两个主要部分，理论的和实践的。其中每一个又分为三个部分。理论部分分为数学、物理学(physics,"物理学"在此是指整个自然科学)，以及神学或形而上学。(亚里士多德谈到了"神学"。"形而上学"这个术语在亚里士多德那里并不存在，这是一个传统的术语。)实践部分被划分为三门科学:伦理学、经济学(economics)，①以及政治学。这就是亚里士多德的划分。那么当今的哲学划分呢？我的意思并不是说你们在当今发现的所有哲学划分，而是当今特有的哲学划分。例如，当今的托马斯主义者，即新托马斯主义者(neo-Thomists)所使用的科学划分，就是当今特有的。请帮我列举一下在各种课程公告中出现的哲学分支。

学生:美学、认识论、逻辑学、历史哲学、政治哲学或国家哲学、宗教哲学。

施特劳斯:我知道也有人把形而上学说成是哲学的一个分支，但这已经引起争议，[而且]没有得到广泛承认。现在看看这个清单，我们发现了什么？有什么重大的差别？有什么是清单中遗漏而亚里士多德没有遗漏的？

学生:物理学、数学、经济学。

另一个学生:不是数学，至少罗素②会把它作为一种形式的——

[16]施特劳斯:呃，我没有向这位高贵的勋爵③让步的习惯，但今天我有心情做出让步。确实，物理学和经济学并不被视为哲学的一部分，但这意味着什么呢？我能问一下它们属于什么吗？物理学和其他自然科学所属的总的领域是什么？它被称作什么？我相信他们会称其

---

① [译按]在古希腊，"经济学"指家庭管理，可译作"齐家学"，参本讲稿第211、255、265页。

② 伯特兰·罗素(Bertrand Russell,1872—1970)，英国哲学家和数学家;著有《数学原理》(*The Principles of Mathematics*, Cambridge:Cambridge University Press, 1903)、《哲学问题》(*The Problems of Philosophy*, London:Williams and Norgate, 1912)等作品。

③ 伯特兰·罗素是罗素勋爵三世。

为"科学"。那么换句话说,亚里士多德并没有区分哲学和我们所习以为常的科学。这极为重要。这种区分为我们所使用,是现代的而非很古老的区分。17世纪发生的不是科学对形而上学的反抗,而是新的哲学或科学对亚里士多德的哲学或科学的反抗。建立非哲学的科学是最重要的事件,而其他一切——我们现在所做的——都是这个事件的结果,因为哲学和科学的这种分离……以及所有其他影响政治生活的事情……

那么我们还观察到什么?我的意思是,我很容易就能扩展开来。我们可以说,在现时代之前,物理学,即一般的自然科学,在形而上学上从来不是中立的。我的意思是,在你的物理学上,你要么是亚里士多德主义者,要么是柏拉图主义者,要么是廊下派,要么是伊壁鸠鲁派,诸如此类。但是,现代物理学家或化学家的本质是,就其本身而言,他不属于任何形而上学的教派。诸科学旨在形而上学上中立,它们在智性上的尊严是源于它们事实上超越了哲学学派的各种古老的偶像。这被认为是它们在认知上享有更高尊严的证明。此乃科学。哲学不是科学。这也意味着它在认知上缺乏科学的尊严,由此导致一些人怀疑它是否有认知上的尊严,而另一些人则怀疑它到底是否有任何尊严。所以这一切肯定是整幅图景的一个重要部分。

你们还看到了什么?我提到了理论部分(theoretical)和实践部分(practical)之间的区分。这已经被废除了。我们关于理论部分和应用部分(applied)之间的区分与亚里士多德的方案无关。这个我下次会讲。我只想再提一点。为了理解亚里士多德的方案,有必要知道三门理论科学的顺序是一种上升的顺序。数学低于物理学,物理学又低于神学或形而上学。所以最高的主题是,那么——我愿意对亚里士多德的各种意见做出让步——最高的主题是自然和/或神(God),这就是哲学的最高主题。现在看看现代的方案。你们在哪里能找到神学?在完全转变了形式的宗教哲学中。但是神学和宗教哲学之间有什么差别呢?神学是关于神的学说,[宗教]哲学是研究人类对神的态度。现在,如果你们浏览所有这些事项——人类思想、人类行为、人类艺术、人类社会、人类宗教,你们会立即看到与人有关的学科。历史哲学当然就是人类历史的哲学。所以我们可以说,现时代的关键主题是人。这并不总是清晰和明确。我想说的是,它并不总是明确,但它总是清晰的。长期以来,特别是在欧洲大陆,那描述哲学主题的哲学关键词是"意识"(consciousness)。谁之意识,这总是被假定:是人。[17]通过将《人性论》(*Treatise of Human Nature*)[和]《人类理解论》(*An Essay Concerning Human Understanding*)①这两个书名与古典和中世纪时期的书名进行对比,你们可以看到[这一点]。

现在我给你们举几个例证,这样你们能看到这对我们有很大的影响。在政治术语中,我能找到的最显著的例证是这个。在传统中,特别是在中世纪,存在着一种高级法的观念,它被称为"自然法",这在现时代、在洛克等人身上发挥了很大的作用。并且现代人发明,觉得不得不发明另一个意思相近但又不完全相同的术语,我们用一个公式来表述它。这个既指又不是指自然法的现代公式是什么呢? 潘恩(Tom Paine)的名著《人的权利》(*Rights of Man*)。你们看,法律被权利(rights)取代了。这本身非常重要,因为法律主要是指对责任而非对权利的规定。我将不继续探讨另外一个术语(自然,而不是人)——尽管自然法也旨在成为适用于人的法律。

另一个例证,在老的观点中,如今所称的"技艺"(art)被理解为对自然的模仿(imitation of nature)。这意味着技艺低于自然,实践表明,自然美——比如美丽的青年男女的自然美——高于雕塑家所造的美。雕塑家不能制作活人。很明显,雕塑家的雕塑具有活人身体所不具备的某些优势——它不具有同样的可毁坏性,它不会变老——但它还不是一个完整的人。在现时代,对自然的模仿(无论理解还是不理解,我都不作探查)不再是表示技艺的公式。人们[如今]如何称呼技艺? 我是说技艺的特质。有很多词,但我会自己回答这个问题:创造力(creativity)。如今他们在非常宽泛的意义上谈论"创造性写作"。当一个二年级的女孩向小组描述一个戏法时,那就是[所谓的]创造性写作。我们不必谈这个。但是创造,人类的创造,这要高于接受既

---

① 分别是休谟(David Hume)和洛克的作品。

定的东西。在我一开始谈到的关于文化(culture)的老观念中,文化是指培育,对心智的培育(cultivation of the mind);换句话说,就是给予心智以心智按其自然所需要的东西,这样才能得到培育,才能尽可能变得完美。总而言之,对自然是一种培育的态度;在现时代,"征服自然"(conquest of nature)成了关键词,这与培育自然(cultivation of nature)正好相反。

我们不可能理解我们时代的危机——这是一个经常使用的词,①因此也是一个贬值的词,但却是一个很难不去用的有意义的词——这个我们时代的危机无法理解,如果我们不理解现代哲学的本质特征的话。我们不必细究现代哲学是否只是诸如经济等方面的各种真正变革的一种偶发现象,但有一件事是肯定的,如果你们想知道这种根本的变革意味着什么,就不得不先聆听某些人对这种新精神的表述。这些人首先是哲人。不管我们怎么看待哲人,千真万确的是:他们更加精确,更加精确得多,更加善于表达得多,也更加诚实得多,更加不恐惧传统的阻碍等等——不是以愚蠢的"垮掉的一代"的方式,[18]而是以真正勇敢的人的方式。我敢说,你们会在现代哲学的顶峰上发现,那些关于一直在发生之事的真正的表达式,那些经典的表达式。

那么,我至此尝试做的就是给你们一个非常图式化的,但我认为在某种程度上也是非常有效的方案,来说明正在发生的根本性变革。首先,只有这种看待事物的方式才是我们能够搞懂的。正如你们可以从每一个例子中看到的,说你们面对"技艺应该是对自然的模仿"这个论断,远不如说有人认为技艺是创造力来得可信。同样的道理也适用于其他每一种情形。那么下次,我想在亚里士多德的政治科学和当今的政治科学之间做一平行对照,来具体说明这些要点。还有,为了清楚起见,我要采纳的是现在学界大多数人认为的政治科学,而不是某些人对政治科学的看法,这些人可能更好也可能更差,但肯定不是学界的主流。然后我们将逐步接近主题。

---

① 这个词想必是"危机"。

第二讲　回归亚里士多德的政治哲学(续)

(1961 年 10 月 4 日)①

[20]施特劳斯:有人问我本课程的组织原则是什么。我将逐步导向古典政治哲学,尤其是亚里士多德的《政治学》,然后根据问题的内在结构来提出问题,并扩展开来。我认为我推荐过斯奈尔的《发现心智》,②这本书有平装本,是一般的背景读物。当我放下这本书的时候,我已经听到了很多关于它的话——而且都是一些好话,否则我也不会推荐它。现在我已经读了大约三分之二,我有点失望。但是,你们有些除了非常粗浅的介绍之外从未听说过任何希腊事物的人肯定会从中获得一些益处。其他对我们有意义的书,我会在这里提到,然后再向你们推荐。就目前而言,这样足够了吗? 亚里士多德的《政治学》,我认为,你们必须从头读到尾,否则你们将无法在本学季结束时回答问题,如果没有其他原因的话。

现在让我先对我上次说的内容作一非常简要的总结。我先从可以想象到的最宽广的事实开始,完全超出了学术生活的范围;这个事实就

---

① 参施特劳斯,《后记一则》,收于《古今自由主义》,页 203—223。原刊于《对政治的科学研究论文集》,Herbert J. Storing 编,页 305—327。

② 斯奈尔(1896—1986),德国语文学家。施特劳斯提到的是《发现心智:欧洲思想的希腊起源》(*The Discovery of Mind：The Greek Origins of European Thought*),T. G. Rosenmeyer 译(New York：Harper and Brothers,1960)。[Bruno Snell,*Die Entdeckung des Geistes：Studien zur Entstehung des europäischen Denkens bei den Greichen.* (Hamburg：Claaszen & Goverts,1946)]

是：我们时代著名的危机，就它对我们西方的影响而言。我说过，我们已经不确定我们的目标——这是危机的本质——而这个目标在一段时间内就是普遍正义社会的观念，这观念又基于因技术和科学而可能的普遍富足。对这一目标的不确定意味着对科学的某种怀疑，至少是怀疑科学对人类生活的预期。现在，严格的学术上的质疑——也就是第二点，是这样的：政治哲学已经变得可疑了，如果有人在学界做个测验民意的投票，他就可以说政治哲学已经被抛弃了。一种意在理性地确立人类生活尤其是社会生活之目标的政治哲学，已经被抛弃了。作为替代，我们有所谓的行为主义政治科学，这是一门局限于描述和分析人类实际行为而不以善或恶来评判的政治科学。这种对政治现象的行为主义研究，如其所承认的那样，需要理论，但这种理论更多地具有方法论而非严格意义上的政治理论的特征。它，如其所自称的那样，是因果理论，而非规范理论。这种区分的基础——这整个追求的基础——是事实与价值之间、事实判断与价值判断之间的区分。这事我们不得不后面再谈。

[21]无论事实和价值的议题多么重要，它都是一个更大议题的一部分，而这个更大的议题是：常识区别于科学。再重申一下这种关联：就对政治事物的常识理解而言，并不存在事实判断与价值判断之区分。假如你说"这是一个糟糕的参议员"，从常识上看，这与"这个参议员身高六英尺"的陈述具有相同的逻辑特征，尽管确认这两件事的方式不同。在一种情况下，你不得不使用测量杆，而在另一种情况下，你不得不查看纪事，但这不是一种根本的不同。现在，如果我们看看常识与科学之间的区分，尤其是常识与政治事物研究以及政治科学之间的区分，就会发现常识的首要性。在我们能够科学地谈论任何政治现象之前，我们总是有一些非科学色彩的首要知识。一个简单的例子：在本国，现在和一段时间内，有共和党和民主党，这不是科学知识。每个人都知道这一点，而且当你进入学术殿堂时，这类知识不受影响。某些不为普通公民或有见识的公民所知的细节被揭示出来，但那种知识是任何科学探查之基础。对政治的常识性理解是首要的，科学研究是派生的。这一发现意味着对科学的某种怀疑，至少是这种形式的怀疑。科学成了一个问题。对科学

是派生性知识的认识迫使我们去理解这种派生性的特征。在这个意义上，即使科学——我是指政治科学——应该能够通过这样的检验，它也必须经历这个过程。就此而言，科学已经成为一个问题。

现在，第三点关乎总体性危机与学术现象之间的直接关联，即事实—价值之区分。我们可以作如下简单的陈述：任何形式的科学，无论是自然科学还是社会科学，都是增强人之权力的一种手段。这不是事后的想法。它就是 17 世纪初提出的要求：Scientia propter potentiam，①科学是为了权力，为了增强人的权力，既包括对非人类（non-men）的权力，也包括对人自身的权力。例如，你们知道有一种东西叫作操纵人类——很明显，对人类的权力据说是因心理学、社会学等而成为可能。现在科学增强了人的权力，这毫无疑问。但还有一个问题：如何使用这种权力[的]问题。这个问题不再由科学来回答，无论是自然科学还是社会科学；这是现今广泛接受的观点。这个问题取决于评价和价值判断，而它们不再受制于理性的批判。换句话说，科学几乎为我们提供了达到任何目的的手段。x 是达到目的 y 的手段——这可以被理性地、科学地认知，但 y 应该成为目的这一点，不能再被认知了。这一点[取决]于每个人自己的选择、偏好，或者你可能会说的其他什么。区分好和坏的目的是不可能的。根据这种观点，说某些目的不能实现则可能；换句话说，尝试这些东西是浪费时间。

但是，假如有个人说：我宁愿徒劳地追求目标阿尔法（alpha），也不愿办任何其他事情（他的派对、他的葬礼），从这个角度来看，很明显，即使科学本身的价值也不能理性地确立起来。科学[22]本身被选中了——不仅仅是科学家们选择的职业，这是另一个问题——但是，我们是否无论如何都会严肃对待科学，这最终取决于我们的专断意志。科学能够回答"什么是科学"这样的问题。这通过逻辑或方法论来实现。

---

① 霍布斯，《拉丁文哲学著作全集》（*Opera Philosophica Quae Latina Scripsit Omnia*），第 1 卷，William Molesworth 爵士编（London，1839），页 6。亦参《霍布斯英文著作集》（*The English Works of Thomas Hobbes*），第 1 卷，William Molesworth 爵士编（London，1839），页 7。

但是科学不能回答"为什么是科学"这样的问题。在这个意义上,科学绝对盲目——这是公认的观点,而不是批评。这点在我看来是一个最明显的信号,表明我们事实上对我们的目标已经变得不确定了。人、理性和科学的巨大权力,我们在现时代曾期待它能拯救地球等等,但现在已经没有它的痕迹了。我认为这是我们对智性的不确定之根源。

现在,这些困难促使我们检审古典哲学、古典政治哲学,看看古典政治哲学对我们是否有帮助。我所提出的那个疑难论题,作为一个单纯的问题,就是亚里士多德的《政治学》向我们呈现了对政治事物的常识理解,即与政治科学家相对的公民或治国者眼中的政治事物。能够再次说明这一点的是,事实和价值的区分那时还没有出现,但它必然会在现代政治科学的基础上出现。现在我将逐步导向这个问题的细节。为了做一个初步的澄清,我上次让亚里士多德的哲学划分与现代的哲学划分对峙,由此产生了两个特别重要的教诲。现代的哲学观念由一个事实所明确决定,即在现时代,出现了哲学上中立的科学。自然科学是最重要的例子,当然[还有]经济学、社会学以及许多人所理解的政治科学。哲学上中立的科学已经确立,它们事实上是哲学的权威。现今,怀疑哲学完全正当。如果你怀疑科学——我不是说在所有方面,而是总体上——那你就太可笑了。科学事实上是哲学的权威,就像在中世纪神学或圣经是哲学的权威一样。这是第一点,确立哲学上中立的科学。

第二点是关于哲学所特有的主题:在前现代思想中,哲学的主题是神和/或宇宙。现代哲学之为现代哲学,其核心主题是人,因为,所有仍被[普遍]承认的哲学科学(philosophical sciences;我们上次已经列举过),都与人的不同方面有关:美学、伦理学、宗教哲学等等。那么,这两点之间有一种关联:确立哲学上中立的科学尤其是自然科学,以及将重点从神或宇宙转移到人,因为作为现代科学的对象,自然从根本上被理解为人类的一个构念(construct),人类心智的一个构念。据康德的经典表达式,他指的是牛顿法则:即知性(understanding),指人类的知性,为自然立法。我们被给予(given)的只[是]一堆混沌的感官予料(sense data)。它们必须被整理,被阐释,这完全是人类的知性所做的工作。① 在这个意义上,人类的知性为自然立法。无论如何,所有的概念,不管意味着什么,都被理解为构念。既然如此,科学的对象,尤其是[23]自然,是与人类的知性相关,与人相关。一个矛盾的事实是,在现代的宇宙观中,人是一个极为渺小和无足轻重的部分,比在任何老的宇宙观中都要渺小和无足轻重得多。根据一种很常见的观点:人类只存在于地球上,是这个宇宙中极为微小的部分,而人类在那里存在了几百万年、十亿年,这并不重要。十分古怪的是,在某个偏僻的地方,在某个角落,存在着这样一种骄傲的野兽,把自己视为最终目标,视为整体的最终目的,但从客观上看,这并没有什么。然而很奇怪的是,作为一种我们可以谈论的东西,整个已知的宇宙仅仅是通过某种人类行为,通过人类充满感官予料的心智所组织起来的。此外,能够说明这一点的是,人有一种完全不同的……

　　一切最终都是人类的构念,因为我们所知道的都是已被确认的假设,已被确认的理论,但这些理论都是人类的构念。人是建构者;作为建构者的人不是人类的一个构念。这以这样或那样的方式,以如下极端的方式表现出来:在所有可能的科学理论中,至少有一条最高原则,它被称为矛盾原则。A 是 B,A 非 B,两者是绝对不相容的。这不是欧几里得或非欧几里得的几何学那样的理论所假定的。对于任何声称是思想的人类思想来说,不可避免的是:[它是]绝对必然的,不是被建构或施加的,是不可化约的。那么,在现代或当今对哲学的理解与之前所述的事实和价值的区分之间,是否有关联(这是我上次提出的问题)?根据人们广泛持有的观点,这种[关联]在于作为一门哲学学科的伦理学,但要除去“分析”也就是对意义的澄清,而不决定……这种对人类行为的看法是真的看法,其他的看法都是错的看法。所以,即使是哲学伦理学(philosophical ethics)也不再是一门规范性的学科,而是与任何经验科学一样,几乎是描述性和分析性的。

　　现在让我们继续,首先让当今的政治科学与亚里士多德的政治科学对峙,这是为了更接近我们直接的话题。当我径直用亚里士多德的

① 这些论点可以在康德的《纯粹理性批判》(*Critique of Pure Reason*,1781)B 13—14 中找到。

观点来反对当今的观点时,我假定了一些当然需要证明的东西,这些东西介于当今和亚里士多德之间,且不说中世纪,因为你可以说中世纪在哲学上是基于亚里士多德的,从而把它归入亚里士多德的范畴。但现时代有一批伟大的思想家,他们都含蓄地拒绝了事实与价值之间的区分。我指的是像洛克和卢梭这样的人。他们当然给出了规范性的教诲,并声称这是理性的教诲。所以现代政治哲学呢? 它充当什么角色? 当然,现代政治哲学与当今社会科学截然不同,但它为当今社会科学铺平了道路。现代政治哲学虽然仍然是政治哲学,而不仅仅是当今意义上的经验分析,但它为当今所谓的经验社会科学铺平了道路。我会给你们两个例子,两个最简单的例子。其他的例子讨论起来太费时了。

当你们阅读那些行为主义者当今的文献时,有一个过去的伟大人物的名字总是出现,他们在某种程度上视其为[24]教父,那就是马基雅维利。马基雅维利当然不是当今的社会科学家。他的书完全是规范性的,但其中也有事实的成分。我们可以用当今这样的行话来描述马基雅维利的特质:马基雅维利认为,在他之前的整个政治哲学传统,当然尤其是亚里士多德,都是"理想主义"的,而他的学说则旨在强调"现实主义"。最简单明了的文献就是《君主论》(*The Prince*)的第十五章。这是除了亚里士多德《政治学》之外我推荐的最重要的读物,如果你们想跟进这条线索的话。马基雅维利提出,在他之前,政治思想家关注的是人应当怎样生活(how man ought to live),人应当怎样(how man ought to be)。另一方面,他要表明人是怎样的(how man *is*),人怎样生活(how he lives),并在这种现实主义理解的基础上表明什么是合理的政治学。换句话说,当今社会科学家非常引以为傲的强硬(toughness)是马基雅维利的遗产。顺便提一下,有一个简单的经验证据:现今的社会科学和政治科学中许多事物的直接教父是本特利(他的名我已经忘了)的《政府过程》。① 我不向你们推荐这本书,因为它写得非常糟糕,

---

① 本特利(Arthur F. Bentley,1870—1957),美国政治科学家。施特劳斯提到的是《政府过程:一项关于社会压力的研究》(*The Process of Government*:*A Study of Social Pressures*,Chicago:University of Chicago Press,1908)。

你为了理解它而必须付出的努力不值得,除非你想专门研究某种政治科学的方法论,这时你才不得不阅读它。与规范法则相对的行为法则的观念,似乎在马基雅维利《君主论》第十五章中已有预示。

我只再提一个现代哲人的范例,他也为当今社会科学铺平了道路,那就是霍布斯。霍布斯之所以如此重要,是因为他是第一位以权力为核心主题的哲人。你们知道,有很多人说政治科学的主题就是权力。这是一个非常复杂和困难的问题。例如,马基雅维利几乎不使用权力这个词。有些人说修昔底德是经典的权力分析家,但在修昔底德那里,你很少能找到表示权力的希腊词。无论我们如何描述像修昔底德和马基雅维利这两方所做之事——顺便提一下,他们试图做的事非常不同——都不会出现"权力"这个词。但在霍布斯那里,"权力"是一个核心术语,这不仅反映在他的政治哲学或道德哲学中,还反映在他的自然哲学中。这意味着什么很难说——我的意思是这需要一个复杂的分析。

我还提到了另一点,我相信它对于霍布斯所支持的当今社会科学至关重要。抱歉,我说了些极其愚蠢的话,从语法上讲极其愚蠢。我会重述一遍。霍布斯提出的另一点已经成为当今社会科学的权威观点,它与如今使用的事实和价值的区分有很大关系。霍布斯从一项原则开始,这原则是所有道德和所有政治的关键,他称之为自我保存(self-preservation)。自我保存是每个人的基本关切。这点当然已经被抛弃了,因为如果不是这样,你就会看到一种规范伦理学。随着自我保存而来的一切,都被"自我保存[是]善"所证明;霍布斯想要有这样一种规范性的关切,但它已经过[时]了。但是霍布斯推进了一步。如果我拥有自我保存的权利,那么很明显,我就对我的自我保存的手段拥有权利:[25]否则自我保存的权利将无用。但是,在这里,在现在,在这样那样的情况下,不同的人对什么是实现我的自我保存的手段有不同的意见。谁该成为裁判者呢?传统的回答是:呃,当然是一个通情达理的人。一个愚人或许认为任何事情都有利于他的自我保存,而这对他来说具有毁灭性。这当然会导致某种困难,那就是,也许通情达理的人不太关心愚人的自我保存,而愚人很关心自己的自我保存。为了使问题尽可能简化,霍布斯说每一个人都是裁判者。每一个人都是裁判者;他是愚蠢还是智慧,是正派(decent)还是不正派,都没什么差别。他对自己利益的判断不可辩驳。你不能诉诸更高的考量了。这是当今社会科学的一种暗示,虽然它不是这样出现的,即一个人认为他的利益是什么,无论多么欠考虑或愚蠢,那就是他的利益。一个群体认为它的利益是什么,无论多么愚蠢,那便是它的利益。你不能再评判了。对于霍布斯来说,这只是他漫长推理过程中的一个阶段、一项原则,[即]每一个人都是自己的裁判者。但是霍布斯如何由此发展出他的政治哲学,这是一个漫长的过程。但原则[就是]:每一个人都是自己的裁判者,他对自己的一般利益的判断是不能批评的。他对于颜色的判断肯定能批评,如果他说这是绿色,但事实上是红色的话;或者你肯定会因为他是色盲而说他没有资格判断颜色。但就他的利益而言,他是……

现在我转向我的具体问题:当今的政治科学和亚里士多德的政治科学之间典型的差别。我准备做两点一般性的评述。我说过,亚里士多德的政治科学从公民的角度,从那关心自己的政治社会、关心它的善或制度效能等方面的人的角度,来看待政治事物。亚里士多德不会从外部来看待政治场景,这和你看一个蜂巢、一群牛或其他什么东西不一样。他是从内部来看待政治场景的。他不是局外人或旁观者;他就在其中。这就产生了一个难题:公民的角度当然多种多样。举个最粗朴但最著名的例子,富人和穷人。亚里士多德不止一次地提到这种分裂,即富人和穷人看待政治问题的方式不同。存在着其他的等级。还有中间阶级(middle class),他们既不是富人也不是穷人。还有严格意义上的君子(gentlemen)。现在,每个群体(你可以随意再细分)都提出了要求。富人想要独行其是,穷人也想要独行其是,等等。这本身就意味着存在内战的风险。这种风险在很多时候不会变成现实,但它一直都会潜伏在那里。现在有两种解决方式。有一种愚蠢的方式、兽性的方式,那就是开枪、杀戮,这是解决问题的一种方式。但是,人性或人道的方式是和平解决:将争议点提交给一个不偏不倚的裁判者的法庭(forum),由裁判者根据冲突各方之应得来处理。你可以说亚里士多德很天真(naïveté),竟相信这样的事情可能,[但]这确实是他的前提——不仅是亚里士多德的[前提],而且是政治哲学的[前提],只要这个前提存在过并且依然存在,就有不偏不倚的判断的可能性。亚里士多德所认为的不偏不倚的人——又或者柏拉图——并不是中立的人。中立的人是一个冷漠的人。不偏不倚的人是一个非常想要做出正义的决策的人。中立者不是裁判者。这是第一点。古典意义上的政治哲人旨在[26]成为社会各阶级之间不偏不倚的仲裁者。是否所有的政治哲人——且不说那些自称哲人的人,都履行了这一承诺则是另一个问题,但他们肯定这么想。

第二点我们不得不从一开始就考虑,它是这样的。"政治科学"(political science)这个术语,或者更确切地说,它对应的希腊词 politikē epistēmē,比任何学术意义上的政治科学都要古老。它最初指政治技能,治国者的技能。我的意思是一种不是每个公民都具备的技能,一种治国者的技能,一种通过言辞和行动处理城邦事务的技能。言辞之所以如此重要,原因如下:每一个重要的决策(decision)都必须经过审议,而审议又意味着演讲。换句话说,极少出现决策制定(decisionmaking)这个词,但如今在政治科学的某个分支中它却十分常见。审议(deliberation)是一个贯穿所有年代的关键术语。审议被理解成必须得出某种结论,但重点在于审议,在于理性活动。当你谈到决策时,你倾向于思考最后一步,这样做或那样做,就像抛硬币一样,或许压根没有经过审议。我很早以前就建议过对当今政治科学概念感兴趣的人应该研究下决策概念的起源,看看它是如何成为政治科学的关键术语的。我猜测它从德国传到本国,与纳粹运动的筹划和议会审议实践的崩溃有关,但这只是我的猜测。得做真正的探查。我认为,如果你查阅一本四十年前写的政治科学书籍,就至少会观察到"决策"这个词的出现频率比你现在发现的要低得多。

现在回到我的要点上来,普通公民是特定共同体中或好或歹的公民,而几乎从未有过从一个城邦的公民身份变为另一个城邦的公民身份。公民可以移民,但那样就会变成外邦人(metic)。① 差不多从未有过

---

① 在雅典,外邦人本质上是居留的外籍人,不能有自己的地产、投票权,也不能担任公职。

公民要改变自己的公民身份。但是那种技能,那种 epistēmē,是可以转移的。有一个经典的例子,即雅典最伟大的治国者之一忒弥斯托克勒斯(Themistocles),①此人后来惹上麻烦,逃到波斯国王那里,给了他很好的建言,但却害了雅典。这种技能本身可以转移;它不像严格意义上的忠诚那样受制于此时此地。现在,考虑到言辞事实上在任何共和国社会中——你们知道,尤其是在共和国社会中,因为那里的权威机构是一个审议机构,且被视作一个小群体——都发挥了如此大的作用,你必须有演讲的能力。君王可以不仅仅是言简意赅:有一些这样的人的著名案例,他们几乎一言不发,但却完成了重大的事情。但无论如何,在共和国社会中你不得不具备演讲的能力。而演讲被证明是可以教的,因而修辞技艺得以发展,这是第一种可教的政治科学。治国者的技能没有被理解为可教的,但作为演讲技艺的政治科学变得可教了,这是由苏格拉底之前的所谓智术师完成的。那东西的可转移性[27]很容易观察到,因为智术师通常都是异乡人。他们是移居的。这东西与任何特定的政治共同体都没有本质上的联系,它适用于所有的政治共同体。

　　但这当然是一种非常狭隘的政治科学观念,它就是公共演讲的技艺、公共言辞的技艺。可以说,政治的全部实质在这种对政治的外在和形式的理解中被忽略了。古代人所理解的政治理解中最高的部分是立法技艺(legislative art)。[为了成为]一个能为某共同体设计法典的人,且这部法典旨在无限期地、长久地有效——这种人在某种程度上更像如今所讲的国父(the founding fathers),而不是我们现今所讲的"立法者"(the legislator)——而不是[为了成为]我们如今所讲的狭义的参议院或众议院的[一]员,你会需要这种技艺。一时的政治活动总是在其内发生的那个框架,就是最高的技艺。柏拉图和亚里士多德所讲的政治哲学是立法者的技艺,这是一种可教的技艺——不是某位既有的立法者因某种自然禀赋而拥有的技艺,而是一种可教的技艺。政治哲

---

① 忒弥斯托克勒斯(约公元前 524—前 429 年),希波战争期间雅典的治国者和将军。希罗多德、修昔底德和普鲁塔克都讲述过他的事迹。

人被理解为立法者的教师。这一直持续到很久以前;我认为边沁①仍把自己理解成立法者的教师。所以,在讨论任何细节之前,我们必须始终牢记这两个要素:政治哲人一方面最初是作为不偏不倚的仲裁者而不是一个党派分子出现的,[另一方面]则是作为立法者的教师。

现在我将更详细些地列举亚里士多德的政治科学和当今的政治科学之间的关键差别,然后我们可以停下来讨论一番。有一点只是重复我上次所说的。亚里士多德没有在哲学与科学之间做出区分;因而他也没有在政治哲学与政治科学之间做出区分。直到 17 和 18 世纪,情况仍是这样:scientia civilis[政治科学]和 philosophia civilis[政治哲学]是同一回事;然而现今,政治科学是一回事,政治哲学又是另一回事,而这一切的基础是,科学与哲学这两方之间的一般区别。上次我已经基于确立在哲学上或形而上学上中立的科学这一事实,讨论了这一点,现在我就不必再细究了。我只提及一些与社会科学有关的后果。亚里士多德的政治学,你可以称之为政治科学或政治哲学——其实是一回事;它包含了我们所称的政治科学、经济学和社会学,因为据亚里士多德所述,政治联合体(political association)是最高的联合体,包含了所有其他联合体。因此,对所有这些其他联合体(工会、政治社团等)的研究只是对政治体(body politic)的分析的一部分。同样的道理也适用于经济学、政治心理学等等。

第二点,我们上次也提到过:亚里士多德在理论科学和实践科学之间做出了根本的区分,这个区分我们已经抛弃了。取而代之的是,我们在理论科学和应用科学之间做了区分。[28]应用科学是以理论科学为预设的科学。亚里士多德所理解的实践科学并不以理论科学为预设。原因是:人类的行动有其自身的原则,这些原则是独立于理论科学而为人所认识的。最简单地说,人在自然上就拥有某些目的(我们后面会看到,这过于简单了,但就这里的目标而言,已然足够)。这些目

---

① 边沁(Jeremy Bentham,1748—1832),英格兰道德哲学家和政治哲学家,著有《道德与立法原理导论》(*Introduction to Principles of Morals and Legislation*, 1789)。

的有一种内在的秩序——也就是我们所说的等级结构,而人在自然上就倾向于这些目的。人不必超越自己在自然上就认识的这些目的,来找自己的位置。意识到这些目的后,人必须寻找达到这些目的的手段,然后,人可以通过成长和合理的行动,逐渐养成为适当的目的选择适当的手段的习惯。这被称为明智(prudence)。

明智意味着为正确的目的选择适当的手段的习惯。这种明智的发展完全独立于任何科学机构或学术机构——我的意思是,人类社会本身在某种程度上就能对之负责。亚里士多德所理解的政治科学,或者实践科学,包括了伦理学、经济学和政治学,其在于以适当的顺序连贯地阐述人的目的;我们也可以说,在于阐述明智的一般规则,这在如今被颇有争议地称作谚语式智慧。如果我没记错的话,有一个例子是"小洞不补,大洞吃苦"(a stitch in time saves nine)。很遗憾,我忘了怎么证明它是一个不合理的规则。这是赫伯特·西蒙(Herbert Simon)做过的事情。① 如果有人学过公共行政,他就会知道的。亚里士多德暗示,有一个私人性明智的领域,还有[一个]政治性或公共性明智的[领域]。公共性或政治性明智当然更宏大、更全面。原则上,它是自足和封闭的。这确实是亚里士多德的观点。

这产生了如下的难题。[明智]始终以根本相同的方式在人们身上产生,但不是同等地在所有人身上产生;不过,[它]也始终受到虚假的理论意见的威胁。假如你举了当今的一个例子,说始终存在像马克思主义这样的东西,又假如你从亚里士多德的视角来看待这种情况,你将不得不说马克思主义使明智的行动变得[不可能]。这最终是因为,它在理论上是虚假的意见。但是始终存在这样的虚假的理论意见。当然,这些虚假的理论意见只能通过理论论证来驳斥,因此,实践智慧或明智始终——这两个是同义词——实践智慧始终需要理论辩护。但从亚里士多德的视角来看,这并不意味着实践智慧需要理论基础。这里

---

① 西蒙(1916—2001),美国政治科学家和经济学家,著有《行政行为:一项关于行政组织决策过程的研究》(*Administrative Behavior*: *A Study of Decision-Making Processes in Administrative Organizations*, New York: The Free Press, 1947)。

似乎有一个微妙的区分,但它是一个重要的区分。

现在,如果我们看看当今的政治科学,有一件事绝对是很基本的,正如华生医生(Dr. Watson)①会说的那样。像有关人之自然目的的自然知识这样的东西是不存在的。n 个人有 n 种不同的价值观,甚至同一个人在不同的时候有不同的价值观,并且不可能有更高的价值观和更低的价值观这样的区分。这是一个[29]绝对独断的前提。据此,如前所述,理论科学和实践科学之间的区分被理论科学和应用科学之间的区分所取代。有些人谈到政治科学中的政策科学,他们指的是应用科学。在老的观点中,在亚里士多德的观点中,政治科学的基础和母体是明智,以及各种环境下的生活经验。当然,这不仅是旁观者的经验,也是处理政治事务的人的经验。这是基础。有一种应用于此的、关于政治事务的扎实知识需要加以阐述,需要连贯的阐述,而这不是一个实践的人所能做到的。但如果在大学这样的地方……能做到就很好了。但在现代的观点中,如果生活经验或实践智慧在某些情况下可以得到清晰呈现,那它就不是政治科学的基础。其基础是科学心理学。在现今的许多情况下,这是某种形式的弗洛伊德精神分析学说(这并没有影响),但不是政客(politician)、商人尤其是这些职业更加正派的代表者的实用心理学(practical psychology)。但科学心理学是基础。也许在某种程度上社会学也是基础,但社会学总是以诸科学的顺序回指心理学,所以我认为我们还是得回到我前面所作的论断。

现在是第三点差别,但这里纯粹是列举一下:据亚里士多德所述,对实践原则、行动原则的意识主要是在公共的言辞、权威的言辞、法庭上的言辞中,尤其是在法律或立法中,而不是在纯粹私人的言辞中,表现出更高的程度。如果你想理解政治,那就听听立法者在立法过程中②[为]解释他们的措施都说了些什么,等等,而不是去听纯粹私人的言辞。虽然他还不至于愚蠢到不知道有些事情,也许在许多重要的

---

① 福尔摩斯(Sherlock Holmes)的华生医生。

② "在立法过程中"(in the act of legislation)这个短语有歧义。施特劳斯指的可能是立法机关中那导致书面法案的辩论,或书面法案本身,或两者兼有。

情况下,是不公开的,从来没有当众说过,比如在立法者背后的事情,但是,这样的差别,这样的事实,即无论那些事情有多大,立法者都不能公开承认,乃是极其重要的。这有助于我们了解政治局势,[了解]什么可以公开,什么不可以公开,这具有重大的实际意义。所以,亚里士多德的政治科学从公民的角度来看待政治事物。我之前提到过这一点。公民的角度多种多样,因此需要一个仲裁者。尽管现代政治科学家设计了一种参与式观察者的方法,但他仍把自己视为政治场景的外部观察者,因为这参与式观察者是一种虚构。他意识到如果他不扮演参与者就无法弄清楚某些事情,但基本的姿态仍是观察者的姿态。他看——借用现代思想中的一位主人公的说法——他看待政治事物就像人们看待三角形或鱼,大的吞小的。① 由此,在语言方面有一个重要的差别。亚里士多德在其政治科学中的语言是公民的语言。我想知道,《政治学》中有没有一个术语哪怕是关键术语、核心术语,不是出自政治舞台,也不是通用的。例如,在亚里士多德的《政治学》中,核心术语是 politeia 这个希腊术语,通常被译为"宪制"。我后面会[30]谈。这是一个早在被政治哲人使用之前就被政治人用在政治生活中的关键术语。但对于任何曾对现代政治科学有所了解的人来说,有一件事是显而易见的:你若没有事先阐述过大量的专业词汇,甚至不能着手谈论现代政治科学家所认为的政治现象。

　　第四点,对亚里士多德来说,政治科学必须评价政治事物是不言而喻的。亚里士多德的整个政治科学——有描述性的部分,这不言而喻,但整个追求的顶点是劝诫和直截了当的建议:做这个,不要做那个。在当今的政治科学中,价值被认为是纯粹主观的,因此评价是不可能的,它不在政治科学的范围之内。知识的顶点是预言,它至少有望以此为顶点,但顶点最多是假设性的建议,意思是:如果你想要一个自由的社会,就做这个做那个;如果你想要一个僭主制的社会,就做这个做那

---

① 施特劳斯指的很可能是斯宾诺莎(Spinoza),《伦理学》(*Ethics*,1677),第三部分,序言,以及《神学政治论》(*Theologico-Political Treatise*,1670),第十六章,第2段。

个。① ——自由的社会比僭主制的社会更可取。

现在是最后一点,在某种程度上也是最重要的一点。依据亚里士多德的政治科学,人是具有自己的特性的存在者,是 sui generis[自成一类的]存在者。人是具有自己的尊严的存在者。用非亚里士多德的语言,但作为一种向他靠拢的方式,我们可以说,人是我们所知道的唯一能够关注自尊的存在者。这一点的证据就是人能够鄙视自己。能够尊重自己[的]存在者也就是能够鄙视自己[的]存在者。这是分不开的。人能有羞耻感:正如一位现代人所称,人是"面颊绯红的野兽"(the beast with red cheeks)。② 野兽没有羞耻感。这意味着,人对自己应当怎样生活有某种意识,无论这种意识有多模糊,而如果不按照这种意识生活,人就会为此感到羞耻。换句话说,我们所称的道德,即人应当怎样生活的观点,与法律之间有必然关联,因为人的尊严与公共秩序的尊严之间有必然关联。这意味着政治事物是 sui generis[自成一类的],不可化约为低于政治的事物。人在本质上区别于野兽,区别于诸神。这观点看起来像是一种特殊的哲学观点,其实是一种常识性的观点,正如你可以从如下例子中看到的那样。当罗斯福总统提出四大自由时,诸如人人免于匮乏的自由就产生了。罗斯福总统理所当然地认为,他要求的是所有人能有免于匮乏的自由,而不是所有老虎、所有老鼠或所有虱子。他认为这理所当然。当然,所有这些判断暗示了有一种根本性的差别——不是我们所称的本质的差别,因为"本质"(essence)已是一个高度老练的(sophisticated)观念。这里未必有这个哲学观念,但是很可能有人类与其他存在者之间的根本差别的观念。

[依据]当今的政治科学,至少是正式的政治科学——个人当然可以自由地拥有私人意见,但也只是拥有私人意见——人类与野兽之间只有程度上的差别。[这是]进化论的直接遗产,但顺便提一下,进化

---

① 这时换录音带。

② 尼采,《扎拉图斯特拉如是说》(*Thus Spoke Zarathustra*,1891),第二部,"论同情者"(On the Pitying)。[译按]中译文参考尼采,《扎拉图斯特拉如是说》,娄林译(上海:华东师范大学出版社,2022);有改动,下同。

并不[31]必然有这意味。因为,很可能会有从一种存在者类型到另一种存在者类型的跳跃,很[可能会有]一种本质的差别。然而,人类与野兽之间或人类与机器人之间只有程度上的差别。你们一定读到过带有这种意思的语句。原因是,这在现代进程中已然根深蒂固。根据现代思想,理解一个事物意味着理解这个事物的创生或条件。因此,理解人意味着从人的创生或从人的条件来理解人。人的创生和人的条件都不是人特有的。这一科学观念要求把属人的事物化约为在属人的意义上低于人的事物。必须基于较低者来理解较高者:从低于人的事物来理解属人事物,从低于理性的事物来理解理性事物(作为精神分析学说的结果,这已经变得特别流行),从低于政治的事物来理解政治事物。政治事物只是表面现象,据许多人所述,你不得不深入挖掘,这是说,如果你想理解政治生活,就不得不细究群体[的心理学]或个体的心理学。制度,重要政治制度清晰明确的目标,[所有]这些都被推到了幕后,不能作为关键。政治科学在逻辑上位于社会学或心理学之后,那些人中有一些不止一次地说过,政治科学作为一门独立学科的独立性只是过去的遗留问题,随着社会学的适当发展,政治科学将被社会学吸收,公法和国际法等若干学科将不得不转入它们所归属的法学院。

　　这就是对亚里士多德政治科学和当今政治科学之根本差别的高度概括的描述。这种对峙并不是为了提出这样或那样的解释,而只是为了提醒你们注意某些前提。即使当今政治科学合理,你们也有必要了解它的默认前提是什么,并且只有当你们了解当今政治科学的替代方案时,这些前提才会变得明显起来。最明显的替代方案就是亚里士多德的政治科学。我想说,当今政治科学的任何有智性的拥护者绝对得承认这一点:没有一种政治学说在全面性方面可与亚里士多德的政治科学相提并论。人们可能会认为孟德斯鸠的《论法的精神》(*Spirit of Laws*)是唯一在广度方面可与亚里士多德《政治学》相提并论的现代著作,其实,即便是这样一部引人注目的著作也不具有亚里士多德《政治学》的广度。现在,我在继续讲之前先稍作停顿,想看看你们对于我讲的理解了多少。

　　学生:您能解释您在亚里士多德的政治理论或政治哲学与现今的

政治哲学之间所作的最后一点区分吗？您说现代人已经把政治事物化约为低于政治的事物……

施特劳斯：任何见过政治演说家的人都知道激情非常重要，这毫无疑问。但问题是，你是否应该希望仅仅停留在观察激情的相互作用，并以此为基础做出预言，或者你是否不应该考虑激情的正确利用：正派的治国者应该激发哪些激情、哪种激情，而不应该激发哪种激情。但我认为你的问题有点宽泛，我会试着按我的理解来回答。你知道"集团政治"（group politics）的 [32] 意思，杜鲁门（David Truman）、①[本特利]等人的意图。他们说了什么？集团及其利益是真正的政治现象，是严肃而实质的东西。n 个利益集团对所有意义上的"利益"都感兴趣。然后政府不得不以某种方式扮演一种中间人的角色。严格意义上的政治制度是什么，其充当什么角色？在这个方案中充当什么角色？他们称是"惯态背景"（habit background），[这]是本特利的术语。换句话说，像合众国宪法这样的东西、当今对这个宪法的阐释，就是惯态背景。但其真正的材料是底特律正在发生的事情、②一场罢工发生的时间等等。但是，如果把集团斗争理解为应该解决的问题，并且可以通过和平手段解决，那个因素当然最重要，那就是惯态背景。假设你对一个治国者、政客或总统的判断有疑问，"他是智慧还是不智慧？他有治国者的其他德性和恶德吗？"——这与精神分析学说的联系，例如，你经常会在一种极端的观点中发现这种联系，其中故意夸张地描述了你的疑问：如果你不了解一个治国者在婴儿时期得到过什么样的关爱，就不可能了解他的智慧或愚蠢。就我所了解或关心的一切而言，他第一年发生的事情与他四五十岁时的情况之间或许有关联，但是，合情理的观点当然是，他是智慧还是不智慧，是勇敢还是怯懦，等等，都可以根据那些具有

---

①　杜鲁门（1913—2003），美国政治科学家，著有《政府过程：政治利益与公共舆论》（*The Governmental Process：Political Interests and Public Opinion*，New York：Knopf，1951）。

②　1950 年代，底特律的汽车工业波动很大：由于与管理层的关系和工作条件都不佳，正式工人和"野猫式"（wildcat）工人都举行了罢工，而且还周期性地出现原料短缺的情况。

判断力的人的纪事清楚地确定下来。至于他怎会如此,究竟是由于如厕训练不当,或者由于被宠坏,还是由于天生的迟钝和怯懦,这是一个相对无趣的问题。有趣的问题是,这样的人怎么会当选。这会是一个有趣的政治问题,因此你不需要任何科学的心理学。

学生:难道您不认为了解国会中人的出身背景很有帮助,比如说,了解某个人是否在农场长大,或者是否有大城市的出身背景?因为,这将有助于人们更好地了解他们为什么说某些事情。

施特劳斯:这倒挺有趣,但我想说,一位有智性的国会议员,此人一直在留意这位同事——我宁愿听信此人,也不愿听信一篇关于这个话题的博士论文,因为毕竟,[决定]哪些特定的情况、行动或言论重要或不重要,很大程度上取决于判断。有时,他在既定情况下之所以如此行动,或许只是因为他事实上觉得合情理的做法就是合情理的做法。为什么我还需要进一步解释呢?但在其他情况下,对于一个有智性的、爱国的人来说,所做之事是否合情理或许就不那么明显了,这时一个人必须确确实实地弄清楚错误的根源是什么。这可能只是他的选民给他造成了压力,使他无法更好地了解情况,也可能是他本身为自己的褊狭主义视角所囿。这的确很有趣,但我不认为这[33]需要科学研究。我想说,我至少会像信任所谓的科学家一样,信任一个有智性的记者,一个真正有智性的记者,一个不逃避必要的麻烦、尽职尽责的人。

学生:我理解您说的政治科学家从野兽和机器人出发来研究人。您谈到亚里士多德以一种质上不同的方式,从诸神或野兽来设想人。您能稍微详细地解释这一点吗?

施特劳斯:你误解我了。我说过亚里士多德从人本质上不同于野兽也不同于诸神这一事实出发。但我并没有说他从这个事实推出了人——他接受了它,它是起点。亚里士多德不可能从任何事物中推出人,因为他相信可见宇宙是永恒的,尽管我们如今认为这一信念错误。你知道这意味着什么吗?人总是存在的。人总由父母所产生,从来没有第一个人,但是,从圣经的意义上讲,上帝创造了第一个人,或者从当今的意义上讲,人由非人(non-man)在某一时刻产生。所以人没有起源。在现代人看来,根据某种形式的进化论,人可被理解为从非人衍生而来,最终又可以通过非人来加以理解。我听到过这样的观点:除了人使用语言符号之外,人与野兽,乃至与那些和人最接近的野兽,还有什么差别? 而亚里士多德会说:语言符号,是什么意思? 意思是人会说话。这就是亚里士多德所说的:人是拥有言辞的动物。这就要求(还是在非常粗略的意义上讲)人能够有概念,而不仅仅是印象(impression)或者你会说的其他什么。这是一个根本性的差别。它在每个方面都有无限的影响,所以,从你在别种动物身上看到的东西来类比并尝试理解人类无论多低级的激情和欲望,这在根本上都错误,尽管在某种程度上可以提供一些说明。几年前,拉斯韦尔做过一次著名的主席演讲,他在其中讨论了这样一个问题,就好像这是当今政治科学中最重要的问题之一,那就是看看是否应该赋予机器人以人权。① 毕竟,机器人能处理人类所不能处理的一些不可思议的数学问题,以及其他一些它们现在不能处理但在短期内能处理的问题,因而它们应该被赋予人权。你可以说,这是极端的观点而不是整个学界的典型立场。确实如此。但是,整个学界的真实情况是,它没有去面对人类与非人类之间的本质差别的议题。因此,就像我说的,它倾向于从低于人的事物来理解属人的事物,并在政治科学本身中从纯粹的利益和冲动等低于政治的事物来理解道德的和政治的事物。我确信,我们接下来还会想到很多低于政治的事物,因为你随便往哪一看,都会发现这样的事物。

学生:关于您对哲学的定义,我很好奇,因为辩证唯物论(dialectical materialism)——意识是对客观实在的反映——否定了康德的自在之物(thing-in-itself),您是否,[34]是否可以在您刚才描述的意义上再称它为哲学。

施特劳斯:我不知道莫斯科等地的教授们如今在说些什么。马克

---

① 拉斯韦尔(Harold Lasswell,1902—1978),美国政治科学家,曾任美国政治科学协会(American Political Science Association)主席。施特劳斯提到的主席演讲是《科学的政治科学:一项关于掌控和自由之间的可能调适的探询》("The Political Science of Science:An Inquiry into the Possible Reconciliation of Mastery and Freedom"),*American Political Science Review* 50(1956),页961—979。施特劳斯涉及的段落在第976页。

思本人不会坚持把它称为哲学。在他早期的著述中有许多评论,当时他还在用哲学讨论问题。大约在1848年之后,他就不再这样了。然后就有一些评论,大意是说哲学已经过时了:正如我们有自然科学来研究自然,如今也将有一种对社会实在的经验分析,也就是说,他所提供的这种经验分析将代替哲学的其他部分。与此同时,他们发现形式逻辑有一定用处,他们有形式逻辑,而且它被教授,我认为还有其他一些学科,但它真的没有生命力。真正重要的当然是他们所认为的自然科学,但这并不必然就是诸自然科学所认为的自然科学。

同一个学生:这就是我的意思……哲学,因为实在在人类意识之外有一个客观的位置。

施特劳斯:我知道。你可以称它为哲学——这并不是特别重要,哲学有很多种——但它与我们有多大关系呢? 我的意思是,为了论证,我们可以称马克思主义为一种哲学。就我的论证而言,这引出了什么? 你可能会说的一点[是],马克思主义隶属于西方思想中的一个较老的层级——不要忘记马克思主义最初是西方的——在西方思想的这个较老的层级中,关于事实和价值之分的议题还没有出现。马克思毫不犹豫地做出了某些价值判断,同时,在马克思那里也已经有一些陈述,能够预示一种强硬的姿态,不做价值判断。但如你所知,实际并非如此。人们可以以马克思为基础,从道德来陈述马克思主义学说,而只有马克思会说:这对我来说绝对无趣,因为任何道德教诲都意味着相信劝诫。当亚里士多德在《伦理学》(*Ethics*)中描述德性时,那不仅仅是一种描述;它提醒人们应当如何生活,因此它有劝诫的含义。马克思说,这并不代表什么,真正重要的是阶级斗争和这样的总体观念。按照社会的标准,大多数人都"正派"。即使他们说有罪犯和越轨者,这类人也总是属于例外。如果这类人的规模变大,这就表明社会已经陷入危机。但是,正派的内容是什么,最终取决于经济结构。现在如果你有一个布尔什维克主义社会,那么经济结构本身以及经济结构的后果将使人们自然地以一种比以往任何时候都更一致的方式变得正派。将不再有欺骗的机会,因为不再有任何私人财产。这是一个粗朴的例子。

人们应该做更充分的陈述,但马克思主义肯定不会声称自己没有价值判断。我的意思是它轻视价值判断,[因为]它说:这是劝诫,没有用处,重要的是社会行动。但既然社会行动必然由言论、宣传和呼吁所预示,那么价值判断就出现了;你只需阅读他们对西方和西方特定趋势的说法,就会发现他们确信自己能够做出客观有效的价值判断。要扩展这一点,就必须走得比我现在能走的更远,但有一件事是清楚的,事实和价值的区分出现在[35]19世纪最后十年的德国资产阶级思想家们那里。然而,马克思主义预示了任何对道德判断本身的漠视,不过还没有达到区分事实和价值的程度。

学生:我理解您对那些将精神分析理论应用于政治的人的批评,比如拉斯韦尔,他写了一本叫《精神病理学与政治》的书,①但我觉得您的批评也会被引向更宽广的领域。在这一点上我或许错了,因此我想请您说一下,您是否觉得精神分析理论在处理精神疾病和帮助有情绪问题的人等方面同样具有误导性。

施特劳斯:我为什么要这么残忍呢? ……我反对庸医之术,但我完全不知道精神分析学说是否有帮助或者是否算庸医之术……但应用到政治科学中绝对荒唐。

同一个学生:我提出这个问题的原因……

施特劳斯:我想说的是,它们当然不是一种既存理论在政治问题上的简单应用。它们基于一种非常确定的政治观点。在我目前的记忆中,拉斯韦尔的总体观点是,作为竞选公职的政治人,政治人是病态的人。那种想拥有权力的愿望从根本上讲是错误的,尽管想要像实干家那样做事的人必须有这种愿望。拉斯韦尔最终的梦想是建立一个无政府主义的社会,一个没有政府的社会。这里他没有追随弗洛伊德。我听说过一位参议员在某次会议上发表的意见。我极为惊讶,因为这个人从来没有听说过拉斯韦尔——这个人来自合众国的一个农村。他说,普通民众是正派的,所有的麻烦都来自政客。当然,他当时想到的主要是赫鲁晓夫,但我认为他真的应该将所有参议员包括进来,除了他自己。现在我相信有一种老式的、顽固的无政府主义,你可以将其追溯

———————————

① *Psychopathology and Politics*(Chicago:University of Chicago Press,1930).

到潘恩。你知道潘恩的这个观点:社会会对自己负责,你只需要政府承担一些相当边缘的职能①——你知道,有人一喝醉就开枪。我认为拉斯韦尔继承了潘恩的传统,并将其与精神分析学说相结合。你知道,弗洛伊德在这方面是一个非常老式的人;他相信警察,只要有人,警察的一切都是必要的。换句话说,拉斯韦尔不是弗洛伊德。

同一个学生:但是,当您谈到弗洛伊德的理论时,您不也对比了亚里士多德和弗洛伊德本人吗?

施特劳斯:从弗洛伊德的人类灵魂观念来看,很难理解他本人作为科学家所做的事情——理性或理解力,从一开始就不属于人的基本装备,也不能从任何潜意识(subconscious)、本我(id)或自我(ego)等东西中推导出来,所以,亚里士多德意义上的科学是对一种属于人本身的潜能的实现,而心理学[36]绝对不可能解释一切。之所以不可能,是因为你解释的是一些你总是预设属于你的东西,而且,如果你看看那些用精神分析学说来解释科学的尝试,我想你会发现……

[由于设备问题,讲座这时听不见了。]②

---

① 《人的权利》,第一章。
② 转录员注。

第三讲　导论：实证主义的障碍

（1961 年 10 月 9 日）

[38]施特劳斯：在上次会面的最后，有不少学生提出了问题，我认为这些问题应该被公开地对待，因为它们真不是私人问题，而是和我讨论的那些问题一样具有公共性。我告诉那些有问题的先生们，他们应该在我桌上放一张或几张手写或打印的字迹清晰的便条，这样我就会知道是怎么回事，然后我们就能讨论了。某某先生，我记得你的名字。你为什么把它放在这里？这是浪费时间。我看到了，谢谢你。还有谁有书面陈述吗？呃，我想以后我们会简单地把这作为一种练习，如果有人对某一点不满意或感到困惑，而我们又没有机会在课堂上讨论这一点，他们就应该把它放在这里。某某先生问："政治理论的衰落真的是由于当代理论家堕入历史主义之中，还是准确地讲是因为当代政治科学家完全忽视了政治理论的作用？"

好的。呃，我相信我已经回答了这个问题，但显然你没有理解我讲的。当代政治科学家并没有完全忽视政治理论的作用。我相信，现今没有一个直言不讳的政治科学家会认为政治理论不必要。没有理论而［只有］事实的时代已经过去了，因为现今人们广泛承认没有理论就没［有］事实。因此，问题不在于理论本身是否重要，而在于什么样的理论。存在的分歧是这样的。我相信，大多数政治科学家，至少现今大多数的专业政治理论家，会说唯一正当形式的政治理论是所谓的因果理论，实际上也差不多就是方法论，而余下的少数则会说，政治理论必须是规范性的，否则就不是政治理论。

这与某某先生所称的历史主义毫无关系。这是一件完全不同的事情,我们可以从表面上和行政上作如下描述:即便那些说政治理论只能是因果理论的人一般也会说,开设政治理论史或政治哲学史课程是合理的。当然,也有一些激进的人,主要是年轻一代,他们说:既然政治哲学必然基于从事实到价值的不正当过渡,从而是胡言乱语,那么,我们为什么要教授它呢? 这里的意思是,让我们不要被柏拉图、马基雅维利等名士影响太深。我们现今也有同样知名的人士。正如在绘画方面,伦勃朗(Rembrandt)或提香①比如今在艺术学院②搞展出的一些人有名,但这只是一种视错觉,艺术学院的一个人在一千年后将和提香一样有名。或者拿我们这个领域来说,拉斯韦尔将被证明是 20 世纪的洛克。但在实际的行政层面,大多数政治科学系仍会非常一致地说:我们应当有一个人来开设一门从柏拉图到当前的政治哲学史的课程。[39]这有更深层的原因,但这些原因并不总是经过透彻思考。在大多数情况下,原因就是著名的保守主义,不仅是保守主义者的保守主义,而且是一般而言的人类的保守主义:这是一种习惯用法,没有任何坏处,让我们继续沿用吧。但从长远来看,这当然不够好。对某某先生的问题,我暂时就回答这些。但是下周我不得不探讨更严肃的意义上的历史主义议题。总的来说,我的计划是这周讨论实证主义(positivism),下周讨论历史主义。我相信,如果我们想就我们的主题——古典[政治哲学],取得一致意见,那么这就不可或缺。

现在,由于过了一个长周末(long weekend),而且由于我们还不熟稔(少数人除外),我将重申我在前两次会面中提出的主要观点。我从我们时代著名的危机开始,并说它在于这样一个事实,即我们对我们的目标已经变得不确定了,这个目标就是现代的目标:基于技术和科学的解放,热望普遍且正义的社会。原子弹所象征的不愉快和困难最简单

---

① [译按]提齐安诺(Tiziano Vecelli 或 Tiziano Vecellio,约 1488/1490—1576 年),英语国家常称呼为提香(Titian),他是意大利文艺复兴后期威尼斯画派的代表画家。

② 芝加哥艺术学院(The Art Institute of Chicago)。

地说明了我们要回归我们的传统,这种传统在许多方面都出现过,它包含两个异质甚至对抗的要素:圣经,希腊的哲学或科学。作为社会科学家,我们首先要回到古典传统,回到希腊传统,而我们所面临的问题是,在我们目前的困境中希腊传统是否对我们有用。如果我们转向对这一当代危机的学术反思,就会得到一个更精确的表达式。当今社会科学的关键论题是事实与价值之间的区分。不可能有关于正确和错误的、好或坏的知识,只有关于事实、事实的理论等方面的知识。这意味着,科学能够增强人的权力,但不能告诉人如何使用权力。如今的处境无疑就是如此,这构成了危机。因此,考虑事实和价值的区分就变得很有必要了。如果我们有考虑,就会发现这个区分、这个问题必须置于更宽广的基础之上,我暂且把这基础描述为对属人的事物或政治事物的科学理解和对政治事物的常识理解之间的关系,理由如下:就常识理解而言不存在事实和价值的区分,而[现存的]科学理解则包含这种区分。显然,对政治事物的常识理解是首要的,而科学理解则是派生的,因此必须把常识理解作为科学理解得以产生的母体。为此,我们必须对常识所理解的政治事物有一种连贯而清晰的理解。我断言,虽然还没有证明:相比在其他任何地方,我们在亚里士多德的《政治学》中更能看到这种对常识理解的详尽阐述。

为了慢慢地导向亚里士多德的《政治学》,我以[一种]最全面的,但我希望不是无原则或武断的方式,简要地讨论了现代思想与古典思想之间的区分。首先,我让当今对哲学的看法与亚里士多德对哲学的看法对峙,我们得出了这样的结论:在当今的方案中,哲学的主题是人,而在亚里士多德的哲学中,核心主题是神或自然。出于后面会给出的一些理由,我就不继续探讨这个模棱两可的中心了。我曾用两个著名的例子来说明这种差异:自然法在前现代被视作一种[40]道德法(moral law),而在现时代则被视作人的权利;为了说明那种差异,我还对比了诗歌等技艺应被视作对自然的模仿,与技艺应追溯到人类的创造力这一现代观点。然后我对比了当今的政治科学与亚里士多德的政治科学,我提出的主要观点是:对亚里士多德来说,人与非人之间有本质的差别,而当今政治科学的特点是,它试图把政治的事物化约为社会学或心理学上的事物,也就是化约为低于政治的事物。这与一个更宽广的议题有关联,这个议题体现了所有现代科学的特点,而非仅限于政治科学,那就是基于低于人的事物来理解属人的事物。最粗朴的迹象是,一些像赫伯特·西蒙那样的著名政治科学家重视观察老鼠的决策制定,认为这是探索人类决策制定的关键,尽管这个迹象太过粗朴以致不能体现学界的特点。这听起来很好笑,但却前后一贯。

那么,面对现代哲学与亚里士多德哲学的对峙,以及现代政治科学与亚里士多德政治科学的对峙,我们该如何调和这两种对峙的结果?现代哲学的重点在于人。现代政治哲学的重点在于试图基于低于人的事物来理解属人的事物,因此就是基于低于政治的事物来理解政治的事物。我的回答是:人之所以成为与科学相对的哲学的主题,是因为科学的首要主题即自然,最终被证明与人相关。自然之所以与人相关,是因为它被证明与方法相关。科学的所有结论都表现为暂时的和假设的。我们不了解自然;我们只了解一定范围的现象,而这种了解是暂时的,其任一方面都可能会被更正。我们在对科学的分析中所得出的最高原则是矛盾原则,严格讲来这是唯一不武断的原则。你可以选取任何一种数学公理体系并将其转换成另一种数学公理体系,这没有什么困难。原则上,所有理论都是暂时的,所以根本而言是武断的。唯一不武断的是那支配所有可能的理论的原则,也就是矛盾原则。这是唯一剩下的绝对(absolute),尽管要拒绝所有绝对。但是这个矛盾原则是什么呢?最终,他们将被迫说,这是一个存在于人类心智中的原则。野兽不会自相矛盾,因为它们不会说话。我们看到,唯一剩下的绝对是人或某种属人的东西,就此而言,现代思想是前后一贯的,因为它把哲学设想成人的理解。

在对上述议题进行了初步讨论之后,我们现在必须试着给出结论,也就是说,回答事实和价值的区分是否必要或者是否站得住脚的问题。在这次讨论中,我无意间可能会在一定程度上重复我在已出作品中的说法。在这些作品中,我当然说得要比在教室里能够或希望说得更精确、更谨慎。我愿意告诉你们我是在哪里讲的,有兴趣的人可以读一下。[就是]我写的《自然正当与历史》一书的第二章,以及《什么是政治哲学》一书中与书同名的那篇论文。最后是我写的一篇文章,《相对主义》,收于《相对主义与对人的研究》(*Relativism and the Study of Man*,Van Nostrand,1961)一书。① 我不知道这些在图书馆里有没有。

[41]事实和价值的区分在今天看来不证自明,[甚至对那些]能力极为平庸的人来说也明显如此,但它很晚才出现。我之前向你们提到过,布莱希特博士在他的一本书中②将其追溯到德国哲学家兼社会学家西美尔,追溯到西美尔的《道德科学导论》(*Introduction to Moral Science*,1892)一书。③ "价值"这个术语本身如今十分常见;据我所知,当代几乎没有人不使用它。这术语本身很晚才产生。它并非像有人猜测的那样源于经济学。当然,经济学总是使用它,但这种经济学上的用法[与哲学上的用法]毫无关系。直到 19 世纪 40 年代,它才在德国成为一个哲学术语。使用它的人如今在德国都鲜为人知,更不用说德国以外的地方了。只有一个著名的人物以一种重要的方式使用了它,那就是洛采④……过去一直无人使用的术语"价值"为什么会出现,这一点

① 《相对主义与对人的研究》的编者是舍克(Helmut Schoeck)和威金斯(James W. Wiggins)。

② 布莱希特(Arnold Brecht,1884—1977),德国法学家和魏玛共和国官员,1933年起执教于新学院(New School)。在现存的手稿中,在此之前没有提到过布莱希特博士。施特劳斯指的似乎是《政治理论:二十世纪政治思想的根基》(*Political Theory*:*The Foundations of Twentieth-Century Political Thought*,Princeton:Princeton University Press,1959)。布莱希特文集见《布莱希特的政治哲学》(*The Political Philosophy of Arnold Brecht*,Morris Forkosch 编,New York:Exposition Press,1954),其中包括《相对主义在政治哲学和法哲学中的兴起》("The Rise of Relativism in Political and Legal Philosophy")和《实然和应然的神话》("The Myth of *Is* and *Ought*")这两篇论文。

③ 西美尔(Georg Simmel,1858—1918)。施特劳斯提到的是 *Einleitung in die Moral Wissenschaft*(Berlin:Hertz,1892—1893)。

④ 洛采(Hermann Lotze,1817—1881),德国哲人。其作品包括:《逻辑学》(*Logik*,Leipzig:Weidmannsche Buchhandlung,1843),英译本见《逻辑学》(*Logic*),Bernard Bosanquet 编(Oxford:Clarendon Press,1884);以及《论美的概念》(*Ueber den Begriff der Schönheit*,Göttingen:Vandenhoerk und Ruprecht,1845)等。

绝不是清楚的……

[录音带的余下内容听不见]①

---

① 　根据一位学生的讲座笔记,本讲的余下内容讨论了实证主义的起源和发展、它对功利主义的影响,以及事实和价值之分的起源与文化相对主义的起源。自始至终,施特劳斯都在竭力证明,将事实和价值之分的起源追溯到霍布斯、斯宾诺莎、休谟、康德、黑格尔和马克思等思想家的作品,乃错误之举。

第四讲　实证主义的障碍(续)

(1961 年 10 月 11 日)①

　　[42]施特劳斯:塞尔泽(Seltzer)先生的问题:"韦伯对事实与价值的区分只是将马基雅维利首先提出的'幸福或人的目的是主观的'这一早期观点延伸到'幸福的条件也是主观的'这一当前的观念吗?如果是这样的话,您能否大致说明一下,为什么现代早期思想家们不满意'人的目的是客观的'这一古代观点?"

　　这是一个很长的问题,我后面开始解释亚里士多德的原则和马基雅维利及其追随者的原则之间的差别时会不得不触及这个问题。目前,我只以霍布斯为例重申我上次的说法。对霍布斯、洛克和卢梭来说,无论是在私人生活还是在公共生活中,无疑都有一种关于价值的客观教诲,因为有且只有一种根本的欲望,那就是自我保存的欲望。在所有情况下,这种欲望根本上都要求相同的人类习惯,比如和平的习惯、人类友好的习惯等等,这样就处理好了。如今,韦伯说自我保存的欲望虽然发挥了很大的作用,但并不是在所有情况下,[对]所有人来说,普遍都是主导欲望——不过我相信仍有相当多的人会说这不是真的。举个例子,有些社会比如好战的社会,就很藐视个人对自我保存的过多关注。这一论证好不好是另一回事,但再也没有人会说人有且只有一种

---

① 参施特劳斯,《自然正当与历史》,第二章,以及施特劳斯,《什么是政治哲学?》,收于《什么是政治哲学:及其他研究》(*What is Political Philosophy? and Other Studies*,Glencoe:The Free Press,1959),第一部分(最初于 1955 年以希伯来语出版)。

根本的欲望,而且这种欲望足以向我们说明个人和社会应当做什么。我想我不能再多说了,否则就会引出一个极大的问题,尤其考虑到我无论如何都得探讨这个问题。

罗森塔尔(Donald Rosenthal)先生的问题:

> 科学的目标据您理解是什么? 要不要将亚里士多德在政治问题上的常识与他在其他领域的科学研究径路区别开来? 最后,如果亚里士多德对政治的理解是常识,那么如何将各种常识与对女巫的信仰、太阳绕着地球转区别开来?

这些都是非常合情理的问题,但我不得不连贯地,或如某些人所说,系统地探讨它们。我一开始就说过,我的论点即亚里士多德的政治科学是对政治事物的一种完美的常识理解,会面临大量的异议,我将逐点讨论这些异议。[关于]第一个问题,就一句话。科学的目标据你理解是什么? 现今,大家所理解的科学目标是什么? 对此,我不得不后面再作探讨。你可以说,我们的困难正是我们对这问题没有答案。

[43]还有两个问题。一个是某某先生提的:

> 事实和价值的区分难道不是至少在某种意义上高度传统吗? 现今,西方传统就是希腊—基督教的传统。基督教和某些形式的犹太教教诲道,上帝和人并不具有相同的实体(substance),人只有通过 analogia entis① 来思考上帝,人对上帝的领悟是一种神圣恩典的行为。如果事实和价值的区分不正当,人与上帝就会具有相同的实体,安瑟尔姆(Anselm)的论证就会可行,而正如圣托马斯针对安瑟尔姆而指出的,如果安瑟尔姆正确,那么基于世界之偶在性的论证就会自动崩塌。"

---

① "存在者类比"(analogy to being),参圣托马斯·阿奎那(St. Thomas Aquinas),《神学大全》(*Summa Theologica*),1. 13. 15。

这一陈述很有学识,但我完全搞不懂。托马斯作品的每一页都清楚表明我们不能选择托马斯作为区分事实和价值的权威,原因很简单,托马斯同意亚里士多德关于存在者(being)的目的论观点。每一种存在者,至少每一种受造的存在者,都在自然上朝向一个目的。所以,它所有的活动,它所有的心智或身体状态,都要从[它]特定的目的来评判。在目的论中,事实与价值虽是不同的表述,却是一致的,因为"存在"(to be)意味着朝向一个目的。这并不符合那种区分。某某先生,你在哪?

学生:这儿,先生。

施特劳斯:你还满意?

同一个学生:我的意思是:难道主张"事实与价值并非不同的东西"不会否定"上帝与人是[两个]独立的实体"的主张?因为人自然地要认识上帝,为了实现它,就必须在实体上与上帝相似,那么安瑟尔姆的论证就会可行,而另一个基于世界之偶在性的论证就会崩塌。

施特劳斯:但注意,我的意思是,这和我们谈论的绝对没有关系。事实和价值之间的区分,与本体论论证是否为一种有限的论证绝对没有关系……因为托马斯断言上帝实际上可以证实。当然,上帝和人之间,也就是创造者和受造者之间,有着实体上的差别。

同一个学生:但这个论证与安瑟尔姆的论证不同。

施特劳斯:但这与事实和价值的区分有什么关系呢?我的意思是,你将不得不向我阐明,安瑟尔姆由于相信本体论证明的可能性而支持事实和价值的区分,而托马斯由于拒绝本体论证明而拒绝事实和价值的区分。你一完成这件事,我们就会考虑。事实和价值的区分实际上最多也是五六十年前才有的。在 19 世纪的作家那里有一些关于它的痕迹,甚至在马克思等人那里也有,但那还不是描述,还不是成熟的学说。

[44]现在我来看看最后一份陈述,是巴特沃思(Butterworth)先生写的,相当长。

有人提出,政治哲学的基础在于寻求比纯粹的习俗或 nomos①

---

① nomos 可以指习俗(convention)、习惯(custom)或法律(law)。

更好的东西。我当然怀疑,这是否与柏拉图《克力同》(*Crito*)这篇对话中阐明的观点相违背。在与雅典法律 nomoi① 的对话中,苏格拉底被提醒,是他们生下了他,并允许他成长为一个 70 岁的雅典公民,现在倘若他背叛他们,那将是弑杀父母。此外还有对祖国的考虑,这是苏格拉底应该考虑的。后面法律承认苏格拉底被一种不正义所害,但这种不正义不是由法律造成的,而是由世人即雅典陪审团造成的。如果有什么法律可以改变的话,那大概就是那些人为的裁决了。换句话说,法律不可以改变。但是,是否有可能忽略或改变以习俗形式流传多年的法律体系呢?值得注意的是,《法义》(*Laws*)这篇对话在三个老人谈论他们生活中的 nomoi 之前,采取了许多预防措施。人们常常提到这样一个事实:只有年老的人、诚实的公民才能进行这种讨论。还值得注意的是,这讨论发生在旅途中,年轻人听不到的地方。

我还想指出,亚里士多德在《政治学》第三卷的这样或那样的地方,贬损了那些将法律看作纯粹的契约(covenant)的人。②巴克③援引了德谟斯忒涅斯(Demosthenes),后者宣称 nomoi 想要的是正义、善和有益。这就是它们所追求的,这就是当它们追求到之后,作为一种共同的命令展现给世人的东西,它对所有人一视同仁,对所有人都一样。它就是 nomos,所有世人都应该对其表示服从。他们应该这样做的原因有很多,但主要的原因是,首先,法律是一种发明,是诸神的[一项]恩赐;然后,它代表那些通情达理的人的意见;然后,它纠正自愿抑或非自愿的错误行为。最后,[它是]polis[城邦]的一般性契约,polis[城邦]的所有成员都应该按照这种契约生活,此乃恰当之事。尽管亚里士多德同意最后一点,但必须注意的是,他的同意将使他同意德谟斯忒涅斯为服从或尊

---

① nomos 的复数形式。
② 《政治学》,3. 3. 1276a6—24,也许还有 3. 12. 1282b14—18。
③ 亚里士多德,《政治学》,巴克译(New York: Oxford University Press, 1958),页 lxxi—lxxii。

重 nomos 而引用的其他理由。请您评论一下,并向我指出,我可能忽视了哪些方面,或者哪个观点在您看来是错误的,好吗?

呃,我现在不能这么做。我只能提一个方面,我认为你在其中说错了。你所称的"来自德谟斯忒涅斯"的话,或者更确切地说,来自巴克所引用的德谟斯忒涅斯的话,说明了这一点。nomoi 想要的是正义、善和有益。这就是它们所追求的。但它们在所有情况下都能追求得到吗? 法律让你直面它所要求的服从,但它绝非必然与正义、善和有益相一致。换句话说,你必须在好的法律与不好的法律之间做出区分。[45]但你不能基于纯粹的法律来做这种区分,因为,好的法律和坏的法律,所有这些在某种意义上都是法律。你必须超越法律才能从善与恶来评判法律。依据古典观点,最终就是要有像自然法一样的东西,尽管自然法这个术语由于一些我将在后面讨论的原因而尚未在柏拉图和亚里士多德那里出现。我现在不能再说了,否则会打乱我的整个课程计划。我相信你也不想我这么做。

现在让我们继续,因为我们现在不得不抓紧一点。我可以这样说这次讨论的目标:我们想理解古典政治哲学。但有一些障碍。这些障碍并不是由于纯粹的无知,不过,这在某种程度上不是障碍,而是一种助益。你是 tabula rasa[白板],你是完全开放的。这些障碍具有偏见的性质。有一些偏见使我们无法理解古典政治哲学的含义。这些偏见中最重要、最强劲的,我称之为实证主义,上次我给出了一个非常初步的解释,向你们展现了产生实证主义的各种要素。我这样理解实证主义:一种认为科学知识是唯一真正的知识形式的观念。这意味着在大多数情况下,科学知识的模式由精确的科学尤其是物理学和化学提供。这种认为科学知识是唯一真正的知识的观念,就是由孔德所奠基的严格意义上的实证主义学说。① 但现今,这种观念继续发展,越出了孔德的视野,它断言,任何领域的科学知识都仅限于事实、事实的关系等等,

————————

① 孔德(Auguste Comte,1798—1857),法国哲人和实证主义者,著有《实证哲学教程》(*The Course in Positive Philosophy*,1830—1842)。

而与价值无关。

　　为了重申这一要点，我将探讨在回应之前的一个问题时所提出的一个要点:现代科学的最初含义——不仅在孔德那里而且在 17 世纪初——当然没有包含事实和价值的区分。依据最初的观点，这种新意义上的科学是为了权力——自然是，人类的权力——或者如培根(Francis Bacon)所言，为了"补救人的地位"(the relief of man's estate)。① 换句话说，科学有且只有一个总体的目标或目的，而这个目的就是补救人的地位，其合理性众所周知。诸如培根、霍布斯和他们的许多后继者，包括功利主义者(Utilitarians)，都认为如下观念没有合理的替代者:补救人的地位、舒适的自我保存(comfortable self-preservation)、最大多数人的最大幸福(the greatest happiness of the greatest number)——有各种各样的表达式，但它们的意思根本上一样。

　　然而如今，[我们]面对的事实是，这种关于科学目标的观念不再有效，原因很简单——只谈最重大的原因——在科学带来的热核时代，科学有利于人类的福祉与它会造成人类的毁灭之间的区分不再明显。我们对如下问题不再有答案，一个一般性的答案，一个权威的答案:为什么是科学? 而这只是如下事实的一个特殊的例子:[46]任何价值判断比如"科学是好的"这一判断，都不会再被认为[是]可以被理性所真正验证的了。我们最终又回到了非理性的偏好:一个人成为科学家是因为他喜欢这样，这就是全部;一个人背弃科学而成为太平洋某岛屿上的流浪汉，也是因为他喜欢这样。现在让我们来看一下，让我们先看看这样设想的社会科学的道德效果是什么。上述观点显然暗示了所有价值或所有目的都具有同等的尊严。我相信，有些人会荒谬地否认这一明显而必要的结论。这些人的意思是这样的。我，作为一个有生命的存在者，作为一个有行动的存在者，必然会评价。因此，对我来说——当然，"我"指的是你们中的任何一个，指的是任何一个人——各种价值当然具有不同的尊严。如果我投票支持科学，我就是因为这个事实

――――――――――

① 　培根(1561—1626)，英国哲人和治国者。施特劳斯引用了《学术的进展》(Advancement of Learning，1605)，1. 5. 11。

本身而在投票反对与科学不相容的价值,等等,因此,我断言各种价值是不平等的。但这不是争议点。争议点是,如果我说没有一种关于任何东西之尊严的知识可以被视为价值,那么我就是在说,我知道,且任何人都知道或将知道,价值都具有同等的尊严。如果我们说得直接一点而不故作老练,那么意思就是,客观地讲,一个最低下、最卑鄙的家伙并不亚于一个最高贵、最智慧的人。他,这家伙,有这样的价值观:为了自己的肚子拼尽全力。这和最高的价值,和其他任何事物一样正当。所有的偏好都是同等的。一个把一生都奉献给聚敛大量钞票的、无亲无故的守财奴,他在内在上决不[亚于],在客观上也决不[亚于]最深思熟虑的慈善家。

现在来看看其中的荒谬,如果有必要的话,让亚里士多德来帮助我们。我给你们读一段。我读的只是译文;它位于《政治学》第七卷的开头。①[读文本]

> 有人一有苍蝇飞过就感到害怕[真是个懦夫——施特劳斯],为了满足吃喝的欲望便饕餮纵饮[节制的反面——施特劳斯],为几个铜板就毁了自己最亲密的朋友[不正义——施特劳斯],在心智方面也像小儿或疯子一样愚昧和易错,这种人没有丝毫勇气、丝毫节制、丝毫正义、丝毫智慧,任何人都不会称其为有福的[即最幸福的——施特劳斯]人。尽管这些说法一经提出就会获得每个人的赞同,但人们在其价值的数量和等级上有所分歧。

换句话说,虽然有某些困难,但存在一种普遍真实的根本性共识。这是相反的观点:每个人不一定在任何时刻都会看到这一点,只有每个

---

① 施特劳斯读的是《政治学》(*Politics*),H. Rackham 译(Cambridge, MA: Harvard University Press, 1932),1323a28—36,但有一些改动。[译按]中译文参考亚里士多德,《政治学》,吴寿彭译(北京:商务印书馆,1965);颜一、秦典华译,收于苗力田主编,《亚里士多德全集(第九卷)》(北京:中国人民大学出版社,1994);有改动,下同。

开始思考它的人才会看到它。有些人需要经验却从来没[有]经验,就此而言他们没有能力看到它。但是,任何一个不是完全迟钝或完全没有经验的人都不可能否认它。[47]我认为我们将不得不在这个基础上把它辩清楚。如今,某种社会科学通过否认每个不是完全迟钝或没有经验的人都能意识到的那些简单的事情,导致了通常所称的虚无主义(nihilism)。再也不可能有任何方向了。但这是相当不充分的,因为,那种认为所有偏好都平等的观点必然对最低下的人,对贫苦低级的生活有利:不论是摆脱还是远离贫苦低级的生活,努力都需要,而这些努力都被"这没什么差别"的教诲所削弱。对此我们也可以用其他各种方式来陈述。例如,自尊,一个常用的术语,预设了如果你没有可能鄙视自己,你就不能尊重自己,而有些事情你会羞于去做。但事实和价值之分的教诲却相当于:没有什么事情是我们应当感到羞耻的。呃,他们说:如果你投票支持节制作为一种价值(但这完全是你武断的偏好),那么你就得为放纵自己而感到羞耻(但你在一开始不是非得投票支持节制)。这并没有什么错。

不过,有一种价值似乎是这个学派承认的,那就是被称为合理性(rationality)的价值。这意味着:存在着一些价值,或目的,随你怎么叫。这是不可以合理讨论、合理抉择的。但[实现]这价值[的]手段能够抉择。换句话说,如果你的价值是活得尽可能长久,这是你的主要考虑因素——你知道,体弱者只想活得尽可能长久。不管你是否已经失去了所有你所依恋的人,你都愿意活到140岁,同时不患感冒——达到这一目的的手段能够充分地、合理地抉择,特殊情况下可以是医学。合理性意味着理性的(rational)人不是为正确的目的选择正确手段的人,而是为他碰巧想到的任何目的选择正确手段的人。我之前谈到的那个守财奴,如果他真的找到了一切能够省钱的方法——也许是本尼(Jack Benny)教的,①那他就是在合理地行事;而如果他接着疯狂消费,那他就是在不合理地行事——从守财奴的视角来看,这相当不合理。所以

①　本尼(1894—1974),美国喜剧演员,电影、广播和电视圈名人。本尼经常扮演滑稽的守财奴角色。

这样的合理性只与手段相关,而与目的无关。但这似乎值得尊重。

但类似问题在此出现了:我为什么要理性? 我为什么要理性? 我欲求目的 A。目的 A 只能通过手段 B 来实现。这手段就是一种努力、一种非常一般化的公式。但我厌恶努力,这是我的价值观。一个非常简单的实情:我的目的,不管它是什么,与我对具有反面价值的努力的实际憎恨之间存在冲突。所以换句话说,合理性和不合理性都是一种武断的选择。当然,这一立场的实际后果并不必然是虚无主义,因为人们不会完全按照自己的理论原则行事,这是由于习惯的巨大力量,或者换种说法,由于智性上的懒惰。在大多数情况下,实际后果就是这种亲切的恶德,即所谓的因循守旧。你不思考,你只是跟着别人走。当然,这和采取不同的行动一样可以得到辩护——我的意思是,一种价值观与其他任何价值观同等。例如,在一个民主社会里做一个民主主义者,如果这个社会变成了极权主义,你就是极权主义者。就这么简单。呃,我还会说这有一种堕落的后果,因为它也摧毁了个人在道德上的韧性。

[48]所谓价值无涉的断言必然会对评价产生影响,以当今社会科学的一个关键术语"文化"为例,你一定听说过它,尤其是在人类学和社会学领域,但它影响着所有领域。我确信经济学家们如今也在谈论文化。文化最初是一个价值性概念。它意味着对人类心智的培育,而对人类心智的培育意味着充分利用人所拥有的最有价值的东西:心智。所以文化是值得仰望的东西。出于我们后面或许有机会讨论的原因,在 19 世纪,以复数形式使用"文化"这个术语变得很流行。大约在 19 世纪之前,文化总是用单数形式:唯一的人类心智的唯一的文化。19 世纪人们开始谈论诸文化,这意味着有 n 种值得同等尊重的培育心智的方式。如果说有一种区别于西方文化的中国文化:我们就没有理由说西方文化优越于中国文化。这种观点因为斯宾格勒的《西方的没落》而变得特别普及,在这本书中,他向你们呈现了一些文化——数量很少,我忘了具体有多少,约莫有 10 种。随后汤因比扩充了一些。①

---

① 汤因比(Arnold J. Toynbee,1889—1975),英国史学家。施特劳斯指的是《历史研究》(*A Study of History*),12 卷(Oxford:Oxford University Press,1934—1961)。

我不知道他有多少,但不知怎的,他仍然理解[有]一些高级文化:这是价值判断。换句话说,如果你以这块大陆上的甚至是南美洲的印第安部落为例,他们在较老的时代即使不被说成"野蛮人"(savages),也仍被唤作原始人(primitive people),这意味着价值判断。

但人们随后会简单地说:为什么某个亚马孙流域的南美印第安部落、那些猎头族(headhunters)以及我不知道的什么人的风俗(mores),就不该[是]一种和中国、印度教或西方的[文化]一样好的文化呢?这就是现今人类学试图做的事情。这当然不仅仅是理论教诲;这旨在产生道德效果,即一种文化民主。但这仍有一定的意义。而随后社会学家接手了,然后你会发现一些有趣的文化观念,在这里你也许可以谈论青少年团伙的文化。是的,郊区,郊区文化。你一定听说过,人类青少年团伙的文化。一个青少年团伙可能是犯罪团伙,也可能不是,但在这两种情况下[它都是一种]文化。然后我说说最后一步,我相信这一步还没有人采取过但迟早会被采取,那就是精神病院里的病人的文化,因为他们有独特的风俗,我想,比其他任何人的都要独特。你们看,这是一个例子,我认为这是一个最好的例子,它说明了一个价值性概念,最初[是]一个价值性概念,通过去除评价性的含义而降低了一切。因为,当你把文化应用到郊区,你自然就会把这个术语应用到伯利克勒斯的(Periclean)雅典,伯利克勒斯的雅典必定会受到牵连。你会情不自禁地这样做。有一个简单的公式,思考不是在真空中进行的。如果你在学术报告厅里那样做,并说"我只是以社会科学家的身份,而不是以公民的身份",这行不通,因为思考不受行政法规的约束。

顺便提一下,有很多那样的术语,例如,人格(personality)。歌德(Goethe)在一首诗中说——这是不是一首非常好的诗是另一回事,但他确实说过:"人格是[49]地球之子的,是人类的最高赐福。"①换句话说,是最高赐福,[这]也意味着非常高的成就,或罕见的恩典,等等。现今,"人格"是什么意思?当然是,每个人都有人格。当那些人进行

---

① 歌德,《西东合集》(*West-östlicher Diwan*, Stuttgart: Cotta, 1819),"苏莱卡篇"(Suleika Nameh)。

人格研究时,这便暗示了每个人都有人格;不需要任何努力。它已不再是一个价值性术语。它已成为单纯的描述性或分析性的术语,但这意味着这转变本身就是一种贬值。实在的某个维度被排除在视野之外。还有个术语是卡里斯玛型,这最初当然是一个价值性术语:有卡里斯玛,有一种神圣或自然的恩典。当韦伯将此作为一个专业术语引入社会学时,比如他说"一个卡里斯玛型领袖",但这仅指此人被其追随者们视为杰出的人。此人或许是最大的骗子,那也没什么差别。韦伯以摩尔门教的奠基者斯密(Joseph Smith)①为例,说:他到底是一个真正的宗教天才抑或只是个非常智巧的(clever)骗子手,这一点毫无意义。这一点对这位社会学家来说绝对毫无意义,因为唯一重要的是斯密的追随者们如何看待斯密。这是另一个例子。

　　当然,在一些情况下,老的术语行不通。有一些阻力显然是文化、人格、卡里斯玛等术语所不会产生的。我想到的最显著的例子是"良心"(conscience)。我相信良心这个术语在社会科学中已经失去地位了,然而,罪这一不可否认的经验事实,至少是以罪感形式出现的罪[却]没有。任何的经验研究者都不能否认,时不时会有人有罪感。传统上,罪感被理解为一种类似良心亏欠(bad conscience)的东西,但这已经过时了。良心被超我(superego)所取代。结果是,在实践中你不会把作为一种纯粹病理现象的罪感——换句话说,完全没有根据的感觉("动动脑子,你是无罪的")——与那些因为确实做错了事而应该有罪感的人区分开来。举个极端的事例,有个人对另一个人造成了无法弥补的伤害,并说:除了用我的一生来弥补,没有其他方式可以消弭这种伤害。这是其中一种情况。毫无根据的、非理性的罪感当然完全不同,但通过使用那些概念,这种区分就丧失了重要性。

　　另一个例子:没有共同的善(common good)。不可能有共同的善。为什么? 因为无论人们怎么说,共同的善都必然会以某种高于纯粹私人的善(private good)的东西来呈现自身。你不能回避这一点。结果

---

① 斯密(1805—1844),后期圣徒教会(Church of the Latter-Day Saints)的奠基者。他的《摩尔门经》(*The Book of Mormon*)出版于 1830 年。

是,没有共同的善,只有集团的利益。这是事实。有各种集团的利益:企业家、工人、农场主等。否认共同善的结果是,不择手段地追求集团利益当然无可指责,这自然削弱了对集团利己主义的约束。因为正如我之前所说,社会科学不存在于真空中。这是一种人类的活动,一种有意志和能评价的存在者的活动,而这种评价必然会受到人所受的教导或其思考的影响。顺便提一下,在这个关于共同善的特殊例子中,一个人可以用一种非常简单的方式来表明共同善的不可能性。那些人中有很多会说[50]共同善之所以不可能,是因为共同善以整体(社会、国或者你会说的其他什么)为预设,而整体并不存在;出于某种原因,只存在个人,或许还有集团。但这些人或者其中的一些人还谈到了"开放社会"。如今,开放社会只是他们所理解的好社会的一个特殊版本。但好社会正是所谓的共同善。如果你尽力尝试,就能回避这些困难,这毫无疑问。我的意思是,如果有人尽力尝试,说他什么都不做,只是数有多少人黑发,有多少人金发,有多少人秃头,等等,他能做到。他还能数卖淫者和精神病人,数博士生之类的。这也能做到。但是,如果他不把自己武断地限制在本身完全没有意义的细琐之事上,如果他谈论整个社会科学或整个政治科学的任务,就必然会遇到那些问题,在其中,一种价值无涉的社会科学是不可能的。

现在我想从另一个视角来讨论。到目前为止,我非常一般地谈论了一种价值无涉的社会科学的道德后果,如果这一点要严肃对待的话。有一件事我不必告诉你们,至少不必告诉那些曾经亲身体验过社会科学的人,那[就是],社会科学家,几乎所有的社会科学家,事实上都乐于前后不一。换句话说,他们是动脑子的人。他们有确定的偏好,事实上,他们并不认为这是纯粹武断的偏好。这一点时不时会出现,但我现在并不关心如何公正对待这个或那个人,如果我不得不谈他们的话,我会这么做;我现在谈的是一种科学的某个观念,看这观念本身是否讲得通。请讲?

学生:您所使用的例子真不是从实证主义者身上得来的。当代实证主义者对社会科学有着几乎令人难以置信的蔑视。

施特劳斯:请原谅。文化在当今的人类学中意味着什么? 正如我所说,它完全价值无涉。或者你的意思是说……你如何理解实证主义?

同一个学生:逻辑实证主义者(logical positivists),比如说维也纳学派(Vienna School)。他们永远不会承认当今的人类学价值无涉。

施特劳斯:这非常简单。相信我,我读过一些这样的人的东西。当我有更多的时间可以开设一门政治哲学基本问题的课程时,我花了几周时间来讨论艾尔①、赖兴巴赫②等人。我们现在[没]有时间。不管其他,有所谓的哲学教授而不是社会科学教授对什么是科学方法提出了某些要求,却从未加以落实,这意味着什么?我想说,我更尊重有所行动的逻辑实证主义者,他们会试着去落实方法,而不会宣扬[51]在实践中是不可能的东西。我的意思是,我认识一些实证主义者,他们得出的某个结论在一定程度上值得尊重,那就是,如今实践的社会科学乃至任何的社会科学都比不上符号逻辑(symbolic logic)或数学。有这可能。但我们并不关心这些人,因为我们——我想,作为一个默认的前提,我们对政治和社会问题感兴趣,而且感兴趣的程度足以使我们相信有可能获得关于这些问题的知识。现在如果有数学家或逻辑学家来了,说没有这样的知识,那么我们就会和他辩清楚,我们可以告诉他一些事情。不完全是那样的。我们能够表明,针对政治事物所作的某些陈述是错的,其他的则是真的,并且有关于真和非真的标准——有关于政治事物的知识。我的意思是,那种[立场]是一种极端和不当的怀疑论。但目前我更关心别的事情。这些逻辑实证主义者就其纯粹形式而言是哲学系的栖息者,而不是社会科学部的栖息者。你知道的。但由于他们现在完全停留在逻辑领域,我就不关心他们了。但他们对社会科学有着极大的影响。至少在本国,在社会科学领域有一个非常强劲的学派,它坚信逻辑实证主义的诸原则。

同一个学生:这一点也是我想要说的。严格的逻辑实证主义者会

---

① 艾尔(A. J. Ayer, 1910—1989),英国哲学家,以其著作《语言、真理和逻辑》(*Language, Truth, and Logic*, London: Victor Gollancz Ltd., 1936)闻名。

② 赖兴巴赫(Hans Reichenbach, 1891—1953),德国哲学家,其诸多作品中包括《科学哲学的兴起》(*The Rise of Scientific Philosophy*, Berkeley: University of California Press, 1951)。

说那些人不能被称为逻辑实证主义者,他们是经验主义者。他们企图滥用科学。他们正企图将逻辑实证主义者觉得他们已经[作出]的某些见解落实到完全外部的事物上。实际上,这些人毁掉了事实和价值的区分。

施特劳斯:谁?

同一个学生:呃,差不多所有的当代政治科学家,或行为主义者——

施特劳斯:很抱歉,你错了。时不时会有人作这样的评论。严格地讲,这站不住脚。但我还没有看到有人真正清楚地指出后果并站出来反对。我相信我对论辩情况的呈现确实正确。你可以这样说:在本国——这与逻辑实证主义没有关系——在本国仍然有相当多的意见是功利主义的,更直接地说是杜威主义的,它们当然拒绝事实和价值的区分。从杜威的《人类的本性和行为》①可以很容易地看出,杜威事实上拒绝了这种区分。但这是负隅顽抗。在那些处理这个话题且不仅仅做方法论陈述的人当中,最严肃者是一个叫史蒂文森的人——不是阿德莱·史蒂文森,②[52]而是密歇根州某个地方的[一个叫]查尔斯·史蒂文森[的人]。③我忘记书名了。《伦理学与语言》,对。这里你可以看到一个杜威主义者即将去除他的杜威主义的最后遗迹,转而支持严格的逻辑实证主义。我相信,这是本国最典型的事情。

学生:如果大多数社会科学家在进行常识性讨论时都不认为偏好是武断的,那么他们在面对这个问题时如何将他们的常识和他们的科

---

① 杜威(John Dewey,1859—1952),美国哲学家。施特劳斯提到的是此人的《人类的本性和行为:社会心理学导论》(*Human Nature and Conduct*: *An Introduction to Social Psychology*,New York:Henry Holt and Co.,1921)。

② 阿德莱·史蒂文森二世(Adlai Stevenson II,1900—1965),美国政客,伊利诺伊州州长,两届败北的民主党总统候选人(1952年和1956年)。在1961年上这门课的时候,他是美国驻联合国大使。

③ 查尔斯·莱斯利·史蒂文森(Charles L. Stevenson,1908—1979),美国哲学家。施特劳斯指的是此人的著作《伦理学与语言》(*Ethics and Language*,New Haven:Yale University Press,1944)。史蒂文森的这部作品专注于道德语言、实在和知识之间的关系。

学调和起来呢?

施特劳斯:这我就不知道了。但你最常听到的观点是:你知道,常识当然并不完全可鄙。例如,假如我说"我们在这里上课,在122室",这不是一个科学的陈述,但任何神志清醒的人都会说这是一个真的陈述。但麻烦的是,在一般常识中也有很多偏见。有个例子最受青睐,那就是女巫。我将那个观点陈述如下:毫无疑问,我们有关于扫帚柄的常识性知识,但从常识来看,我们也认为女巫骑在扫帚上。换句话说,常识真不能解释女巫与扫帚柄之间的差别,不存在的东西与存在的东西之间的差别。因此,最清晰和唯一一致的方法是扔掉常识,说唯一真正的知识是科学知识。这将导致一些有趣的结果,例如艾尔的研究。我记得,正如你们都知道,纳粹德国在1945年垮台——例子是我的,但原则是他的。我们大多数人甚至知道得更多,但我认为这个事实人尽皆知。现在依据严格的方法规则,这个事实,这个知识,需要更正。严格地讲,我们不得不在这个事实不得不出现的地方开始我们接下来的研究,首先要确定纳粹德国确实在1945年垮台了——这当然很荒谬。我相信,没有一个社会科学家会在实践中提出这样的建议。问题是[关于]得出的结论的,是否要明确承认,常识理解即常识性知识,是真正的知识,而且不仅是真正的知识,还是这样的知识,若没有它,政治科学或社会科学完全不可能。如果我们不接受这一点,那个事实就不会容易……因为它产生了一些非常非常重大的结果。

学生:从您所说的逻辑实证主义者们的说法中是否可以推出,所有的伦理陈述,即所有关于价值的陈述,事实上都无意义?

施特劳斯:其实,他们有好几次这么说过。有一段时间,艾尔还有其他一些人似乎在说伦理和宗教陈述是毫无意义的陈述。他们有必要这么说,因为如果有一些有意义的陈述科学无法证实,或者恰恰相反,那么在科学之外就有很大的意义领域。正是由于这个事实,科学才变得[53]有问题,因为一个人可以合理地说,所有重要的事情都在科学之外——在诗歌中,在小说中,在宗教中;我现在不关心其间有什么差别——而不是在科学中。为了排除这种情况,为了维护科学的尊严和科学的地位,在某个阶段他们被迫说,只有那些原则上是科学的陈述,也就是可以通过科学方法加以证实、确认或否认的陈述,才[是]有意义。他们被迫放弃了这一说法,但我只能说,他们宣称它时的声响与他们抛弃它时的默不作声并不相称,你知道它或多或少消失了。有一个简单的范例——我现在不能细究,因为我们要讲亚里士多德——艾尔有一本书,书名我忘了,它最初面世时引起了不小的轰动。[它]是一个不小的突破,等等。

学生:《语言、真理和逻辑》。

施特劳斯:是的,我把它放在办公室了。这本书有篇序言,第二版中的序言,其中他撤回了[他的]所有典型论题,所有这些典型论题都基于他应该是在写第一版时做过的一些简单观察,然而,[他]还是重印了第一版。① 你所说的完全是真的,一个在哲学系教授逻辑实证主义的逻辑实证主义者并不致力于社会科学。这样的人完全可能会说,唯一真实的科学是数学,也许还有数理物理学,而社会科学不过是一种业余的事务。这一点我明白。我曾见过这种人,但我们在这里对他们本人没有兴趣,因为他们否认某种我们知道是可能的东西,那就是关于社会问题的知识。你可以说,他们在某种程度上是比他们在社会科学领域的追随者们更不错的(even nicer)人。我会考虑的,但这不是重点。我说清楚了吗?

学生:清楚了,但他们对社会科学所作批判的本性仍有一定的意义,因为这批判可归结为一点:他们认为,社会科学家,包括政治科学家,过多地扮演着伦理价值的教授者角色,而没有足够地扮演伦理价值的研究者角色。

施特劳斯:哦,但我必须说,所有少壮派(young Turks),如果我可以[这样]称呼他们的话,在政治科学界,他们会跪下来说:你是正确的,而我们也正在尽力做好。教导真的不算什么。重点是做研究,训练年轻人从事社会科学研究,并且将博弈论应用于研究国内政治和国外

① 《语言、真理和逻辑》(London:Victor Gollancz Ltd.,1936)。艾尔原封不动地重印过这本书的第一版(1936 年)。在第二版(1946 年)的序言中,艾尔承认他被迫使用了价值判断。

政治等等。这派人存在。我记得他们,而我要说的只是由那而来的东西。以那种方式对待政治问题是否可能,是否有任何成效? 但你必须给我一条长绳让我吊死自己。我现在才开始。

我首先以一种非常临时的方式讲了事实和价值之分的道德效果。我现在提出[一个]问题。有人可能会说:谁在乎[54]道德,谁在乎道德卓越? 我只对科学地对待社会问题感兴趣,而不管这对人有什么影响。好吧,某种社会科学就像它所描述的那样,建立在事实和价值之分的基础上,这可能吗? 依据这个观点,你最终顶多能指望的和你应该坚决主张的是因果解释。举个例子,某种经济危机。呃,"危机"不是一种价值判断,而是客观地描述了一种失衡或者他们会说的其他什么,而失衡不是一个价值性术语,就像"力学失衡"(mechanical disequilibrium)不是一个价值性术语一样。当然,[伴随]因果解释而来的是预测的可能性——这在某种程度上是对因果解释的证明。如果我知道那一系列事件是这一系列事件的函数——如果我确认了这一点,那么,每当这一系列即系列 1 出现了,我就可以预测到,[在]一定的概率[下],接下来可能发生那一系列事件。

现在让我们来看看这如何运作。我首先举一个例子,这例子取自社会学,完全超出了狭义政治科学的范围。社会学有很多分部,如你所知,其中之一就是艺术社会学。现在让我们找一个十分有趣的社会学家,他在进行一项研究,之后你可以看到他的书。你发现他使用的所有例子都是垃圾而非艺术的例子。呃,一个有智性的人会说,这不是艺术社会学,而既然我碰巧对艺术社会学感兴趣,我就把这本书当作无用的东西丢掉了。艺术与垃圾之间的区分是价值上的区分。假如你不做区分,你无法对艺术或垃圾发表任何看法。你把不能相比的东西放在同一个堆里了。有些人[即社会学家]对他们所称的大众文化非常感兴趣。大众文化指什么? 我想它指电影、广播、电视,以及乡村集市上正在出现的东西等等。那么,他们为什么要说大众文化? 因为他们隐约知道,文化最初指另一种东西,这东西需要创作者和观众在心智和内心上都付出无限高的努力。换句话说,倘若不去思考那没有"大众的"这个性状形容词的文化,你就无法理解大众文化本身是什么。这是价值判断。我想说,如果你尽全力且你真的很智巧,就可以把论证延长好几个小时,但最终得出的[东西]常识在一开始就会告诉你。

另一个例子。其中一些我在已出作品中讨论过;抱歉,我现在最好还是重复说了。韦伯就像他之前的一些人那样断言,那场叫作清教主义的运动对英格兰音乐产生了负面影响。我对事实一无所知,只是拿它来举例。他的意思是,在清教主义之前,英格兰可以夸耀自己[拥有]一种非常高级的音乐,但在清教主义闯入之后,这种音乐就消失了。他们必须引进像亨德尔①这样的欧陆人,才能拥有高等音乐。清教主义对音乐产生了负面影响。但是因果解释只有基于价值判断而不仅仅基于价值关涉(reference to values),才有意义。这实际上意味着一种高级形式的宗教——这是韦伯对清教主义的看法——一种高级的宗教冲动对一种高级形式的艺术产生了负面影响。如果情况是一种日渐衰微的迷信导致某种垃圾被另一种垃圾取代,那将是完全不同的情况。经验告诉我,有些人对后一种情况和对前一种情况一样感兴趣,[55]什么样的人都有。但合情理的做法当然是,比起[对]处于非常低级层面上的东西[的兴趣],对值得感兴趣的东西的兴趣要多得多,因为这能够揭示一个深层的问题,一种高级宗教可能会对像艺术这样的高级事物产生毁灭性的影响。如果你作为一个行政人员,或作为一个生活在那种环境中的人,实际上会关注低级的东西,那么你当然就会对这东西感兴趣,但是,你仍然必须恰当地看待你的情况,而这只能在价值判断的基础上做。②

学生:——通过说我不会区分什么是艺术和什么是垃圾,或者什么是好的音乐和什么是垃圾,但我会接受社会对什么是好的音乐和对什么是艺术的判断,并由此来研究它。

施特劳斯:我们可以这么说,并且还有很多其他的说法,这我不否认。但就像一个人说,"我完全满足于按字母顺序编撰一本名录,比如所有政治科学家或城南所有居民的名录,并发现自己满足于,满足于尽

① [译按]亨德尔(George Frideric Handel,1685—1759),英籍德国作曲家。
② 这时换录音带。然后,录音中出现了一个学生的提问。

可能细致、出色地编撰它"……但我们现在谈的不是在个人偏好井然有序的领域中的个人偏好,而是一种科学、社会科学,其想要理解社会,而这不可能,如果他没有恰当看待社会的起起伏伏的话。你说:我不做判断,我取社会的判断。这是什么意思? 在这方面你会遇到麻烦,因为社会上有各种各样的意见。有些人说:当我看一幅画时,我首先想知道,我想知道画的是什么。然后抽象派画家来了,你无法知道画的是什么:一个人? 一匹马? 一个牛仔? 你无法知道。其中哪个你认为是权威的意见? 呃,你将不得不说到那些对艺术有真正理解的人。这是价值判断。用更机械的方法已经不可能了。

学生:您是在说或暗示韦伯在研究清教主义对音乐的影响时,把清教主义称为一种高级形式的宗教吗?

施特劳斯:在《自然正当与历史》中的某一页,我不厌其烦地列举了所有的评价性术语。① 我不知道有多少。数量惊人。我认为这是韦伯的智慧。唯一的麻烦是,这与他的方法论原则明显冲突。在实践社会科学(practical social science)方面,韦伯比作为方法论者时要智慧得多。倘若我们不能评价,我们就无法看到某些东西,但这并不意味着你总是会正确地评价。但是让我说完我的论证,之后再作讨论。

我再举一个取自韦伯的例子,我发现这个例子特别发人深省。我称之为铸成大错的将军之例。韦伯并没有特指哪个铸成大错的将军,而只是将其作为一个有代表性的例子。军事史学家、政治史学家不得不处理运动、军事运动等问题。韦伯想给出一种因果解释。有个将军做了莫名其妙的事情,比如说这事情导致了灾难,作为社会科学家,韦伯的责任就是给出一种因果解释。那么他做了什么? [56]韦伯说,首先他必须建构一个在当时的情境下完全合情理或合理的行动模式。然后就很清楚了:如果这个将军依据这一模式行动,那就不需要因果解释了。这将军作为一个通情达理的将军,在当时的情境下不得不行动。其他什么都不需要。但他并没有那样行动。为什么? 在这里,由于这样的大错,我们得到了所需要的因果解释。他或许喝醉了,他或许心脏

---

① 《自然正当与历史》,页51。

病犯了,他或许和他的妻子有些矛盾——有 n 种可能。又或许是通讯中断了,还有其他 n 种[可能]。这是[一种]因果解释。韦伯在这里略带羞愧地承认,当我们观察到他的行动不符合合理行动的标准时,我们不得不承认他犯了一个错误:这是价值判断。当然,如果你发现他一直这么做,那么价值判断就会变得更加强烈,你会说他是个彻底无能的家伙。

现在让我说完。韦伯承认那一点是价值判断。他说我们关心那一点。但他还说,作为社会科学家,我们只关心因果解释。他那承认很重要。我们在这里就拥有一种合理的价值判断,韦伯不能否认它的可能性和必要性。但他说我们不想要它。我们不关心它。我是这样写的,①我只能重复说了:我们必须表现得像好孩子。我们不应该去留意那些我们在路过时不禁会留意的东西。我想说,在我看来,比起通过那些绝对无趣的因果解释,即因为他的情妇、因为威士忌等等,社会科学家、政治科学家、军事史学家等人通过理解那个特定情况下军事上智慧的方式和军事上愚蠢的方式,而能从价值判断所隐含[的]东西——我指的是,在那个特定领域什么是无能或卓越——中学到更多。我们事先就知道那些原因能干扰一个人。如果有人在某个特定情况下知道了这个人的情况,这个人就永远不应该被授予一个职责重大的职位。现在你有你的观点了。

学生:我理解,您说的是,称某件事为错事就是在做价值判断。正确吗?

施特劳斯:嗯。

同一个学生:我不理解这是为什么。

施特劳斯:因为你不能武断地将错事孤立起来考虑。我想问,当我说他犯了一个错误,你会怎么说?

同一个学生:我会说,在既定的目的下,他用了不正确的、达成这些目的的手段。

施特劳斯:对,但你看,这难道不是一种失败的说明吗?我想说,例

---

① 　[译按]《自然正当与历史》,页 54。

如,假如我现在在紧急情况下被要求驾驶飞机,我可以事先告诉你,我会犯一些严重的错误,因为我对开飞机一无所知。假如你说你不会因此责怪我,因为我并没有假装是飞行员,是这样吗? 你是这个意思吗?

[57]同一个学生:呃,我或许会这样做,但我不明白这和我们谈论的事有什么联系。

施特劳斯:请原谅,假如有个人是将军,他本人假装很有能力,难道他本人不会受到关于其能力的价值判断吗?

同一个学生:是的,我认为不会。我不知道为什么得那样。在既定的目的下——

施特劳斯:但他承认这些目的。他这样说:这就是我想要被评价的标准。他通过穿上将军的制服来获得这种标准。这不仅是这个家伙的武断看法,因为有人或许会把将军的制服穿在他身上并认为他是个骗子手,而且这也是每一个能理解这般社会中的一切的人所作的判断。我想说的是任何社会——不一定是将军的制服,也可以是其他一些东西,但很明显,没有一个社会,没有一个政治社会不需要军队,不需要军队中的领导者们。而要成为军队中的好领导者,需要具备某些品质。价值判断如果与情境完全没有联系,那就是武断的。你知道,例如,假如你说,这个将军在会议上涂鸦,画得很差,还不如一个4岁的孩子,并且你说你要照此来评判他,这很荒谬,因为他自己都不把它当回事。没人把它当回事。但之前那些价值判断源自情境。我不得不稍后在更广泛一点的基础上来探讨这个话题。在你看来,什么是价值判断?

同一个学生:价值判断所参照的是目的。在您的图式中,您是否会接受这一点? 错误所参照的东西在将军的例子中指的是手段,就像您可以说,假如您想喝水,但去一口井里喝了毒水,您就犯了一个错误。但这与价值判断没有关系。

施特劳斯:好吧,你听过德性这个词或者卓越吗?

同一个学生:哦,我听说过。

施特劳斯:你是否也听过有人说德性或卓越是一种目的? [这]是一种可能的观点吗?

同一个学生:德性或卓越可作为一种目的? 什么方面的德性或

卓越?

施特劳斯:呃,例如,理解力方面的卓越,同理心方面的卓越。

同一个学生:我听说过这些可作为一种目的。

施特劳斯:很好。好吧。但让我们来看看。如果一个人,在我们的例子中是将军,在选择手段时总是会犯一个错误,[那么]他就是无能,他就是迟钝,不管是哪种特殊形式的无能。他缺乏人类心智上的卓越或者你会说的其他什么,[58]这些东西是情境所要求的,我们一般都会说它们是一种卓越。换句话说,对达到目的的手段的选择可以说是卓越或其相反者的最重要的方面。

同一个学生:但即使是实证主义者也会这么说。

施特劳斯:是的,但实证主义者不会从中得出结论。实证主义者,他会怎么说——实证主义者不会承认这一点。

同一个学生:但像查尔斯·莱斯利·史蒂文森①这样的人肯定会说,某人犯了一个错误,尽管这人或许认识不到伦理的意义。

施特劳斯:问题是,史蒂文森是否从这一承认中得出必要的结论?这才是问题。

同一个学生:假如您是最高贵的人,而我是最卑劣的人,我们都看到那个将军带领他的部队参加了一场愚蠢的战斗,结果全军覆没或其他什么,那么在我看来,我们都可以说他犯了一个错误,因为我们自己有完全不同的价值观,而且,几乎任何看到这一情境的人都会说他犯了一个错误。这难道不会稍微削弱一点"他的错误必然是一种价值判断"的观点吗?

施特劳斯:是的,但让我们把问题简化一点。[假设]我们关注的不是一个单一的错误,而是一系列的错误(根本上是一回事),所以我们绝对能够通过对他的行动的经验分析来证明那一判断,即他就是无能,他就是迟钝。我认为这是价值判断。但不一定能证明他就是不诚实,如果你将经验分析限制在非常狭义的道德德性(moral virtue)上的话。这是另一个问题了。还有很多方式可以判断出不诚实。我的意思

———————————

① 参第 52 页注释。

是,比如有时候一个人可以证明另一个人就是不诚实,就是骗子。而你心中的问题最终是:难道那样的将官不可能遭到拒绝吗? 这就是你想要说的。这就是韦伯最终的意思。那么在极端情况下,做第一流的将军或许就只是意味着[做]第一流的骗子、第一流的小偷。可以这么说。我后面会作探讨。但我们若是冷静地从经验出发,就不会那么容易地遇到这个问题。我们会遇到伟大的治国者等问题。

我再给你们举几个例子。如你所知,已故总统罗斯福是个有争议的人物——关于价值判断的复杂性的一个有趣例子。但这是什么意思呢? 在珀金斯女士的著作《我所认识的罗斯福》(The Roosevelt I Knew)中,①我发现了这样一个小故事。她要为罗斯福准备一篇关于社会工作者的事情的演讲稿,我忘了是什么事了,罗斯福当然对这些问题一无所知,而她对此什么都知道,并且做了详细的说明。罗斯福读了她写的这篇演讲稿,且有一处改动。她说:我们想要一个"包容一切的社会"。罗斯福改作:我们想要一个"没有人被排除在外的社会"。我认为这显示了罗斯福的水平,[59]他能看到在政治演讲中一个小小的词如何产生迥异的效果:你是用"包容一切的"这个有点华而不实的语词,还是用一个任何公民,无论其多么没有学识,都会理解的措辞,"一个没有人被排除在外的社会"。他在政治上的巨大成功可以通过这个文本得到部分的解释。理解了这一点就意味着做出了价值判断。当然还有一些事情。有一个关于雅尔塔的故事。人们可以说罗斯福总统犯了一些非常大的错误,这不仅因为人们碰巧喜欢戈德华特(Barry Goldwater),②还因为当人们研究由舍伍德编的霍普金斯(Harry Hopkins)的文件,③当人们简单读过这些文件并且当真有一定的思考,

---

① 珀金斯(Frances Perkins,1880—1965),1933—1945 年的美国劳工部长。施特劳斯提到的是此人的著作《我所认识的罗斯福》(New York:Viking,1946)。

② 戈德华特(1909—1998),五届亚利桑那州参议员和 1964 年选举中的共和党总统候选人。

③ 霍普金斯(1890—1946)是罗斯福总统的亲密顾问。施特劳斯提到的是舍伍德(Robert E. Sherwood)的《罗斯福与霍普金斯:一段亲密的历史》(Roosevelt and Hopkins:An Intimate History,New York:Harper and Bros.,1948)。

这时人们可以看到,罗斯福的某些陈述甚至在当时的情境下都无法得到辩护,而不[仅仅]是事后看来如此。人们甚至可以证明它们在当时的情境下无法得到辩护。一些大的错误。但你们看,这里的重点是:我们面对的不是价值判断的不可能性,而是价值判断的可能性和必要性,然而,价值判断在某些时候相互矛盾。你们看,它们都是合理的判断,大有好处或大有坏处,然后如果你试图得出一个总体的判断,你自然就会由于价值判断的合理性而非因为价值判断本身不合理而感到忧心。

　　让我先总结下这部分的论证。我所说的那些内容中隐含的一般观点就是这样的,但我相信,重要的是提出所有问题,所有相关的问题,当然了,绝不能不假思索。但也必须在适当的地方提出这些问题,这是适当程序的一部分。到目前为止,我关于这一话题所说的内容可以化约为这样一个一般的陈述:不作评价就不可能理解属人的事物。我的意思是,不作评价而只收集孤立的予料是可能的,这不言而喻,但这不是社会科学。这只是社会科学的附属或辅助。举个简单的例子,我知道你们会找我茬。你们读一篇社会科学文章,比如一篇来自 *APSR*①的文章。我认为,你们不作评价就无法阅读它、理解它。例如:这里他忘记了一个明显的事实;那里不合逻辑。如果这种情况经常发生,你们就会说:这篇文章很糟糕。还有一种情形:他提出了一个观点;或者说,我之前没有听过[这样的观点]。或者说:这个观点很重要,这篇文章令人振奋。这些都是价值判断。以上说法同样适用于政治科学。

　　有些东西太过无趣了,无须评价。例如,我们中有个人去买衬衫。如果我们仔细想想,大概就会说,该行为从任何角度来看都是完全允许的:他付钱了,他需要衬衫,等等。这些都是价值判断。但通常我们并不在意,因为我们认为这些事情理所当然。我要直奔重点了。你们会说:当然了,正是由于这个事实,那个在 *APSR* 上写过文章的人接受了一种判断标准。他想在科学或社会科学具有价值性这一前提下写作和做些有价值性的事情。[60]该前提是他的终极价值,对于这个终极价

① 《美国政治科学评论》(*American Political Science Review*)这本政治科学期刊的首字母缩写。

值,他没有证明,也没有人能真正证明,因为,如果这个终极价值可以证明,如果你们能证明社会科学从任何角度来看都必要,那么你们当然就有了一个合理的价值判断。所以你们只能说社会科学只有在某些条件下才有价值性,如果你们给出了某些没有必要给出的前提的话。好吧,但是,倘若那种关于所谓终极价值可以被质疑的说法完全正确,因为每件事情、每个断言都可以被质疑,那么这意味着什么呢? 难道在某种既定的追求中不存在固有的标准吗? [就像]那个铸成大错的将军,身为将军,他服从这种标准。一个医生身为医生,本身就服从这样的标准,即他所做之事要促进人类的健康。任何医生作为医生,都没有义务去面对健康[是不是]一种善[这一]议题。医学作为医学,预设了健康是一种善,尽管[对于]一个确信健康不是一种善的医生,人们也许会说:我不会去找这个医生的。

但现在让我们超越这一点。我想说,社会科学虽有别于医学,但在它所做之事中也有那般的固有标准。让我们非常暂时和非常含糊地称之为"社会健康"。现在不要找我茬。每个孩子都知道,每个读报纸的孩子都知道,社会健康是一个比身体健康有争议得多的话题。社会的毒瘤不像身体的毒瘤那样容易诊断,那样能够明确地诊断出来。但并非总是如此。虽然存在种种争议,但你们仍然会发现在某些方面人们看法一致,这恰恰是因为他们对政策的看法完全不一致,[哪怕是]那些最紧迫和最重要的政策,例如:"抵制苏俄"(Resist Soviet Russia)或"宁赤勿死"(Better Red than dead)。① 一种非常强烈的对抗性,然而在某些地方却有某种一致性,这种一致性很重要,但不是在实际中很重要,因为它在实际中被认为理所当然,而是在理论上很重要,[比如]在我们现在所做的讨论中很重要。

我重申一遍,现在我想要提一种可能不同的观点,这一观点我后面还想再提一提。假如你们看了有些人在文献中给出的一些例子,而这些人真的试图把这种观点呈现出来,而不是把它呈现为一种不证自明

---

① 冷战时期特有的口号,用以支持他们抵制或屈服于他们所感受到的来自苏联的威胁。

的东西,那么他们说了什么? 我这里有一个事实陈述:A 是 B。然后: 做 A,这是祈使句,后面则没有跟类似祈使句的陈述。当然并非真的如此,因为,如果 A 这个陈述是善的,每个通情达理的人(我的意思是,如果那就是对 A 的全部看法,那么 A 是善的)就都会得出这样的结论, "我会试图得到这种善",这自然是一个太过简单的陈述,因为有许多相互冲突的善的东西,你们不得不扩展这个议题。但仅仅从逻辑上考虑,即认为祈使句不同于简单的事实陈述,这绝不充分。我们不得不做出一些实质性的考虑。

当人们确实做出这些考虑的时候——这种情况很少发生,你们就会发现各式各样的论证,尤其是韦伯,他确实花了不少工夫。关于韦伯的论证,我[已经]偶尔说过像下面这样的[话]。韦伯提出了一个问题:德国文化和法国文化,哪个更高级? 这能由一个教授或理论来决定吗? 不,当然不能,但不是因为这人是教授,而是因为这个[61]问题太含混,任何人,不论是教授或者不是教授,都不能做出决定。并非一切所谓的价值问题都是合理的问题,正如并非一切事实问题都是合理的问题。假如你们去看韦伯非常关心的另一个议题,两种高级宗教,比如基督教和佛教;韦伯说:一个教授,这可怜的家伙,怎么敢说基督教比佛教高级,或者佛教比基督教高级呢? 我想说,从常识上讲,韦伯是对的——是从常识上讲的,因为他没有去细究更深层的议题。但如果你们坚持要合理的论证,这又意味着什么呢? 很有可能,而且我也相信,存在着一些非常伟大的人类现象,它们如此之高,以致穿过云层都看不见其顶峰——换句话说,从理论上讲,解释这些现象在实际中是不可能的。但这是否意味着,如果我们看不出两座如此高的山中哪一座比另一座高,就不能说和看不出山比鼹鼠丘高?

现在让我来总结一下这一点。我想说,因为不作评价就不可能理解,所以所谓价值无涉的社会科学在所有情况下都是基于一种粗朴形式的、隐藏的价值判断——这也是一个不能通过一小段论证就解决的问题,但我们不得不从大处着眼。社会科学家从精神病理学借来的用词,比如"适应"(adjustment)、"神经质的"(neurotic)等术语,它们当然是一种价值判断。我不在意这些人说它们不是一种价值判断;它们会被每个人理解为一种价值判断。我想说,我唯一反对这个适应观念的地方在于,它是一个非常缺乏批判力的观念,因为当然会有这样的问题:适应什么? 假如有个人不适应贫民窟,这是一种赞美。适应观念太过狭隘了。再举个例子。韦伯在社会学中充分利用了卡里斯玛型(charismatic)、传统型(traditional)和合理型(rational)之间的区分,并认为它们是单纯的描述性、分析性概念,没有隐含着价值判断——这影响了政治科学的诸多方面。但我们只要再深挖一点,试着理解韦伯的意思,[就能]看出价值判断:韦伯所关心的个人自由一方面与传统相对,[另一方面则]与现时代极端的官僚制或者说与合理型相对。这使得他关心他所称的既不传统也不合理的卡里斯玛型。如果没有这种对个人的关心,没有这种有利于个人的评价,韦伯的书就会和社会学评论里的不少文章一样乏味。顺便提一下,韦伯所说的东西的另一种形式如今甚嚣尘上,那就是自我导向(the self-directed)、他人导向(the other-directed)和传统导向(the tradition-directed)[之间的区分],据说也单纯是描述性的。① 你们不可能听到过——呃,你们可能听到过这个孤立的说法,但你们不可能进入或理解它,如果你们看不出那些人是在说真正的人当然是自我导向之人的话。传统导向的或他人导向的人都是不同形式的有缺陷的人。

最后一点。某人可能会说,某个与韦伯相近的人或许会说(他当然会说),概念是基于评价的。问题都从一个特定的视角提出,这在研究的实践中意味着什么? 所有的问题都是[62]从某个视角,从某种利益出发提出,即基于非常确定的价值判断。但适用于问题的并非适用于答案。由于上述原因,问题是主观的。给出的答案则是客观的,因为它们的真或非真由证据、逻辑、方法论等东西的规则决定。但重点是,答案、作为一个整体的科学,必然包括问题、框架、概念、智性工具或概念工具等诸如此类的东西,正如也包括纯粹的事实。事实上,事实总是决定性地受到你们处理它们的方式的影响,受到你们组织它们时所用的概念的影响。如果概念是主观的,因为它们事实上必然基于价值,基

① 参理斯曼(David Riesman)、格雷泽(Nathan Glazer)、戴尼(Raoul Denny),《孤独的人群》(*The Lonely Crowd*,1950)。

于评价,而不仅仅是关涉到价值,那么整个科学就是主观的,这确实终结了传统意义上的科学。这是当代不少人得出的结论,我下次会讲到。我想我必须就此打住了,但我是非常愿意留出五到十分钟,甚至很乐意把事情辩清楚,直到——

学生:困扰我的是,您说在题材中有一种固有的标准,但我认为像西美尔和韦伯这样的人试图规避的是褊狭主义、标准中固有的特殊主义(particularism),以及标准中的个人因素。我不明白您如何判定这些东西就是文化。我认为他们想要在探查题材之前避免设置标准……在探查文化的过程中寻找标准。我认为,在您研究日本文化对美国文化之后,您会有可能更好地评价它们,而不要在研究之初就有评价。否则就会形成一种类似偏见的东西,我认为这是他们试图避免的。

施特劳斯:我相信你是正确的,这就是他们的动机(motive)。我认为必须在韦伯和西美尔之间做出很大的区分。从专业上讲,西美尔是哲学家,而韦伯不是。我相信,相比经济学家,比如早期的韦伯,所谓的专业的哲学家本身并非就是更好的思想家,但很巧的是,西美尔确实拥有一个非常好的心智。西美尔写他那本我提到过的书①的时候还比较年轻,只有38岁,我们不得不细究关于西美尔在大约70岁时所做之事的话题,但部分地由于我自己的无知,我又不可能细究。难道他没有发现这本早期的书有什么不足之处吗? 褊狭主义肯定是智性上的一大恶德。在一定条件下它或许是一种社会德性,但毫无疑问,它本身是一种智性上的恶德。当然,有一种方法可以避免这种情况,例如,去日本旅行。如今有些人很容易晕船或晕机而不能旅行,因此人类种族凭其智慧发现了一种不用离开村落就能旅行的方式,这叫作阅读,例如,阅读古代,阅读古老的时代或他国。这可以做到。但实际却[是]这样的。你试着——比如一个社会科学家——去日本研究日本。假如他们有完全不同的观念——我们有他们[所称]的罪感文化(guilt culture),而他们则有耻感文化(shame culture),②他们不是这么说的吗? 你会学到,

① 参第三讲。这本书就是《道德科学导论》(1892—1893)。

② 参本尼迪克特(Ruth Benedict),《菊与刀》(*The Chrysanthemum and the Sword*,1946)。

在看待道德问题时,你[可以]不使用法律或罪这样的术语,而[63]只根据荣誉和羞耻来思考。完全不同的方向。呃,我想说,你不必走那么远;如果你阅读荷马和亚里士多德,你在家附近就能清楚这一点了。①但这不是重点,因为我确信日本也有一些东西是你无法从希腊人那里学到的。但你接下来该如何呢?也许你完全是一个心智开放的人,头脑中没有所谓的范畴框架;那么你就是一个有福的人,我确信你会学到一些非常有趣的东西。但一个社会科学家会带着某种范畴框架去。他们说他不得不这样。你明白我的意思吗?例如,他知道存在着像文化这样的东西。不要低估这些看似无辜的东西。

我再给个例子。我们区分法律、习惯和惯例(ritual),我不知道是什么。不同的东西。在一些"文化"中,这种区分不适用。倘若应用这种区分,你就会曲解那样的文化。让我们由此做些归纳。我们科学的和社会学的参照架构尽管据称完全价值中立,但从根本上讲却是基于西方人的经验,我称之为一种可怕的褊狭主义。那远远不如一个德州牛仔去了日本,回来后说德州的公牛肉最好,这就是全部,因为这是一种无辜的褊狭主义,每个人都经历过。但是一个社会科学家带着他的那些范畴去了加纳或者其他什么地方,[然后]又带着同样的范畴回来,这才是真正的、可怕的褊狭主义。我认为没有人比韦伯更褊狭了。我不会拿他和那个德州牛仔作比较,我现在是在说那些社会科学家。我认为有些东西用几句话就可以说清楚,[例如]传统型、合理型和卡里斯玛型之间的基本区分是一种极其残暴的褊狭区分。我现在不能再说这一区分了。但让我遵循更宽泛的概括。从你说的话中能推出什么?每一种如今被称为文化的东西(让我们在谈论相互独立的社会时更谨慎一点)都是独特的,都有不同的特点,这也适用于文化中的各种概念。为了阐释日本文化,你不得不像日本人那样做某种区分,而不是像社会科学家那样做些所谓的假设性的和纯粹临时的区分;尽管社会科学家声称这些区分是纯粹假设性和临时的,但在我所知道的所有案

---

①　亦参多兹(E. R. Dodds),《希腊人与非理性》(*The Greeks and the Irrational*, 1951)。

例里,它们在研究过程中始终没有改变。你明白我的意思吗? 我赞成的立场远比韦伯的更具批判性。我不太愿意用那些可怕的术语来研究日本[文化]。我会等待,我会学习日文十年并在那里生活,然后开始看日本社会固有的概念框架是什么。

学生:呃,一个人悬搁判断那么久,这不是一种理想的状态? 是否真有可能……或者是否总是存在关于他们社会的概念框架的印象……

施特劳斯:呃,好吧,假如有人被美国政府——让我们不要拿日本举例,它是我们的盟友,而是对捷克斯洛伐克说事——派去为本国做间谍,当然他为什么要吃这份苦呢? 他不得不为合众国所用,尽可能快地获得最重要的信息,然后带着它回来。这很清楚。但假如我们是理论人,假如我们为了知识本身而对知识感兴趣,[64]然后由于某些更复杂的原因,为了我们自己而对社会科学感兴趣,那么我们就必须献身于此。瞧,这并不是什么不可思议的事。你有没有听说过,有些被称为古典学者的人在生活中除了阅读论文等等,除了阅读希腊、罗马或拉丁的经典,什么都不做? 为什么一个人不应该献身于日文,献身于印度教文化? 事实上,这个校园里就有这样的人。如果你浏览一下大学概况,就会发现波布林斯克伊教授①是一个研究梵语的教授。我的意思是,在其他条件相同的情况下,一个只研究了日本一年的社会科学家与一个研究了一辈子的人之间的差别,不过是肤浅的人与细致的人之间的差别。若做恰当的归纳,你的要求会使社会科学家陷于根本的肤浅之中。我完全能够体谅人类肉体的弱点,但我们在对一门科学作总体规划时不能有这种体谅,毕竟这需要一代又一代的人的工作。一个人一生中无法完成的事情,可以由许多人的一生完成。

我想说这是真正有趣的问题,如今却时兴所谓的范畴框架或其他什么表述。你一定听过这样的表述,每门科学最终都有一套概念体系,依据一套概念体系,一门科学收集事实、选取事实、排列事实、组织事实。但在社会科学中,我们的概念框架确实主要源于西方,尽管使用了

---

① 波布林斯克伊(George V. Bobrinskoy,1901—1985),1951 年至 1966 年芝加哥大学语言学系主任。

诸如"禁忌"(taboo)等东西,而这些东西并非源于西方。但总体的趋势是,有诸如经济学这样的东西,这里有经济学,那里有法学,那里有宗教学,那里有艺术学,那里有科学,这肯定是西方的传统,在其他地方或许也有类似的东西,但我们给不了答案。而唯一真正科学的程序是在既定的情况下理解其中固有的框架。这是一个非常有趣的问题,因为,假如你以一个非常简单的民族为例,他们尚无文字或随你现在怎么说,所以他们或许不知道他们的固有框架,而如果你问得不恰当,问得太早、过早,你或许就会曲解他们的答案,得到一个错误的方向。某个学汉语的学生,学汉语的西方学生,曾经告诉过我这样的故事,但我是凭记忆讲的,所以可能有点曲解。一千或一千五百年前,古代中国的旅行者们来到另一个国族,来到他们所称的一个野蛮国族(barbarian nation,必定有个对应的汉语词汇),这时他们向这些人提出的第一个问题是:你们如何向你们的国王鞠躬? 我认为这些旅行者非常智慧。你只需要做恰当的归纳。毕竟,我们不能把这些中国旅行者简单地当作我们的权威。若做恰当的归纳,那个问题就意味着:你们认为什么是最高的? 这当然隐含着:国王是最高者,你们如何向他鞠躬? 但首先,什么是最高的? 问题就是:你们认为什么是最高的? 如果你理解了这一点,你就理解了这个文化。

据我所知,只有一位西方思想家把这明确地作为社会科学的主题,作为他的社会科学的主题。我很抱歉地说,从专业上讲,这个人不是社会科学家,他只是哲学家。他的名字叫黑格尔。这就是黑格尔所谓的历史哲学的简单基础:为了理解一种文化,你必须查明——我想说,他没有使用"文化"即我们所称的文化这样的词[65]——你必须查明该文化所认为的最高的、支配一切的东西,以及[该文化]如何理解它。当中国人说到天(heaven)等他们会讲的其他什么时,他们的意思可能与我们所理解的,也许还与圣经或希腊人所理解的非常不同。你不得不查明这一点。我想说,相对主义的社会科学是彻底褊狭的,因为它没有普通旅行者所具有的很简单的、天真的(naïve)褊狭主义。这种褊狭主义并不需要什么。大学教育通常就能化解它,但更深层的是这里讲的概念上的褊狭主义,而据我所见,社会科学没有以任何方式化解这样的褊狭主义。这就是我的回答。所以,假如你认为我的论证的前提是某种褊狭的嗜好,它能使事情大为简化——当然是因为,我的传统为我解决了问题,在余下的日子我可以睡觉了——那我相信你错了。我想我可以说,我从韦伯停止思考的地方开始思考……逻辑实证主义者甚至看不到这些东西,因为他们压根没有看到某个问题,也不知道这个问题始于哪里。

学生:您真的支持了我最初的看法……

施特劳斯:你是说?

同一个学生:事实和价值之分的基础在于这样的事实,即他们担心褊狭主义的问题。而您的理论认为每个话题都有一定的固有标准,这就意味着存在某种普遍的标准……

施特劳斯:未必,因为军队在日本,在古日本的意思,可能与它在中世纪欧洲的意思非常不同。我们不得不去细究。但韦伯并不是在谈论某个比如在中世纪的东方国家的不靠谱的将军;他谈论的是我们在我们所处的周围环境中通常会关注的将军:只需用专业术语而不必引入其他因素来定义的将军。为了有所助益,我想说,你所概述的那种观点虽然是隐含的且我相信只是隐含的,但[经过]透彻思考[后]发现,它会导致这样的结论,即不可能存在一种普遍科学意义上的社会科学。你最多拥有一种西方的社会科学,而其他文化或许也有一种它们意义上的社会科学。这是不得不考虑的事情。我称它为历史主义,它不是实证主义。而始终如一的历史主义者,经过对它的透彻思考,当然不会使用事实和价值之分。他们会简单地说:我们接受我们社会的价值观作为我们社会的价值观,不能再多了,但我们必须这样做才能讲得通。你能重复一下那一点吗? 你在其中发现——不,我认为我在那里没有做任何不正当的事,因为韦伯、韦伯讨论的例子完全没有考虑到西方人、中国人、阿兹特克人(Aztec)或其他人关于将军的不同观念。完全没有。

学生:您说为了理解……诸问题,您需要评价它。为了评价,您不得不持有某种价值观。您怎么得到这种价值观? ……如果有能达成一致的事情,那当然很好,但我认为不可能[有]。我认为在不同的文化中,关于什么使得某事物具有价值性,会有不同的考虑。

[66]施特劳斯:但我必须简单地说,这种对所谓的文化多样性的考虑,在韦伯那里没有……它是韦伯的一个重要考虑……这不言而喻……《宗教社会学》(*Sociology of Religion*)①……这是非常不同的……但在根本的方法论考虑中,当韦伯试图证明事实和价值之分的必要性时它没有发挥任何作用;韦伯在此并没有考虑历史多样性或文化多样性。但你可能会说:为什么我们要把自己武断地局限于韦伯的论证;让我们把问题置于更宽广的基础之上。我必须考虑这个基础。但我要说,它不是实证主义的特征,而是其某种现存的替代物,我称之为历史主义。当然,它们经常交织在一起。顺便提一下,仅仅是文化的或社会的多样性这一事实在理论上完全不重要,因为这一直众所周知。文化多样性表明,你不能简单地认同……你的社会中所谓的价值观……仅仅是文化多样性的事实本身无关紧要,而只有在一段关于过去四百年的、非常复杂且从未被真正书写的智识史中,历史或者你可能更喜欢说的文化,才在理论上变得重要。最后一个问题了。

学生:这是不是……依其自身的方式来理解某部著作或某种文化,就意味着在处理素材时必须排除价值判断,尤其是个人的价值判断,[而]只接受这部著作中或这种文化中使用的术语,按照这些术语对自身的理解来接受它们?

施特劳斯:……像我一样的人能否——因为班上有人或许……他们能否声称充分考虑了所有相关的因素?我的意思是,我不懂梵语和汉语。如果我有必要成为学梵语文化或汉语文化的学生,我将不得不等待很长时间才敢做出某种判断,因为它们需要很长的时间来理解。我懂一点所谓的希腊语,如果我认为我略懂……我可以向你保证……

---

① 施特劳斯似乎指的是韦伯的《宗教社会学》。参《宗教社会学》,Ephraim Fischoff 译(Boston:Beacon Press,1963),这是对韦伯《经济与社会》(*Wirtschaft und Gesellschaft*,Tübingen:J. C. B. Mohr[Paul Siebeck],1922)中的部分内容的翻译。对这部更大的作品的整体英译可见《经济与社会》(*Economy and Society*),Guenther Roth 和 Claus Wittich 编(Berkeley:University of California Press,1968)。

其他的价值判断,柏拉图更显伟大,比起……那些说他是希腊人中的至伟者的古人……我认为这是一个合情理的判断。但既然这涉及的领域很大,所以需要很长的时间。但是我或许可以声称自己已经完全地、充分地理解了柏拉图……和梵语相比,希腊语是一种相对简单的语言。我是怎么得出那个判断的呢?这需要极长的时间。这实际上属于我后面的论证部分。有某种判断总是在进行:必定如此。比如,我从柏拉图那里读到一些东西。[我或许会说:]我无法理解,这似乎是荒谬的。价值判断。但我对柏拉图有一定的了解,我知道他不会简单地做出荒谬的陈述,所以我重读一遍,或许我会成功地理解这看似荒谬之处的真正含义。但这些理解行为都伴随着价值判断,无论这种判断是否明确地做出。这不是最终的判断。所以当我遇到一个非常奇怪的人,他对什么是好和坏有着非常奇怪的看法——我读过某位中国神秘主义者所写的一本书的英译本,[67]这书……简直惊人。但我也必须说,其中还有一些我觉得非常深刻的东西,所以我不会下判断。我只会说:呃,如果可以的话,我愿意学习。而我看不出这有什么困难。让我们有序地往下讲。下次我们会试着讲完实证主义,然后转向历史主义。

第五讲 导论:历史主义的障碍

(1961 年 10 月 16 日)①

[69]施特劳斯:我本希望在上次会面结束前完成我的导论,但由于讨论时间太长,我至少要花上这周的时间,甚至可能还有下周的课程时间来讲导论。我只提醒你们注意导论的目标。无论出于什么原因,我们计划找到一条通往古典政治哲学的道路,但如果我们事先不知道是什么特殊障碍首先阻止我们以其想要[被理解的方式]来理解古典政治哲学,我们就不能恰当地、有条不紊地做到这一点。这些障碍就是我们的假设、我们的信念、我们的偏见,随便我们怎么叫,它们的特定前提在我们审视过的每一种情况下都并非确定无疑。但是,我们至少必须识别出它们,并在会面时尽可能地审视它们。上次我着手批判性地讨论实证主义,尤其是实证主义对政治科学的影响。在上次会面结束的时候,有个学生说我误解了事实和价值的整个区分,因为区分的动机在于体验"文化多样性"和渴望摆脱褊狭主义。对此我表示否认,理由如下:我在实证主义与历史主义之间做了区分,而我现在不是在谈历史主义。让我澄清一下这一点。

实证主义观断言唯一真正的知识是科学知识,而科学知识的模式则由自然科学提供。对于实证主义,对于事实和价值的实证主义区分,文化多样性本身不能提供支撑,我想说这有非常充分的理由。例如,学

---

① 参施特劳斯,《后记一则》,收于《古今自由主义》,页 203—223。原刊于《对政治的科学研究论文集》,Herbert J. Storing 编,页 305—327。

数学或物理学的学生就会知道,事实上有诸如中国数学、巴比伦数学、希腊数学这样的东西。这丝毫没有使他怀疑现代数学是数学的最高形式,所以单纯的文化多样性压根就不是论据。实证主义者用来支撑事实和价值的区分的,一方面是对知识的分析,另一方面是对以前所称的意志的分析,既如此,我们或许也可以说,是认知与欲望之间的区分。价值是被欲望的东西或关于可能的欲望的原则,依据这个观点,一个欲望不能被批评,除非借助另一个欲望,而不是基于任何作为事实的事实。这是决定性的一点:欲望之间的不同等级在事实或客观上没有差别。假如某个人有一种我们通常所称的非常低级的欲望,而另一个人有一种我们通常所称的非常高级的欲望,实证主义者就告诉我们,这种区分只是基于个人的特殊欲望,该欲望和其他欲望一样可以辩护或不可辩护。

但我还不愿造成这样的印象,[即我是]在回避形式主义根基的议题,也就是文化多样性[那]看似形式主义的根基的议题,它为历史主义而非实证主义所讨论。既然这个问题已经提出来了,且无论如何都要讨论,那我想就此说几句。[70]首先,据说价值观因文化而异;此乃文化多样性。绝对是这样吗? 为了保证对文化多样性的这种观察是中肯的,我们先要知道,我们必须把所有文化在等级上视为平等的,不管是非常原始的或尚无文字的文化,还是高级文化。例如,儒教中国的价值观以及南美洲亚马孙地区某个原始部落的价值观是怎样的? 这两种文化真的同样值得我们给予道德上的尊重吗? 我想在这里提及[我曾经的]一次经历。我,一个对中国的事物一无所知的人,曾经描述过君子,亚里士多德意义上的完美的君子。有个希腊词,①字面上当然不是指完美的君子(the perfect gentleman),而是指高贵的、善的人(a noble and good man),或者美的、善的人(the beautiful and good man),但它通常被英译成 perfect gentlemen[完美的君子],翻译得很可信,而我由此扩展开来。有个学生,学习中国的事物,对希腊的事物绝对一无所知,他说这正是中国古老传统意义上的东西。所以,如果你如其所显现的

---

① kaloskagathos.

那样去看核心,也许事情就并没有太大的不同。

现在我想给出的第二点是:依据上述观点,价值观应该属于一种文化。如果真是这样,那么西方价值观就属于西方文化,而我们似乎应当基于西方价值观来判断西方的事物——政策、制度等等。事实和价值的整个区分将不会出现,而我现在讨论的立场是,作为一个原则问题,禁止所有价值判断。从实证主义的视角来看,社会科学家在理论语境中所引用或遵从的某些价值是不是其所处的社会的价值,这完全不重要,因为正如实证主义者很可能会说的那样:在同一个社会中,甚至在不同时期的同一个人身上,有着各种各样相互冲突的价值观。

现在我来谈谈我已提过的最有趣的一点,那就是对其他文化开放;我想说,这本身当然就是一种德性。但这里有某个含混之处。这种开放是指什么? 首先,它以两种方式来指宽容(tolerance)、容忍(toleration)。首先,一个人始终坚信自己的信仰完全是最好的,正如宗教宽容在 17 世纪被理解的那样。但这个人当然不会得出这样的结论:你可以迫害其他信仰。换句话说就是尊重其他文化,但丝毫不怀疑西方价值观最高级。我相信,这并不完全是现今人们谈论向其他文化开放时[的]意思。他们的意思是,重点应从实质性信仰,从西方的实质性信仰转移到和平之类的东西,或者是所有信仰都认同的东西。你们看,宽容可能意味着最重要的事情是我的宗教信念,但在实际中宽容非常重要——在实际中很重要,但肯定不是最高的东西。更有可能的是,重点从实质性信念转移到作为最高价值的宽容,这是完全不同的事情。换句话说,从此以后,必然会出现——这没有被任何人所充分考虑:对异端邪说或异端分子的不宽容将会停止,现在只会有对不宽容的不宽容,因为绝对的宽容不可能。[71]对此,你们可以在卢梭《社会契约论》(*Social Contract*)关于公民宗教的那一章中找到经典的表达式。① 换句话说,可以以这种方式来重申这点:宽容事实上成为了最高价值,而实质性信仰成为了……如果我可以使用政治史上的一个术语的话。

但在这两种形式中,除了宽容之外还有其他的东西,这很可能就是

① 第四卷第八章。

两种不同文化的融合:西方逐渐熟悉东方——反之亦然——向另一种文化学习。如果我们彻底思考这一点就可发现,严格意义上的文化多样性将会终结。将会有一个单一的世界文化,它是所有特殊文化在一个新层面上的综合。不过,如果我们想要真正的心智开放,就应该提一下第三件事:我们还必须承认这样一种可能性,即,像西方与东方在文化或价值观上的这种心智开放的相会中,西方价值观或许会被证明优越于其他价值观。我的意思是,我没有说必会如此,但如果我真正心智开放,就不能 a priori[先验地]排除这种可能性。

我相信在这种讨论中经常被忽视的另一点是这样的。有一种朴素的、谚语式智慧:利于母鹅者亦利于公鹅(What is good for the goose is good for the gander)。换言之,如果说褊狭主义,即不加批判地将个人的价值观绝对化,对西方有害,那么它对其他各种文化也必定有害。或者这是不是对朴素的公正的需求呢?然后如果是的话,那么非褊狭主义就意味着超越所有作为文化的文化。这不是什么新鲜事;这是一个古老的故事。希腊人称为,超越所有的 nomoi,所有的法律或习俗本身。这种否定性做法的肯定性前提是认为好生活是质疑和审视的生活,典型的代表人物是苏格拉底;有人可能会提出一个问题,如果我们去掉所有的虚饰,那么献身于质疑和审视的生活——当然也要审视自己的遗产——是否就不是西方文化的实质含义了。毕竟,我们如今所称的科学,只是苏格拉底在认为"好生活是质疑和审视的生活"时所指的东西的一种非常特殊的形式——在许多方面是[一种]贫乏的形式,在其他方面当然是[一种]扩展的[形式]。当然,作为任何非褊狭主义所要求的基础,"好生活是质疑和审视的生活"这一苏格拉底的断言本身也需要证明——这里我再次同意我们心智开放的朋友们的观点。当然,或许苏格拉底是错的,这一点当然很重要,但我不得不后面再讲。可是我还想说,为了看出这一点,也就是说为了看出苏格拉底从根本上讲是错的,没有必要离开西方。毕竟,有一种西方传统就其原则而言是反苏格拉底的,这就是圣经传统。所以在我们西方的传统中,我们有一种内置的保证,以反对简单地、独断地接受希腊遗产。

最后一点。我希望我已经向你们传达了——我希望,但我不能确定——我和其他人一样渴望理解我现在所称的其他文化。我没法去做这件事,因为我要专注于其他一些事情,但我利用每一个机会……最后我想说一件事。真正地理解外国文化,丝毫没有屈尊俯就地去理解外国文化,其预设是要意识到我们文化的局限性。否则就是一种非常[72]肤浅的认识,一种肤浅的礼貌或者你会说的其他什么,一种虚荣。但它是一个严肃的事情,如果我们知道我们有一些东西要学,一些重要的东西要学,而不仅仅留意陶艺和民间舞蹈之类的东西。[意识到我们文化的局限性,]反过来又需要深层理解我们自己的处于最佳状态时的遗产。我们极容易看出西方如今的各种可怕缺点,但它并不是在每个方面都处于最佳状态时的西方文化。在这方面,古典哲学当然特别重要,对它的理解,对西方的准确含义有一个恰当的评估。你们或许已经注意到,我不禁[使用]价值判断来陈述这个议题。我相信,任何重要的人类问题,即使作为问题,都不能不使用价值判断来陈述。这是重点。但现在让我回到我关于实证主义的论证上来,如果我今天能把它讲完,同时我们还讨论完整个议题,那我会非常高兴。

我上次试图给出的要点是这些。[首先,]正如通常理解的那样,事实和价值的区分本身导致了虚无主义。实际结果并不必然是虚无主义,因为幸运的是,人们前后不一。但如果严肃对待的话,结果就会那样。我给出的第二个要点是:是否可以谈论宽广的社会问题,而不是一些比如为了证明更多的计数或计算的可能性而选取的社会问题——是否可以认为作为一个整体的社会科学是完全免于价值判断的? 对此,我表示否认。我还给出了一个要点,我想我也应该重申:表面上对价值判断做出回避并不能解决争议点,因为你或许不得不考虑隐藏的价值判断,隐藏在你使用的概念框架中的价值判断。提醒你们注意一个流行的例子,当你使用自我导向、传统导向和他人导向之间的心理学或社会学区分时,①你就有价值判断。每个使用者是否意识到这一点当然并不重要,价值判断事实上就在那儿,而且迟早会显现在意料之中或意料之外的地方。

---

① 理斯曼、格雷泽、戴尼,《孤独的人群》(1950)。

现在我想探讨一个与之类似但更宽泛的议题。那接受事实和价值的区分作为其本质的新政治科学,是否真的比评价性的老政治科学更能理解政治事物?它是否使我们看到了一些被老的评价性政治科学所忽视的政治现象?总体上,我想说这种研究径路的后果是,政治事物被化约为社会学或心理学要素。我只想提一点。在依其自身的方式谈论政治事物时,迟早都要涉及所谓的共同善、公共福利或者你会说的其他什么。这些东西必然可以充当价值判断。如果你说某一特定利益是局部(sectional)或个人的,而另一利益是公共的,你事实上就已经做出了价值判断。因此可以立即得出,作为公共事物和作为共同事物的政治事物因此必须以这样或那样的方式化约为低于政治的事物,这要么是社会学上的事物,要么是心理学上的事物。有人可能会说,这样在某种意义上就可以发现一些在老政治科学中没有的东西,这一发现在某种意义上又被一种遗忘所抵消,那些被遗忘的东西在老政治科学中总是处于最显著的位置。因此,假设有新发现的东西,那么问题就[73]产生了:新发现的东西和被遗忘的东西,这两者哪个更重要?

现在我会试着提几个例子。在 1900 年前后的老政治科学——我最终将用老政治科学来理解亚里士多德,但在通常的讨论中我将它理解[为]1900 年前后的政治科学——中有一种如今被称为正统民主理论的东西。这种正统民主理论据说忽视了政党体制的重要性。你们知道,当你们想到诸如卢梭的《社会契约论》这样的现代民主理论经典时,政党(parties)总是被视为一种毒瘤——它们被称为派系(factions)。然而,老理论的忽视意味着什么?政党体制在那些最新式的民主国中的重要性是政治科学的发现吗?当然不是。每一个政客、每一个公民无须借助任何政治科学就已经意识到政党体制及其对民主制的运作的重要性。那么政治科学的特殊贡献是什么呢?是发现了政党体制的有益作用吗?换句话说,是合理地辩护了政党体制而不像传统那样贬低政党体制吗?呃,也不完全是这样。比方说,这种辩护有漫长的早期发展阶段。只需提两个极其重要的著者,第一个是马基雅维利。在其《李维史论》(*Discourses*)中,他试图以罗马为例来表明不和、派系有利于自由。这是原则。但在某种程度上,更重要的[是]柏克,埃德蒙·

柏克(Edmund Burke),[他]在《有关引起当下不满之原因的思考》①等
作品中为政党体制做了最根本的辩护。但这还不是全部。如果我们真
想要心智开放,就不得不怀疑传统上对政党体制的贬低是否彻底愚蠢。
这是比较重要的一点,而且,丘吉尔,这位也许是我们这个世纪最伟大
的政治实践者,在其《马尔伯勒》中对此做出了非常引人注目的讨
论。②很遗憾,这里我无法提供卷数和页码。你们知道,丘吉尔是一个
活生生的例子,证明政党体制并不是完美的政治,因为他著名的……他
一生投身过两个政党。在其《马尔伯勒》中,当他谈到安妮女王(Queen
Anne)时代的初期政党体制时,他基于他在两党的长期经验以及他非
常深刻的历史知识和深层的思考来讨论[这个问题],并提出了解决办
法,那就是,我们尚不确定我们所知的政党体制(这当然是现今不可或
缺的)是否真在每个方面都好。在英格兰以及从某种程度上讲在本国
的特殊危急关头,有关国民(national)幸福的历程就能暗示这一点。

　　但在我看来,对这个议题的真正理解还没有开始,因为实证主义政
治科学局限于分析事实以及事实之间的关联,而没有进入更深的层级,
进入更深的层级意味着进入那个你不做价值判断就一个字也说不出来
的层级。政党体制的前提是什么?与传统意义上的任何派系不同,政
党体制预设了正派的人可以在政治原则上持不同意见。这一点不仅仅
隐含在柏克所说的话中,因为它显而易见:如果你有一个政党,[74]即
人群中的渣滓们,还有一个政党,即不错的人们,这并不能为作为政党
体制的政党体制提供辩护,这只是对渣滓的让步,因为他们太强大了,
无法[阻止]③他们寻找政治表达。但是,当我们说政党体制可以得到
辩护时,我们还有更多的意思。一个简单的理由存在于19世纪早期,
当时至少在欧洲,你有自由主义者和保守主义者[这]两方。这是基于
这样一个更宽泛的观点,社会之善的奥秘在于秩序和进步。秩序和进

① 柏克,《有关引起当下不满之原因的思考》(*Thoughts on the Cause of the Present
　　Discontents*,London,1770)。
② 丘吉尔,《马尔伯勒:他的人生和时代》(*Marlborough: His Life and Times*),6卷
　　(New York:Scribner,1933)。
③ 括号里的词在原始文字记录稿中就有,为转录员所提供。

步这种二元性,在一群更倾向于秩序的人和另一群更倾向于进步的人之间自然地表现出来,他们之间和平的拉锯战正是一位智慧的政治医生为政治社会开的处方。但让我转向一个更深些的层级。对政党体制的辩护预设了在政治原则方面必须保持宽容。换句话说,有各种相互冲突的政治原则,每一种都同样值得尊重。那么,如果你这样来陈述,我想,你立即就会看到,政党体制的真正母体是宗教宽容的经验,因为16和17世纪逐渐出现的宗教宽容正意味着:正派的人可以在宗教方面持不同意见,但仍然生活在同一个社会中。我们可以说,这种对宗教原则方面的宽容所做的训练,为训练政治宽容方面的宽容提供了温床。我只是想指出对政党体制的基础进行真正分析的一般思路,而且我希望我已经表明,不使用价值判断就不可能陈述这个问题。

那么这种新社会科学的,这种激进实证主义的、价值无涉的社会科学的特征是什么呢?让我做一个一般性的评述,我现在还不能证实它,而把它作为问题抛出来。我曾经在这个大楼的这个地方的一次研讨会上做过这样的评述,当时在场的有一位非常著名的某种新政治科学的代表——顺便提一下,是我的一位非常亲密的同事。我问他:您能否给我举一个例子来说明新政治科学的一项不可能由任何见多识广或使用普通常识的人做出的发现?我只能说他所给的两个例子在我看来都相当琐碎,但它们或许是真实的。我相信可以通过分析表明,这里面的发现显然是出于其中的政治科学家事实上碰巧有常识。与第一次有人怀疑本国的某个共同持有的观点或许会因为环境的变化而变得错误相比,他后来通过统计予料或其他予料找到的只是次要的确认,这非常无趣。其中一个议题是能否派黑人士兵驻扎南方,这在第二次世界大战中被证明是可能的,根据相关的报告,有位社会科学家研究了这个[议题]。但是,如我所说,决定性的一步是他认为1940年或许不再像1870年那样了。我们必须去细究,我不想给人留下在这些问题上能说会道的印象——它们太重要了——但我这么说只是想告诫你们,在给定的分析中,不区分出什么可靠就不要接受那些主张,而如果有什么是可靠的,那么其可靠性就与使用那些新方法有关,或者仅仅与具有智性的普通政治观察有关。

这显然是两种非常不同的情况。

[75]新的社会科学和政治科学的特征似乎是这样的：[第一，]一般的化约主义（reductionism），将某事物化约为另一事物，这就使得被化约的事物不再可识别。做起来有两种不同的方式。举个例子就清楚了。首先，将政治事物化约为一般的社会事物。我这么说是什么意思呢？政治社会肯定是一个社会。你们甚至可以使用一个更模糊的术语，说是"一个群体"。因此，一个政治社会必然遵循任何对任一群体——我相信人类群体已被理解——都适用的东西，否则你们就会进入数学中的群论（group theory），这将使政治社会变得更加困难。所以让我们假设一种人类群体。[正如]任何其他群体，这些群体有两个明显的特征：它们凝聚，它们变化。所以，某种真正的群论会告诉你们有多少种凝聚模式、有多少种变化模式，以及这两者有多少种相互作用的模式。我确信你们可以非常不错地扩展这一点。结果当然是，你们不再认识任何与政治社会尤其是与你们所关心的个体性政治社会有关的东西。我将此称为新社会科学的形式主义（formalism）。我相信这种科学最著名的代表是帕森斯（Talcott Parsons）。① 我不知道你们有没有人读过他的东西。我相信你们会发现，如果你们不把他的陈述重新翻译成普通的语言，就会非常非常难以完全理解他。

现在，第一点是将政治事物化约为一般的社会事物，并以形式主义告终。第二个[特征]是将政治事物化约为低于政治的事物本身——因为作为群体的群体不能被称为低于政治的事物，它太形式，太抽象了——最终当然是低于人的事物，因为那种将你们从政治社会引向社会学和心理学的推理也能将你们从人类心理学或人类社会学引向动物社会学和动物心理学。你们明白为什么是同样的推理吗？因为你们总是试图从较简单的事物来理解复杂的事物。现在依据一个很常见的观点，所谓的小群体，或者面对面的社会，要比政治社会简单得多。因此，面对面的联合体将成为更大的社会的关键。但是，与一窝幼鼠相比，由

① 帕森斯（1902—1979），美国社会学家，著有《社会行动的结构》（*The Structure of Social Action*，New York：The Free Press，1949）。

"人格"迥异的人组成的面对面的社会当然极其复杂。也就是说,老鼠要制定的决策比人类要制定的决策简单得多;因此,这或许很可笑,但即使很可笑也肯定很有条理,这样就可以了。

现在,我想说将政治事物化约为低于政治的事物并没有导致形式主义,而是导致了我所称的严格意义上的庸俗主义(vulgarianism)。这意味着在每一种情况下,从较低者来理解较高者。我提醒你们注意一个我上次提到的例子:文化。"文化"曾经是一个含义非常高级的术语:有教养的(cultured)人,受过培育的(cultivated)心智。现今,当谈论郊区、青少年犯罪团伙等方面的文化变得完全正当时,这个术语就失去了所有的价值、所有的体面。同样的道理也适用于诸如"人格""卡里斯玛型"以及你们听过的所有其他术语。我相信,形式主义和庸俗主义这两者的分化并非意外;[76]我相信这与现代科学的根本特征有很大关系。当然,只有在社会科学中,我们才能这样清晰地辨识出它以那样特殊的形式出现。现在,形式主义和庸俗主义这两种形式的化约主义是第一个后果。

我想要提的第二个后果是褊狭主义。我来探讨你们的主题,也许是基于其他某些视角。这种褊狭主义是如何表现出来的呢?很明显,现代实证主义社会科学或政治科学想要具有普遍性。我的意思是,它们并不是想找出1961年前后合众国政治行为的法则或规律。这种社会科学的最终目标是研究普遍法则,比如关于社会变化或其他同样宽广的事物的普遍法则。但它还想要具有最高程度的客观性。客观性由非常具体的研究方法来保证,这些方法在这以前从来没有被使用过,至少从来没有在这样的规模上使用过。假如你们拿写过伯罗奔半岛战争史的修昔底德这样一个尽职尽责、有智性的人为例,他可能会做些什么研究呢?在希腊的各个城市(towns)和村落(villages)里,[他问]那些看起来还算可信的人:五年前有多少斯巴达人穿过这个城邦?他们给了他粗略的数字,你们知道这些数字价值几何,但惊人的是,《伯罗奔半岛战争志》(History)总体来说多么值得信赖。我们会对这种不精确感到震惊。我们有精确的方法。非常好。但是,这些研究方法,至少其中一些对社会科学来说是最重要的研究方法,只适合于如今生活在允许进行此类研究的诸国的人们。想想访谈和问卷。我的意思是,如果你们在中国大陆或捷克斯洛伐克开始这样做,我相信,比起你们试图拍摄一个老棚屋,你们会更受折磨。要我说,不管是进了坟墓的人,还是幕布(the curtains)①背后的人,都不可能接受访谈或接收问卷。结果就是我们所拥有的予料都来自或多或少拥有现代民主的诸国。这些予料都是"民主式的"予料。

让我做一跳跃。我们所研究的行为,自称是对人和人类事务的研究,事实上却是对现代民主人的研究。我称之为"褊狭主义"。呃,我再给你们举个例子,这例子或许会被视为悖论而不受待见,但我相信它仍然很有趣。几年前,麦克洛斯基在《美国政治科学评论》上发表了一篇关于保守主义者和自由主义者的文章(但有两个麦克洛斯基:不是哈佛的那个,我想是当时[在]密歇根的那个)。②他得出的结论是,保守主义者的特点是心智特别狭隘、对人类苦难不敏感、受教育程度低等等。现在我只对他使用的方法感兴趣。他首先当然是给出了某种关于自由主义者和保守主义者的定义。问题是:什么是好的定义?因为,如果定义得不好,那就是对整个议题过早地下了判断,而那些经验性结论也将无效……他是在当今合众国北部各州研究它的。但从他的定义中肯定可以得出,一个像……的人是[77]保守主义者。柏拉图和亚里士多德无论如何都会被这样认定。但这讲得通吗?称这些人比起当今的政治科学家要不成熟些,所受教育要少些,这岂不是很不可思议吗?你们可以说这是一个极端的例子,但也是一个典型的例子,因为这种科学概念很重视那些只有在当今民主社会才能获得的予料。如果我们可以确信这些民主社会在每个方面都处于人类发展的顶峰,那样做就会非常好;然后我们当然可以正确地说,为什么我们应该讨论任何种类的……

---

① [译按]在《后记一则》第222页,施特劳斯将 curtains 作首字母大写。

② 他们两人的名字拼法不同。赫伯特·麦克洛斯基(Herbert McClosky)在密歇根大学,罗伯特·麦克洛斯基(Robert McCloskey)在哈佛。施特劳斯提到的文章是赫伯特·麦克洛斯基,《保守主义与人格》("Conservatism and Personality"),*American Political Science Review* 52(1958),页27—45。

学生:我相信在您提到的那篇文章中……

施特劳斯:我读过一些关于它的东西,但具体内容我忘了。我肯定知道它是一种侮辱。我感兴趣的不是这篇文章的具体内容,而是除了麦克洛斯基的癖好之外,我们还能从中学到什么,因为我相信不是每个人都会那样说。但关于[保守主义者]心智狭隘、不敏感、缺乏教育的观点,除了麦克洛斯基之外,其他一些人也可能会这么说,但这就是为什么我认为我无意识地忽略了那一点。

我想要提的第三点是我所称的"民主主义"。①这已经在前面所说的内容中有所暗示。那些主张价值无涉的社会科学家当然需要概念。现今不再有一个社会科学家会说:你只需要事实,概念完全无用,如果你花足够长的时间去察看事实,概念就会从事实中产生。我想,现在不再有任何人会这么认为了。我们需要概念来组织素材,因此我们必须依靠概念。而这个概念框架在很多情况下以一种惊人的方式带有偏向性。概念的偏向性与对科学客观性的主张之间的反差很是惊人。曾有一个思想学派——我相信它现在已名誉扫地了——研究"威权型"和"民主型"的人格。②我相信这发生在第二次世界大战期间。呃,[这些著者]做了什么呢? [他们]是不是毫无成见地呈现出民主型和威权型的人格呢? 一点也不。威权主义者是个食人魔,一个丑陋的食人魔;好笑的是,这些食人魔经常出现——即使在现今也是如此,但在过去肯定……我读过一本书,著者是那些人中的一位,我忘记他的名字了,在书中他得出这样的结论……一边是一个拘谨古板的天主教女房东,另一端是一个品行放荡的漂亮(nice)女孩。我不得不做这个小传,[假设]这是基于那个家伙的真实经历,他和他的女房东因为那个女孩而发生矛盾。你有那个迷人的女孩,一种价值观,你有那个拘谨古板的女士,另一种价值观——我是指严格的道德观——你能做什么呢? 呃,他

---

① 也就是价值无涉的社会科学所具有的民主主义。

② 阿多诺(T. W. Adorno)、弗伦克尔-布伦斯威克(Else Frenkel-Brunswik)、莱文森(Daniel J. Levinson)、桑福德(R. Nevitt Sanford),《威权型人格》(*The Authoritarian Personality*), Studies in Prejudice Series, 第 1 卷 (New York: Harper & Brothers, 1950)。

知道他选定了两个人中的一个,但他说这绝对是主观的。惊人的是,那些在复杂的人类生活中经历如此有限的人竟然如此自负地认为价值判断不可能。我认为,如果不进行价值判断,肯定是对这著者做的,那么人们就无法观察到、看到发生了什么,而且我认为这种价值判断并不依赖于任何武断的基础。

[78]但如果你想谈论人类问题,就必须有一些凭据。我想要把这一点与目前对共同善所作质疑的一个动机联系起来。这动机也是一个隐藏的民主制前提。现在我来解释下。民主制当然完全无可指责,但可耻的是,有人说民主制绝对是价值无涉的,而事实上又一直都在使用民主制的价值判断。作为一名社会科学家,他至少应该有勇气维护自己正在做的事情。当然,他会说:当我为《新共和》(*New Republic*)撰稿时,我会宣称我的价值判断,但当我为《美国社会学评论》(*American Sociological Review*)撰稿时,我就不会这样。我相信,对共同善概念所作质疑的动机与任何理论考虑都没有关系,而是这样:当你谈到共同善时,你就必然做出了价值判断。你不是 in vacuo[在真空中]做出这种判断:你是在生活在一起的人类中做出了这种判断,那么原则上,共同善总是含有一种偏好。

但还有一点。当你谈到并思考共同善时,你很快就会认识到,并不是所有的人都有同等的能力对共同善做出恰当的判断。我暂时完全不理会著名的阶级或群体成见,但这[只]是因为它们非常复杂。而那一点看起来从一开始就是一个反民主制的论点⋯⋯但它并不是一个反现代民主制的论点,原因非常简单,现代民主制是基于其经典的理论,即主权者(the sovereign)、人民(the people)与政府(the government)之间的区分——也就是说,对共同善的特别关注,即立法,是政府的事情,政府将在广义上对人民负责,但不是以一种人民可能指导政府的方式。但[有]一种朝着直接民主制的方向发展的运动,这意味着废除政府和主权者之间的区分⋯⋯他们很快就断言,与政府有别的人民在照顾共同善方面有能力,和任何个人一样有能力。只有局部或私人的善,政府的任务不是发现共同的善,而仅仅是充当这些利益之间的中间人①——这里出现的错觉,我们能以某种方式辨识出来,并理所当然地认为它是无限,而不去思考这个问题,该错觉在黑格尔对他所称的"坏的无限"(bad infinity)的批判中得到了最清楚的陈述。② "坏的无限"就是我们通常理解的无限、无限序列(infinite sequence)。我想陈述的是:康德谈论过朝向和平、普遍和平的无限进步。换句话说,普遍和平的状态将在无限的时间内实现。重要的是要认识到,这意味着完美的和平将永远无法实现。在无限时间内的完美和平相当于永久的战争。它可能具有的唯一实实在在的意义是,战争将变得越来越人道。这当然会导致非常重大的实际错误,因为,假如一方觉得敌人在下次战争中会非常温和,等等,但敌人不可能会这样。对这种根本谬误[79]的理解并不充分,因为实证主义的基本前提是科学的无限进步。

与此类似的第二个考虑是:实证主义在其本身的哲学中达到顶峰,该哲学自称为"逻辑实证主义",并试图阐明科学的含义。我们可以说,对于实证主义而言,哲学可被化约为一种科学的科学。这种科学的科学,即逻辑学或者你会叫的其他什么,或许可以完全充分地告诉我们什么是科学。我表示怀疑,但原则上讲这是可能的。这种科学的科学不可能回答科学是不是善的或者什么是科学的目标——这绝对不可能,因为这是价值判断且在定义这种科学的科学时就被排除了。当然还有一种较老的观点至今犹存,因为人肯定是理性的动物,但这也意味着,在实践中这种动物压根不介意前后矛盾,如果这些矛盾能够带来方便的话。这种较老的观点就是,科学是一种属于人的东西。野兽没有科学。人是某种有机体,有机体想要生存;因

---

①　这时换录音带。根据一位学生的讲座笔记,施特劳斯这时从讨论实证主义的一般特征(化约主义、褊狭主义、民主主义)过渡到讨论实证主义的后果和反响(尤其是存在主义[existentialism]或激进历史主义)。

②　黑格尔关于"否定的无限"(negative infinity)的主要论述见《逻辑学》(*Science of Logic*,1812—1816),第一篇,第二章,C,节 270—315,以及《哲学科学百科全书:逻辑学》(*Encyclopedia of the Philosophic Sciences*, *Logic*, 1817—1830),节93—95。

此,科学只是被理解为人类生存的工具。人们没有科学就无法生活得好,科学仍然是一种价值判断。我们所拥有的关于科学与人类生存的复杂关系的经验——我相信你们理解这句繁杂的话,我指的是氢弹等类似的东西——以及对价值判断的禁止,使得实证主义甚至不可能试图去展示科学的善[乃至]什么是科学的目标。所以,一个年轻人选择科学,严格地讲并不是一种理性的选择,这不是因为它特别非理性,而是因为选择都不是理性的,因为依据这种观点,每一个选择最终都基于所谓的"终极价值",而一项终极价值可以被其他终极价值所取代,而绝不会因此变得更不理性。选择科学不是一种理性的选择,但是科学家在选择科学时所选择的不仅仅是他的工作、他所做的事、他的活动,而且还包括我们可以非常模糊地称为发展至今的整体的科学观这样的东西。这是一种毫无根基的选择,就像所有其他根本的选择一样。

如果是这样的话,这些根本的选择,比如[一个人偏爱]科学,而另一个人偏爱一种宏大的神话和一种神话世界观,认为这要好得多、不错得多,那就无法再争论下去了。这些根本的选择并没有被科学心理学恰当地解释,原因很简单,科学心理学本身就是一种科学,因此是以选择科学为预设的。所以,根本的现象、唯一不是假设性的或任何武断性的现象就是这种根本的选择:自由的深渊,人被迫做出毫无根基的选择的事实。这种根本的经验比任何的科学、神话或其他什么都更为根本,因为它是所有这些东西的根基。这种关于根本的、毫无根基的选择的经验被称为根本的苦恼(fundamental anguish),这是有充分理由的。由此可见,一切东西——包括科学,最终当然都必须基于这种根本的经验来理解。根本的东西不是科学,而是根本的苦恼。这个观点如今以"存在主义"之名而为人所知,我想说,在我看来,根据简单的逻辑,存在主义无论有多荒谬,都要优越于实证主义。可以说存在主义是非常深思熟虑的实证主义者对他们自己的实证主义的反应。我[80]愿意后面再详细地讨论这一点。让我先把这个论证讲完,然后我们进行讨论。

我只想说明这里的关键点是什么。实证主义者——除了那些对当今哲学中的专业讨论有些熟悉的实证主义者外，这一点是不易理解的——现今的实证主义者做出了一个他们的先驱者即著名的英国经验主义者完全不知道的区分，有效性(validity)和创生(genesis)之间的区分。作为逻辑学家，他们只关心有效性，是什么能够做出验证或造成无效。创生如何在个体或科学家团体中发生，是他们不感兴趣的心理学问题。那个区分源于一种完全不同于英格兰经验主义的传统，我们可以说它最直接的源头是康德。这另一种观点的最初形式即柏拉图式的形式，可以表述如下。有一种东西叫作心智，心智能领悟真实；最终，这就是科学的基础。康德非常激进地重新阐述了这一点，但我们无法加以细究。那区分当然是有意义的，因为心智作为心智并没有创生，但是X和Y的心智、你或我的心智等等，当然有创生：我们出生，我们长大。因此，一旦你不再认为存在柏拉图或康德意义上的心智(两者的差别现在并不重要)，创生问题就变得重要了。而实证主义否认心智是一种独立的存在者；因此，实证主义失去了诉诸有效性和创生之分的权利。老式的实证主义者，在本国经常是实用主义者，他们有一个在我看来更合理的观点，因为他们说："当然科学不仅仅是一团命题或诸如此类的东西。科学是一种人类活动。它是一种有机体即所谓的人的活动，人参与其中是因为它实现了一项功能。"这个观点也会导致一些困难，但如果我可以说的话，它至少比实证主义更丰富些，更深入问题的细节。

这就是现代对实证主义的反应，我只重申一点，如今所称的存在主义很容易被理解为通过透彻思考实证主义而产生的东西。对于这个问题，还有另一种研究径路，我想非常简要地介绍一下。当人们谈到事实与价值之间的区分时，他们不得不问这样一个问题：什么是价值？还有什么是事实，但让我们将论证简化一点。什么是价值？我认为他们不得不承认，什么是价值这个问题不是价值问题，而是事实问题。现在让价值成为欲望的对象，任何欲望的对象。但然后——这种反思部分地出现在实证主义文献中——一个人想要苹果。但然后，他或许能成功地战胜这个欲望，说：不，我不会吃它。这个欲望是他的价值吗？如果他只是想要苹果，你真能称苹果为他的价值吗？所以，一般而言的价值观存在着一个纯粹的事实依据问题。现在他的欲望压倒了他。他无法克制。然后他就为自己的失败而自责。这依然只会是对最初[冲动]的否定。① 他不认同这个欲望、这个冲动。他的价值并不等同于他的冲动，或者更精确地说，他的价值并不等同于他的欲望的对象本身。只有选择才能使某东西成为一个人的价值——选择不同于欲望。现在，如果我们使用这样的话语的话，欲望与选择之间的区分显然就是两个事实之间的区分。[81]这里的选择不再是传统意义上的选择，为达到目的而选择手段；它意味着对目的的选择，或者根据这里的观点，更精确地讲，选择是对价值的设定。这个设定被认作一个事实，就像人类存在是一个事实一样。

现在，如果我们回顾一下，就会注意到我们首先有一种庸俗的观点，认为一种价值只是欲望的某种对象，还有另一种更老练的观点，认为价值是一种被设定的而不仅仅是被渴望的东西。那庸俗的观点看起来是建立在对事实、对实然（is）的分析不足的基础之上。在这里，欲望与选择之间，对作为刺激物的东西的欲望与对价值的设定之间并没有区别。这庸俗的观点是建立在对实然分析不足的基础之上。更精确地讲是丢弃了一种很常见的东西，丢弃了相关的实然。要理解那一点，并不是每个"实然"都值得关注，只有相关的"实然"才值得关注；当我们从中做出归纳时，我们看到，价值的范围、价值的特征由实然决定。如果"实然"是任何一种欲望，那么价值领域，如果我们可以谈论它的话，看上去完全不是一种本质上被设定的价值领域，具有与欲望完全不同的特征。因而我们遇到了这样的问题：进一步分析相关的"实然"这个出现了欲望和设定等东西的领域，难道不可能导致更详细地理解价值，理解这种被设定成与纯粹的欲望相对的纯粹形式的东西，甚至理解实质价值吗？现在我要介绍一种你们永远不能忘记的全新表述。那种相关的"实然"是什么？它传统上被认为是人类本性，而实证主义和存在主义则都选择：想知道一个人是否不必再用现代科学和其他一些力量都不让我们用的对人类本性的看待方式来看待人类本性。

---

① 这里的文字记录难以辨认。括号里的词系编订者所加。

我想我就讲到这里,因为我们应该讨论一下。下次我想转而讨论历史主义。请讲?

学生:我认为价值既不是选择也不是欲望,而是判断,这将使论证过程更加合理。

施特劳斯:你能不能至少用我解释价值设定与欲望之间的差别的方式给我解释一下?

学生:我相信,一个人会树立起价值,如果他做得正确,通过批判性地评价所有涉及的事实从而做出判断的话。

施特劳斯:那么,这种评价是价值无涉的,还是怎样?

学生:不是。

施特劳斯:不。我明白了,换句话说,你拒绝——

学生:正是对事实的选取——

[82]施特劳斯:谁来选取事实? 我的意思是,我们身上有什么东西能选取事实? 你看,我相信我的答案在形式上比你的好,因为我指出了两种情况中涉及的人类活动。在一种情况下我说它是欲望,在另一种情况下我说它是价值的设定。我的意思是,判断需要一些予料,不是吗? 对欧几里得定理的证明与政治决策中隐含的判断之间的差别到底是什么样的差别? 显然它们不一样。既然现在正在讨论事实和价值的问题,你就不能回避这个问题。

学生:我认为在有关政治的情况下,你的利益会涉及更多,经济上的或其他方面的。

施特劳斯:有人说要花 100 万,而另一个人说要花 150 万,如果这不是最粗朴的意义上的事实,那么问题从何而来? 但有人会说:你想做的事真的很邪恶。这一点从何而来? 在某种情况下,某两个人是否不能就所有狭义的事实达成一致,但一个是正派的人,另一个是骗子? 他们都是裁判者。诚实人的判断和骗子的判断有什么差别? 我想知道这个。

学生:呃,诚实人的判断当然更好。

施特劳斯:是的,当然如此。但基于什么理由? 他看到了更多的事实,还是怎样?

学生:他[骗子]的判断更受污染或更扭曲。他没有试着给它一个诚实的评价。他使用它有着不可告人的动机。

施特劳斯:但是你不是说每个人——我想你是不想质疑我的诚实吧。我说过,如果数学判断与政治判断之间的差别在于,在政治判断中有经济利益介入,这是一种不可告人的动机,如果有这种动机的话。

学生:在那些涉及你的个人利益的情形下……需要更加小心。

施特劳斯:但是,你难道就不能谈谈——既然我们面对着事实与价值之间的差别——目前施加给我们的这种差别吗?我们必须面对它。现在,粗朴的家伙们说,价值就是他们所渴望的东西。更老练的人说,价值就是由自由行为所设定的东西,而不是仅仅奴隶般地屈从于欲望。你能否告诉我们,如果你不得不接受这种话语,那么善或恶从何而来,或者就此而言,价值从何而来?你会如何描述呢?假如你仅仅说诚实的人比不诚实的人更宽广,这不是完全真实的:可以有非常老练的骗子和极其简单的诚实人。我想要知道这个。换句话说,我会试着用你试着帮助我的方式来帮助你,也就是,阻止你逃避争议点。

[83]学生:我猜您不得不从某个地方开始,从一个关于人的标准定义开始,而把人类中那些凶悍的人(human tigers)排除在外,因为——

施特劳斯:人类中那些凶悍的人?但我仍然相信他们也是人。这很容易就能证明,因为他们生育和产生人。我想你不得不这样认为。我不明白为什么绝对有必要从关于人的定义开始。示例要更具教益得多。

学生:我认为,通过建构人的心智和心理本性,人有一种固有的追求,要——

施特劳斯:我可以帮助你吗?我提一个建议,我相信你会拒绝,但我还是想把它摆到你面前。你会说现在所称的价值事实上既不是无限定的欲望的对象,也不是被设定的价值,而是自然目的、人自然倾向的目的吧?你会这么说吧?我会理解的。但这既不是实证主义,也不是历史主义,而是古老的、美好的亚里士多德,以及其他一些人的意思。这是另一回事。请讲?

学生:我能理解您说我们应该重新去审视人类本性……但我不清楚,究竟该如何做到这一点,而不用考虑各种可能不同的文化,也不用从人类本性在历史中的实现的视角来看待人类本性,从而不用引入东方的文化或印度教的文明概念与西方之间的差别。将常识应用于这两类不同的东西,难道无法设想这会得出一幅关于什么是人类本性的不同图景吗?

施特劳斯:有这可能。但我相信这样做缺乏智慧,至少,比如在我这样的情况下是缺乏智慧的,因为我相信,我们对这些非常深刻和困难的东西所能知道的是非常肤浅的。不管印度教思想或中国思想的图景由西方人还是东方人传递给我们,其呈现的西方化的危险都很严重。我记得我在芝加哥大学最早的学生中有一个信奉印度教的学生,他写了一篇关于所谓的印度马基雅维利的博士论文。我总是忘记这位印度马基雅维利的名字。① 那学生使用的一些术语是我在西方所熟悉的——主权,等等。我一个字也不相信。不是因为我懂梵语,我完全不懂,而是因为我太懂这些西方思想和西方概念的条件和反思了,所以我不相信在其他地方也很可能会出现这种情况。无论如何,经过多次非常深入的[讨论],我终于使他说出了一个我可以信赖他的特定术语。我记得这个术语。它是 dharma。然后我请他用梵语写下来,然后转录。然后我说:这是什么? 通过长时间的询问和诘问,我终于隐约知道了那是什么意思,但这真的比看牙医还要糟糕。我相信这是我在这个场合学到的一个非常关键的术语,但是还有其他类似的术语。我认为,[要理解另一种文化,]真正的条件是学习语言,而不是为了住在加尔各答的希尔顿酒店而需要知道的东西。[84]你明白我的意思了吗? 我相信,对于那些因为这样或那样的原因而不能把自己的一生都投入到学习汉语或其他类似语言的人来说,从本土入手更有好处。首先,我们不得不恢复我们所拥有的非常丰富的、丰富得令人难以置信的遗产,因为这份遗产现在就所有的实践目标而言已经被丢弃了。仅仅是历史

---

① 　大概是憍底利耶(Kautilya,约公元前 350—前 283 年),著有《利论》(Arthas-hasta)。

上为我们所知的部分就已经被丢弃了。在某种程度上,它不再适用于我们的情况,它已不再有活力。只有当我们达到对西方所作理解的极限时,才有可能对那些其他事物开放,并变得像思想者那样,而不是像无聊的猎奇者那样,渴望得到一些帮助。我相信这实际上更好。

学生:化约主义与实证主义哲学之间的内在关联是什么?我这样问是因为就我所知,亚里士多德并非完全没有一种在我看来像是他自己的化约主义的东西。

施特劳斯:也就是说?

学生:比如把社会划分为几个部分。

施特劳斯:这不是化约主义。你是在说《政治学》的开篇吗?不,这不是化约主义。这划分是为了反化约主义而做出的,是为了澄清家庭(household)与城邦之间本质的差别。亚里士多德说有人说过,城邦与家庭之间并没有本质的差别:城邦只是一个更大的家庭。亚里士多德试图向他证明:不,你错了,有本质的差别。这是关键所在。"本质的差别",这个我们很容易使用的词,绝对是决定性的。这个词暗含着一个用起来更令人反感的词:本质——"本质的"(essential)是由"本质"(essence)派生出来的。这些本质的差别事实上是希腊哲学在高度反思的基础上发现的,我想可以说,是苏格拉底,当然还有亚里士多德,[希腊哲学]在某种程度上是这样一种观点的经典代表,即整体由本质上有差别的部分组成。让我们来看看实证主义和现代科学。我们可以说,现代科学通过否定本质而产生。所谓本质的差别,是表面的差别。本质的差别与事物的性质有些关系——但并不完全相同。为了使现代思想成为可能,这些性质不得不被分为两种:第一性质和第二性质(the primary and the secondary qualities)。第二性质是可感知的性质,如颜色、声音等,而第一性质则诸如延展性、不可渗透性,或者用其他合适的语词;换句话说,在西方思想的早先阶段,第一性质是纯粹质料(matter)的特性。而纯粹的质料在任何地方都一样,无论在狗那里、在人那里、在树那里,还是在岩石那里。从这个观点来看,要理解我们根据经验把所有这些存在者区别为本质上有差别的东西,理想的做法就是从那些属于质料本身的东西来给出关于它们的公式。这样讲当然过分简单化了,但实质上却是真实的,这就是本质的化约主义。

　　还可以这样来陈述,回到对这个变化的[经典陈述]。老的共相(universals)——人、狗、树,无论什么种或属——老的共相必须被一种新的共相所取代。这可以理解。你必须[85]有概念,你必须有共相。但是,是何种概念呢? 例如,卡西尔有一本书(已翻译成英文),《实体概念与功能概念》(*Concept of Substance and Concept of Function*);①它是我们这个世纪为解释现代科学概念的特质所做的一次尝试:不是实体,而是功能。我试着去理解它。首先是亚里士多德,当然在一定限度内还有柏拉图,他们的理解受"事物"(the thing)所引导。有各种各样的、彼此有着本质差别的事物或存在者,[现在]我们不考虑人造物和自然事物之间的差别,比如椅子和狗,有各种各样的事物。所有这些事物都有性质。在现时代,共相旨在向我们展示一系列事件之间的功能关系而非具有性质的事物。你明白了吗? 这是一个完全不同的方向。

　　但是对于我们当前的目标和你的问题来说,决定性的一点是:试图从无生命的事物来理解有生命的存在者是现代科学——生物物理学、生物化学等所有这类科学的本质。前段时间,我们的校长发表了一个声明,②再次揭示了一个很常见的观点,对有生命的存在者的真正理解应该是将有生命的存在者化约为一团或一群特定的无生命质料。同样的道理肯定也适用于心智或人类的心智与一切有生命的存在者所共有的性质或特性之间的差别。人类的心智只能是对诸如感官知觉、记忆等东西的修正。你一定听说过这个公式,人与其最近的同类之间的差别是什么? 人操纵着语言符号——语言符号这个小东西,好像文字、语言的使用,在每个方面都不是最重要的,甚至不会影响到感官知觉和那

---

①　卡西尔(Ernst Cassirer),《实体与功能》(*Substance and Function*),William Swabey 和 Marie Collins Swabey 译(Chicago:Open Court,1923)。[卡西尔,《实体概念与功能概念:知识批判之基本问题的研究》(*Substanzbegriff und Funktionsbegriff*:*Untersuchungen über die Grundfragen der Erkenntniskritik*,Berlin:Bruno Cassirer,1910)]

②　施特劳斯大概指的是遗传学家比德尔(George W. Beadle),此人在 1951 年取代哈钦斯(Robert Maynard Hutchins)成为大学校长,并一直担任到 1960 年。

些所谓的生理性的东西。化约主义绝对必要,它造成的困难在 17 和 18 世纪被一种简单的方法,被所谓的"二元论形而上学"(dualistic metaphysics)解决了。笛卡尔说:有可延展的实体,这实际上是质料;还有深思着的(cogitating)、思考着的实体。它们之间不可能有任何桥梁。[除了人以外的]有生命的事物不再有任何重要性——如你所知,它们被视为机器而不受待见了。然后你就有思考着的存在者,从经验上讲就是人。只要这种所谓的二元论形而上学仍然被承认,困难就不是很大[因为这种形而上学教诲道,有一种叫作"灵魂"的实体]。但后来通过休谟和康德这样的人,关于灵魂——你知道,是它的功能——的实体主义概念被抛弃了。已知的灵魂实体并不存在。对于每一个通情达理的人来说,专属人的事物与专低于人的事物之间有着根本性的差别。后来,德国的观念论(idealism)、康德、黑格尔等等,都试图用这种或那种非二元论的形而上学来维护人与野兽之间的根本性差别。这是一个非常漫长和艰难的故事,我无法谈论,不仅因为时间的原因,而[且因为]我不得不好好思考一下。

[86]我只提一点,这可以作为我下次要说的内容的过渡。从学术层面讲,在 19 世纪下半叶和 20 世纪的大部分时间里,出现了几乎可以被称作官僚形式或行政形式的问题。霍布斯和法国唯物论者等人的老唯物论已经被实证主义所取代,而实证主义从其主张上看显然不是形而上学。它没有说任何关于终极实在的东西,它只谈到知识,尤其是知识的最高形式,科学。实证主义者说,只有一种科学,即自然科学,社会科学必须以自然科学为模式。这是一个非常根本的观点。我相信,"科学的统一性"(unity of science)是当今实证主义的关键术语。科学的统一性意味着[要符合]自然科学的模式。然后,尤其是德国的有些人说:看看最好的史学家都做了些什么。你知道,19 世纪非常关注历史研究。然后,这①看起来与自然科学所做的截然不同。实证主义者认为,史学家所做的只是收集素材,这些素材之后将用于表达自然科学意义上的法则,但这种看法事实上是没有根

---

① 即史学家所做的。

据的。质料与心智之间的老形而上学区分被自然科学方法与文化科学或历史科学方法之间的方法论或认识论区分所取代。这是一个曾经一度深刻的传统所留下的贫乏的遗迹。比方说在我求学的时候,这种形式的问题还很令人不安。我相信在某种程度上它现在[还]是如此,即使在这里。① 我想对你说的是,没有受到历史主义影响的纯粹实证主义者是罕见的;另一方面,不带实证主义色彩的纯粹历史主义者也很罕见。你知道发生了各种各样的融合。如果你去读贝克尔(Carl Becker)这类人的东西,你知道,他是上一代美国著名的史学家,你会发现他不再是一个老派的实证主义者。他是否说过"人人都是自己的史学家"或者类似的话,②也就是说断言历史在根本上具有主观性。实证主义者不可能这么认为,因为实证主义者会说:如果你放弃了认知努力之普遍性,你就否认了它是认知的。当我很简洁、非常简洁地讨论历史主义时,这一点可能会变得更清楚一些。

我[还]要说明一点。我今天说的存在主义,如果你透彻思考下,是一种激进历史主义(radical historicism)。这是同样的议题,尽管丝毫没有出现在我所说的内容中。也许我们下次会探讨。我今天想说的是,在我看来,现今强劲的学派——不考虑新托马斯主义,它吸引的多半是天主教徒——现今典型的和最强劲的学派,一方面是实证主义,另一方面是历史主义或存在主义。在较老的学派中,比如德国的观念论等等,你只会在这里或那里发现一个自称是黑格尔主义者或康德主义者的人,但它们已不再是一种公共权力(public power)本身了。[87]为此,我必须将我的导论性评述完全限于那两种思考方式。最后一个问题。

学生:问题关乎欲望和选择的关系。这与一些实证主义者自己在探讨决定论(determinism)问题时所做的欲望和选择之间的区分本身不

① 也就是说在合众国。

② 贝克尔,《人人都是自己的史学家》("Everyman His Own Historian"),美国历史学会主席年度演讲,发表于明尼阿波利斯,1931 年 12 月 29 日。参 *American Historical Review* 37(1931),页 221—236。

是非常相似吗？因为他们说欲望至少是有物理基础的东西，而且他们在很大程度上解释了被决定的行为是什么，但考虑到这种物理主义的（physicalistic）基础，人在可供选择的行为中做出的选择是[一种]选择，据此他们拒绝了决定论。

施特劳斯：拒绝决定论绝对必要，因为如果严格理解决定论，如果这是完全由环境、遗传等因素决定的个人，这是他的价值观，如果存在这种严格的——对应关系，那么整个议题就不会出现。每个人在每一时刻都必然拥有他所决定的价值。这毫无疑问。问题的出现这一事实本身就表明了简单决定论的不可能性。顺便说一句，在另一点上我也认为你是正确的。你时不时会看到有人意识到欲望和选择或其他你会说与欲望不同的东西。这完全是真的。但我相信他们没有从中得出什么结论。此外，你甚至不能止步于此，因为这个区分非常原始。你不得不大大地超越它，说出一些相关的东西。好。希望我们下次能再见面。

第六讲　历史主义的障碍(续)

(1961 年 10 月 18 日)①

[89]施特劳斯:在今天的讲座中,我想讲的话题是我所称的历史主义。但是为了尽可能地讲清楚,我不得不就现今另一种强劲立场即我所称的实证主义重复几句。如今,实证主义的立场是,唯一真正的知识形式是科学知识,而科学知识的模式是由自然科学提供的。实证主义认为科学是一种普遍的跨文化追求。换句话说,就某个人是科学家而言,他是西方人或东方人的事实无关紧要,这就持续要求科学的统一性。此外,这表现得好像科学是人的最高的完善,尽管实证主义不能这样主张。这些就是实证主义与古老而伟大的西方传统有所联系的地方,虽然有一些激进的修正。如今在政治科学中,实证主义的优点在于它重申了法律即实证法是次要或派生,从而有别于在 1900 年前后发挥了重大作用的纯法条主义(legalistic)研究径路。但实证主义未能成功辨识出首要的东西,对纯粹的法律而言首要的东西。总的来说,实证主义称政治科学中[对法律而言首要的东西]是权力。

但这样说太过含糊,甚至有些误导。在社会科学和政治科学中,实证主义还有另一个相对的优点。特别是自 18 世纪以来人们经常试

---

① 参施特劳斯,《政治哲学与历史》("Political Philosophy and History"),收于《什么是政治哲学:及其他研究》(Chicago:University of Chicago Press,1959,1988),第二章。原刊于 *Journal of the History of Ideas* 10(1949),页 30—50。亦参《什么是政治哲学?》,第一部分;《自然正当与历史》(Chicago:University of Chicago Press,1959),第一章。

图从环境和其他自然予料来解释制度,如果严格地说,这就意味着随便你们在哪里发现哪种制度,比如一夫多妻制、一夫一妻制或其他什么制度,这些都恰好是环境所要求的制度。换句话说,所有的制度,无论多么矛盾,都是合情理或合理的,因为对于一定环境下的人民之所是而言,它们是社会问题的最佳解决方案。如今这一观点在我看来总体上已被抛弃,而主流的观点似乎是,我们在分析制度时最终会回到价值上来,而价值不能被化约为其他任何东西。我想你们中在芝加哥学院(Chicago College)①求学过的同学都读过本尼迪克特(Ruth Benedict)的《文化模式》(*Patterns of Culture*)一书,②甚至没在芝加哥求学过的同学也可能读过这本书。现在如果你去看这本书,关键点在我看来是这样的。你拿两个生活在相同的气候等条件下的同种族的北美印第安部落为例,一个部落温和,而另一个则强硬。除了一个部落决定倾向于温和,而另一个则决定倾向于严厉之外,不可能有其他任何解释。然而,如果我们从更宽广些的角度来看,这仅仅是在恢复古典的观点,古典希腊的观点,[90]依据这种观点,你在分析社会制度时最终会涉及 nomos,习俗或协定(agreement),而不是涉及 physis 或自然。我提这一点只是为了[表明],虽然根本上荒谬的学说,即一般的实证主义学说,迫使我们重新考虑已被丢弃了几个世代的某些思想,但事情已起了变化。

后面我会表明,亚里士多德的主题在某种程度上体现在政治科学或社会科学的相对创新上,也就是法律即实证法的次要性上;此外表明,在分析社会制度的时候,你事实上最后会涉及某种看起来像是社会敕令(a fiat of society)的东西。亚里士多德的分析让我们想到了这个东西,它与这个东西有关,但我只会用非常一般化的术语来说明。对于亚里士多德来说,根本的和基础的社会事实就是他所称的 politeia,我把该词译为政制(regime)——该词比权力更精确,尽管与权力有很大

---

① 芝加哥大学学院。

② 本尼迪克特(1887—1948),美国人类学家,著有《文化模式》(Boston:Houghton Mifflin,1934)。

关系——每种政制都有一个它所献身的特定目的、目标。当然,亚里士多德不会认为这些目的不能被批判,不能被评判,但在一定程度上,[亚里士多德与]一个在当今政治科学中正在逐渐成形的观点之间存在共识。

现在,实证主义的根本困难——实证主义没有面对这些困难——在现代的前提下,导致了存在主义或激进历史主义。这是怎么回事?我将作简要的重述。实证主义充其量只能充分地回答这样的问题:什么是科学?但它不能回答这个问题:为什么是科学?也就是说,它无法阐明科学所处的人类背景。然而,科学所处的人类背景本质上是变化的和多样的。有时间上的变化,即不同的时代;也有地点或空间上的不同,即各种文化。我们不得不考虑到不同的时代和文化,只要我们超越"什么是科学"这一问题本身,而提出这样的问题:为什么是科学?然后,科学被证明是属于不同的时代,属于不同的文化,并被证明是受到不同时代和不同文化的决定性影响。然后,科学被证明是依赖于大写的历史(history with a capital H)。根本的现象,即我们在进行任何分析时都无法超越的现象,不是科学,而是历史。我们可以说这是历史主义的论题。对于实证主义来说,终极现象,你无法超越的现象,是真正的科学。科学在一定的条件下产生,并受到各种事物的影响,这在实证主义看来并不是科学本身的根本要素。这只是科学的创生问题,而这个创生问题并不影响科学的实质。科学的实质受到科学的有效性问题影响,是什么使科学陈述变得有效或无效,在实证主义看来这是人类心智的最高主题,"你无法超越它"。在历史主义看来却不是这样:科学本身属于一个更大的母体,如果我们试着给这个母体起个名字,那就只能用大写的历史来称呼它。

这说起来容易,但很难理解,我会试着帮你们理解它。当我们现今谈到历史时,尤其是当我们使用大写的历史时,我们将历史理解成人类知识的对象——就像有些人说的,是实在的一个维度,而实在则不同于自然或者其他我们或许会区分出来的东西。这种历史观念很晚才出现。"历史"(history)这个词,[91]你们可以想象或者你们有些人可能知道,很晚才出现。它最初的意思类似于"探询"(inquiry),或者我们已经完成的探询纪事(the records of inquiry),它绝不限于我们所称的历史探询。自然科学在某种程度上被称为一种探询。不过,"自然史"(natural history[自然探询])这个术语仍然在用,至少在我还是个孩子的时候这样用,我们把植物学和动物学作为不带任何进化论思想的自然史来学习。对各个树种等的描述本身被称为自然史。所以,history最初的意思只是指探询,但它具有一种特殊的意蕴:这种探询除非通过向他人探询,否则无法完成。如果你探查一棵树,原则上就不需要任何他人,但如果你想查明在你出生之前,在你的共同体或其他地方发生了什么,就不得不向别人探询。那么,由于这种限制,探询意义上的历史变成了历史探询意义上的历史:在你之前,在过去或者在世界上你不可能出现的地方发生了什么。

无论如何,古典时代没有历史哲学,而且——呃,如果你们决心不择手段地去做,你们可以做任何事情,但是,任谁只要理解柏拉图和亚里士多德等人,就不可能认为他们有某种历史哲学。我想说即使圣经也如此,但我将只做非常简单和最学究气的评述。《旧约》是用希伯来语写的,而希伯来语中没有表示 history 的词。希伯来语中表示 history 的词就是希腊词 historia,是在现时代从西方传统中提取的。这外在地但我认为也是重要地标示出一个问题:伏尔泰在 1750 年前后创造出"历史哲学"一词时,①该词的意思仅指对人类行为和苦难的记录所作的哲学探究;但在此之前,这个词并不存在。但无论历史哲学是怎样的,历史作为一个对象,只是在现时代才出现;历史,作为历史编纂(historiography)的对象而不是作为历史编纂,对其创生的认识还非常不充分。那些所谓研究历史的史学家们(为数不多,但非常有价值)都认为那个观念理所当然,进而认为早期思想家们意识到或预言了大写的历史。摆在下一代人面前的最重要的历史任务之一就是,理解作为所谓实在的一个维度,作为一个对象的历史的创生。这是一项非常困难的任务,可以说(据我所知)几乎没有人做过让这成为可能的事。

───────────

① 参伏尔泰,《论各国族的精神与风俗》(*Essai sur les moeurs et l'espirit des nations*,1756)。[译按]简称《风俗论》。

现在我必须只讲最重要的几点。我们如今所称的历史最初隐含着什么？历史进程、时代序列，这当然很古老，可以追溯到后来的圣经思想，在某种程度上甚至可以追溯到古典思想。有时代序列。例如，有希腊时代，有罗马时代，在它们之前有波斯和巴比伦。然后出现了基督教或伊斯兰教时代，等等。首先，时代序列是一个经验事实。但如今人们认为时代序列具有意义。可以说，这隐含在神圣天意(divine providence)的观念中。但是对神圣天意的信仰并不足以使现代历史意识成为可能，因为对神圣天意的信仰当然意味着上帝之道不是人之道。天意神秘莫测。有些人说，当[92]对天意的信仰变得世俗化，也就是当时代序列被认为不仅有意义，而且人能认识它的意义，能看出希腊为什么不得不在波斯之后，或者其他什么情况，以及为什么这标志着进步，这时，现代观点就形成了。所以在 17 和 18 世纪发展起来的对进步的信仰确实是历史主义的早期形式。

但还有一种情况通常不被考虑。进步这个观念本身非常古老。有一个对应的希腊词[prokope]，①当然，亚里士多德相当清楚，或者人们相信他清楚，从泰勒斯(Thales)②到柏拉图再到他，哲学有进步。他在《形而上学》(*Metaphysics*)第一卷中展示了这一点。修昔底德的《伯罗奔半岛战争志》描述了从希腊人与蛮族(barbarians)还没有什么不同的原始野蛮状态到伯利克勒斯时代的顶峰时期的发展过程。甚至据后来的古典作家所述，也甚至据亚里士多德暗示，原则上讲未来可能是无限进步的，即使进步很小。据《政治学》第一卷所述，技艺，比如医学，能够无限进步；换句话说，能够无限改进、日益改进。③但是现代对进步的信仰与这些古典观点有所区别，因为它有一个可以说在古时极为罕见的前提，那就是，技艺的进步或智性的进步与社会的进步之间在本质上是协调的。其基础是：技艺、智性活动、科学在 17 世纪

---

① 原始文字记录稿中留有空白。施特劳斯在这里很可能说的是 prokope。

② 泰勒斯(约公元前 624 年—约公元前 546 年)，前苏格拉底的希腊哲人和数学家。

③ 亚里士多德，《政治学》，1257b25。

以一种新的方式[被]理解。根据这一观点,科学必须在非科学家中扩散。它在非科学家中传播,而通过在社会中扩散,科学成了一种公共权力,在某种程度上成了唯一的(the)公共权力。这就是所谓启蒙运动背后的著名思想,它始于 17 世纪晚期一些优雅的法国人——最著名者是丰特奈尔①——为公爵夫人和伯爵夫人所写的关于新宇宙观的介绍。这是第一步,但后来你们有了为着万千民众的数学,等等。

现在我只[对]这个原则感兴趣。但让我们考虑下重点是什么。每当你们谈论进步,你们就预设了诸标准或某个目的,并以此来确立进步或衰退的事实。你们如何确立的? 这个你们据以看出进步的目的不是从历史中,而是诸如从道德哲学或政治哲学中得来的;而道德哲学和政治哲学本来就是一种哲学学科,即并非一种历史学科。换句话说,哲学与历史之间的传统区分从一开始就存在,一直保持到 18 世纪晚期甚至更久。所以进步是一个关于历史的断言。严格地讲它不是一个哲学断言;那些哲学断言必须与目的有关。事实上,它更复杂些,但我现在必须割弃所有的微妙之处,以便在这里向我们展示最重要的几点。

[93]在 19 世纪,19 世纪早期,一种激进的变化开始显现。让我来描述一下。出发点,对我们来说最简单的出发点,可以被认为[是]这样一个事实:道德哲学和政治哲学是多样的,以及这一领域中各种推论处于无政府状态。呃,政治哲学总是想要找到道德或政治的真理。无论是柏拉图、亚里士多德、马基雅维利、霍布斯、洛克还是卢梭,都一样。在这点上,他们是一致的。不过,每一个有常识的观察者应该都会说:呃,有十七个主角,[而且]每个主角互相有矛盾——一定是出了什么问题。这是众所周知的。总会有这样的怀疑。但在以前,人们从中得出了一个非常简单的结论,即一个表示怀疑的结论:这不是知识。但你

---

① 丰特奈尔(Bernard Le Bovier de Fontenelle,1657—1757),法国科学家和文人。他对新自然科学的普及性介绍中最出名的是《关于宇宙多样性的对话》(Entretiens sur la pluralité des mondes,1686)。

们也可以从另一个似乎更具智性的视角来看。根据进步观,政治哲学和道德哲学的多样性——①

我说到哪儿了?道德哲学和政治哲学的多样性,似乎表明道德哲学和政治哲学的不可能性。不过,你们也可以从不同的视角来看,特别是如果你们有某种进步观念的话。你们可以试着在这种混沌中,在这种多样性中辨识出一种秩序。例如,柏拉图的教诲与洛克的截然不同,但柏拉图属于公元前380年的希腊城邦,特别是伯罗奔半岛战争后的雅典,而洛克属于公元1688年。就是这样。每一种道德哲学和政治哲学都属于它的时代,适用于它的时代,而不能有所超越。它表述了它的时代。现在,如果有必要把这一点扩展到哲学的所有分支,扩展到知识的所有分支,我们就会得出这样的结论:人类的所有思想,无论多么高级、纯粹、抽象,本质上都属于一个时代。[据]黑格尔的经典公式,个人是其时代之子。②他所说的个人当然是指最深思熟虑的个人,这样的个人在其最纯粹的思想中是其时代之子。这一点黑格尔首次以完整的形式提出来。但这当然会导致非常大的困难,你们马上就能看到,如果你们认为你们最珍视的信念,你们愿意为之而死的信念,也只是一时的信念,一百年后它们会显得非常可疑。你们怎么能把自己奉献给一种你们事先就知道已经过时的东西呢?黑格尔对此非常清楚,因此他的历史哲学就有这个重要的局限性。黑格尔同意老政治哲人的观点,认为必须有真正的政治哲学,当然他声称这也就是他的政治哲学。但黑格尔与他的所有前辈之间的差别在于,他认为自己的政治哲学不仅是真正的政治哲学,而且是最终的政治哲学。换句话说,它在历史进程中的地位是其真理性的部分证据。③

——所有早期的政治哲学都包含真理的成分;它们不只是虚假的,而且是未完成的。但是黑格尔当然仍坚持自己的哲学也属于一个时

---

① 这时教室被中止使用。
② 《历史哲学》(*Philosophy of History*),绪论。
③ 教室再次被中止使用,需挪至另一个房间上课。当录音继续时,讲座已经开始了。

代。他如何调和其哲学的终结性和该哲学属于一个时代的事实？非常简单：他的时代是最终的时代、绝对的时代、绝对的时刻。就是沿着这条思路。

[94]在基督教传统中，绝对的时代是公认的，就是公元元年，或者更一般地说是救赎。基督教是绝对的宗教、最终的宗教。黑格尔在某种程度上由此出发，但黑格尔的阐释有些不同。最初，当基督教还处于最初的原始形式时，它自然是反对这个世界，这个异教的世界；它花了很长很长的时间，直到世界被基督教所渗透——世界，在拉丁语中也被称为saeculum——直到 saeculum 变成基督教的，或者换种说法，直到基督教变得世俗化（secularized）。从黑格尔的观点来看，[这些是]一回事，就是基督教与 saeculum 的完美综合。从黑格尔的观点来看，最重要的一步是宗教改革和启蒙运动，这在法国大革命中达到顶点。简单地讲，据黑格尔所述，在法国大革命中，人的权利，即个人的绝对尊严，而不考虑任何自然特征，被认为是社会秩序的基础。[这种平等]不仅关乎个人在死后或在上帝眼中的命运，而且成为社会秩序的基础。[用]专业术语[来说，它]就是人的权利。当然，另一方面，正如黑格尔所强调的，法国大革命也是一个重大的恐怖事件，但法国大革命的错误不在于原则，即不在于人的权利。正如黑格尔所讲，法国大革命是人第一次尝试倒立。他并没有批评的意思……我们将有一个合理的社会，其基础是这个唯一合理的原则，即所有人根本上的平等。法国大革命的错误在于它没有充分理解政府与我们所称的主权人民有着根本上的不同。因此，这一重大历史的终结并不是因为法国大革命非常不完美的安排，而在某种程度上是因为拿破仑非常不完美的安排。黑格尔在他那些非常早的著述中认为，拿破仑——换句话说，一个基于人的权利之上的强大政府，[在这个社会中，]拿破仑的每个士兵，无论是穷人还是富人，无论是贵族还是隶农（villein），①都可以成为法兰西的一名元帅（marshal）。所以，一个强大的政府基于根本上的平等，即机会完全平等，这就是秩序。我们可以说，黑格尔在拿破仑战败后重写了自己的学说，然后他发现最好的

―――――――――

① villein 指封建社会中骑士等级以下的所有人。

秩序至少是在革命后的国家中,某种程度上是在革命后的普鲁士中。我想说,他是如何发现的,这不是最重要的问题。

现在,这种历史进程——必然会导致一个我们只能在这进程终结时才能看到的结局,在那之前我们是无法看到的——是对真理,对大写的理性(reason with a capital R)的逐渐显现。历史进程是合理的,也是完成的。这两种情况均属必然。如果历史进程不是完成的,你们就不可能知道它的合理性。我的意思是,你们就不知道一个可以容忍的合理解决方案是否必然不会导致相反的结果。现在,哲学开始几乎意味着对历史进程的理解,把历史进程静观成合理和完成的进程,这当然可以说是一种非常片面的真理,但在我们的语境中它并不会产生误导。这些就是黑格尔的大致观点。历史主义可以被理解为源自黑格尔,这是基于如下前提,基于对黑格尔的如下背离。历史主义主张人类思想在本质上具有历史性,也就是说,个人本质上是其时代之子,或者在一个人的思想中没有任何东西[95]可以让他超越他的时代。但不同于黑格尔,历史主义认为历史既不合理,也未完成。这当然带来了极大的困难:我们的思想、我们最高级的思想应该依赖于历史,可是历史进程并不合理。

黑格尔的观点在他的时代便已遭到严格意义上的史学家们的攻击。这些人中最著名的是德国的史学家兰克,①此人因作出如下声明而出名:在上帝或真理面前,所有时代都是平等的。② 换句话说,如果我们从字面上来理解这个声明,那么进步就不存在。人类在任何时候都可以与绝对(the absolute)有直接的关系。现在让我们把这大大扩展到兰克曾经所指的东西之外。我们得出这样的观点:所有时代、所有文化都是平等的。这是当今通常的历史相对主义的观点。由此产生的直接结果是,对人最重要的研究,即对人唯一的(the)研究,在于对所有时代或所有文化的静观——你们实际上可以在大学所谓的文明通论课程

---

① 兰克(Leopold von Ranke,1795—1886),德国史学家。

② 参兰克,《论近代史上的各个时代》(*Über die epochen der neuren geschichte*),Alfred Dove 编,1888,第九卷第二部分,讲座一,"世界史"(Weltgeschichte)。

中,但在更高的层面上,我指的是在研究的层面上,找到一种完全不偏不倚地,不带任何偏好地对待所有时代和所有文化的普遍历史(universal history)。这种普遍历史声称绝对客观,所以,史学家的情况以及他属于这样那样的时代或者这样那样的文化,都是完全无关紧要的。否则它就不具有那种意义上的客观性。

这种观点在德国尤为强劲——总的来说,德国迄今为止一直比任何他国都更是历史主义之国——这种观点[于]1873年前后被尼采在其著名论文《论史学对生活的利弊》("On the Advantage and Disadvantage of History")中予以非常强有力的抨击。我忘记准确的时间了。这篇论文非常重要,但我在这里只能就我们的论证来阐述一个关键点。客观的历史严格地讲是不可能的,因为史学家本身就站在历史的河流之中。他必然属于一个时代,属于一种文化。甚至他的个性也是相对的,而不只有他所属的时代和文化如此。历史的客观性严格地讲是不可能的。现在必须扩展这一点,因为它不仅适用于历史,而且适用于其他形式的人类知识,特别是自然科学。尼采尤其是他的后来人有力地阐述过这样的论点:科学当然也受到文化的制约和时代的制约。科学,我们所称的科学,是西方的科学。这并不意味着非西方的人不能成为科学家,而是意味着在成为科学家的过程中,他们在一定程度上成为了西方人。这种观点的普及是因为斯宾格勒的《西方的没落》,比如因为他关于数学的观点。有希腊数学,巴比伦数学,中国数学,还有现代数学;它们都属于各自的文化,说现代数学优越于巴比伦数学是荒谬的。在现代语境中,只有现代数学有意义,就像在巴比伦语境中只有巴比伦数学有意义一样。

这种观点来自尼采(它发展了很长时间,差不多一直到第一次世界大战之后,但其基础是由尼采阐述的),我称之为[96]激进历史主义,也就是存在主义。这区别于早期形式的历史主义,因为它不再仅仅是静观的了。史学家不能仅仅是客观的旁观者:他是进程的一部分。因此,老意义上的历史客观性是不可能的。我相信如今这种观点在本国也相当普及。我提醒你注意下贝克尔,①尽管我此刻忘记了他的公

---

① "人人都是自己的史学家"。参第五讲,第86页注释。

式——但我相信你是一位史学家。① 不是? 但你们有些人或许读过贝克尔的著述,他非常有力地强调了每一种历史解释的历史相对性。南北战争,即州与州之间的战争,在 1870 年和 1900 年以及 1960 年,显得有所不同,这不仅由于事实上有了新的证据而这些证据在当时是无法得到,还因为视角已经改变了。1960 年的美国人和 1900 年前后的美国人看待事物的方式不同,他们是不同的人;因此他们的历史和他们对历史的看法必定截然不同。

我们可以用几个公式来描述这种激进历史主义。我们可以说,激进历史主义的特点是哲学与历史的完全融合。超历史的哲学与历史之间的传统区分被抛弃了。哲学本质上是历史,而历史如果不仅仅是纯粹的予料收集,就必定是哲学的。换种说法,所有的人类思想最终都依赖于它们无法领会或无法从外部察看的东西,[也就是说,]但是客观上讲无论什么人类思想都可以意识到这种东西。例如,人们会提到这样一个事实:人类思想,无论多么精细或深奥,在本质上都依赖于语言。科学或思想自称是普遍的,属于人本身,而语言本质上是特殊的,是各个特殊的人群的[语言]。另一个常见的公式是,人类思想在每个时期都有特定的视界:每个时代、每个文化都有一个人类思想无法超越的特定视界。传统哲学认为有唯一的(the)视界、绝对的视界、自然的视界。这里否定了这样一点:人类思想建立在随时代不同而不同的前提之上,这些前提单对人本身来说并非不证自明,而只对所涉的时代来说是不证自明的。在任一时代都有确信或信念,随你们怎么称呼它们,它们不证自明,但这只对那个时代或对那个文化来说。这一点也可以表述为:思想最终建立在命运施加给它们的前提之上。这个表述的意思是,不能再解释这些前提了。"命运"这个术语就旨在表明这层意思。

现在,关于为什么我们持有这些我们所持有的信念,做历史的解释从根本上讲是不可能的,因为这种解释会使用所谓的范畴,而这些范畴是最终的前提,我们无法超越。任一社会解释都预设了这些绝对的预设、这些因此无法解释的根本信念。我们也可以说,就像我之前说的:

① 施特劳斯显然是在对班上的一个学生或其他某个人员讲话。

客观性严格地讲是不可能的。客观与主观之间的区分被肤浅或派生与深刻之间的区分所取代。换句话说，要考虑一个事实，该事实是来自各种文化或时代的人基本上都能认同的，尽管他们说着不同的语言，那就是，问题的关键在于程度；但这当然最无趣，[因为]每当[97]你们转向任何重要的事情，深入下去，必然会有根本的分歧。这里我重申下我之前说过的关于实证主义与历史主义之间的区分。对实证主义来说，要么最终的前提对所有人总是相同，比如矛盾原则，要么这些前提就是有意编造出来的假设；而历史主义则断言，最终的前提既不总是相同，也不是有意编造出来，而是命运施加的。

　　在我们开始临时的讨论之前，我再讲几句。我想用一种最合理的方式向你们解释哲学与历史的融合意味着什么。现在，我们可以非常概括地说，哲学就是尝试用知识来取代关于最重要事物的意见。这是传统哲学一直认为的。现在，为了用知识取代意见，我们必须首先意识到我们的意见是什么。我们必须阐述它们：正如我们会说的，我们必须澄清它们。现在，当我们试着澄清我们对任何可能的话题的意见，无论是主权，是自然法，是权力，还是其他任何可能的东西，这时我们发现在几乎所有的情况下，我们发现在所有有趣的情况下，这些意见都不是我们的意见。这些意见被证明是继承而来的意见。为了澄清这些意见，我们必须回到它们的源头，必须看看它们是如何转变的，直到它们现在是什么样子。所以，对意见的澄清看起来必然具有对我们意见之创生的研究的特点。但这种对意见的澄清本身并不是史学家的工作；它是一项哲学工作，因为对意见的澄清是哲学事业的一个必要部分。所以，这项哲学任务在不知不觉中转变为历史任务。如果我们考虑一下我们目前这一代人——不论老少——的经验，我们可以说，这个论点就所有的实践目标而言不可动摇。它面临着很大的理论困难，但就所有的实践目标而言，它不可否认。你们很容易就能看出它，只要你们去看一个在历史方面老练的人对任何根本概念的说法，并将其与任何所谓的逻辑分析家——逻辑分析家不会细究历史问题——的相关说法进行比较。这种逻辑分析的特点在于惊人的空洞和贫乏，而对权力或主权等事物进行具有智性的历史研究，显然能让我们学到一些东西。这就是我的一般性评述。

我认为，如果你们不了解这些事情，就应该读一些相关的东西。我认为，[在]马凯特大学出版社最近的"阿奎那讲座"即法肯海姆先生[所作的]《形而上学与历史性》[中]，有一项很有用的阐述。① 这一阐述在某种程度上非常欧洲化，但我想还是很好读懂的，它也许能让你们更好地了解情况，至少相比我近年来读过的任何英语作品来说。在有关这一主题的英语文献中，我认为迄今为止最有趣的作家是柯林伍德（R. G. Collingwood）。② 他的《历史的观念》包含了一些非常有趣的部分。作为一个整体，这本书令人遗憾：著者没有写完，而[98]他的遗嘱执行人也已尽了最大的努力；著者把手稿整理好，而这份手稿作为一本书是极不令人满意的。另一方面，他在 1938 年写了一本名为《自传》的书。这本书我认为你们每个人都会觉得很有趣。它是一本充满活力的书，我认为，作为对哲学的真正激励和对哲学必要性的实际证明，它在我们这个世纪的英语文字中大概是独一无二的。我后面再说一些关于柯林伍德的东西，以免讲得太笼统太零散。

首先我想知道你们对我讲的理解了没有。实证主义与历史主义之间有着根本的差别，这一点清楚了吗？我对那样的东西不感兴趣，我该怎么说呢，闲话类的问题或者统计类的问题，[比如]这两个学派是如何按数量和国划分的等等。现今，大多数活得有学者气质的人，被庸俗地称为知识分子（intellectuals），都介于这两个学派之间。实证主义者影响着历史主义者，反之亦然。但有必要做一个明确的区分，我认为区分他们的最佳准绳是这个。实证主义者相信，现代科学，特别是现代自然科学，是人类所发明的最高形式的思考方向，但不是在细节上而是在原则上完全最高的，而历史主义者对此表示质疑。对激进历史主义者来说，

① 法肯海姆（Emil L. Fackenheim），《形而上学与历史性（阿奎那讲座）》（*Meatphysics and Historicity*, *The Aquinas Lecture*, Milwaukee：Marquette University Press，1961）。

② 柯林伍德（1889—1943），英格兰哲人、史学家和考古学家，著有《历史的观念》（*The Idea of History*, Oxford：Clarendon Press，1946）和《自传》（*An Autobiography*, Oxford：Oxford University Press，1939）。

现代科学完全是众多历史形式中的一种,它只是命运施加给我们的。

学生:在您的《自然正当与历史》一书中,您在考虑事实与价值之间的区分之前先处理了历史主义,而在这些讲座中,您采取了相反的——

施特劳斯:我该进入护教学(apologetics)吗?

学生:不,我只是想知道而已。我认为您转变处理方式应该是有原因的。

施特劳斯:哦,非常简单,因为在它的历史发展中——这本书讲的是自然正当(natural right)。而在19世纪著名的自然正当的历史中,其他选择可以说从一开始主要就是历史。历史学派(the historical school),它始于德国,随后也蔓延到他国——在英格兰,最著名的代表作是1861年梅因(Henry Sumner Maine)爵士的《古代法》(*Ancient Law*),一本非常有趣的书。这种对自然法的反对是基于"历史",而不是基于事实和价值的任何区分。当今实证主义者的前辈们在那时还是非常独断的功利主义者,他们从来没有认为功利主义的立场属于一个时期,属于一个特定的时期或文化,并且会随着那个时代或文化的消失而消逝。这就是原因。嗯,魏斯(Rabbi Weiss)?

魏斯:为什么现今的哲学不得不审视意见的创生,而不像苏格拉底的研究径路那样,只要审视意见本身?

[99]施特劳斯:这个问题非常好,也非常重要。换句话说,似乎对于我们这些在这方面有些经验的人来说,从事历史研究,从事那被非常糟糕地称为观念史(history of ideas)的研究绝对必要,在哲学上、在本质上必要,但这实际上必定会受到这样一种观察的阻碍:直到几代人以前,人们才感到有这种必要。我读到过这般的陈述:历史研究当然在本质上必要,与哲学相关。这不过是一种自我认知。我所概述的论点当然也是一种自我认知。我想理解自己的意见。但在以前,没有人会从自我认知中理解任何与历史研究哪怕有一点关系的东西。这就是你的观点。为什么它对我们如此明显,而为什么它完全不明显,直到,比方说,一百五十年前为止?我建议这样来回答:没有历史分析,我们的概念、现代的概念是无法澄清的,而之前的概念却可以。这暂时只是一个

独断的断言,但通过区分,以一种经典的方式正式回答了你的问题。这意味着什么? 我会指出来。当我们现今谈论国家(state)时,除了在国际法中,我们不再经常[使用"国家"这个术语],但我相信,在像合众国(United States)这样的联邦共和国,我们仍然会在州政府(state government)的意义上来谈论国家(states)。我知道这一点,但国家已不再像五十年前那样是政治科学的核心术语。什么是国家? 该词来自拉丁词status······本身当然完全不可理解,因为它指的是状态(state):热的状态、我的健康状态,以及诸如此类的东西。某种东西被抑制了。status rei publicae,福祉共同体的状态(state of the commonwealth)。你可以说这绝对是微不足道的,但仅仅是这个词的历史①本身肯定不会有趣,但如果你再深入一点——在本门课程中我们必须这样做,你就会看到一些明显的东西,而这些东西一开始是完全隐藏的。这只能通过历史研究来实现,但不一定是研究国家文件和档案,它们是最无趣的例证,而是研究伟大的政治思想家。

现在让我们来看看亚里士多德。亚里士多德谈论的不是国家(state),而是他所称的 polis,城邦(city)。没有一丝试图去理解 polis 概念之创生的痕迹,因为,polis,你完全知道它是什么。作为一个概念,polis 不像"国家"那样是派生的。让我们再举一个例子。你可以说:呃,好吧,当托马斯·阿奎那写他的《[亚里士多德]〈政治学〉疏证》时,②周围没有严格意义上的 polis。在那个时代,意大利有一些[共同体],但它们肯定没有扮演雅典和斯巴达在柏拉图或亚里士多德时代所扮演的角色。有神圣罗马帝国、法兰西王国和英格兰王国,那里还有一些······城邦,但它们更像是飞地,而不是占主导的地方。不过,托马斯·阿奎那——他的疏证只是细究了第二卷或者第三卷开头,而没有细审全书,但毫无疑问,托马斯对亚里士多德《政治学》的理解要远远超过现今的任何人。任何声称自己理解了亚里士多德《政治学》的人,都只是在向托马斯学习。他

---

① 也就是"国家"这个词的历史。

② 阿奎那,《亚里士多德〈政治学〉疏证》(*Commentary on Aristotle's* Politics),Richard J. Regan 译(Indianapolis:Hackett Publishing Company,2007)。

或许不得不比托马斯学得多，但那是另一个问题了。为什么？为什么托马斯不需要对 polis 概念进行历史研究？如你所知，他几乎不懂希腊语。严格意义上说[100]他不懂希腊语，但他理解了现今的古典学者所不理解的东西，除非后者付出特别的努力；这一点非常少见。为什么？因为作为一个概念，polis 或城邦的源头已呈现在他的面前。研究政治理论或政治哲学就意味着研究亚里士多德的《政治学》。呃，现今也许已不再有政治哲学存在了，但几年前，研究政治理论就是研究鲍桑葵①或其他一些当然研究过柏拉图和亚里士多德的人。但鲍桑葵，那是政治理论。亚里士多德是一位古老的大师，当然，他的教诲在很久以前就被压倒了。我们需要历史——智识史，你可以这么说——因为我们的概念，我们概念的源头与我们不是同时代的。在这里，同时代并不意味着你不得不生活在亚里士多德的年代。托马斯·阿奎那就没有生活在亚里士多德的年代，但他与亚里士多德是同时代的，因为在这方面，亚里士多德的存在就像一本最新式的微积分教科书在当今的存在，在现代的微积分学生面前的存在。现在更清楚一点了吗？

学生：有些术语，比如苏格拉底试图考察的术语，是否存在多重性，是否并不清晰——

施特劳斯：没有什么概念是清晰的。它们总是非常难对付。但重点是，他②不必回到过去。所有那些含义——当你有一篇柏拉图对话时，所有那些关于勇敢、正义或其他什么的不同意见就都在当下呈现了。我的意思是它们是有效的、公认的。我的意思是，他们③不会说：让我们来看看什么是荷马的正义概念，以及它是如何通过抒情诗人和肃剧诗人而改变的，直到成为寻常雅典人的观念——呃，现代的史学家会这么去看。但他们却完全不会，一点都不会。黑格尔在他的《精神现象学》(*Phenomenology of Mind*)④序言中有一段非常漂亮的评述，那

---

① 鲍桑葵(Bernard Bosanquet，1848—1923)，英格兰哲人，著有《关于国家的哲学理论》(*Philosophical Theory of the State*，London：Macmillan and Co.，1899)。

② 也就是托马斯。

③ 也就是一篇柏拉图对话中的交谈者们。

④ 黑格尔，《精神现象学》(*Phänomenologie des Geistes*，1807)。

里他用了一种我不可能用的陈述方式——但我不久前在一本书中,在我的论文《政治哲学与历史》中引用了这段话。① 原文我忘了,但我会试着重建它。黑格尔说,在古代,哲学不是"体系化"的,他想到的是柏拉图对话等类似的东西。思考始于每一个方面。到处都有有趣的问题,到处都有(黑暗?),② 思考只会转向所遇的任何事情。在这种努力下,经过许多代人的工作,出现了严格意义上的概念,即哲学性概念,它们区别于,怎么说呢,常识性概念。这是古典时代最伟大的思想家们,特别是柏拉图和亚里士多德努力的最终结果。在现时代,黑格尔说,我们发现概念已经存在,一种成品被传递——③[101]你没有得到的是这些概念发展背后的根本经验。如果我们想要理解城邦的意思、德性的意思,或任何这类关键词,那么仅仅停留在教科书传下来的东西,比如1600 年前后的事情,是不够的,我们不得不去重述原初的习得过程,比如在柏拉图那里以及在其他一些讨论中出现过的习得过程。我现在不能再扩展了。

学生:能否请您稍微详细地阐述"前提为命运所施加"这一历史主义者观点的后果? 这种观点的后果是什么? 比方说,其后果并非过去的历史不可知,是吗?

施特劳斯:不可知? 不,除了在这个意义上:客观知识,你知道,不论时代或文化差异,对每个人来说都一样的知识,是不可能存在的。但现今你在每个新闻报道中都能听到,1960 年的莎士比亚和1900 年的莎士比亚完全不同,它们对莎士比亚的阐释不同——每个方面都如此,因为就像如今对莎士比亚的一般理解那样,你不能说我们的莎士比亚意味着我们对莎士比亚的理解比约翰逊博士④或加里克⑤等人的更深

---

① 　施特劳斯,《政治哲学与历史》,收于《什么是政治哲学:及其他研究》(1959)。

② 　(darknesses?)出现在原始文字记录稿中,它显然是转录员推测出来的。

③ 　这时换录音带。

④ 　约翰逊(Samuel Johnson,1709—1784),英格兰文人,出版了极富影响力的莎士比亚作品注疏版,《莎士比亚戏剧集》(*The Plays of William Shakespeare*,London,1756)。

⑤ 　加里克(David Garrick,1717—1779),英格兰演员、编剧和制片人。

或更好。你对这一观点不太熟悉吗？我认为它是我们世界中一个非常强劲的要素。它是合理还是不合理的，那是另一个问题了，但我只想先帮助你认识到它，诊断出它到底是什么。

学生：难道没有一个历史主义者，我相信您心里已经有了，就是他试图重建希腊人……

施特劳斯：纠正什么？

学生：我想说是亚里士多德。

施特劳斯：这本身不是历史主义。这可能只是某种前历史主义立场的一个遗迹，很遗憾，[就像]其他所有遗迹[那样]，它没有充分意识到那些导致了历史主义的困难。现今有些人肯定会持一种老式的、简单的观点。我相信，在马里兰州安纳波利斯的圣约翰学院，以及在全国各地关于大书（Great Books）的课程中，都有这样的观点。你读了亚里士多德的《政治学》，或者别的什么，并且你说：这里是错的，那里有矛盾，这里有一些亚里士多德不知道的事实，[这]已经被驳倒了。这样做是健康的、没问题的，但还不够。也许当我们转向柯林伍德的具体论点时，这一点就会变得更清楚了。我只想先让你看到，有一种非常强劲的动力在不同程度上影响着我们所有人，我们必须学会面对它。我这样说是为了弄明白，[如果]它是真的，我们就得接受它，如果它是错的，那就得把自己从中解放出来。但简单的漠视不可能。当[102]然，"历史主义"这个术语就像所有这类术语那样，有 75 或 89 种不同的含义。我已经试着以一种合情理的方式来定义它了。

学生：呃，您指的是海德格尔，不是吗？

施特劳斯：那我想再听一遍你的陈述，因为我想到了一个更粗朴得多的立场。

学生：呃，我的问题与"前提为命运所施加"这一主张的含义有关，它的含义是什么？我们拥有一种陈述，它的意思是什么？海德格尔的意思当然不是说我们无法理解古人。

施特劳斯：海德格尔对此的陈述有点讳莫如深，让我试着给出一种精确的公式。老的观点，以及那些人的观点，例如，那些相信自己可以判断出真正的亚里士多德并加以批判的人……正如黑格尔会说的，这意味着没有恰当地装备他们自己。这些人以及更好得多的人的观点是,我们对一个思想家的理解可能比他对他自己的理解更好。如果你发现亚里士多德在某个结论方面是错的,那么在这方面你对[亚里士多德]的理解就比他对他自己的理解更好。现在,这个公式因为康德而出名。它比康德更古老,康德用它来阐释柏拉图的理念学说。他在某种意义上重新引入了"理念"(idea)这个术语,与笛卡尔、洛克[和]休谟对理念的看法完全不同,他说他在恢复被这些现代人所忘记的东西,这东西是柏拉图所考虑到的,但当然不是柏拉图对理念的理解。可他说,我们对一个伟大之人的理解能够比他对他自己的理解更好。出于深深的谦逊,他没有说你得成为康德那样的人才能做到这一点。海德格尔一直不承认我们对一个思想家的理解有可能比他对他自己的理解更好。现在,普通的史学家——我想说,我谈论的当然是更好的那类,但算不上是"天才"——试图理解一位思想家,恰如这位思想家理解他自己一样。我们可以说,这是老式的、客观的史学家的目标,正如兰克①所说:我想精确地了解事情如何发生。有智性的史学家说:我想要精确地了解柏拉图思考了些什么。对此,海德格尔说:那是不可能的,因为你对他的理解必然不同。这就是海德格尔对那个问题的回应。不可能有准确的理解,就像不可能有更好的理解一样——我指的是在一些有趣的例子中。针对1890年前后的某个教授,我们对他的理解比他对他自己的理解更好,这很容易做到;但在一些有趣的例子中,不可能有"更好"(better than)的理解,不可能有"准确"(exactly as)的理解。唯一可能做到的是"不同"(differently from)的理解。这就是海德格尔正式的教诲。

如果我可以顺带提一下,我相信那不可能,原因如下。这在一定限度内有道理。例如,海德格尔肯定有可能会这样说——我不知道,我从来没有和他谈过——海德格尔会说,要真正地理解柏拉图所指的"意见"这个一直出现的术语,也许不可能。比方说,那对我来说也不可能,但这不是有趣的地方。对于[103]我所称的命运这个我时不时会

---

① 史学家兰克(1795—1886)。

使用的术语,海德格尔有另一个含义更宽广的术语。他称其为 sein 这个被用作不定式的德语词,该词在英语中为 to be,在拉丁语中为 esse,在法语中为 être。它在英语中是个很难的词。海德格尔的论点是,起源——抱歉,这是一个非常粗朴的公式——是最高可能的主题,在这个主题中,一切都必须最终被理解,如果它们被理解了,它们就*存在*(to be),不管这意味着什么。这个存在似乎是不同时代和不同文化中的人们所使用的各种范畴的根源。存在在不同时代以不同方式揭示自身。这至此就是纯粹的相对主义。然而海德格尔现在说,虽然在最早的希腊思想中"存在"就在某种程度上揭示了自身,但可以说它从一开始就被误解了。存在以某种方式被等同于存在者(being),esse 被等同为 ens,être 被等同于[étant],或者随你怎么表述,他把西方思想的这种特征称为*存在之被遗忘状态*(the oblivion of to be)——即德语中的 Seinsvergessenheit。这在某种程度上是海德格尔对整个西方传统的核心判断。当然,这意味着,不管海德格尔怎么说,在决定性的方面,他对过去所有思想家的理解都比他们对自己的理解更好,因为他们没有意识到根本的主题。而他们是否更好地理解了海德格尔所不会理解的某些派生的东西,这是个无趣的问题。但我一直认为,海德格尔的疑虑和他的断言,即我们永远只能作"不同"(differently than)的理解,明显标志着历史主义的根本困难,即使是迄今为止所发现的那种形式最老练的历史主义,这就是海德格尔。[法肯海姆]先生有一些观点在我看来不够深入,但信息量很大,可以给你们那些不了解的人一些指引。我说清楚了吗?

学生:如果我们要遵循我认为您在回答另一个问题时的意思,我们就必须回到概念的起源,我们注定要这么做,但如果我们要遵循这个,[这难道不是最终源于]这样的论题、这样的事实,即,从阿奎那开始,我们就不可能不通过进入历史进程来理解思想?

施特劳斯:我不太明白你那是什么意思,但就让我们假设是那样吧。困难会是什么呢?

学生:重点在于,你不可能仅仅通过阅读一位思想家而不去试着研究术语的含义,就理解了他。

施特劳斯:你无论如何都得这么做。我的意思是,假如你读柏拉图的文本,当出现"桌子"这个词或者"一个人"时,你不会有困难。你们都知道桌子是什么,尽管希腊的桌子或许和我们的桌子不同。如果你对这个琐碎的问题感兴趣,可以查阅关于古代的辞书,[看看]希腊的桌子是什么样子的,但那个问题通常很无趣。而如果我们简单地谈论《王制》中的男人和女人,我想我们知道那是什么;这本身不需要任何东西。但当柏拉图谈论"理念"时,你可以怎么做呢?当然,首先要做的自然是收集所有,所有柏拉图关于理念的说法,并试着从头到尾弄明白。但我不是说,为了理解柏拉图和亚里士多德,就绝对有必要回到他们的源头……但比如你研究笛卡尔或[104]洛克,你当然就得始终这样做。此外,虽说霍布斯和洛克对他们的前辈保持沉默,但他们的前辈往往比人们想象的要多。你知道,霍布斯的方法是极其[简洁?]①的。在他之前的每个人都或多或少地教些胡话,所有的功劳都归他了,如果你称这为[简洁?]②的话。但他肯定会大获全胜。但即使是他也会迫使你去看看亚里士多德和西塞罗等人,因为他清楚地表明,他们是他抨击的家伙。

学生:我同意您的观点,但您提到了笛卡尔,在非常真实的意义上他并没有溯及他的前辈们。那么,如果您被引向一个章节,比如关于理想或价值的章节,您会怎么做?您会追溯到他那个世纪的思想甚至越出他那个世纪吗?

施特劳斯:原则上不会,但在实践中这种情况很快就会出现。笛卡尔谈论理念,谈得如此之多,以至于洛克称他为理念之道(way of ideas)的发现者,或者类似的称呼。笛卡尔知道,当他使用"理念"一词时,他的意思[与]每一位前辈所用的"理念"一词的意思非常不同。他从来没有这样说过;这并不会降低[它]的重要性,但更重要的是你应该看到这种[差别]。你必须一直动脑。即便笛卡尔从来没有说过,也不应该说他带来了彻底的改变,他或许带来了彻底的改变,但作为一个

---

① 括号里的词似乎在原始文字记录稿中就有。

② 括号里的词似乎在原始文字记录稿中就有。

谨慎的人,他不像霍布斯那样行事,不大肆宣扬,而是秘密地去做。但如果你不知道之前发生了什么,你怎么能搞得清楚呢? 在实践中,你会怎么做? 让我们像通情达理的人那样说话。我相信你大概会先读《谈谈方法》。其中存在着一些困难,你很快就会发现的,所以你当然会使用一部注疏或一些论文。现在最著名的注疏是吉尔松的注疏。①当然,你得读法文。如果你去阅读吉尔松,那你会发现吉尔松有一条长长的注释,其中他会告诉你,在整个基督教传统中,不考虑柏拉图的观点,"理念"这个术语只用于描述神圣心智的内容。笛卡尔是第一个用它来描述人类心智的内容的人。这不是一个微小的差别。另外,你当然还要读《第一哲学沉思集》[以及笛卡尔对各组反驳的答辩]。②你知道,笛卡尔把[《第一哲学沉思集》]寄给提出反驳的熟人,并对他们的反驳作出了答辩。你得读读这些反驳,然后你会看到,这些家伙都是非常有学识的人(至少其中有些人是),他们说,笛卡尔的大部分观点让他们想到了奥古斯丁,而笛卡尔很不愿直言,他们把这一点拎了出来。如果你是一个好奇的人,你会想要自己做出判断。然后你会去阅读奥古斯丁,到时再想想。必然如此。在研究的实践中,很快就会出现这些情况。现在我们只关心宽广的理论问题。

[105]学生:不论是在理论上还是在实践中,这都意味着,倘若不理解在一个人之前的事情,我们就无法理解他或他的作品。

施特劳斯:我认为,比如当你在柏拉图和亚里士多德这一方与现代哲人那一方之间作比较时,情况完全就不同了,不一样了。当然,在柏拉图之前还有所谓的前苏格拉底哲人,关于他们,我们只有一些辑语和记录,这就造成了一个特殊的技术难题。确切地讲就是,你如何能够研究辑语? 肯定会这样,但即使有完整的著述可用,我认为,比如柏拉图和亚里士多德这一方与笛卡尔、洛克、康德和黑格尔那一方之间的情况

---

① 笛卡尔,《〈谈谈方法〉:原文附吉尔松注疏》(*Discours de la Méthode*, *Texte et commentaire par Étienne Gilson*, Paris, 1947)。

② 笛卡尔《第一哲学沉思集》出版于 1641 年。参笛卡尔,《〈谈谈方法〉和〈第一哲学沉思集〉》(*Discourse on Method*; *and*, *Meditations on first philosophy*), Donald A. Cress 译(Indianapolis:Hackett Publishing, 1998)。

仍会非常不同。请讲?

学生:历史主义者的立场似乎存在矛盾。他说他建构了一个形而上学原则,该原则标榜为普遍的,那就是所有思想都受其时代的制约,同时,他声称不可能存在普遍的要素。这似乎是矛盾的。他应该说他对那个原则一无所知。

施特劳斯:如果他承认这一点,那就会使得那个原则在某种程度上变得无用了。但是,这真是一个困难,依我看还非常严重。有些人说,那些仅仅是逻辑上的困难并不意味着什么。我认为它们意味着很多,换句话说,我非常严肃地对待这样一点,即"所有的人类思想都是历史性的"这个论点从定义的意义上讲是超历史的。我认为,这是一个非常严重的困难。而海德格尔当然对此有充分的意识,他试图通过存在(sein)来化解。海德格尔那存在的意思非常难理解,但我们可以很容易地看到它的功能:它是所有历史的基础,可它只有在一种历史上特定的形式中才是可认知的、可进入的。这可能吗? 一定有一些东西在某种意义上[是]超历史的。这是不可避免的。但是,难道超历史的 x 不可能具有这样一种特性,即在不同文化和不同时代以截然不同的方式显现自己吗? 这难道不能解决形式逻辑上的困难吗?

学生:他们似乎是在事前做出判断,而不是事后再做判断。在我看来,它并不与这样一个事实相矛盾:每个先进的社会都有普遍的原则,比如某种技术、某种政府,等等——

施特劳斯:没那么简单。这是实证主义的一个巨大诱惑,它将其编造的概念应用到其他文化中,这些概念从我们西方的经验来看是直接可信的。没那么简单的。当我们谈论——你说到了技术,让我们说"技艺"(art)吧;这最终要追溯到希腊词 techne,"技术"(technology)就是从这个词派生出来的。在阐释属于其他文化的东西时,你能在多大程度上做到这一点? 没那么简单的。你只得试着去辨识——我的意思是,我亲眼所见的唯一的另一种文化就是《旧约》。[在希伯来语《旧约》中]就已很难找到一个词能真正涵盖希腊人所说的 techne,以及我们现今所说的技术。但来看看其他引起更宽广得多的兴趣的东西。我的意思是,我相信有些东西你到哪里都能找到——我不清楚,但我相信。我确信在每一种人类语言中都会有男性和女性之间的区分,原因很简单,哪里[106]有人类,哪里就有男性人类和女性人类,而我们找到对应的语词是非常重要的。还会有各种有着众所周知的差别的动物所对应的语词。我相信我曾被告知,有100个阿拉伯词来表示不同生命阶段的骆驼;在狮子很重要的地方,也有很多名称来表示各个成长阶段的狮子。但这并不是很有趣,因为在西方世界,你会看到同样的事情也发生在一些专业群体中,比如猎人之类的人或者动物饲养者。

有趣的是宽广的术语,然后只要动脑就会有最惊人的发现。例如,我前面提到过,《旧约》中并没有表示"历史"的措辞,尽管有许多人写到和说到《旧约》是发现历史的经典文献。我想说,他们的提法不可能是真的,因为人们总会找到正确的语词来表示他们发现的东西,如果这些东西有任何重要性的话。[换]另一个词:世界(world)。试着用圣经希伯来语来说"世界"。我相信这不可能做到。我认为圣经中所对应的是天和地(heaven and earth)以及它们之间的东西。我想在每一种人类语言中你必定都会看到表示天的词。你会看到天和地,但你应该把两者结合在一起,形成一个统一的世界——甚至在希腊语中,cosmos这个希腊词也是相对较晚的,出现在公元前的6世纪、7世纪。这些都非常重要。希伯来语中甚至没有表示气(air)的词。传统的表示气的希伯来词是希伯来化的希腊词 aār。气需要被发现。空气不像狗、骆驼、树、男性、女性那样明显。没那么简单的。如果我可以说的话,这就是为什么我对人类学家们告诉我们的事情一个字也不相信的原因。我的意思是,它们就对外援助和此类实践目标而言或许已然足够,这样讲大概没错,但就理解而言,这些人对我们概念的真正的派生性和十足的特殊性太欠反思了。我想,你大概在任何地方都会找到——我不知道的——与我们广义上所称的"法律"(law)相对应的[词],而不区分习惯法和成文法(customary and written law),更不用说一般法和宪法(ordinary and constitutional law)了。总是有规则的,一些我们应该遵守的规则。但当法律被应用时,我们的法律就意味着法律、习惯、风俗等东西之间有区分。并且,把这应用到一种文化中——文化也是极具风险的词之一——一种不知道这些区分的文化中吗?

　　这里有个故事。我会试着自己编造一些经历出来。由于缺乏资金，我不可能真有过这些经历。让我们以一个非常简单的部落为例，他们的语言与你所熟悉的语言彻底不同，礼仪（manners）也完全不同，在各个方面都极为不同，你去了那里，想要研究他们。你的出现改变了部落。如果有个人去那里是因为犯了谋杀罪而不得不外逃，或者是因为他想欺骗他们、与他们交易或遭遇了海难，他们会理解的。但是，如果有个人去那里只是为了理解他们，在他们当中最聪明的酋长理解这一点的那一刻，这酋长就已然是一个被改变了的人。这是人类学上与量子物理学中著名难题的相似之处，即观察者改变了……我认为，这些事情要做得恰当，需要极大的深思熟虑和反思。我认为，当你和一个属于另一种文化且不急于展现该文化与西方有多么接近的人交谈时[107]——我经常看到相反的情况，例如某国的人试图推销该国的某位名人（孔子）和杰斐逊（Thomas Jefferson）之间没有重大差别的观念，我真的一点也不会相信这种观念。我的意思是，如果你和一个对理论真感兴趣的人谈话，你可以诘问他，他也可以诘问你，然后你就会学到，然后你就会看到一些巨大的困难。我想说，从实用的角度讲，历史主义的真理性、相对的真理性在于这样一个事实，即人类在历史上、在文化和时代上的差别真的非常非常深刻。我不认为你必须是历史主义者才能知道这一点，但哲学传统并非总是充分地认识到它，这样讲完全没错，而人们应该非常严肃地对待它。

　　学生：呃，比如承认爱斯基摩语中某些区别的独特性，承认某些概念受历史制约的事实，但是，从说正义之类的概念受历史制约到说它们只是历史区别之产物，是一个很大的飞跃。当每个人都发现某些东西受历史的制约时，他们自然就会做出这种飞跃。即使从逻辑上讲，你也必须承认，尽管某些概念在某些文化中有所变化，但从逻辑上讲也会有相似之处。

　　施特劳斯：柯林伍德对此有过详细的讨论，我相信，虽然我很想在今天结束我的导论性陈述，但我将不得不在下次谈一谈柯林伍德版的历史主义。假定正义或正当之类的东西——我相信"正当"（right）是我们更基本的术语之一；在希腊语中就是 dikē，而表示正义（justice）的希腊词就是从这个词派生出来的——我想你在任何地方都能找到这类东西,因为人们能够偏离它们,偏离任何被视为正当的东西,因此我相信它们成为了任何地方的一个主题。因此,无论何时何地,人们在谈论正当时,必定有共同之处。问题是:你能将正当确定地表述出来,而不修正那所有人共同的东西吗? 换句话说,假如你超越了人们期望你做什么的一般说法,你知道这会非常困难,因为人们也期望你有良好的礼仪,这与正当没有关系,但是在某些阶段,法律和礼仪之间的区分并不像我们所以为的那样明显。换句话说,你得到的是极其形式和空洞的东西。那又有什么用? 换种说法,你关于所有文化和时代共同的最抽象的[东西]的公式,难道不反映你的立场、你所属的时代和文化吗? 我认为这就是他们会说的话。

　　正如先前的评述所暗示的,我相信,迄今为止,历史主义所采取的最重要的形式就是海德格尔所用的形式;海德格尔是我们这个年代最强劲的思想家,仅这一点就迫使我们非常严肃地对待这个问题,这是一个简单的事实。在这门课程中,我们当然不可能做到,毕竟,我们想要谈论亚里士多德,我只需要指出,如果我们想要理解亚里士多德,我们需要克服的障碍。既然据我所知,柯林伍德是迄今为止最善于用英语表达的历史主义思想家,我想在下次给你们读几段并加以讨论。[108]下面就是柯林伍德的观点。在他那个时代,普通的哲学学派断言,存在着它们所称的永久问题,比如认识论、伦理学、政治学、美学等方面的许多问题。这些都是哲学问题,在任何的时代或地方,每一个有趣或自尊的思想家当然都处理过这些问题。现在,他说那是胡说八道,在这一点上我完全同意他。不久前我看到过一个书名,《阿奎那的美学》(*The Aesthetics of Thomas Aquinas*)。① 我没有读过,但它本身是不可能的,因为我碰巧知道美学意味着什么以及它的预设是什么,而这些预设在 18 世纪之前都无法满足。当然,总是有关于诗歌的学说,它可以

---

① 埃科(Umberto Eco),《阿奎那的美学》,Hugh Bredin 译(Cambridge:Cambridge University Press,1988)。最初出版于 1956 年,名为《阿奎那的美学问题》(*Il problema estetico in Tommaso d'Aquino*)。

是一种关于音乐、绘画等所有模仿技艺的学说,然后是关于美的学说。这两个情况彻底不同甚至可以说完全不相干,因为直到 18 世纪末,盛行的观点都是,卓越的(par excellence)美就是自然的美(不细究神学问题):换句话说就是,只是被雕塑所模仿的人体美。美应该被化约为技艺的美,这是一种不可思议的取向变化,且以某种方式隐含在我们的美学概念中,尽管与此同时出现了一种关于丑的美学,所以人们不再像最初那样从美来定义美学了。在这一点上,我认为柯林伍德事实上完全正确。甚至还有认识论:"什么是知识?" 这个问题无疑与柏拉图和亚里士多德明显相关,但是尤其在 19 世纪,它意味着什么东西,而古典时代是否有这样的东西非常值得怀疑。很多其他事情[也是如此],我认为,我们如果想要理解亚里士多德就必须[看到],关于最一般和最根本的事物的意见没有任何根本的变化,[这一论断]事实上是错的。仍然有可能的是,我相信有这可能:我们仍然是人,在任何时代和任何文化中都是人;这包括,如果我们做出必要的努力,就可能理解属于其他时代和其他文化的人。但在某些情况下,或许就得付出非常非常大的努力;不可否认,在本国,在我们这个年代,那些从童年起就塑造着我们的主导意见,截然不同于五百年前西班牙或伊拉克的,当然还有古典时代的主导意见。如果你只是简单地划上等号,就永远无法理解那些人。这是历史主义的一个优点,它并没有使历史主义在哲学上站得住脚,但它显示了历史主义相对于现存的其他学派的优越性,这些学派或多或少忽视了这些差别的重要性。

学生:从您的观点来看,即使是不同正义观念的多重性和独立性也不排除对这些观念可以进行合理的评价。现在——

施特劳斯:哦,不,肯定不是。问题仍然是,在你能对关于正义的意见做出评判之前,任一意见,不论是当代的还是过去的,西方的还是东方的,你都要有……来理解它,当然……但在某些特定的条件下,这种历史主义可以帮助我们看到普通的错误教诲所掩盖了的东西。[109]这有可能,不是吗?人们可以持一种相当愤世嫉俗的观点,说在某个时代很强劲的学派总是以某种严重的盲目为特征,总的来说就是一种盲目被另一种盲目所取代。你知道,曾经是自由主义者主宰——用当今美国的语言来说——而现今保守主义者来了。呃,人们在许多情况下会简单地说,一种非常狭隘的观点已经被相反的狭隘观点所取代,一个通情达理的人在 1933 年不会成为当时意义上的自由主义者,在 1961 年也不会成为当时意义上的保守主义者。这在不同的时代以不同的方式发生。历史主义有一个相对的优点,它提醒我们注意那些非常大的意见分歧,以及那些在人类之间可能存在的非常深刻的意见分歧,后者只会使得我们更加有必要去了解如何能达成一种可能的一致、一种合理的一致。今天,我们就到此结束了。

第七讲　历史主义的障碍(续)：柯林伍德批判

(1961 年 10 月 23 日)①

[111]施特劳斯：[进行中]——但我认为可以肯定地说,思考就是旨在以可能最清晰的方式提出思考的话题。而最清晰的方式至少需要一个清晰的开端,我们必须从开端开始,然而我们总是处于事物中间。相应地,亚里士多德——言下之意,还有柏拉图——区分了两种开端。[首先]什么是开端本身？这只有到最后我们才会清楚。[其次]什么是对我们来说的开端？如果我们再来看看实证主义,某种程度上实证主义认为,开端、正确的开端是感官予料。纯粹的感官予料尚未被概念组织起来。但这不可能是真的,因为我们从来没有从感官予料开始。我们会遇到纯粹的感官予料,单纯的声音、单纯的颜色,所以也只能凭借特殊的努力,凭借特定的抽象过程。在我们意识到感官予料之前,我们会意识到一些事物:例如椅子。但是这些事物多种多样,哪个才是合适的开端呢？因此,在近代,人们说这些事物因为被命名而为我们所知。开端是语言,与这些事物相比,语言就像一个系统,而不是单纯的混沌或多种多样的事物。但我们仍须注意,语言对我们来说从来不是第一位的。我们一直在使用语言,但它并没有成为我们的首要主题,关于此的简单证据就是语言科学的最初名称。这门科学传统上被称为且我相信现在仍然被称为文法学(grammar)。grammar 英译自希腊词 gra-

---

① 参施特劳斯,《评柯林伍德的历史哲学》("On Collingwood's Philosophy of History"), *Review of Metaphysics* 5(1952),页 559—586。

matike，后者指字母知识（knowledge of letters）。所以非常有趣的是，只有在一个有文字的社会，在一个有文字的社会即希腊社会的高度发展阶段，人们才开始思考语言。

这不是首要的主题。那么，什么是首要的同时又有秩序的东西，以便给我们一个方向？可以说，首要的事物就是意见。我们都接受［和］形成意见，并以不同的方式发展之，而这些意见有一种秩序。存在着意见的等级结构。存在着一些对最高事物的意见或最权威的意见；它们一直存在于每个社会中。没有理由认为这些权威意见是永久的，即在所有时代和所有地方都一样。甚至可以说，它们显然非永久。在我们这个时代和这个地方，考虑到本国的某些思想趋势，放任的平等主义，那么乍看之下可以说，最权威的意见就是支持自由民主制的意见，或者随你们怎么叫。但它不可能正确，因为到处都有人告诉我们，它是单纯的意见，也就是说，不是知识或科学。我说的"到处"是指社会科学的每个方面；无论我们认为什么在我们作为公民的品质上是权威的，当我们进入社会科学的厅堂的那一刻（我指的未必是这栋楼的厅堂），①就有人告诉我们那不是最权威的意见，因为它是单纯的意见。最权威的意见必须受到［112］审视。真正权威的意见不是自由民主制或支持自由民主制的意见，而是科学，是对科学的信仰。总的来说，这一点已不再受到挑战，但也因此有必要加以特别的审视。

但是，这种审视的必要性和可能性都来自这样的事实，那就是，［即使］我们没有采取任何行动，那意见也会遭到抗辩。在我们开口说或开始思考之前，我们已经看到了这种被称为实证主义的、倾向于科学的意见如何遭到另一种意见的抗辩。那么，权威意见之间存在着冲突，这本身也是一种永久的冲突。实证主义首先遭到一些较老的观点的抗辩，尤其是宗教信仰的抗辩，宗教信仰从其定义来看不是单纯的意见而是信仰；而另一方面，信仰明显不是科学。其次，实证主义遭到了历史主义的抗辩，历史主义从实证主义停止的地方开始。现在，历史主义也必须受到审视，就像每一种权威意见都必须受到审视一样。如果证明

---

① 这个班级就像施特劳斯的大多数班级一样，在社会科学楼里会面。

了实证主义和历史主义从根本上讲都不充分,我们将不得不寻求更好的东西。在审视之前,每一种意见,每一种立场都是一种可能。仅仅是某一意见不再被广泛接受——也许不被一个现在活着的个人接受——这一事实还不能证明它是不值得接受的意见。在审视之前,我们必须认为传统上被认为是第一位哲人的老泰勒斯有可能正确。同样有可能的是,迄今为止出现的所有学说从根本上讲都不充分,那么我们必须寻求全新的东西。那些非常简单浅显的反思非常糟糕地总结了极为成熟的各篇柏拉图对话中所发生的事情。

在以上总体性介绍的基础上,我现在想转向上次的话题,历史主义,特别是柯林伍德的《自传》。我选取《自传》而不是《历史的观念》,因为它更简短、更清晰。那么,柯林伍德讲了什么?我给你们读读第77页。"我一生的工作,就我现在已经50岁而言,主要是致力于融通[聚合——施特劳斯]哲学与历史。"①这是重点。历史主义认为哲学与历史的融合是必要的。当然,柯林伍德不得不以自传的方式进行,但这不仅仅具有自传的趣味,因为他的历史主义诸预设在他对当时不列颠某种流行意见的批判中显现出来了。据柯林伍德所述,那时在英格兰流行的哲学是一个自称实在论(realism)的学派。如果允许我说说我对一手资料一无所知的某样东西,那么从柯林伍德的陈述来看,它似乎是老意义上的哲学的衰败版本。但麻烦的是,这是一个衰败的版本,因此无法抵抗柯林伍德的猛攻。现在柯林伍德用如下方式驳斥了这种所谓的实在论的主要论点。[他选取了]这些实在论者核心的实证学说。[书中讨论的]最著名的[实在论者]是威尔逊,②他是柏拉图研究者们非常尊敬的学者。威尔逊核心的实证学说[113]是:认知对于被认知的东西并无影响。言下之意是这样的。有一种学说叫"观念论",

---

① 柯林伍德,《自传》(1939),页77。[译按]中译文参考《柯林伍德自传》,陈静译(北京:北京大学出版社,2005);下同,酌情改动。

② 威尔逊(John Cook Wilson,1849—1895),牛津大学新学院(New College)威克姆(Wykeham)逻辑学教授,"牛津实在论"(Oxford Realism)的奠基者,著有影响甚大的《论柏拉图〈蒂迈欧〉的阐释》(*On the Interpretation of Plato's* Timaeus,1889)。

它的意思是认知对于被认知的东西确有影响。知识的对象是认知的产物。我们可以说，这是观念论的断言，而实在论的断言是，这种认知过程对于被认知的东西没有任何影响。[读文本]

> 我证明过，任何一个像威尔逊一样声称确信这一思想的人，实际上是在声称自己能够认知那同时被自己定义为不可认知的东西。因为，如果你能够认知特定条件 c 的存在与否对于事物 theta 并无影响，那么就能够认知，有 c 时 theta 是什么样子的，以及没有 c 时 theta 是什么样子的，而对比二者，你发现它们没有什么不同。其中，你能够认知，没有 c 时 theta 是什么样子的；或者，①在这种情况下，你就是能够认知被你定义为不可认知的东西。②

这就是柯林伍德的驳斥，我不知道你们是否能跟上。我不得不读得很快。知识意味着去看、去领悟自在的东西，不管我们能否认知它，它都是自在的。让我们称某事物为 X，X 要么可被认知，那它就是 Xo；要么不可认知，那它就是 Xu。为了说 X 不受知识的影响，你不得不在可被认知和不可认知两种条件下都能认知 X。但这是不可能的：你无法认知你不能认知的事物。就目前而言，这个论证是绝对有说服力的。这样就解决了柯林伍德的实在论议题。

现在我想说说真正的议题是什么，如果我们要超越上述有点形式主义的讨论，就那些实在论者而言这种讨论或许已经完全足够了——我无法对此作出判断。真正的议题涉及一门学科，对于现代思想来说，这门学科过去且现在仍然极其重要，叫作认识论（epistemology）或知识论（theory of knowledge）。而认识论或知识论是对关于事物的知识如何可能的解释。然而，这意味着每一种知识论都以关于事物的知识为预设。每一种知识论都试图表明这样的知识是可能的。前者将后者的可能性预设为一种经验。现在，每一种这样的认识论都不如我们关于事物的

---

① 原著中没有出现"或者"。
② 《自传》，页44。在原著中，"theta"是对应的希腊字母。[译按]即希腊字母 θ。

知识那么确定或明显。我们可以说,这是老式的观点;因此,对于前现代哲学来说,认识论或知识论并非至关重要。在应用于我们社会科学所专注的问题时,这样的区分或许是有帮助的。你们总是听到"经验的"(empirical)这个术语,但经验的总是无辜的,其本身不会产生任何特殊的问题。如果我说现在是 3 点 45 分,我们在 122 室,我就做了一个经验陈述。每个人都可以很容易地核实它,等等。但此刻,某人基于非常深奥的考虑,说:我们是如何真正认知它的,严格讲来我们看到了什么?——然后你们就得到了一种特殊的知识论,例如,根据这种理论,感官予料是唯一真正给你们打上印记的东西。而其他的一切——例如,我们是人类,我们成排坐着,等等——都是某种意义上的阐释,即把某种构念应用于感官予料上。而我认为,人们应该称这种关于经验知识的特定观点不是经验的,而是"经验主义的"(empiricist)。经验主义是某种形式的认识论或知识论,它可能是真实的,也可能是虚假的,但它肯定与经验的不一样。[114]当你在这栋楼的很多地方听到政治科学必须是经验的这一要求时,你应该告诉他们,说他们误用了"经验的"这个词:政治科学总是经验的。但是你还应该说:你们的意思是它应该是经验主义的。当然,这会是一个很长的故事,和英国经验主义有很大关系,正如其名称所示,英国经验主义意味着洛克、贝克莱(Berkeley)、休谟,但是,我不能细究了。

我得回到 20 世纪上半叶的英格兰实在论者们,回到柯林伍德上来。在处理了这些实在论者的[实证主义]诸原则之后,柯林伍德转向了他们的道德哲学,据他所述,这种道德哲学以将伦理学从哲学的主体中逐出而达到顶峰。他在这里提到了一个如今非常有名的人,伯特兰·罗素。① 但伯特兰·罗素似乎是最极端的代表。那么,这意味着什么呢?实在论者对学生们说过:如果你们有兴趣研究这个,那就研究好了,但不要认为它对你们会有什么用处。

记住实在论的那项重大的原则吧,没有什么东西会受到认知的影

---

① 伯特兰·罗素(1872—1970),罗素伯爵三世;哲学家、数学家、社会批评家、多产的作家和 1950 年诺贝尔文学奖得主。

响。这项原则对于人类行动和其他事物都同样适用。道德哲学只是关于道德行动的理论。因此,它对道德行动的实践并没有任何影响。[读文本]

> 无论学生们是否指望一种会(would)为他们提供生活理想和生活原则的哲学,一种像格林(Green)学派[格林是一名老式的观念论者——施特劳斯]曾为他们的父辈所提供的哲学,但都没能得到它;他们被告知,哲学家们(当然,冒牌的哲学家不算)甚至都不会去尝试提供这种哲学。由此,任何一个学生都能为自己得出这样的推论,到生活的疑难中去寻找引导。既然一个人不必从思想家那里或者从思考中,不必从理想中或者从原则中寻得引导,那么,他能寄望的人必定不是思想家(而是愚人),能寄望的方式必定不是思考(而是激情),能寄望的目的(ends)必定不是理想(而是怪诞),能寄望的规则必定不是原则(而是权宜[expediency])。如果实在论者想把英格兰男女专门培养成道德或政治、商业或宗教的领域中每一个冒险家的潜在受骗者,而后者正是靠诉诸他们的激情[和]向他们许诺他不能兑现甚至也不打算实现的私利而行骗的,那么,再也不可能发现比那更好的办法了。①

据柯林伍德所述,实在论的另一个牺牲品是政治理论。他们通过否定共同善这一概念,这一所有社会生活的根本观念,并坚持认为所有的善都是私人的,从而摧毁了政治理论。在这个过程中,任何可以被认为是哲学学说的东西都被实在论的批评所肢解或粉碎,实在论者一点一点地摧毁了他们曾经拥有的一切实证学说。然后柯林伍德接着展示了这对于他们的学生的影响。[115]我相信他所描述的现象对于你们那些对过去两代人所发生的事情有点认知的人来说是熟悉的。那是一个特别英国的版本;在美国和他国有点不同,但我不必赘述。

基于[没有什么东西会受到认知的影响]这一原则,柯林伍德的结

---

① 《自传》,页48—49。

论是一切都取决于什么是认知,因为认知确实会产生影响。柯林伍德的主要论点和某种程度上的核心论点是:与实在论相反,知识不是一种领悟(apprehending),不论这领悟是感官的还是理智的(noetic)。知识是一种领悟,这当然是柏拉图—亚里士多德的学说。该学说以那些英国实在论者所持的那种特殊形式传到了柯林伍德那里。柯林伍德认为它绝对不可能,并加以反对。那么,什么是知识?〔读文本〕

> 我认为,这些人都在说的是,进行认知的心智这一条件并不是消极的条件,因为它积极地参与了认知;但它是一个"简单的"条件,其中并不具有复杂性或多样性,没有别的而只有认知。他们假定,一个想要认知某事物的人或许得以一些非常复杂的方式行动,以便使自己处于一个可以领悟该事物的位置上〔就好比是,爬上一个非常陡峭的屋顶,以便看看那边有什么——施特劳斯〕;而一旦获得了这个位置,他要做的一切就只是"领悟"它,或者不能"领悟"它。①

与此不同,柯林伍德说,知识从根本上讲是一种双重过程,它不包括〔领悟〕,而〔是〕提问即提出问题,与回答问题。"……提问活动不是达到与某事物同在或领悟某事物的那种活动,也不是为认知行动所做的准备,而是完整的认知行动的一半(另一半是回答问题)。"②

这使得柯林伍德要求对逻辑进行根本的变革,对此他在名为"问答法"(Questions and Answers)的一章中做了阐述。可以说,逻辑的变革在于此。他所寻求的逻辑不是像传统的亚里士多德逻辑那样的形式逻辑,〔也〕不是如今所教授的形式逻辑或符号逻辑。也许可以说,柯林伍德抨击通常理解的逻辑,意味着逻辑与真理有关:形式逻辑的一切形式都把真理(truth)与智慧(wisdom)完全分开了,因此,逻辑所能具有的对真理的理解必定有根本缺陷。换句话说,通常的逻辑考虑命题(proposi-

---

① 《自传》,页25—26。
② 《自传》,页26。省略号表示施特劳斯省略了这段话中的一个短语。

tions)。但柯林伍德说,没有孤立的命题:一个命题事实上是一个问题的答案,除非作为这个问题的答案,否则不能被理解。换种说法,一个陈述(statement)若要在任何标准下都为真,就必须是有意义的;它是否有意义则取决于语境,而不会直接从语句(sentence)本身中反映出来。例如,如果我说"这条狗是黑色的",我当然明白黑色是一种颜色,狗是一种动物,有[116]很多颜色,有很多种类的动物。当我把这个陈述写下来或者甚至要求每个人忘记这些事情的时候,所有这些事情都得到了暗示,而不管我是否想到了它们。现在,如果一个命题与一个问题相关,如果真理存在于命题中,那么,真理本身必定与这个问题相关。我认为,既然这样的陈述至关重要,那就容我读下这段话。[读文本]

> 如果一个命题的意义与它回答的问题(the question which it answers)相关,那么它的真也必定与它的问题相关。意义、一致与矛盾、真与假,这些东西依其本身都不属于命题,它们不属于命题本身。它们只有作为问题的答案时,才属于命题:每一个命题都回答一个与自身严格相关的问题。①

在这个论点中,在这看似纯粹的逻辑断言中,你们辨识出历史主义的萌芽了吗?真理在一个命题中并不是绝对的或固有的,所以你们可以通过察看命题或命题的对象来发现它。它与问题相关。柯林伍德只需再证明一件事,即具有任何趣味的问题在历史上都是可变的,他就证明了真理在历史上可变。这出现在他对当时牛津大学那些人理解的哲学史所做的讨论中,这些实在论者对哲学史有非常确定的看法[读文本]:

> 就某种意义而言,哲学在"实在论"的学说中是没有历史的。② "实在论者"认为,哲学关注的问题没有变化。他们认为,

---

① 《自传》,页33。

② 原著中作:"就历史这个词的本意而言,哲学在'实在论'的学说中是没有历史的(这正是普里查德[Prichard]对我如此气恼的原因)。"

柏拉图、亚里士多德、伊壁鸠鲁派、廊下派、经院派以及笛卡尔主义者等等，问自己的问题是同一套的，只不过给出了不同的答案。例如他们认为，现代伦理理论讨论的问题（problems that are discussed）与柏拉图《王制》和亚里士多德《伦理学》讨论的问题一样；研究者的任务是要问自己，亚里士多德和康德关于责任之本性的不同见解究竟何者正确。

　　就历史这个词的另一种含义而言，"实在论者"无疑认为哲学是有历史的。对于那些永恒的哲学问题，不同的哲人给出了不同的答案，当然，这些答案是以一定的次序在不同时期给出的。哲学的"历史"就是这样一种研究，人们通过它来确定：对于这些问题给出的各种答案是什么，又是以什么次序在什么时期给出的。在这个意义上，"亚里士多德的责任理论是什么？"这一问题就是"历史的"问题。而"这项理论是真实的吗？"则是一个哲学的问题，这两个问题是完全分开的。因而哲学的"历史"就是这样一种探询，它与[117]（举例说）柏拉图的理念学说（doctrine）是真实还是虚假的问题无关，而只与这项学说是什么的问题有关。①

这是一个非常清晰的观点陈述，这个观点仍然很常见，也可以说是老传统的遗物，但只是遗物而已。

重述两点：[首先，]问题、根本问题相同；其次，哲学问题与历史问题完全不同。这很清楚。例如，"柏拉图对这个话题说了什么？"这一问题不是哲学的问题，[而]"他说的是真实的吗？"这一问题，如果题材是哲学题材的话，那它似乎就是哲学的问题。从常识上讲，这似乎是正确的。那么，柯林伍德对此作何批评呢？[读文本]

　　我问自己，即使就永恒一词最粗略的含义而言，哲学的问题真是永恒的吗？不同的哲学真是为了回答同样的问题而做出的不同尝试吗？我很快发现这不是真的；这不过是一个庸俗的错误，是缺

---

① 《自传》，页59。

乏一种历史远见的结果,而这样就会被表面的相似所欺骗,因而不能察觉深刻的差别。

我首先是在政治理论的领域里看到一缕非常明亮的曙光的。[我认为他在那里看到曙光并非意外——施特劳斯]可拿柏拉图的《王制》和霍布斯的《利维坦》(Leviathan)为例,因为他们关注的都(both)是政治学。显然,他们提出的政治理论不一样。但他们是就同样的事物而提出了不同的理论吗? 你能说《王制》对"国家的本性"做了一种解释,而《利维坦》则做了另一种解释吗? 不!因为柏拉图的"国家"(State)是希腊的 polis[城邦],而霍布斯的则是 17 世纪的绝对主义国家(the absolutist State)。"实在论者"的回答则很轻巧:当然了,柏拉图的国家与霍布斯的不同,但两者都是国家;所以,两人的理论都是关于国家的理论。如果它们不是就同样的事物而提出的不同理论,那么,我们把它们都称为关于政治事物的理论究竟能是什么意思呢?①

在此我想说,柯林伍德的这一点——我们后面会以更充分的方式加以阐述——完全正确,比那种简单而枯燥的观点,在历史基础方面更健全得多。柯林伍德如何解释这个问题? 因为在《利维坦》和《王制》之间有某种共同之处;这无法否认。霍布斯在某一点上将《利维坦》比作《王制》,仅仅这一事实就能让人不再冒险否认两者的联系。柯林伍德是如何理解这种联系的? [读文本]

　　[118]这两部著作之间当然有某种联系,但不是"实在论者"所认为的那种联系。任何人都会承认,柏拉图的《王制》和霍布斯的《利维坦》论述的是两个事物,这两个事物在某种意义上是相同

---

① 《自传》,页 60—61。在原著中,polis 用的是希腊字母。[译按]最后一句原文是 Indeed, what could we mean calling them both theories of the political, if they are not theories of the same thing? 据编订者辛曼的注释,施特劳斯遗漏了 mean 之后的 by;且在原著中 could 作 did,照此,"能是"就得作"是"。

的,而在另一种意义上则不同,这一点并无争议。有争议的是,所谓相同是什么性质的相同,而所谓不同又是什么性质的不同。"实在论者"认为,这种相同就是同属于一个"共相"[指国家,国家有两个变种或 n 个变种,其中两种就是希腊 polis(城邦)和 17 世纪的绝对主义国家——施特劳斯],而这种不同就是这个共相的两个具体实例之间的不同。但情况并非如此。这种相同乃是同属于一个历史进程,而这种不同乃是,某个在这一进程中发生了转变的事物与另一个东西由此转变而来的事物之间的不同。通过这个有迹可循的历史进程,柏拉图的 polis[城邦]和霍布斯的绝对主义国家有了关联,其中一个转变成了另一个。任何忽略这一进程的人都将否认二者的不同,而认为,在柏拉图的政治理论与霍布斯的相矛盾时,它们之中必定有一说错误。这样就误解了事实。①

我还要读一段:"正如关于社会组织的理想一样,关于个人行为的理想也非永久。不仅如此,它们被称为理想的原因也同样会变化。"②换句话说,不仅理想的内容不同,理想本身的概念也不同。我们所指的理想,先不论其实质,在形式上就不同于希腊人所指的理想。实在论者们知道,不同的人以及不同时期的同一些人,对于一个人应当如何行为(how a man ought to behave)有不同的看法,也完全有权持有不同的看法。但他们又认为,"应当的行为"(ought to behave)这个短语的含义是唯一的、不变的、永恒的。[柯林伍德说,]他们错了。从希腊开始的欧洲道德哲学的文献就在他们的手中,就在他们的书架上,这些文献可以告诉他们这一点,但他们通过系统地误译那些他们本可以有所习得的段落,来逃避这一课。我的意思是,这些人非常懂希腊语,但正如柯林伍德所讲,他们有系统的误译。他举了一个例子,希腊词 dei。③ 这些人说,当柏拉图和亚里

---

① 《自传》,页 62。在原著中,polis 以希腊字母的形式出现。
② 《自传》,页 65。
③ dei:必要(it is necessary)、必须(must);通常表示缺乏(lacking)。这个例子出现在第 63 页。

士多德使用这个词的时候,他们的意思和康德说"应当"(ought)时的意思一样,而当柯林伍德说这是绝对错误的时候,他这么说绝对可信。这至少需要一个很长的证明,而这是这些人永远不会给出的。他们怎么就知道,这个主要指"缺乏某物"的希腊词和康德所说的"责任"(duty)意思一样?他们怎么知道?[他们]当然不[知道],他们是糟糕的史学家、糟糕的思想家。在这一点上,我们只能同意柯林伍德的看法。

现在该说结论了。没有永久的问题,只有非永久的问题。但这些非永久的问题与他所称的历史进程有关。所以,霍布斯的国家(state),如果我们可以这样讲的话,在某种意义上类似于 polis[城邦]。如果我没有看到这种亲缘性,就没有理解霍布斯。但如果我没有看到根本的差别,就还是没有理解他。根本的概念本身具有[119]历史性。一个粗朴的历史主义者会说:形式框架没有变化;内容总是在变化。很多社会科学都具有这种粗朴意义上的历史主义。例如,当它们应用韦伯区分的三种正当性(legitimacy)即传统型、合理型和卡里斯玛型时,它们不认为这些概念具有内在的历史性,因而它们的意思是,如果我把卡里斯玛型应用于中非黑人部落,应用于穆斯林神秘教派,应用于一些儒教现象,应用于格陵兰和西欧的某些事情,其实一样:这些都是卡里斯玛型。它们认为是一样的,而柯林伍德提出了一个问题:这种相同性的假设正确吗?如果你们说你们去的每一个地方都会有男人和女人,会有婴儿、年轻人、成年人,那你们这么说就可信。但这个话题本身并不会影响到社会科学,或者至少可以说,只有间接影响。结论是[读文本]:

> 我逐渐明白,形而上学(metaphysics)……并非妄图认知超越经验界限的东西,而主要是在任一特定时代里试图发现该时代人们关于世界总体的本性的信念;这些信念是他们的所有"物理学"(physics)的预设,也就是他们对物理学具体内容所做探询的预设。其次,它[形而上学——施特劳斯]试图发现其他民族和其他时代的相应预设,并遵循一套预设转变为另一套预设的历史进程。①

----

① 《自传》,页65—66。

柯林伍德后来以如下方式扩展了这一点。在他的逻辑学中,他曾说过:知识的首要现象是问题。然后他逐渐明白,任何时代提出的所有问题最终都建立在他所称的"绝对预设"(absolute presuppositions)之上,这意味着这些预设对于相关的人来说不再是问题或是可以质疑的,它们超越了真理和谬误,只是因为它们不是问题的答案,而是所有可能问题的预设。对这些绝对预设的研究——我们不可能质疑这些预设而不使一切都变得毫无意义,而这些绝对预设在不同的时代和不同的地方有着本质上的不同——这就是形而上学。这样,你们对什么是激进历史主义就有了一种非常清晰的陈述。

现在让我们考虑一下。柯林伍德的原则即存在着一些不能被限定为真或假的绝对原则,显然不同于之前所有哲学的原则。这是一种新的思考方式。说得直白点,这意味着之前所有的哲学从根本上讲是错误的,因为它不知道绝对预设具有这种特性。柯林伍德的绝对预设并非如他所声称的那样,是20世纪英格兰或西方的心智的实质原则。在这点上他错了。但他的绝对预设是这样的:所有思想都建立在绝对预设之上,这些绝对预设就其真理性而言不可审视。这种绝对预设远没有超越真理和虚假,它自称是最根本的真理。重述一遍,柯林伍德的绝对预设被我粗略地或模糊地称为他的历史主义,他声称自己的绝对预设是可证明的,[就像]柏拉图、亚里士多德或其他什么人曾声称他们所谓的绝对预设[具有可证明性]一样。我试着提出的这个简单的事实,[120]可以通过一个简单的陈述来加以陈述,即我们怎么尽力都不可能逃避理性。这样陈述可能[难以为人所承认],但也可能明白易懂。这一点我讲[清楚]了吗?我指的不是我在最后所给的那句短口号(jingle),而是主要的观点,它和上次讨论中所提的观点一样——但是在另一个房间,①我知道它与条件相关。

让我重申一下这个论点。所有的人类思想都建立在终极的和绝对的预设之上,这些预设会随历史时期的不同而不同。你们理解了吗?比如说,[一个]信奉儒教的中国人最终相信某些他们甚至无法审视的

---

① 在教室被第二次中断使用后,挪至另一个房间上课了。

东西,这使得他们在次要的意义上进行所有审视成为可能。这些东西会随情境的不同而不同。这当然意味着,一个 20 世纪的西方[人]也有他再也不能审视的绝对预设。也许它们是自由民主制或唯物论。而我说柯林伍德错了。那不是他的绝对预设。他的绝对预设完全是这样一个总体原则:绝对预设的可变性——对于[所有]绝对预设的绝对预设。对于这个最高的绝对预设,他的做法和古代哲人们[的做法]完全一样。他们声称,他们可以通过理性来确立[他们的绝对预设]。这绝对预设不是历史命运所施加的。我现在讲清楚了吗? 我的意思是,在某种程度上这是同一个古老的故事,可以作这样的陈述:绝对地断言相对主义的相对主义。

学生:难道就没有另一种看待柯林伍德的方式让我们不至于认为他会得出结论说,在他本人的时代之前所有政治理论都是假的? 他谈到人类本性在历史进程中的可改变性。如果我们假设人类本性在历史进程之中会变化,那么也许在一个特定的时刻,在那个时刻的人类本性的条件下,那个时期的基本预设产生了与当时的人类本性相关的真理。

施特劳斯:但然后你得有一个准绳,通过它,你可以确立一个特定的状态或者一个特定的时刻作为绝对时代。而黑格尔所发现的准绳比其他人的都好。所有理论和实践上的根本问题都已解决,因为除此之外你还能作何想象呢? 这不是柯林伍德说的。黑格尔——他存在什么问题是另一回事——没有去面对这个困难。他有一些非常明确的陈述——我后面或许会引用其中一条——表明他不认为他的政治理论是最后的定论,是最终的理论。他不能那样做。

学生:但我想柯林伍德也不会那样认为。他不是说,对于每一个时代,在那个时期的条件下,诸预设或许会产生某种真理……

施特劳斯:但你知道这只是暂时的真理。这在次要的问题上相当有效,但在根本的问题上却不可能如此。那么你只能说:就我目前所见,它看起来是这样的。好吧。它是适度的,而且总是在生成。你总是不得不想方设法地超越它。在[121][实际的]思考实践中,它行不通。最大的困难之一是:无知之知(knowledge of ignorance)如何可能? 这就是你的问题。因为那是无知之知。那是如何可能的? 适度地表达自己很容易;它总能消除敌意,但我们不能止步于此,因为适度(modesty)不是最高的德性。你承认吗?

学生:在这个推理的基础上,你可能会得出结论说,不存在终极知识……

施特劳斯:但现在这本身就是一个绝对的断言。麻烦就在这儿。例如,康德在《纯粹理性批判》中某种程度上试图证明,在科学中你只可能有那种相对的知识、无限的进步。但为了确立这一点,他不得不表明,作为科学的科学有一个永久不变的框架。这就是所谓的范畴(categories)。其次,康德[不得不]表明有一个绝对的、不变的道德法(moral law),这在某种程度上是康德所理解的科学的基础。康德的解决方案好不好是另一个问题,但它并没有去面对这个困难。在某个地方,一个人不得不表明态度,而如果一个人很适度——他无论如何都应该始终如此——只是简单地说"我不知道什么是真理,我觉得从来没有人知道全部的真理,这是一个人通过阅读或耳闻就能得到的简单印象",那么这样是站得住脚的。但这样不可能,如果我可以说的话……因为在这个简单的基础上,一个人已经做了超出自己负担能力的事情。但是,说没有绝对的知识,这就是一个绝对的断言。此一点注定持续不变,就包括马克思主义在内的任何立场而言,这都不可避免。

学生:如果真是这样,柯林伍德就是在承认自己是徒劳的,因为他的预设——

施特劳斯:不,不,他没有承认。

学生:但他确实说过,每个史学家都应该尝试建立自己的哲学,不是吗?

施特劳斯:他并没有完全丧失常识。我想说,这会导致什么? 你曾见过大量史学家聚在一起吗? 我想说,海军陆战队或任何其他大型群体的每个成员都应该成为哲人是不可能的。

学生:……他的一个基本观点是,在所有这些历史事实被引用之后,史学家不应该停留在简单地叙述事实上,而应该把它们整合成一个有条理的整体……

施特劳斯:但他永远不会称这些人为史学家。他会称他们为素材的收集者。

学生:我试着触碰的问题超越了那些东西——他似乎想要把这些东西整合成一个有条理的整体,[所以,]如果最终必须表明甚至是那些预设也会被淘汰,那他又能提供[122]什么作为激励呢?

施特劳斯:这正是重点所在。你怎能忍受最高原则只会持续一段时间这样的观点呢?因为如果你承认了这个观点,你就已经有一只脚越出了。这只有在某个条件下才能做到:如果你能预知超越的东西。而这东西必定就是绝对。必定就是绝对。面对这个问题的史学家中有两个伟大的榜样,那就是尼采和海德格尔。这是唯一可以挽救那个立场的途径。如果我用绝对这个不可能的词(但它是如此实用),那么现在,绝对是第一次被预知,但不是被充分认知,这也许是因为它不可能被充分认知,不过肯定的是,[我们可以说]它现在没有被充分认知。因此,有某种未来,但肯定也有某种终结。那么,形式上就有可能确定出绝对。这导致了其他困难。顺便提一下,尼采有一种表述,可被英译成 enigmatic vision[谜一般的幻象],①它也能很好地表达柯林伍德对绝对预设的理解。换句话说,每一种文化或每一个时代最终都是由一种它不可能弄清楚的幻象、一种谜一般的幻象所支撑的。现在,[困难]还是在于,根据这一普遍的断言,存在着 n 种谜一般的幻象,而它们必然是每一个时代的基础。这一断言要高于任何谜一般的幻象。这就是困难所在。你可以说那断言要贫乏得多,你可以说一些最难听的话,但它仍然具有更高的理智尊严(noetic dignity),因为它涉及所有谜一般的幻象,并理解它们的必要性。

让我拿柯林伍德的另一个观点试试。他转向了那个概念的另一方面,即实在论者对历史问题(某某人关于这一事物的理论是什么?)和哲学问题(他是否正确?)的区分,一个显然是常识性的区分。首先你得知道柏拉图教了什么,然后是你可以审视它,一个非常明显的区分[读文本]:

---

① 参尼采,《扎拉图斯特拉如是说》,3.2。

　　我①想指出,历史的问题和哲学的问题②之间的所谓区分必定是假的,因为它预设了哲学问题的永久性。假如有一个永久的问题 P,我们可能问:"康德、贝克莱和莱布尼茨关于 P 思考了什么?"(what Kant or Berkeley or Leibniz think about P?)假如这个问题能够回答,我们就可能接着问:"康德、贝克莱和莱布尼茨③关于 P 的说法何者正确?"但是,那个被认为是永久的问题 P 实际上是一些短暂的问题,P_1、P_2、P_3 等等,缺乏历史远见的人把它们归并在 P 的名目之下,抹杀了它们各自的特质。④

　　[123]这个论证最后讲道,一个思想家比如柏拉图、贝克莱或其他什么人,他所关心的问题只能从解决方案中发现。我们能够识别一个思想家的问题,这一事实就证明他已经解决了这个问题,因为我们只有通过反驳解决方案才能知道这个问题是什么。现在我认为我们得更仔细地看一下。让我们回到柯林伍德的首要论断:没有永恒的或永久的问题。证据:希腊政治哲人探究 polis[城邦],而现代人探究国家。但 polis[城邦]不是国家,国家也不是 polis[城邦]。我认为这是很好、很坚实的理据。还有,在道德方面,希腊词 dei 与道德义务无关。我认为这绝对站得住脚。但是柯林伍德的另一种论断呢,比如说我们不可能从柏拉图所说的问题中知道柏拉图的问题是什么? 他说我们只能通过反驳解决方案来找到问题;[只有如此]我们[才]能发现柏拉图的问题。为什么一定是这样? 我们当然明白为什么柯林伍德必须这么说,因为可以想象,柏拉图问题的公式在两三种情况下是相同的。比如可以想象,柏拉图和笛卡尔辨识出了这个问题,那么就会有永久的问题。为了避免这样,他说,他们所说的,不可能是决定性的。我说,那是历史性的吗? 我再给你们读一段[读文本]:

---

① 施特劳斯遗漏了"更"。
② 原文中没有出现"问题"。[译按]即原文中是"历史的和哲学的"。
③ 施特劳斯调换了莱布尼茨和贝克莱的位置。[译按]即莱布尼茨和贝克莱在两处的位置都被调换了。
④ 《自传》,页69。

[这些人——施特劳斯]①不能说:"我们的著者在这里试图回答如下问题:……这是所有哲人迟早都要问自己的问题;对这一问题的正确回答,诸如柏拉图、康德或维特根斯坦的回答,是:[这样或那样——施特劳斯]②我们的著者正在给出一个错误的回答。对他错误观点的驳斥如下。"他声称知道著者正在问什么问题(His claim to know what③question the author is asking),这不过是一种欺骗,只要向他索要证据,就能被揭穿。④

柯林伍德就是这么说的。我会说:我向他索要证据。他所说的这些人,他们很可能不关心证据,因为他们在打开书之前就知道,作为一个哲学著者,那人必定已经用这些或那些术语处理过问题了。我们可以称之为可耻的轻率行为[……]⑤——但柯林伍德也是如此,因为他没有从著者本人的明确问题出发。[让我们]举个简单的例子,柏拉图的《王制》。其中的话题是正义。当然,justice[正义]只是一个希腊词的英译,[而]这个希腊词和英译词的范围非常不同。但是我们怎么知道的?通过柏拉图的《王制》。一个人如果肯费点力气就会逐渐明白,我们所指的正义问题的实质与柏拉图所理解的并无不同。这是一个纯粹的经验问题。"那么对于我来说,针对特定哲学著者的特定段落,我们不能问出两套独立的问题(there were not two separate sets of questions we ask),一套是历史的,一套是哲学的……但这并不意味着[124]无法回答'柏拉图对某某问题所作的那般(thus and thus)思考是否正确'这样的问题。"⑥我认为这样说也很琐碎。

相比《自传》,柯林伍德的《历史的观念》能够更清楚地呈现他这里

---

① 原著中作:"他"。[译按]系柯林伍德假想的某位哲学教师。
② 施特劳斯将原文中的省略号读作"这样或那样";这段话开头的省略号是原著中就有的。
③ 在文字记录稿中,这里插入了一个手写的词,但难以辨认。
④ 《自传》,页71。
⑤ 这时换录音带。
⑥ 《自传》,页72。省略号表示施特劳斯省略了这段话的部分内容。

试图说明的东西。首先,他试图表明哲学本质上是历史性的。相关的论据是,历史,当然是哲学史,本质上是历史性的。而这意味着什么?我知道世界上有些人相信,一个人可以在政治哲学中研究任何历史现象,而不必进行哲思。但这明显荒谬。我的意思是,这就像有人说他可以展示一些音乐历史而不必精通音乐一样荒谬。更实际地说,人们倘若不跟着霍布斯或洛克的推理,又怎么能理解其著述中哪怕一页的内容?顺便提一下,这就会和人们对李普曼、①塞瓦赖德②或其他什么人的专栏的理解一样少。你必须跟着他。正如柯林伍德所讲,你必须再现他的推理。这绝对必要。

而这个对推理的再现、这个明显只是复制的过程,必然是一种批判。理解必然是一种评价,因为如果你看到他犯了一个严重的错误,这也是你试图理解他的过程的一部分。就此而言,柯林伍德是正确的。理解离不开批判。这个观点相对简单,尽管它经常被滥用,说"这里霍布斯和洛克自相矛盾",就好像他们不具备批判者所具备的最低限度的智性。有趣的问题不是那个说法;有趣的问题只涉及前提。如你所知,每一个推理[行为]都从某些前提出发,而且你不可能ad infinitum[无限地]进行下去。最终你接受某些前提为不证自明的。你承认与否并不重要。在这里我们确实看到,不同的哲人把非常不同的假设视为不证自明的。呃,这些非常不同的前提中哪一些是不证自明的?这就是所谓的哲学史家或政治哲学史家的唯一重要任务所在。

现在,让我们重新考虑柯林伍德对永久问题的否认。他在一个不同的、[先前的]语境下[做了]一项陈述,这非常清楚地表明了[他对永久问题的否认][读文本]:

---

① 李普曼(Walter Lippmann,1889—1974),美国作家、记者和政治评论家;《新共和》的创始编辑。
② 塞瓦赖德(Arnold Eric Sevareid,1912—1992),美国广播电视记者和受人尊敬的评论家。

　　我顺带提一句……，问答之间的相关性原则还是一个很大的噱头（is also①a good deal of claptrap）。人们会说野蛮人"面临着（confronted with）获取食物这一永恒问题"。但是，他真正面临的问题[125]像人类的所有事情一样是相当短暂的，比如叉鱼（spearing fish）、挖掘根茎或者在林间找寻黑莓。②

　　呃，这倒是真的，但是，在他的问题中不也存在着任何一个在任何时候寻求食物的人所固有的某种东西吗？难道对食物的需求与人本身不是相伴而生的？即使是人类特有的需求[也是如此]。你们知道，对人来说某些东西有毒，而对其他存在者来说无毒，同样的情况也适用于恶心的、美味的、营养的或诸如此类的东西。这几乎不可避免。

　　他还给了这个例子。"什么是知识？什么是美？什么是最高的善？"这些问题[都]是伪问题。它们是伪问题吗？不管它们有多难回答，难道它们没有必要吗？对此我想要用一个他展开得最充分的例子来说明。这例子就是polis[城邦]和国家之间的差别，我后面按论题谈论亚里士多德时还得提到它。柯林伍德承认这两者之间有某种共同之处，但他似乎以某种方式在说，这共同之处是无法表述的。我想知道，难道不必把它说出来吗？难道这不是唯一能澄清polis[城邦]和国家之差别的方式吗？这当然要妥善处理，但不是基于独断的假设，认为我们的现代概念——国家，必须是权威的概念，必须提供一种能使我们将polis[城邦]置于其中的适当方案。比如，我们转向霍布斯的《利维坦》第17章，他给出了他的正式定义，他没有说"国家"（state）这个词：他说的是福祉共同体（commonwealth），即拉丁语中的civitas。所以，这不是国家。polis可以很好地翻译成commonwealth以区别于state（尽管可能不是最好的翻译），不过这完全是另一个命题了。

　　我认为柯林伍德在这里只是一个糟糕的史学家。我后面会做比较

---

① 原著中作："清除了"（disposes of）。[译按]即整句话可译成"问答之间的相关性原则清除了很多噱头"。

② 《自传》，页32—33。省略号表示施特劳斯省略了这段话的部分内容。

详细的阐述。不同的哲人提出了不同的问题。假定这在某种程度上正确,但这并不意味着关键的问题不存在。例如,什么是正义? 现在,假如我们将柏拉图《王制》或亚里士多德《伦理学》与霍布斯的著述作比较,我们会看到一个惊人的差别,而我之所以提到它,只是因为它是一个典型的差别。柏拉图和亚里士多德着实从零起步,提出了"什么是正义?" 的问题。霍布斯并没有做这样的事,你们如果去看 *De Cive* 或《论公民》(*The Citizen*)的序言就可以看出来。① 霍布斯从正义的定义开始,这是一个传统的定义,在此基础上他通过推理得出了一个特定的问题,而这种形式确实是一个新的问题。但这种创新是由于缺乏哲学激进主义才实现的。换句话说,霍布斯着实[提]出了一个新的问题。但从他引入问题的方式来看,这是一个伪造的问题,因为它虽自称是根本问题,却显然是一个派生问题。根本问题的永久性并不意味着所有哲人或所有自称哲人的人都会提出根本问题。当然不。此外——我想说的另一个观点,其部分是反对柯林伍德的,部分是支持他的——根本问题不像柯林伍德的实在论者们认为的那么明显和容易表达。他们认为[126]任何可用的表达式都可以用上。顺便提一下,阿德勒的那部大作《西方大观念:主题索引》②就基于根本问题的直接可及性这一简单看法。在这方面,柯林伍德的观点有道理,但只是与这个观念非常相关。

柯林伍德那部著作的结论——他生前没能[完成]——是一种历史哲学,他说这种历史哲学应该由三部分组成:首先是认识论分部,即历史知识如何可能;其次是形而上学问题,事件、进程、进步、文明等的本性;最后,它不仅是对传统哲学分支的补充,而且是一种新的哲学,根据它,哲学与历史将变得完全融合。而柯林伍德真正阐述了的只有第一部分,对历史的认识论研究。现在我必须非常简要地提及他所给

---

① 《论公民》(1642)。

② 阿德勒(Jerome Mortimer Adler)、戈尔曼(William Gorman),《西方大观念:主题索引》(*The Great Ideas:A Syntopicon of Great Books of the Western World* ,Chicago: W. Benton;Encyclopaedia Brittanica,1952)。

出的观点。柯林伍德感到满意的是,在 19 世纪下半叶,在历史研究中
发生了一场令人难以置信的革命,其意义只能与 16 和 17 世纪的哥白
尼或伽利略的革命相提并论。[讨论]这一点可能会让我们走得太
远——我只提他对一个历史问题特别感兴趣,那就是诺曼不列颠
(Norman Britain)。① 由于我对这个话题一无所知,所以我不能说什么,
我想柯林伍德在这个领域所做的是一流的,不会受到任何批评。但我
可以从另一个方面来评判作为史学家的柯林伍德。在他的《历史的观
念》接近开篇处有一大块内容,我们可以称之为史学史(the history of
history),也就是说,他概述了从最初的希腊一直到 20 世纪的科学理解
所具有的各种不同的历史理解方式。这个部分非常引人注目。它是一
份非同寻常的文献,显示了历史主义的非历史性。例如,柯林伍德在谈
论修昔底德时从不提出这样的问题:修昔底德在其《伯罗奔半岛战争
志》中打算做什么? 修昔底德本人针对伯罗奔半岛战争提了什么问
题? 或者是更加基础的问题:修昔底德是不是史学家,也就是说,他是
否打算成为史学家? 也许他想做的事情不能从我们传统的史学"范
畴"来理解。

　　这场 19 世纪的史学运动产生了一个历史学派以及后来的历史主
义,它总是以轻蔑的眼光俯视非历史性的 18 世纪,因为 18 世纪用其自
身的标准来衡量整个过去。按照 18 世纪英格兰或相应的法兰西的标
准,人们如果不是君子和女士,就完全是落后的人。18 世纪使用的哥
特式(Gothic)这一概念就是一个著名的例子。你们知道,人们对中世
纪完全缺乏理解,认为那不过是野蛮的状态。与这种特别的狭隘相反,
在 19 世纪早期有人提出要求:人们必须依其本身来理解每个时代,也
就是说,不要用现代的标准来衡量中世纪,也不要用我们这个特殊的文
化来衡量其他任何文化。必须依其自身的标准来理解每一个时代和每
一个文化。尤其是对于思想家,我们必须像思想家理解他自己那样来
理解他,而不是想着[127]我们对他的理解比他对他自己的理解更好。
这些就是那场史学运动的典型公式。

------

① 不列颠在 1066 年至 1154 年期间受诺曼人统治。

柯林伍德的史学史对之前所有的史学家都进行了评判,但它是非历史性的,这恰恰是因为:柯林伍德一刻也没有考虑过中世纪的编年史家或18世纪的历史哲学家是否想成为史学家。或许,他想要做一些完全不同的事情,且明显按照他的标准行事。这是怎么回事?我想简要地阐述一下。18世纪的历史编纂,当然还有19世纪大多数时候的历史编纂,都是进步的,我们可以说,这意味着有一些关于进步的标准,这些标准能够证明,历史进程实质上是进步的。这在19世纪早期受到了挑战,这一挑战与对进步主义哲学本身的怀疑有关。人们开始不确定,上一代人用来辨识进步的那些标准是不是真正的标准。我们所称的浪漫主义的历史编纂(romantic historiography)则截然相反,这种浪漫主义的历史编纂否认进步,主要体现在对过去的渴望、对外来或异域的事物的渴望。这两种形式的历史编纂,进步主义的(progressivist)和浪漫主义的,都不仅仅是静观的或对理解本身感兴趣的,而是与实践的甚至是政治的目标有很大关系。但是,如果我可以用价值观这个术语的话,这些浪漫主义者的价值观与18世纪和19世纪进步主义者的价值观当然截然不同。

我总觉得,浪漫主义,至少欧陆的浪漫主义,其最强劲的象征是一部书,但这书被奇怪地视为渴望一种完全不同于浪漫主义的东西,即所谓的文学实在论(literary realism)。我指的是福楼拜的小说《包法利夫人》。① 你们知道他们所指的"文学实在论"是什么意思,我想我不必解释了。我认为,[实在论的解读]是对这部引人注目的书的一种非常肤浅的理解。这部书在一个[我会加以解释的]场景中结束。包法利夫人是一个农民的女儿,她在智性和知觉力上远远超越了她周围的人、她的环境。她失败了,并以彻底堕落即自杀告终。然后,她的棺材停放在屋子里,有两个人坐在那里守丧:一个药剂师,代表1789年的原则,即现代原则;一名牧师,代表古代政制。他们交谈着,当然,他们是绝对对立的。他们进行了激烈的辩论。艾玛(Emma)②已经死了。从福楼拜

---

① 福楼拜(Gustave Flaubert),《包法利夫人:外省风俗》(*Madame Bovary*: *Moeurs De Province*,Paris:M. Lévy,1857)。

② [译按]即包法利夫人。

的视角来看,这一场景的意义在于沉默的艾玛优越于那两个吵闹的争论者。为什么会这样呢?因为艾玛的原则不像1789年或古代政制的人的原则那样具有确定性:她的原则是渴望(longing),无法满足的渴望。福楼拜不相信渴望是人所能获得的最高的东西。在他的其他小说中有非常明确的迹象表明他相信满足之可能性,但他认为,在法国大革命之后,也就是在法国大革命的承诺——意味着你可以在这个基础上得到一个好的社会——失败之后,满足就不可能了。现在,渴望已成为最高的东西。遥远过去的生活优越于19世纪的生活,甚至优越于19世纪最高的东西即渴望。

[128]这就是困难所在,现在我从福楼拜回归到一般而言的浪漫主义思想上来。我们可以说,浪漫主义的一般论点是,现代的平凡生活要低于过去的平凡生活。你把过去定在哪里并没有什么影响;可以有n种不同的看法。你还可以看到,一旦这项特殊的原则付诸实施,人们对历史的兴趣就会剧增:你将以无限的关心和无限的激情来研究这个你所渴望的东西。但这种事情的根本缺陷是什么?我认为可以作如下陈述。那些人虽然承认一种古老的生活形式比现在的生活形式优越,但他们也理所当然地认为,当今的思想优越于任何过去的思想。他们认为这是理所当然的,他们没有思考过。他们用现代的术语把过去阐释为理所当然的事物。很多对中世纪的阐释都有这个特点。

现在让我们回到柯林伍德上来。为什么我们必须用我们的思想来阐释所有过去的思想?因为我们知道,就像以前没有人知道,绝对预设不可能是真实的。在过去,每一代人都相信自己的绝对预设是真实的;或者可以说,我们是第一代认为自己的绝对预设即历史主义可被证明为真实的人,这只不过是换了一种表达式而已。从这个视角出发,不用说,你不可能以必要的激情来研究,尤其是研究史学史。只有当你怀疑自己的范畴时,你才能这么做。如果你觉得你可能得学习一些东西,不是事实,而是根本的视角,如果你无法确信你的范畴、你的概念框架,那样做就是顺理成章的。现在,实证主义者们对历史文化通常所做的研究当然完全没有意识到这个问题,因此他们只是应用他们的范畴。他们没有面对这个问题。但我认为,即使是像柯林伍德那样的更为老练的立场也犯有同样的毛病。我只能说,当柯林伍德在书的最后谈到政治哲学和政治哲学的革新时,他做了一些有意义的评述,这毫无疑问,但根本的观点绝对令人失望。他在这里遇到的困难是这样的。他相信自己已经发现不可能有任何普遍有效的规则:任何普遍有效的规则。不可能有任何现成的规则,原因很简单,任何可用的规则都源于过去的经验。但如果有一种根本性的创新——如果像那位女士所说的,人类本性本身会变化——那么就总是有一种对新规则的需求。非常好,但问题完全在于:我们如何区分好的和坏的新规则? 这一根本的区分显然必须经受住所有变化的考验。在这里,柯林伍德不可能给出任何答案,除了他在那著作的每一页都透露出他当然是站在善这一边。我对这一点毫不怀疑。但它不充分。

但我必须[再提一段],如果你们有时间,都应该读一下,因为[它]在现今比在以往任何时候都更有某种实践价值。它就是"未来的根基"(The Foundation of the Future)一章中对心理学的重要性的讨论。在这场反思中,柯林伍德的出发点是耳熟能详的:自然科学技术的巨大进步,人的科学(science of men)的文化滞后。建议呢? 心理学,科学心理学,一旦达到了核物理学所达到的完美程度,[129]就能够解决核物理学所造成的问题。随后他提出了如下观点[读文本]:

> 很容易看出,任何把伦理学引入心理学领域的尝试(此类尝试已有充分表现),或把政治学引入心理学领域的尝试总是难免要失败的。我很清楚,"别非难心理学,它才刚刚起步"这个托词依据的是一个谬误。心理学远不是一门年轻的科学;这个词与物自16世纪以来就一直存在了。它不仅是一门确立已久的科学,数世纪以来它还一直是一门受人尊重乃至友好的科学[柯林伍德指的是对哲学"友好"——施特劳斯]。正如那些很懂希腊语从而理解心理学这个名称的人所猜测的,这门科学是人们精心创造出来的,以便研究 psyche①[心理]或者感觉、欲望之类的功能,而不是

————————

① 这在原著中以希腊字母的形式出现。

研究真正传统意义上的心智(意识、理性、意志)或者身体。心理学的发展一方面伴随着生理学,另一方面伴随着严格意义上的心智科学(sciences of mind),即逻辑学和伦理学,也即关于理性和意志的科学。它从未表现出侵占毗邻领地的欲望,直到19世纪早期,有一种独断之见认为理性和意志不过是感觉和欲望的凝结。如果是这样,逻辑学和伦理学就可能会消失,它们的功能就可能由心理学来接手。因为并没有"心智"这种东西;所谓的心智不过是"psyche"[心理]罢了……

[心理学]意味着有系统地抹消所有那些对理性和意志有效而对感觉和欲望无效的区分。正是这些区分构成了逻辑学和伦理学的特殊题材:诸如真理与谬误的区分、知识与无知的区分、科学与智术(sophistry)的区分、正确与错误的区分、好与坏的区分[等等——施特劳斯]……

这些观察并不意味着我对严格意义上的心理学,对这门关于感觉、欲望及其相关运动的科学怀有敌意;或者对某些疾病的弗洛伊德式等形式的疗法怀有敌意。关于这些疗法,我们已经听了很多了……在我正在谈论的那个时代,弗洛伊德对我来说不过是某个人的名字。但当我开始研究他的作品时,我才发现他在处理有关心理治疗的问题时达到了非常高的科学水平,而在处理伦理学、政治学、宗教或社会结构时却降到了极低的水平。弗洛伊德的模仿者和竞争者在智性和尽责上都更逊一筹,这些著者的名字我就不提了;所以,不足为奇的是,他们研究这些话题的水平甚至比弗洛伊德还低。①

所以,柯林伍德完全摆脱了那种认为拯救可能来自心理学的错觉,但他相信拯救可能来自一种受智性指导的史学,这种史学肯定只是对事实的研究,而主要是对思想的研究,当然还有对制度的研究。他从来没有证明过,这种史学虽然不可或缺,但还可以给予我们以指引;我

---

① 《自传》,页93—95。

想是因为他没法证明。而从根本上讲原因还是那个:我们最终是被驱使的——当你们说有个人试图找出我们这个时代的真实标准时,他必须有一个比我们这个时代或我们这些时代更高的准绳来发现我们这个时代的真实标准,并[130]将它们与那些在我们这个时代也可能非常强劲的虚假标准区分开来。这不可避免。

现在我必须说,我相信历史主义的问题要深入得多,而柯林伍德的表述并不是已有表述中最深刻的——[正如]我之前所说,海德格尔的表述尤其深刻。但我认为,根本的难题在于标准亦即终极标准的同一性,无论它们在历史上是否被承认,你们会发现海德格尔也没有解决甚至没有试图去解决[这个]问题。我相信这也是一个根本的缺陷。

但是,我想重申一点,我认为这一点对我们目前所专注的东西更为重要,更为紧迫。柯林伍德非常通情达理地强调,例如人们在谈论希腊和拉丁政治哲学并使用国家和城邦国家(city-state)这样的词时十分轻率——而希腊人的道德教育,这甚至是一个大麻烦,因为道德指什么呢?[在处理这些主题时]可能不够尽责,在这方面,对柯林伍德唯一的批评就是他不够仔细。他没有遵守他非常合理地提出的标准。我们不能假定——首先,不仅说我们当今的政治问题就是古希腊时期的问题(当然,没有人会这么说),而且还说我们理解政治事物时所用的概念和希腊人理解[这些事物]时所用的概念一样:这并不意味着一种终极的相对主义,而只意味着绝对有必要怀疑如今那些随手可得的概念是否充分。我们不清楚。它们如今被广泛使用的事实并没有证明什么。假如我们突然面对完全不同的“一套概念”,比如亚里士多德的概念,然后[我们]明白需要做出哪些努力才能到达那些可以说是真正的共同问题的范围,[这]对上述审视[是]有帮助[的]。但是,说永久问题应该一经索要便可得到,这当然是不合理的要求。我的导论到这里就结束了。下次我会转向古典政治哲学,尤其是亚里士多德。你有问题?

学生:您提到浪漫主义的历史观有一个基本的缺陷,您说这个缺陷是因为他们把自己的判断应用到历史上并认为自己是在更好地利用历史。您能给个示例吗?

施特劳斯:……如果有人写一部医学史,谈论某些治疗方法并表明它们与当今被视为不合理的东西不相容。但对于史学家来说事情没那么简单,因为……但对于一直完全以如今流行的标准来谈那些遥远或晚近的有毒物的史学家来说……当然,如果有人写一部医学史……他谈论某些治疗方法……但对于史学家来说,事情没那么简单。医生理所当然地认为……但对于一直在谈这些有毒物的史学家来说,非历史性的思考肯定适用……

[131]学生:不过,我想我不是这个意思。我想您在谈浪漫主义者的时候说过他们渴望过去的时日,然而他们的渴望[有缺陷],因为事实上,当他们回顾过去的思想家时,他们认为他们能比这些思想家自己更好地理解这些思想家之所思。这样来阐释您的说法正确吗?

施特劳斯:我还没真正思考过[这一点];我是凭着记忆来讲的。亨利·詹姆斯(Henry James)对中世纪的阐释:你还记得他的图式吗?沙特尔大教堂(Cathedral of Chartres)的完整统一,这个图式完全不为任何中世纪思想家所知。他察看现象,而不管中世纪的人自己怎么理解……如果你不知道中世纪的人自己怎么看待中世纪的现象,你又怎么能知道这些现象呢?

学生:我询问的是浪漫主义的这个形容词的明确用法。我想詹姆斯不属于这个范畴。

施特劳斯:亨利·亚当斯(Henry Adams)。① 我说了詹姆斯吗?抱歉。是亨利·亚当斯。当然,有种阐释认为有地方出问题了……他所采用的标准是存在于中世纪的统一性,这种统一性在现时代日渐消失了。最初他的标准只是他祖父[的]新英格兰清教主义,但渐渐地,他认为……

---

① 亨利·亚当斯(1838—1918),美国史学家,约翰·亚当斯(John Adams)和约翰·昆西·亚当斯(John Quincy Adams)的后人。关于施特劳斯提到的图式,参《圣米歇尔山与沙特尔》(*Mont Saint-Michel and Chartres*, Boston: Houghton Mifflin Company, 1904)。[译按]亨利·亚当斯是美国第二任总统约翰·亚当斯(1735—1826)的曾孙、第六任总统约翰·昆西·亚当斯(1825—1829)的孙子。

学生:您提到古人关于正义的重大问题都是从零[开始]的,而霍布斯则是从他们的答案[出发],得出了一个他所认为的新问题。但您说[霍布斯的"新"问题]真就是伪造的,因为它是派生的。您能细说一下吗?

施特劳斯:很简单。在《论公民》的开篇……霍布斯从正义的定义开始,认为正义是一种坚定不变的、给予每个人以属于他的东西的意志。霍布斯没有审视这个定义。霍布斯接着说:但是,瞧,这里的预设是存在着[一个]人自己的东西;不然你怎么能给他? 但还有第二项前提:我知道,任何一个人所拥有的都是他的财产,但不是根据自然而是根据实证法。所以根据自然,人没有财产。我接着提出了一个问题:人最初必定处于一个没有财产的状态、没有任何法律,为什么他们离开了这个最初的状态、这个所谓的自然状态? 为了形成社会。但据他陈述,整个问题的那项前提是他从传统中继承而来的,你看到了吗? 柏拉图和亚里士多德没有这样做过。他们肯定是从人们说了什么出发的,但他们审视了人们的说法……定义的优点至少在于,它通过更真实的定义过程而得到。

总的来说,我之前提到的黑格尔的陈述,即现代哲学发现它的概念是现成的……我们得阅读笛卡尔才能发现,实体、意外等的出现是理所当然的事情。接着发生的是[132]下一代人会怀疑。你知道,洛克说:"那是什么意思呢?"而休谟……他们在第二代和第三代[现代思想]中提出了这些问题,但在这第二代和第三代中,他们已经以另一种方式预设了前几代现代成果的有效性……休谟预设了洛克的理念之道,①而笛卡尔则为洛克的理念之道奠定了基础。洛克和休谟都已经做了预设。在现时代,你不具有一种和古希腊的哲学激进主义一样的哲学激进主义。因此,理解现代哲学时有一种特殊的困难——并不是指从技术上讲这必然更困难,你只需要拿一本书,如……与亚里士多德任何一本书的、更不用说柏拉图任何一本书的开篇作比较。

学生:我们得依照思想家自己的标准来理解他们,这一预设难道没

---

① 参洛克,《人类理解论》(1689)。

有使得史学家与任何目标或相关性隔绝吗？如果认知只会导致当时的知识，那么，如果不适用于人的现状，似乎就没有相关性。

施特劳斯：这一直是一个非常大的困难。但在某些条件下，在某些前提下，还讲得通。曾有一段时间，也许在欧洲比在本国更有一种纯粹静观性的历史观，这种历史观不关注当下也不关注未来，它只试图理解过去的文化或时代。如果历史就是这样，如果历史进程是完成的，如果没有根本或有趣的变化，换句话说，[如果]人类没有真正的任务，我们能做什么呢？如果我们还假设，人们迄今为止在作品和思想中所做的是对大写的理性的揭示，而这个理性是一切的核心，你能做什么呢？这在某种程度上就是 19 世纪中期的情况。然后就有了反抗……质疑这些人怎能以他们那种忘我的方式来研究各个时代……是什么促使了行动者和思想家……[思想家]处在这些事物之外，而行动者则处在它们之内……自那时以来，这种观点已经变得绝对可疑，但这不一定意味着主流观点充分，因为主流观点对新国族的纯粹实践的议题采取了一种奇怪的和不连贯的看法。你得对这些国族有所了解……或者如果不是这样的话……或者就像本尼迪克特一样，①她对文化多样性的阐释也许是带着哲学的意图，表明没有永久的人类本性可言。就人的身体而言，人类本性通常是确定的——我的意思是，人的胃在任何地方都一样，但在所有有趣的人类事物中都存在着极端的多样性。我不知道我是否回答了你的问题。

学生：他们如何能够谈论历史哲学呢？如果他们前后一致，他们似乎只会谈论历史。

[133]施特劳斯：但是，总体来看，是什么把印第安人、阿兹特克人和爱斯基摩人联系在一起的，总体的问题是，一个人类社会具有独有的特征，有其特殊的价值观或范畴。

---

① 本尼迪克特(1887—1948)，美国人类学家，著有《文化模式》(*Patterns of Culture*, Boston：Houghton Mifflin, 1934)、《菊与刀：日本文化模式》(*The Chrysanthemum and the Sword：Patterns of Japanese Culture*, Boston：Houghton Mifflin, 1946)。[译按]原文误将 *Patterns of Culture* 写作 *Patterns and Culture*。

学生:这似乎是一个流动和变化的世界,有小颗粒飘浮在上面……

施特劳斯:非常好,存在着一种联系。联系或统一是在方法上……话题、历史研究或研究具有某些特点;你可以仔细推敲,然后得到一种方法论。这恰是重点所在。在现时代,人们赖以生活的普遍科学就是方法论。有人说得非常巧妙,说自然科学(natural science)是一个古老的希腊术语,即 physike episteme。希腊人用它的时候强调自然,而我们用它的时候强调科学,也就是说,强调题材,现在则是在认知方面,或者更简单地说,强调方法。

学生:我可以相信……绝对真理的某些原则吗?

施特劳斯:我认为一个人必须这样假设,[否则就会]陷入绝望的困境。

学生:您是在什么基础上说它们是好的和"绝对的"?

施特劳斯:……我们现在使用的绝对的这个词是德国观念论哲学的发明。

学生:或许我该重新表述这个问题,如果您允许的话。比起[理解您本人的] 明确观点,我似乎能更好地理解您对别人的观点所作的批判。①

施特劳斯:是的,这完全可以理解……我想说我诉诸一些东西……这一点我们自己并不总是清楚,而且我没有声称……我们一直在区分好的行动和坏的行动……例如,亚里士多德这样的人,他是一个非常崇高的榜样,他下了很大的功夫,也就是通过说什么是好人,才把这些东西组合在一起。他说好人在不同的情境下会有[不同的]表现。例如,好人在战斗中的表现会与在餐桌上的表现非常不同;他在朋友面前和在陌生人面前会表现不同,他在葬礼上和在婚宴上会表现不同。这些事情很琐碎,但如果你仔细推敲,就会发现他在金钱方面的行为与在荣

_____

① 原始文字记录稿作:"我似乎能更好地理解您对别人的观点所作的批判,因为您的批判明确地显示了您那有别于其他人的思考方式。"似乎问题的核心在于,比起理解施特劳斯本人的观点,这位学生能更好地理解施特劳斯对别人的论证和观点所作的批判。

誉方面的行为不同。思考这些问题——亚里士多德有很好的储备,因为他有[柏拉图]这个老师,柏拉图也有很好的储备,因为有苏格拉底……区分各种形式的善,也就是大度(magnanimity)、勇敢、节制、正义等德性……亚里士多德的出发点是唯一可以想到的。我们对人类事物的了解是基于我们的经验,其中某种程度上包括那些对我们起塑造作用的人的经验。如果我们在荒岛上和野兽们一起长大,[134]我们在那里能学到什么……人们在社会中和平相处了许多代,是一个人充分意识到"什么是好人"的条件。换句话说,我不相信非常伟大的思想家们对亚里士多德和柏拉图所作的现代批判有效。

　　在这次课程的余下时间里,我将探讨一个问题,那就是:什么才是有趣的问题?……但有一些绝对根本的差别。最显著、最有力的[差别]与现代自然科学的优势相关。因为正如亚里士多德所呈现的那样,他的学说与所谓的目的论自然观联系在一起,这种自然观认为人在自然上就拥有一个特定的目的,这个目的是他注定要……而这个目的论的前提被现代自然科学简单地否认了,现代自然科学的巨大成功证明,在非目的论的基础上,你可以有一种要好得多的自然科学。这一证明在实践中最为有力,但还有[其他]一些没有直接联系的论证。特别是,这在19世纪与所谓的进化联系在一起:你不能谈论永久的人类目标,因为甚至没有一个永久的人类物种,人和我们最近的祖先之间的分界线非常模糊……这是现今最有力的观点。当然,问题显然是,即使进化是真实的,那它是否处理了人与野兽之间存在本质差别这一事实。你知道有进化论者承认,当一种根本性的变异发生时,出现的存在者就不再能够从先前的阶段来理解了……哲学内部的……

　　学生:您是否会说,鉴于人的理性本性,回归目的论的观点会比目前这样的科学方法更能成功地理解人的政治本性?

　　施特劳斯:科学方法对于理解人类事物没有价值。我的意思是,不管他们发现了关于社交微笑的哪些细节,它即使真实,也与真正的人类问题完全无关。柏拉图的《王制》中有一段话……但是对于区别于其他存在者的人本身的问题,心理学的这些发现不重要。

第八讲　主旨与论辩:常识理解作为
亚里士多德政治哲学的母体

(1961 年 10 月 25 日)①

[136]施特劳斯:上次我完成了我的导论,如我们所见,它长得不成比例。在转向真正的题材之前,我先提醒你们注意本课程的总体计划。现今,我们不能不从反思这样一个事实开始:存在着一种强调科学的政治科学。不管它的价值是什么,且我自己表示过我对它的评价并不高,我们都必须以它为基础进行论证,因为它是我们科学中的准权威。对政治的科学理解区别于常识理解,但科学的政治科学必然以常识理解为基础。因此,为了论证起见,假设和承认科学的政治科学是健全的,但绝对有必要理解这种政治科学对常识理解的内在依赖。这反过来要求我们,当政治事物出现在常识面前,也就是出现在那区别于科学观察者的公民或治国者面前时,我们要有一幅关于这些事物的常识理解的清晰而连贯的图景。

然后我主张,亚里士多德的《政治学》以完美的形式向我们呈现了这种常识理解,因此,无论从什么视角来看,一个政治科学家要想知道自己在做什么,都有必要熟悉亚里士多德的《政治学》。我们能够在亚里士多德《政治学》中找到关于政治事物的常识理解的连贯而完美的表述,这一论断会遭受许多异议。这些异议绝非毫无根据,考虑如下。我们如今所理解的常识与科学理解是对立的。因此,它预设了科学理解。如果我可以说的话,它是后科学的。显然,如果我们把科学理解成

_____

① 参施特劳斯,《城邦与人》,页 30—35。

现代科学,亚里士多德的政治学就是前科学的。我稍后会探讨这个特别的异议。

现在我要转向一个更加简单和基本的异议。某人可能会说:假定亚里士多德不是一个科学的政治科学家,但这也并不意味着我们有直接的和纯粹的常识。在亚里士多德的《政治学》中,我们看到了关于某种特殊的常识即希腊常识的表述;不仅如此,在亚里士多德那里还有关于某种特别的希腊常识亦即上层阶级之常识的表述。这个异议该如何?我会探讨亚里士多德政治思想强调希腊性这一问题。有人可能会作如下论证:亚里士多德在处理政治事物时并没有根据它们之本质所是、它们在过去和将来之一直所是,原因很简单,他的话题是希腊的城邦国家。现在让我们来考虑一下,首先是希腊性。在《政治学》第二卷中,亚里士多德讨论了三个他认为特别值得尊重的政治社会:斯巴达、克里特和迦太基。斯巴达和克里特是希腊的,但迦太基是腓尼基的、闪米特的,而绝不是希腊。亚里士多德认为,迦太基几乎不亚于斯巴达,且从政治视角来看肯定优越于雅典。仅这一点就能表明,亚里士多德所关心的城邦国家[137]并不[仅仅]是希腊的城邦国家。真实的情况只能是:根据亚里士多德的观点,希腊人比他所知的其他民族更适合生活在城邦国家中。但这并不意味着城邦国家本身在本质上就是希腊的。就城邦国家而言,它作为希腊的城邦国家是个意外;它本身则不是希腊的。这就是希腊性[问题]。

现在让我们转向另一个事项,城邦国家,它要更重要得多。当我们谈论城邦国家时,我们指的是某种国家:也就是说,有古代的城邦国家、中世纪的封建国家、17世纪的绝对主义国家以及19和20世纪的民主国家。但“某种国家”这样的思想没法用亚里士多德的语言来表述。这是一种为亚里士多德本人所完全陌生的思想。在这方面,我只能赞同我上次给你们读到的柯林伍德关于他的对手,即他所称的实在论者所作假设的看法。这些人说,既然政治理论的主题是国家,那么亚里士多德必定探究过国家;而既然亚里士多德所说的国家不是我们所熟知的国家,那么这种国家必定是我们为了方便起见而称之为国家的。

一个简单的问题是:这些人怎么知道政治哲学的话题是国家?这

需要一定的探查。当我们现今谈论国家时,我们理解国家(state)与社会(society)是相对的。现在,[提到]他们所称的城邦国家[时],我将使用希腊词 polis 这一简单的转录形式,并且我会试着弄清楚什么是 polis。polis 既是国家也是社会——这常被说及。再用我们这个时代的行话来说,结果就是:亚里士多德的《政治学》就是政治社会学。根据当今的观念,这完全正确。它更像政治社会学而不是 19 世纪意义上的国家理论。但我们不能止步于此,因为 polis 的观念先于国家和社会之间的区分。所以,倘若你们把国家和社会重新组合在一起,说"你有国家,你有社会;把它们组合在一起,你就有了 polis",这无法抓住 polis 的意思,因为那样你就把事实上先于那种区分的、原初的统一体当作了一个次生的统一体。

　　现在为了理解什么是 polis,你们必须换一种方式开始,必须首先试着找出我们仍然可以取得的、与希腊人谈论 polis 时所拥有的经验相对应的经验。我想说,这样的经验现象我们每个人都知道。从人类经验来看,与"城邦"(city)对应的既不是国家也不是社会,而是"国"(country)。你们可以说,"无论正确还是错误,终归是我的国"(Right or wrong, my country),但这是不是一个好的原则,我现在不作讨论。但你们不可以梦想说,"无论正确还是错误,终归是我的国家"。在古典文献中希腊语 polis 经常与另一个在所有语言中仍然众所周知的词作同义词使用:在希腊语中这个词就是 patris,被译为 fatherland[祖国]。土地(land)、乡村(country):这里你们就拥有了一种联系,所以我想说,在公民层面,在前哲学层面,这对应于"国"。但是,我们谈论国,而希腊人谈论城邦,这当然不仅仅是个意外。什么意思呢? polis 和 town(城市)不一样。"城市"在希腊语中是另外一个词。① 城邦同时包含城市和乡村。但城邦作为城邦,至少按照柏拉图和亚里士多德的理解,是一种城区[138]社会(urban society)。polis 的核心不是农民、土地耕种者,随你们怎么称呼,也不是任何乡绅(rural gentry),而是城区的贵族阶级。这很重要。现代观念对乡村的强调大概与现代国家的

---

① 表示城市的希腊词是 astu。

农村起源有关,因为现代国家具有封建起源。这绝非不重要,但尽管如此,在我们的国之观念和希腊的城邦观念之间有一种真正的对应性。

现在,若要有更充分些的理解就得问:在古典思想中 polis 的替代者是什么?当你们谈论城邦国家时,你们的意思是它有替代者,就是一些别样的国家。这不对,对此我已经试着证明过。polis 的替代者首先是 ethnos,我们可以用 tribe[部落]或 nation[国族]来翻译,它介于部落和国族之间。相同血统或相同语言的人的统一体,这就是一个 ethnos。但在村落中过着乡下生活的,这[也]是一个 ethnos。当然,还有另一种形式的社会组织:想想波斯帝国或埃及帝国。帝国,我们就这么叫吧。polis 被理解为是与部落和帝国这另外两种形式相对的。这是一种什么关系?部落的特点是自由:那些人不是他们的统治者们的奴隶,而是部落民(tribesmen)。自由,嗯,但另一方面我们会说,[也]缺乏文明,技艺和礼仪发展水平[也]低。另一方面,帝国同技艺和礼仪的高度发展相容。关于波斯极其精致的宫廷礼节有一个著名的描述:你不能当着国王的面吐痰,这是严令禁止的。帝国的技艺和礼仪可能得到了很高的发展,但帝国与自由不相容。统治者、波斯国王是一个主人、一个专制君主——那些人不是自由人,而是他的臣民。所以,polis 的特点在于这样一个事实:它是唯一一种使自由和文明都成为可能的社会组织形式。如你们所见,[这里的]"文明"是从某种较精确些的意义上来理解的,而不是我们[如今谈论的]郊区或青少年犯罪团伙方面的那种模糊意义上的文明或文化。它意味着高水平的技艺,可能包括科学和礼仪。

这番[描述]暗示了 polis 是一个相当小的社会。正如亚里士多德在第七卷中所讲,这个社会可以用某种观点来加以很好的理解。[1]你可以俯瞰它。你可以俯瞰那些房子;城邦不是芝加哥、洛杉矶或纽约的外延。他们不知道这些地方,他们只知道巴比伦;但亚里士多德说,巴比伦不是城邦,因为当敌人从一边进入巴比伦并征服该城(city)时,另一边并不知道。它不是城邦。城邦可以用某种观点来加以理解。它不仅

---

[1]　亚里士多德,《政治学》,1326b23—24 和 1327a1—3。

有房子,而且公民体(citizen body)可以集会,可以在集会上办事,否则它就太大了。那么,这和 polis 的特殊德性有什么关系呢? 一个自由社会,这是一种假设,这需要信任。你没有继承的统治者。你选了他们,你想了解你所选之人,因此你必须了解他们。自由(freedom)预设了信任(trust),信任又预设了相熟(acquaintance)。因此,自由社会必须是相对较小的。一个城邦当然不能太小,否则就不能履行它的功能,即为所有的人类能力的发展[提供]可能性。因此,城邦不是村落(village)。我建议对城邦和村落进行如下实用的区分:村落是一种[139]其中的每个人都了解对方的共同体;城邦是一种其中的每个人都了解对方之熟人的共同体。假如你要选某个人担任公职,你虽不了解他,但了解那些了解他的人,这些人是你了解并可以信任的。这样的"个人"知识总是足够的。我们假设一种合乎自然的联合体,就像亚里士多德说的,这意味着[它]是一种与人在认知和关心方面的自然权力(natural power)相符的社会。① 如果[居民]超过一定数量,你就不能像你选他们担任公职时应该了解他们那样了解[他们]。如果他们太多了,你也不能有效地关心他们。

　　我所突出的 polis 概念是哲学上的 polis 概念,即不是简单地从对各个 poleis② 的观察中得出的;这是要将 polis 与人的本性联系起来。这种为亚里士多德所经典阐述的、哲学上的 polis 概念存续了很长一段时间。它在衰落之后总能得以恢复,只要环境有利,即有城邦的可能。[关于这一点,]非常重要的例子是中世纪晚期和现时代早期的意大利,在那里你们再次看到他们所称的城邦国家,在那里古典政治哲学也在这方面得以恢复……自由社会必须是小的。让我们说,一个共和社会必须是小的。这种观点在《联邦党人文集》(*The Federalist Papers*)之前一直非常强劲。《联邦党人文集》的著者们仍然不得不驳斥亚里士多德,因为他们的对手,即州权论者(state['s]-righters),③追随亚里士

①　亚里士多德,《政治学》,1252b31—1253a38。
②　polis 的复数形式。
③　通常称作反联邦党人(Anti-Federalists)。

多德,说不可能有一个大的共和国。这些人不只是追随亚里士多德,因为他们中的许多人或许一直不是亚里士多德的学生,他们还追随在所有的时代和地方都无可争议的经验。所有的共和国过去一直都是小的社会。大的国家是君主国,如果不是独立君主国(absolute monarchies)的话。例如,这在《联邦党人文集》的最大权威孟德斯鸠身上就可以看到,他的《论法的精神》①理所当然地认为共和国是小的社会:例如威尼斯。而假如你们有一个像法兰西这样的国族,它必然是一个君主国。最早尝试确立大共和国的是本国,其成功绝不是预料之中的。在葛底斯堡演说(Gettysburg Address)中,你们会发现一个关于[这个]事实的提醒。那么能否肯定地说,大的联邦共和国是可能的? 林肯不这样表述——他使用的语言要高贵得多——但化约到实质,这就是他的意思。过了多久你们才有了第二个大的联邦共和国的例子? 法兰西,它有过著名的尝试:什么时候成功的? 在第三共和国时期,19世纪晚期。现今,这被认为理所当然;至于孟德斯鸠关于政治自由的著名例子即大不列颠,现在仍然有人说大不列颠不是一个共和国,它是一个立宪君主国。尽管我有丘吉尔这个权威反对我,但称不列颠为立宪君主国,在我听来有点……如果你们去看看正在实际发生的事情的话。但甚至孟德斯鸠本人也暗示了不列颠事实上是一个共和国。

[140]但是,自由社会必须是一个小的社会的观念,以其他方式延续至今,[例如体现在]直接民主的观念[中]。现代共和与古代共和的区别在于现代共和事实上是代议性而非直接性的。总有人感到疑虑,[就像]如果代议制共和国或民主国[不]是一个真正的民主国。因此,那些坚持要直接民主国而非代议制民主国的人在某种程度上延续了polis的古老传统。你们会发现,现今的问题是以一种更有限但绝非无趣的[方式]存在于大城区中,那里的每个人都觉得,对于一起生活的人来说,确实有一个最优的最大面积——你们知道,不仅仅是广义上的一起生活,在广义上,合众国所有公民都可以说是一起生活的。例如,有个西北人想研究市政区域的问题,他说——尽管他是一个非常科学

———————————

① 孟德斯鸠,《论法的精神》,Thomas Neugent译(London,1750)。

的政治科学家——在这方面提及亚里士多德是合适的。① 另一方面,也必须说,只要古典传统还很强劲,"基本单位是 polis"这个特殊的要素就不会一直保持不变。亚里士多德在《伦理学》的开篇评述道,一个人将自我奉献给[polis]、部落或城邦的善要比奉献给个人的完善更高,② 托马斯·阿奎那对此的阐释是,部落、国族,作为包含不止一个公民在内的更大的单位,因此是一种比城邦更高的组织形式。③ 你们很容易就能看出托马斯时代的政治情境发生了怎样的变化,但他明显偏离了亚里士多德的意思。这就是 polis 和现代单位之间的差别。

重申一遍,对公民来说,与城邦对应的是国。但对区别于公民的现代理论人来说,与城邦对应的又是什么? 我之前说是国家和社会的统一体;而国家和社会的统一体很容易转化为社会的总体概念,其中国家或者政治要素只是一个机关或一部分。此外,还有两个与这种意义上的社会相类似的概念,它们是文明和文化。通过我们对"国"的理解,我们可以直接进入亚里士多德所指的 polis,但通过我们关于国家和社会的理论概念,我们就无法理解亚里士多德所指的 polis,因此,如果我们想要理解亚里士多德,对这些现代概念的分析必不可少。

我只提几点。据亚里士多德所述,城邦是一个社会,它包含了其他较小的、从属的社会,其中最重要的是家(family)或家庭(household)。城邦是最全面、最高的社会,因为它瞄准任何社会都能瞄准的最高、最全面的善。polis 的[意图]就是这个。这个最高的善就是幸福。据亚里士多德所述,城邦最高的善与个人最高的善一样。④ 现在,[141]幸福的核心是德性的实践,主要是道德德性的实践,也就是说,一个完全

---

① 施特劳斯可能指的是西储大学(Western Reserve University)政治科学教授朗(Norton E. Long)和朗的文章《亚里士多德与地方政府研究》("Aristotle and the Study of Local Government"),*Social Research* 23(1957),页 282—310。

② 亚里士多德,《伦理学》,1049b7—11。

③ 阿奎那,《〈尼各马可伦理学〉疏证》(*Commentary on the Nicomachean Ethics*),第一卷第二章第 30 节。

④ 亚里士多德,《政治学》,1252a1—7,1278b21—24,1324a5—8,1325b14—32。

道德的人或许悲惨(miserable)。一个重要的例子是普里阿摩斯(Pri-
am),①但亚里士多德说,虽然[普里阿摩斯]非常悲惨(misery),但他从
来都不是不幸之人(wretch)。另一方面,我们每天在报纸上读到的那些
人,他们有报销单,有车,享受着所有这类便利,但他们是不幸之人,因为
他们只有幸福的表面,而完全缺乏幸福的核心。

那么,城邦的主要目标在于高贵的生活,城邦的主要关切必须在于
其成员的德性。所以[重点在于]自由教育(liberal education),因为自
由教育的目标是让人变得高贵,成为高贵行为的力行者。关于什么构
成幸福,有各种各样的意见。亚里士多德知道。但亚里士多德强调,那
些足够深思熟虑的人在这个话题上没有严重的分歧。换句话说,亚里
士多德知道,一个病得很重的人在一段时间内,即当他正在康复的时
候,会相信健康是唯一重要的事情。但是一个深思熟虑的人知道,当他
健康的时候,健康不是唯一重要的事情。我们可以说,以上是哲学上的
政治概念最重要的含义。

在现时代人们开始相信,更具智慧的做法是假设幸福没有一个确
定的含义,理由在于,不同的人——甚至同一个人在不同的时期——对
什么构成幸福有完全不同的看法。这样做会带来一些决定性的后果。
如果这样做正确,如果幸福没有一个确定的含义,或者如果我们用我们
这个时代的行话说幸福是一种极其主观的东西,幸福就不再是社会所
瞄准的共同善,因为每个人对幸福的理解不同。如果最高的善不是共
同的,那又怎么可能有共同的善呢?这是现代政治思想的一个悖论。
答案是:无论幸福的观念多么不同,幸福的根本条件在所有情况下都一
样。不论我是在集邮中,还是在跳钢索舞中,又或是在阅读柏拉图中找
到我的幸福,我首先都必须活着。其次,我必须自由。换句话说,当我

---

① 普里阿摩斯是特洛伊的国王,受到盟友、敌人和诸神的高度尊敬。作为国王,
他见证了长期的繁荣,也见证了特洛伊战争所带来的毁灭。这场战争由他的
一个儿子帕里斯(Paris)引起;他的另一个儿子赫克托耳(Hector)是一位伟大
的战士,也是阿基琉斯(Achilles)的主要竞争者。赫克托耳死后,其尸体遭到
羞辱性地毁损,普里阿摩斯去找阿基琉斯要回赫克托耳的躯体。即使战争期
间他年事已高且倍感悲痛,他仍然行事高贵。参荷马,《伊利亚特》(Iliad),24。

想要开始跳钢索舞或集邮时，周围必须没有人说：现在你得去喂牛，或者干点别的什么。换句话说，就是自由。第三个条件是我可以追求幸福，不管我所说的幸福有什么含义。所以，我给出了三项基本权利：生命权、自由权和追求幸福的权利。

　　现在，对于政治社会的目标是什么，我们有了一个新的答案：不是幸福，而是要保证幸福的条件。这些幸福的条件被等同于某些自然权利（natural rights）。政治社会仅限于这一功能：保证幸福的条件。它不必关心幸福本身，因为如果它关心幸福，它就会强加给它的成员一个[142]武断的幸福观念，因为幸福是没有客观含义的。比如有个家伙想集邮，然后还要求其他所有人都集邮。这完全是武断的。让我们拿德性来说，德性也是武断的。有些人喜欢德性，有些人则不喜欢。存在着某种言语上的混乱。社会所有成员追求享受生命、自由以及追求幸福，有可能被称为公共的幸福（public happiness）。例如洛克就是这么叫的。但公共的幸福不是私人的幸福（private happiness），最终私人的幸福才重要。难道置身于公共的幸福之中不可能绝对受苦受难吗？难道在萧条甚至战争时期不可能有人至少在私下里完全幸福且其方式未必卑鄙吗？

　　还有一点不应该被遗忘。如果公民社会的功能是保证幸福的条件而不是促进严格意义上的幸福，你们当然仍在某种程度上需要德性，但却是非常化约的意义上的德性。你们需要一种可被称为功利主义意义上的德性，例如霍布斯所分析的那种德性。如果你们想一起生活，那么一定程度上做个有雅量的人（good sport）是必不可少的，但这当然不是严格意义上的德性。要点是：在现代方案中，个人的目标——幸福，无论你怎么理解——和公民社会的目标根本不同，因为公民社会的目标不是幸福。

　　现在让我们看看后果是什么。这里我们拥有一个社会，在其中，每个人都可以自由地追求自己所理解的幸福。就个人而言，这种为幸福而奋斗，部分是合作的（钢索舞者需要另一个人来支撑钢索），部分也是竞争的（集邮者想要更多的邮票）。通过每一个人部分合作和部分竞争地为自己所理解的幸福而奋斗，一种网络（web）就被创造出来了。我尽量避免使用关系(relation)这个词。我认为这网络就是我们所指的与国家相对的社会,因为国家仅仅是为个人的奋斗创造条件。这就造成了一个有点矛盾的后果。我们看到国家在某一方面优越于社会,因为只有国家有一种功能、一种普遍有效的目标。这种功能或目标是客观的,因为幸福的条件被假设为对所有人都一样。社会在另一方面亚于国家,因为个人的目标必然是主观的。另一方面,国家所做的——确保幸福的条件——只是确保手段。没有人能够满足于单纯的手段。因为,社会或者组成社会的个人所关心的是目的。从某个视角来看,国家优越于社会;从另一个视角来看,情况恰恰相反。也可以说,在这个方案中,公共性和共同性、国家,关注幸福的条件,是为了私人性而服务的,因为幸福本质上是私人性和个人性的,不管是什么样的私人性。换句话说,个人最高的、最终的目标仅仅是私人性的。这种事态,即国家和社会之间不稳定的均势,迫使人们超越国家和社会均以某种方式作为必要部分存在的领域,这导致了文化或文明的概念。

[143]还有一点。如果我们想理解我们现在所知的国家和社会之分的最终动机,就不得不考虑公民社会和幸福的关系,这是亚里士多德和17世纪出现的现代观点之间根本性的差别所在。有趣的是,亚里士多德在某种程度上知道这种现代观点——或者我们应该说,他知道一种为这现代观点埋下伏笔的观点,但他拒绝了这种观点。我会给你们读一段,或者在座有人受过诵读训练吗? 在《政治学》第三卷1280a25以下,巴克译本第118到119页,亚里士多德讨论以下内容:人们聚集在一起形成一个公民社会时的目的,他说,如果财产是人们聚集在一起并形成一个联合体时的目的——谁说过财产是目的? 洛克。现在你们看到洛克、财产和我之前说的之间的联系了吗? 财产是达到幸福的手段。财产不是幸福,尽管在守财奴这样的人看来是的。但对大多数人来说,财产或财富是有助于他们从事集邮或其他什么活动的一种手段。[读文本]

如果财产确为人类因之聚集在一起……时的目的,那么人们共享权威①时就要以他们所贡献的财产为比例……但是生活②的目的不在于单纯的生活,而更在于高质量的生活。[如果单纯的生活是目的,]那么,或许就会有奴隶所组成的城邦③,或者野兽所组成的城邦;但是在我们所知的世界中不可能有这样的事,因为奴隶和野兽并不共享真正的幸福(happiness)④。相似地,一个城邦的目的也不在于建立一个联盟以共同防御一切侵害,或者促进相互交易和经济往来。如果城邦的目的就是这些,那么,[被这种(经济往来之——施特劳斯)联系结合在一起的]埃特鲁里亚人(Etruscans)和迦太基人就会属于同一个城邦了;所有彼此间订有商贸条约的民族也会如此……[在这些只有经济纽带的城邦中——施特劳斯]一方不会(neither party)费心去规定对方成员的适当的品格特质;一方不要求条约范围内的所有人都不能有不正义或其他任何形式的恶德;一方只(neither⑤goes beyond)想防止自己的成员对对方成员做出不正义的行为。但是,[144]任何费心保证善的法律体系得以很好遵守的 polis,总会关注 polis 生活中的善和恶这个基要议题。由此明显可以总结出,任何真正名副其实的 polis(The conclusion which clearly follows is that any polis which truly deserves the name⑥)都必须致力于善[或德性——施特劳斯]的促进这一目的。不然的话,一个政治联合体就会沦为一个单纯的联盟……又,不然的话,法律就成了单纯的契约——或(用智术师吕科弗隆[Lyco-phron]的话来说),"人们彼此间的权利的保障"——而不是像它应该的那样,成为一种能使 polis 成员变得善和正义的东西⑦。

---

① 施特劳斯省略了"国家的[职司和荣誉]",并添加了"权威"。
② 原著中作:"国家"。
③ 施特劳斯在每一处都用"城邦"或 polis 来替代"国家"。
④ 原著中作:"因为奴隶和动物并不共享真正的至福(felicity)和自由的选择[即优良生活的属性]"。
⑤ 施特劳斯省略了 of them。[译按]即"一方只"或可改为"各方只"。
⑥ 在 is 之后,原文读作:truly so called, and is not merely one in name(不是徒有虚名而真正无愧为一"城邦"者)。
⑦ 原著中作:"成为一种会使 polis 成员变得善和正义的生活规则"。

你们是否辨别出了某种与 17 和 18 世纪发展起来的现代观念相类似的东西？不关心德性，只关心安全或交易。政治社会不关心德性。可以说，这是现时代自由主义的典型论点。由于对个人的要求得到了极大的放松，这个论点导致了高度的自由，但它也趋向于模糊自由(liberty)和放纵(license)之间的区分，而这项区分对先前所有的思想都具有决定性。当然，《王制》的每一位读者都知道，古人知道这种只局限于幸福条件的联合体的可能性。书中所描述的第一个城邦，即所谓的"猪的城邦"(city of pigs)，是一个严格局限于经济交易的社会，与促进德性绝无关系。重要的是要知道，现代观点与亚里士多德所熟悉的古典观点之间的差别。

在我开始探讨这个问题之前，我想知道到目前为止我是否把自己的意思讲清楚了。我认为决定性的几点是这些。首先，我们的国之观念与希腊的 polis 观念的对应性。我想说这是前科学的、前哲学的。普通公民都能理解。而在理论层面，国家和社会之间的区分已经替换了 polis 的概念，而国家和社会一方与 polis 一方之间的精确差别在于双方与幸福的关系。有什么问题吗？请讲，塞尔泽先生？

塞尔泽先生：我觉得，要理解这一点，主要的问题是要设法理解，为什么现时代初期的哲人们这样极其深思熟虑的人，不得不拒绝接受"幸福意味着道德德性"的观念，并认为幸福极其主观。也就是说，证明由于人们对幸福的构成有着完全不同的看法，[因此]幸福极其主观，这似乎明显不能作为对他们的回应。①

施特劳斯：相当正确。如果看一看初期——比如看看霍布斯，那就可以这样说。霍布斯不会说幸福仅仅是主观的。他非常清楚地表述了这一点，[145]尤其是在他早期的著述《法律要义》中。②那里有他对幸福的定义。他把人类的激情比作竞赛。例如，低落就是失败。悲伤意味着我们落后了，落后是一件值得悲伤的事情。放弃竞赛，就是死亡。

---

① "他们"想必指的是古代哲人们。

② 霍布斯，《法律要义：自然法与政治法》(*The Elements of Law Natural and Politic*)，J. C. A. Gaskin 编(1640;Oxford:Oxford University Press,1994)。

这个比喻由这样的评述引出：人类的生命可以比作竞赛，而这场竞赛除了领先以外，应该没有其他的目的或花环。霍布斯对至福有这种明确的观念。对霍布斯来说，幸福是客观的……①用《伊利亚特》中阿基琉斯的话说：始终第一，始终优越于他人。在洛克那里，这个问题要模棱两可一点。

关于这个话题，让我给你们读一段来自康德《道德形而上学的基本原理》(*The Fundamental Principles of the Metaphysics of Morals*)②的清晰的文字（这个话题也贯穿于康德的其他作品）："只要很容易给出幸福的确定概念，那么明智的命令就会与熟巧的命令完全一致（correspond exactly to），并且同样也会是分析的。"我现在不必给你们解释这一点。［读文本］

> 很遗憾，幸福的观念是如此不确定，以至于尽管每个人都期望得到幸福，但他从来不能确定地并且前后一致地说出，他所期望和意欲的究竟是什么。其中的原因在于：所有属于幸福观念的要素，全都是经验性的，也就是说都必须借自经验。尽管如此，在所有能够想到的状况中，幸福的理念需要一个绝对整体、一个最大福利。现在，最有见识同时最有能力的（但被认为是有限的）存在者，不可能为自己构想出在这里［即在幸福的概念中——施特劳斯］他究竟意欲什么的确定的概念。他意欲财富？他的灵魂会由此担负多少忧虑、嫉妒和觊觎啊！他意欲知识和洞识？这也许最后只会成就一种更加锐利的眼光，而使得那些现在还对他隐藏着却最终无法避免的灾祸越加令人恐惧地向他显示出来（to show him the more fearfully the evils now concealed from him that cannot be avoided），或者给早就够他忙活的（which already gave him concern

---

① 原始文字记录稿在这里有两个句号，可能表示省略号，这或许意味着录音带听不见了或者施特劳斯停顿了。

② 康德，《道德形而上学的基本原理》，Thomas Kingsmill Abbott 译（NY：Bobbs-Merrill，1949）。首次出版于 1785 年。

enough)欲望再加上更多的渴望。如果他想长寿,谁能向他保证这不会是一种长久的苦难呢?至少他想要[146]健康?身体的不适多么经常地限制了完全的健康本来会使人陷入的无度。简而言之,他无法按照任何一种原理来万无一失地规定什么会使他真正幸福;因为要做到这一点,他就得是全知的。(第二章,41—42)①

因此,在对道德以及对政治进行根本的反思时必须无视幸福。在政治教诲中,目标不在于幸福,而在于根本的自由权……我不得不使用一个便捷的公式,它相对易懂……我就得试着去发现我们必须从……抽象出来的东西,如果我们想理解的话。

学生:去哪里可以找到最便捷的陈述呢?去看霍布斯,或者马基雅维利,又或者笛卡尔?

施特劳斯:最初我相信霍布斯最便捷。霍布斯是第一个说要做出彻底断裂的人。但是我在思考之后发现,必须去看马基雅维利,他没有那么聒噪,但他提出了和霍布斯一样强烈的主张,只是方式上更加克制。

学生:在我看来,这里或许会出现进一步的异议。可以这么说,无论拥有一个 polis 有多好,这都不再是一种可能的情况。要有一个小到让每个人都认识每个人的国家是不可能的。

施特劳斯:……如果有人说,在我们生活的这些条件下 polis 是彻底不可能的……我们关心的不是如今可能的东西,而是本身可欲的东西。在我们的条件下 polis 是不可能的,这一事实或许只意味着我们这些可怜的不幸之人生活在非常不利的条件下……理论上的问题不是关于在这些条件下可能的东西,不是关于变通、适应、妥协,而是关于本身最可欲的东西……有人可能会说:我不明白为什么"公民社会的目的是德性"这一要求需要 polis……我们所称的贵族制事实上是一种寡头

① [译按]中译文参考康德,《道德形而上学奠基》,杨云飞译,邓晓芒校(北京:人民出版社,2013),页47—48;《道德形而上学的奠基(注释本)》,李秋零译注(北京:中国人民大学出版社,2013),页36—37;有改动。

制。贵族制是指有德性之人的统治。但在实践中它是如何运作的呢?
我们看到城邦所有成员的集会,我们说有德性者才会拥有充分的公民
权利……你如何认识到德性?这需要锐利的眼光,但不是每个人都有
锐利的眼光。现在,实际的检测是:旧有的财富……这可以确定,这个
家庭有多少财产,从什么时候开始拥有的。但你也必须说有败家子。
因此,能合理确定的是旧有的财富。你是否就会看到德性的统治,还是
另一个问题。但首要的考虑因素还是,一个人必须清楚地了解自己应
当要求什么。对每一个通情达理的人来说妥协的必要性不言而喻,但
一个人不可能做出有智性的妥协,如果他一开始就不了解自己想要什
么……因此,这些考虑因素并非无关紧要。顺便提一下,它们有非常大
的实际影响。当我们谈论政治问题时,未必会想到现今①……

[147]——而政治安排只是最有利于这种教育的手段。另一方
面,对亚里士多德来说,教育总是主要旨在形塑品格而不是形塑技能和
知识。这也很重要。一些人需要斯普特尼克(Sputnik)②来看到,本国
某些已经变得很强劲的教育观念或许不太妥当。对这些教育观念做一
非常简单的分析(我不会向你做这样的分析)就会显示出它们事实上
是如何来自某种民主观念的。你可以看到,某些实践性事情[比如]教
育与政治事物联系在一起。在亚里士多德—柏拉图的概念中最重要的
东西是德性,因此正确类型的秩序乃是贵族制。[这样]肯定会产生一
种更有智性的教育观。这是古老的实践智慧的真理。你必须把这些普
遍的陈述转化为你自己的行动的条件(terms of your own actions③),才
能明白它们的意思。请讲?

学生:亚里士多德是如何思考城邦之间的关系的? 亚里士多德是
如何思考希腊社会中 poleis 之间的关系的?

施特劳斯:严格来讲,虽然那时并不存在主权这个术语,但很好

---

① 这时换录音带。
② 斯普特尼克是第一颗人造卫星。它于 1957 年 10 月 4 日由苏联发射。
③ 原转录员注意到,施特劳斯或许说的不是 your own actions,而是 or only wishes。
　　[译按]如是,“你自己的行动的条件”则可改为“唯一愿望的条件或者唯一的
　　愿望”。

理解的是,每个 polis 都有自己的官职(magistracy)、自己的法律和自己的政治。这依据的是自决。很好理解。现在的问题是——亚里士多德没有探究具体政策问题,肯定也没有探究外交政策问题。这本身就很有趣,亚里士多德和马基雅维利这样的人一样强硬,一样冷静,但当你谈外交政策时,你[在亚里士多德那里]几乎找不到这样的东西。这并不是因为他没有意识到这个东西——一个听说过伯罗奔半岛战争的人就会知道外交政策有多重要——而与一种激进的道德原则有关。正如对个人来说,一切最终取决于自己职责范围内的东西,polis 也是这样。如果我可以使用如今常见的术语的话:好的个人必须是内在导向的(inner-directed)。①polis 也是这样。让我们尽可能使自己的 polis 变好。装点你已有的斯巴达吧。当然,接着就像有人说过的,"正像有了白昼才有黑夜一样",如果你对自己忠实,你也会对别人忠实。②但你对外人的义务远少于对自己人的义务。很清楚,也很好理解。

　　这当然与希腊人和蛮族的问题联系在一起。希腊人之间肯定有一种统一起来的感觉,因为语言的统一,因为他们的崇拜的统一,还有将他们与蛮族区别开来的记忆。亚里士多德反对亚历山大大帝开启的希腊人和蛮族的混合。又,光表示道德义愤不够,尽管也应该在适当的地方表示道德义愤,但首先必须要有理解。我所相信的原则[148]显而易见:如果因为扩展,你们自己变得单薄了,那么你们就不应该扩展。你明白我的意思吗?我认为,重点在于希腊不够非野蛮。希腊人自己也知道他们来自蛮族。修昔底德的《伯罗奔半岛战争志》第一卷就非常漂亮地[展示了]这一点,欧里庇得斯在他的一些肃剧中也是如此。希腊人勉强克服了野蛮——他们还没有真正克服野蛮。伯罗奔半岛战争显示了希腊人可怕的野蛮,正如那些有智性的希腊人所看到的那样。而对亚里士多德而言,希腊人甚至应该[让自己]扩展得更单薄而不是

---

① 关于"内在导向",参理斯曼、格雷泽、戴尼,《孤独的人群》(1950)。

② 《哈姆雷特》(Hamlet),第一幕第三场。[译按]中译文引自《莎士比亚全集》(增订本),第五卷,朱生豪译,沈林校(南京:译林出版社,2016)。

集中,这并不是一项具有智慧的政策。不过,从简单的政治视角来看,亚历山大或许正确。希腊不再强大到足以维持平衡了——但这当然不完全正确,因为波斯对希腊人、色诺芬(Xenophon)和他的一万部队来说是轻易就能拿下的;波斯已经没什么可恐惧的了。但是希腊不再强大到足以抵御北方的希腊蛮族,亚历山大和他的马其顿人。亚历山大能开罚单,亚里士多德只能提建议。你知道,从所谓的世界史的视角来看这个问题,亚历山大征服东方给我们带来了很大的益处——以这种方式,东方变得希腊化,这有非常大的好处——这一点并非出自公正的判断,因为亚历山大不可能知道这一点。他所知道的只是他所做的,[这]将导致在遥远的东边,在北印度和东波斯也有希腊哲学学派,在野蛮席卷西方的后期,那里也许是唯一的学习之所,谁能知道呢? 这是历史哲学家在回首往昔时所能说的,但它永远不能成为一种公正的政治判断。你只能基于你真正知道的东西来判断。不能简单地说要是亚历山大听从亚里士多德会发生什么。没人能这么说。

学生:在我看来,亚里士多德关于教育、德性以及其他一切事物的观点在某种意义上可能会导致极权主义,您或许会说,这种极权主义类似于加尔文主义的日内瓦或诸如此类的东西,因为每个人都要有德性。谁来定义德性?

施特劳斯:polis 常被说成是极权主义的。可以说这是真的。换句话说,人类活动的任何领域都被认为不能免受 polis 监管。情况就是这样。肃剧和谐剧都由 polis 上演,斐狄阿斯(Phidias)①所塑的那些著名雕像都是 polis 出的钱,[并被摆放]在属于 polis 的庙宇和其他建筑物里。在这个意义上,一切都是 polis 的事务。可以说,[亚里士多德对 polis 的理解和我们对极权主义的理解之间的]差别也许并没有什么实际意义。有间接的意义,对,但没有直接的意义。亚里士多德暗示有且只有一种人类活动本质上超越了 polis,那就是思考、哲学。只有这种东西可以。毫无疑问,这就是[他的]立场。但我们通常不加区分地使用"极

---

① 斐狄阿斯(约公元前 480—前 430 年),希腊雕塑家、画家和建筑师;他的作品包括奥林匹亚的宙斯雕像,以及处女雅典娜(Athena Parthenos)。

权主义"这个词。例如,有些人说卢梭是一个极权主义者。这是什么意思? 在当今的意义上,他和亚里士多德一样反极权主义,因为[149]现今的极权主义不是指社会的极权主义,而是指政府的极权主义。它是一个完全不同的主张。卢梭绝不会说政府拥有希特勒和赫鲁晓夫所宣称过或宣称的无限权力。绝不会。这种权力属于整个社会,属于人民。顺便说一句,关于这一点,你一定不要忘记,若从如今被称为自由主义者的人的著名观点来看,情况也是这样。从这一学说来看,何处是多数人权力的界限呢? 肯定是宪法,但宪法是可以改变的:所有那些修正案①都可以被足够规模的多数人所撤销。整个现代的主权学说——关于英国议会的说法是什么? 除了让男人变成女性,它什么都能做。这是什么意思? 原则上没有任何事情可以免于立法。问题没那么简单。

如果你说一个决不受大众控制的政府完全能做它想做的任何事情,它不仅不受大众控制而且不能提供什么保证,那么,极权主义就有了非常明确的含义。甚至不能预设治理者们在智慧和德性上更优越。这方面很难得到什么保证,但是甚至不可预设他们会有德性和智慧。绝对没有什么能阻止他们;没有独立的司法机关等诸如此类的一切事物。我认为,这就是极权主义的精确含义。[照此衡量,亚里士多德的教诲是反极权主义的。]但是,如果你以极权主义和自由主义为标准,比如说,以亚当·斯密(Adam Smith)的[自由主义]为标准,或者以那些被认为是斯密的观点为标准,那它当然就是极权主义的。亚里士多德那里当然没有财产的神圣不可侵犯性。这种东西并不存在。如果财产在某些人手中的积累对政治社会造成了危险,亚里士多德就毫无疑问地认为,国家可以通过没收性税收或其他方式进行干预,或者简单地对个人拥有的财产设置上限。相当正当的是,在每一种政治情境中,至少在现时代,某些一般概念[得到了发展],例如,现今的极权主义概念。这对于我们如今的取向来说已然足够,但一旦你不把那些一般概念视为临时的概念,而是视为普遍有效的,那么你就会遇到麻烦。要有

---

① 也就是宪法修正案,其中前十条构成了《权利法案》(Bill of Rights)。目前(2018 年)有 27 条宪法修正案。

更多的反思。现今最流行的区分应该是保守主义者和自由主义者之间的区分。就实践目标而言，在当今的美国，要说出什么东西使一个人作为保守主义者或自由主义者是相对容易的，但这东西应该不会使他在30年前，或30年后，或在另一国作为保守主义者或自由主义者。不能将明显短暂的事物绝对化。防止这种情况发生的简单办法就是对其他时代、其他国的其他思考方式有所了解。请讲？

学生：您想或您会把您所称的现代学说与现代经济和资本主义的发展联系起来吗？

施特劳斯：首先，我想要把我提及过的一点讲清楚。我说过，有一种亚里士多德式的社会目的观，它是 polis 概念的意义所在，然后，还有一种现代的公民社会观，与之相配的是另一种对幸福的理解，这种理解通过国家和社会之分而变得清晰起来。[150]而我们看到的这种现代观点，即霍布斯、洛克等人的观点，让人想起亚里士多德所熟悉的某种观点，你知道，它就是，社会的唯一功能在于使个人之间的交易成为可能。在我给你们读的那段话中，亚里士多德提到了一个人，即吕科弗隆，他称其为智术师吕科弗隆。方便起见，我们不妨把那似乎为现代立场埋下伏笔的古代立场称为智术师的立场，而不作任何价值判断。一个非常悠久的问题，什么是智术师；但你会在每本教科书中发现，某些被称为智术师的个人比柏拉图和亚里士多德更接近现代的自由观念。有一个人、一个古典学者，哈夫洛克，①他写了一本关于希腊哲学的自由特性的书，他在书中试图表明，当苏格拉底、柏拉图、亚里士多德这些可怕的家伙来粉碎这种倾向的时候，当今美国自由主义者的观点实际上都在那里了。

现在我想要把这讲清楚，以便更好地理解整个议题。第一点：亚里士多德说幸福是城邦的目的。现代人怎么说？他们表示否认。所谓的智术师怎么说？幸福是城邦的目的？你们必定读过[柏拉图的]《王

---

① 哈夫洛克(Eric A. Havelock, 1903—1988)，英国古典学者，著有《希腊政治的自由特性》(*The Liberal Temper in Greek Politics*, New Haven: Yale University Press, 1957)。施特劳斯评论过这本书，见《古典政治哲学的自由主义》("The Liberalism of Classical Political Philosophy")，*The Review of Metaphysics* 12(1959)，页390—439。

制》第一卷、《高尔吉亚》(*Gorgias*),[《普罗塔戈拉》(*Protagoras*)]或者你们能从中找到某种看法的其他此类文字。我想说,他们①在此同意[亚里士多德的观点]。幸福不是城邦的目的。它受到限制⋯⋯

下一点:从各个层面上讲,幸福[都是]客观的。亚里士多德不可能如此轻易地将幸福化约为一个简单的公式。他为幸福给出了一个非常严格的公式,但他还在《修辞术》(*Rhetoric*)中提出了一个更加宽松的看法——顺便提一下,读到这里,当你们看到亚里士多德列举幸福的要素如朋友、子女时,[让他来]告诉你们人性不会改变,这真是一件乐事——可我不想去细究。但幸福是客观的。[这里]有什么情况?现代人从根本上说不;智术师却说,是的,幸福是客观的。换句话说,如果有人认为幸福在于集邮,那他就是一个愚人。如果有人认为幸福在于成为一座僭主制城邦的统治者,那就是[另外]一回事了。

第三项:城邦的目标或城邦的目的是整全的(all-comprehensive)。这就是你们所指的极权主义。而我尽量避免这样做。现代人说,不,[目的是]有限的。顺便提一下,就连霍布斯也这么说。对霍布斯来说⋯⋯全面的⋯⋯只是派生的,因为没有办法在主权者可做什么与不可做什么之间画定一条法律界线。但它本身是有限的。智术师却说,是的[城邦的目的是全面的]。这就是第三点。

第四点,我使用的这些公式当然完全愚蠢——我指的是我使用的字母,我只能希望你们不要只抄字母。第四项:在亚里士多德那里,私人的恶行与公共利益之间不协调。如果你是一个恶人,那么,你本人就不仅是你所属的社会的耻辱,而且是对你所属的社会的破坏。[151]智术师们则说是的,但是,他们只考虑另一边。他们站在私人的恶行一边。但他们同意亚里士多德的论点。现代人站在哪儿呢?显然,他们否认了这个论点。曼德维尔②所说的私人的恶行即公共的利益,不仅

① 也就是智术师。

② 曼德维尔(Bernard Mandeville,1670—1733):一名围绕道德以及经济理论写作的医生;著有《蜜蜂的寓言:或私人的恶行,公共的利益》(*The Fable of the Bees:or*,*Private Vices*,*Publick Benefits*,London:Printed for J. Roberts,1714)。

仅是一个人的观点。

现在我来谈谈最后一点。亚里士多德教诲道,polis 合乎自然(我们后面会探讨)。我陈述如下:存在着一种自然的社会秩序。智术师说不,因为 polis 是违背自然的。17 和 18 世纪的现代人却说,是的,存在着一种自然秩序。图式就是这样。你们如果察看一下就会发现,亚里士多德与智术师之间的一致性、形式上的一致性相当惊人。现代人这一边与亚里士多德和所谓的智术师之间的分歧深刻得多。亚里士多德和这些现代人只有一点是一致的:他们都断言,存在着一种自然的社会秩序。但他们的意思非常不同。据亚里士多德所述,社会的自然秩序就是好的 polis:不仅仅是 polis,而且是一个构造完好的 polis,它能履行自己的功能。据现代的观点,社会的[自然]秩序必须是自然激情的系统,毫无顾忌地讲,它能产生某种协调。在老的自由意义上,经济体系当然是一个经典的例子。我给你们的这个[陈述]更多的是一种答案,而不是一种阐明问题的方式,①也许后面当我们更深入地阐述这些观点时,我们会尝试换种做法。但有人想提观点了。请讲?

学生:我想知道您能否澄清您所指的"现代人"是什么意思。您用的示例主要是 17 世纪的人。

施特劳斯:还有 18 世纪。

学生:呃,那么我对其中的一些范畴提出质疑,如果您把 18 世纪也算进来的话,因为我不知道您是否适合——

施特劳斯:给我个例子,我看看。

学生:激进启蒙运动(the radical enlightenment)的流派,像圣茹斯特②[和]罗伯斯庇尔③这样的人,他们事实上强调国家在[建立]德性

---

① 施特劳斯说的或想说的可能是,他的陈述与其说是一种答案,不如说是一种阐明问题的方式。

② 圣茹斯特(Louis Antoine de Saint-Just,1767—1794),与法国大革命关联在一起的法国军事和政治领袖。

③ 罗伯斯庇尔(Maximilien Robespierre,1758—1794),与法国大革命和恐怖统治(Reign of Terror)关联在一起的法国律师和政客。[译按]"恐怖统治"即指 1793 年 10 月—1794 年 6 月的雅各宾派的统治时期。

统治方面的,但又不仅仅在这个方面的有效性和合宜性,这就是我想说的。

施特劳斯:换句话说,这是对卢梭的一种特别的阐释。但是,卢梭这个人的作品与我所称的现代性第一次浪潮构成了断裂。所有[152]那些陈述都需要注解才能成立,不过,如果你想要弄清楚一些,那么它们仍然必要。第一阶段,从马基雅维利开始,到卢梭结束(因为卢梭既有参与又有反对),可以说是要在某种激情中找到德性的替代者,无论它是什么:自我保存、对财产的欲望或诸如此类的东西。照我说,卢梭接受自我保存作为他的政治学说的基础,但他又与之断裂。这不是我的错——我甚至不会说这是卢梭的错。这是卢梭在认识到霍布斯—洛克的答案极其不充分之后,试图在霍布斯等人的基础上解决政治问题。然而,这样就会扯得太远了。我向你承认,这些说法的各个方面都需要加以限定。

我只想明确一点,当我们读到一段关于古代学派的话,其中说道,polis 的功能是保护财产或使货品和服务的交易成为可能,并防止人身伤害,以及诸如此类的事情,这时,我们不必相信这与现时代的相关学说是等同的。两者有着深刻的差别。如果我只关心形式上的无可挑剔,那我就不需要注解了,我可以说一些非常简单的东西。亚里士多德书中概述的那一学说,我们也从其他来源了解到一些,它与霍布斯和洛克当然还有卢梭的有所区别,原因在于这样一个简单的事实,霍布斯、洛克和卢梭承认一种自然的权利,而那些所谓的智术师则否认有一种自然的权利。但这一点在某种程度上比我说的更难懂。我们不得不做一扩展。你理解那个陈述本身吗?霍布斯、洛克[和]卢梭在[提出]他们的学说时是基于这样的假设,即,存在着某种根本的自然权利,这种权利本身可以作为评判任何公民制度或法律的标准。它就是个人的自我保存的权利。陈述卢梭与霍布斯—洛克之间的差别非常简单,因为卢梭已陈述得非常清楚。霍布斯和洛克假设,从[假定]建立联合体的首要动机[是]自我保存再过渡到公民社会,完全没有问题,也就是说,任何精明的、启蒙的自我利益都要求你,如果你想生存,就得生活在一个有警察、监狱、绞刑架和所有其他幸福之手段的社会中。我的意思是,它们肯定是潜在受害者的幸福手段,因为杀人犯被绞死了。启蒙的自我利益是自我保存和公民德性之间的连接物。霍布斯和洛克就是这么说的。卢梭说,启蒙的自我利益是不够的。启蒙的自我利益不会使你成为一个真正的公民:如果你想成为一个好公民,就必须在某种程度上忘记你为了自我保存才进入社会。这在卢梭看来就是公民社会的悖论。这就是卢梭所指的德性。

德性,虽然最终派生于自我保存,但在另一种意义上是与之对立的。一个简单的证据是:如果公民社会无法护卫自己,它就无法存在。这意味着军队,意味着[承受]最大的牺牲的意愿。霍布斯在此碰到了很大的麻烦:我进入公民社会是为了保护我的生命,现在公民社会要求我去散兵坑。这不是自相矛盾吗?最简单的解决办法当然是废除战争。霍布斯没有真正的解决办法,但他的思考方向[在]这段描写战争、[描写]战斗中的[士兵的]漂亮评述[中]显露了出来,[153]我认为这个思考方向在整个描写战斗的历史中无与伦比:如果发生战争且双方都在逃跑,但如果他们这么做只是出于恐惧,而不是出于[对]财宝[的欲望],那么这确实不光彩,但并非不正义。为什么?因为正义的原则是自我保存。你当然无法以此为基础来拥有一支军队。顺便说一句,在死刑方面也出现了类似的难题,因为你进入公民社会的条件是你的生命要受到保护。现在法律夺走了你的生命。这就是为什么意大利刑事律师贝卡里亚(Beccaria)于 18 世纪末在霍布斯的基础上要求废除死刑,因为死刑违背社会契约。这对霍布斯来说是一个真正的难题。而卢梭解决了这个问题,他简单地说,随着进入公民社会,一个彻底的逆转、一个彻底的变化发生了。虽然公民社会植根于自我保存,但它也在某种程度上与自我保存对立。有些人会称之为辩证关系。这就是卢梭与霍布斯—洛克的差别。因此,德性:对卢梭来说是一个重大的字眼,而对圣茹斯特和罗伯斯庇尔这些野蛮人、刽子手来说更是如此。

学生:现在您似乎在嘲笑或批评霍布斯和洛克,不久前您说,我们暂时不能考虑亚里士多德是否讲求实际,但我们应该阅读他,以便从理论上解释我们想要的东西,如果我们能拥有这种东西的话。

施特劳斯:我相信,霍布斯的学说和洛克的学说从其陈述上看站不住脚。我的理由是好是坏还有待审视……

学生:有两种可能:一、它们无法提供幸福;二、它们在实际的情境中无论如何都不起作用。在我看来,这两种可能性都会成为说它们站不住脚的理由。

施特劳斯:这应该是次要的问题。我所考虑的是:它们是否准确地为我们提供了足够清晰和确定的指导,以达到我们可以合理预期的最佳状态?这个问题在霍布斯那里要更明显得多,因为他有一种不同寻常的坦率。他让大家都感到不快。而洛克这个人要更谨慎得多。

学生:所以您是说霍布斯和洛克的思想体系不充分,因为它没有像亚里士多德那样指明通向好生活的道路,它只提供了一个空洞的框架?

施特劳斯:一个最低限度的框架。没有人能说自我保存是消极的。亚里士多德在《政治学》的某个地方非常图式化地说:社会是为了单纯的生活而形成的。但社会在形成之后就是为了好的生活了。好的生活是指导方向。① 现在,假如你把好的生活删除,而说单纯的自我保存——这样做的动机很有趣。动机是这样的:自我保存是所有人都欲望的东西,[154]因为不是所有的人都真正关心好的生活。因此,如果你依靠的是这个基础,那你就是在依靠一个坚实的基础,虽低级但坚实——不,这是我从丘吉尔那里学到的表达式。这也解释了这个动机所取得的极大的成功,因为你可以带着这样的动机在非常大的范围内做一些事情。但麻烦的是,它无法提供德性。

学生:我同意霍布斯完全是这样的,但洛克和休谟的预设是,他们的虽低级但坚实的国家保存了生命和财产,也为好的生活提供了手段,尽管这些手段也许不确定。换句话说,休谟和洛克的最高目标不仅仅是生存,但我承认霍布斯并非如此。

施特劳斯:我想说,我不认为休谟和洛克同霍布斯之间的差别真就

---

① 《政治学》,1252b28—30:"由若干村落组成的一个完备的共同体就是城邦。可以说,城邦达到了自给自足的水平;虽然它的形成是为了生活,但它的存在却是为了生活得好。"《亚里士多德的〈政治学〉》(*Aristotle's* Politics),第二版,Carnes Lord 译(Chicago:University of Chicago Press,2013)。

是根本性的，但这纯粹是一个历史问题，我们不必细究。你的主要观点是，假如我们为任何好的生活提供了坚实的手段，而让好的生活变得无法确定，但这正是我之前的意思。幸福仍然是主观的。例如，我们现今有这样一种情况。从来没有哪个社会能够富有到成为富足的社会。富足的社会是否更清楚自己的用途？这是一个备受争议的问题。我认为它反映在我们的学术领域，包括自然科学和社会科学，它们是几乎无限增加人类权力和人类财富的手段，但[它们]无法告诉我们如何恰当地使用[它们]。这是主观的。在我看来，虽然洛克和休谟这样的人离这种价值无涉的立场还很远，但他们在某种程度上为之做好了准备。我们似乎不可能依靠这种立场。它太渺小了。一开始，它似乎还极有前景。为什么人类的卓越性会这般的复杂和微妙呢？

你还不能忘记另外一点。这些人都反对某种在当时非常强劲的东西，此乃自我保存真正的实际意义。我的意思是，在大规模的日常政治层面上，除了自我保存，还有什么实际的选择呢？霍布斯又是最直言不讳、最清晰的，但是，一旦你在霍布斯那里看到这个选择，那你也可以在其他人那里看到。霍布斯也把这个原则称为对暴死的恐惧（fear of violent death）。他说，死亡是人所恐惧的最大和最高的邪恶。同样是霍布斯，他否认有最高的善。这很有趣，不是吗？既然你最终以最高者来确定自己的位置，那么如果没有最高的善，你自然就会以最高的邪恶来确定自己的位置。这种消极的取向在洛克那里非常明显：远离痛苦，这比趋向快乐更有力。这就是《人类理解论》中的教诲。① 但是，除了对暴死的恐惧，还有什么选择呢？霍布斯在《利维坦》中说过，且任何人都能读到：对不可见的权力的恐惧（fear of the powers invisible）。这个表述非常精致。他指的是，对上帝，对天使，对魔鬼的恐惧；对地狱的恐惧。据日常经验，人们愿意去坦然面对死亡和折磨，因为他们确信这是他们的宗教责任。这一点导致了无政府状态、宗教战争、迫害以及所有其他出了名的邪恶，在 16 和 17 世纪差不多所有的国中尤其如此。你

---

① 洛克，《人类理解论》（*An Essay Concerning Human Understanding*），Peter H. Nidditch 编（Oxford：Oxford University Press，1975）。首次出版于 1689 年。

能如何摆脱它呢？这是个问题。

[155]如果每个人在行动时都被迫遵循这样的原则,即对暴死的恐惧,或者换种积极的说法,对自我保存的欲望,那么,你如何能得到和平、安全以及那保证人人和平的、稳定的世俗政府呢？那原则是整个社会织体(fabric)的基础。就洛克而言,有一点需要考虑。在英格兰,争论曾逐渐以托利党(Tories)和辉格党(Whigs)之间的对立的形式出现。托利党从根本上支持斯图亚特王朝的旧制度(ancien régime of the Stuarts),[并]花了很长时间来忍受汉诺威王朝(Hanoverians)。至少从麦考莱(Macaulay)富有想象力和活力的陈述来看,什么是辉格党的象征？不只是教堂,还有英格兰银行(Bank of England)。谁是英格兰银行的联合创始人之一？洛克。所以换句话说,自我保存的实际意义就是财产。

我偶尔也说过,财产是具有肉身的自我保存(property is self-preservation that has taken on flesh)。不是单纯的生活这种单薄的东西,而是要生活得好。这就是17和18世纪的重大斗争,这场斗争[显然]在18世纪结束,这时一场针对[它]的反抗开始了。这是卢梭作品中最有趣的一面——起决定性作用的不是法国大革命,而是卢梭。卢梭从一开始就强调这样一点:古代的政治思想家始终在谈论德性和教育,而现代人只谈论贸易和金融。① 这最初是个议题。许多思想家都分担了这整个议题。霍布斯发挥了很大的作用,还有洛克、休谟以及像曼德维尔这样的名人,当然还有斯密,还有一些次要的人,还有孟德斯鸠。很难找到一个公式来准确地适用于这每一位主要的作家,但有一点是真的,那就是,有一种亲缘关系反映了本世纪的真实情况。在所有的国中都有人探讨卢梭对这种降低标准的反抗。但是站在卢梭肩膀上的最著名的人是那些伟大的德国哲人,尤其是康德和黑格尔,他们试图发展出一种秩序,如果我可以用黑格尔最喜欢的术语的话,它将是polis与17—18世纪国家的综合,并将在真正的自由和德性上超越两者。当然得非

---

① 卢梭,《论文艺和科学》(*Discourse on the Arts and Sciences*,1750),第一部分,第41段。

常严肃地对待这一点。它是否合理则是另一回事。

学生：还有马克思？

施特劳斯：顺便提一下，马克思在这些方面是古人的学生，但马克思与古典作品的区分首先在于一个非常重要的地方：马克思那里没有polis。马克思相信，只有在一个包含所有人的单一社会中，而不是在一个 polis 中，你才能拥有正义的、有德性的社会；其次，没有强制。古典作品和 17、18 世纪的思想家——顺便提一下，其中包括康德和黑格尔——完全一致地认为，国家，如果我可以用这个术语的话，是一个强制性的社会。如果这很难理解，那就想想绞刑架吧。你必定时不时地见过这种器械。社会在没有绞刑架或某种类似东西的情况下［是］不可能的。这是所有严肃的思想家的共同意见。马克思是第一位这样说的重要思想家，他说：不，可能。我改天再探讨。相关的问题是：一个真正理性的社会可能吗？如果真正理性的社会是一个任何成员事实上都是理性的社会，那么你就不需要有强制。每个人［156］都会在没有强制的情况下做正确的事情；然后你就能拥有一个无阶级的社会。但是，前马克思主义的古今思想家们默认的前提是，总会有非理性的人，因此总会需要强制。但是，即使在这方面，古代人和现代人之间也有一个有趣的差别，我将在另一个稍有不同的语境下探讨这个问题。魏斯？

魏斯：您能更清楚地解释下现代社会的自然秩序吗？

施特劳斯：看不见的手，一种产生社会幸福的机制，而政府唯一应该做的就是不插手：这便是自然秩序。假如每个人都关心贱买贵卖等类似的事情，并据此采取行动，这是一个繁荣社会的最重要的条件。这是有预设的：你必须拥有一个处理边缘情形的政府。总会有人伪造支票之类的，但这些都相对微不足道。社会的实质在没有任何强制的情况下是可能的。这一看法早在马克思之前就有了。马克思只是得出了这样的结论，为什么还要［查］问支票、假支票、盗用公款者和杀人犯呢？［这些人的存在，］最终不是因为他们在自然上就是败坏的或有缺陷的家伙。这样的理由并不存在。如果我们拥有完全理性的秩序，这些人就将得到有效的使用。将不会有挫败或者现今人们可能会说的任何事情。

学生：当您提及一种不受约束的激情系统时，您指的是贪婪吗？

施特劳斯：当然了。不是所有的激情。我的意思是，一个人必须运用常识。贪婪的德性（the virtue of avarice）是一项重大的发现。这是卢梭说的。即使是柏克，他的原则与亚里士多德和托马斯·阿奎那的非常接近，他也毫无保留地接受了他所称的、斯密提出的重大的利益原则（principle of lucre），但这个原则并不局限于此，因为——［回想下］我不久前给你们引用过的那段陈述，关于康德的说谎学说的。康德所理解的自然的自由权蕴含着说谎的权利。说谎的权利类似于无限获取的权利，一个人可以在自己认为合适的情况下使用自己所获取的东西，而毫不考虑其他人，两者严格讲来是类似的。请讲？

学生：看不见的手不是给了现代人一种客观的幸福观吗？

施特劳斯：一种公共的幸福，嗯。

学生：我还是不理解您为什么把他们置于对客观幸福说"不"的范畴。

施特劳斯：我有点累，没法好好思考了。你的意思是什么？人们有时所称的资本主义原则是什么意思？看看电视或报纸上的广告。广告背后的原则是什么？为各个买家所生产的商品的客观善？自然需求的满足？［157］不。需求是广告创造出来的。幸福的不确定性就蕴含在其中。公共幸福是指社会应该富足，应该稳定，诸如此类的情形，这是公认的。但它只是一种手段，真格的是私人的幸福。

顺便提一下，关于马克思的那一点很有趣。马克思当然含蓄地断言过，在好的社会中，也就是在布尔什维克主义社会中，私人幸福和公共幸福必然是一致的。充分的集体化使我幸福，这很明显。这就是论点。有些人相信，直到他们遇到弗洛伊德，才得知该论点未必为真：尽管有公共幸福，但私人幸福确实仍是个问题。当今社会科学，当然以拉斯韦尔为例，试图通过马克思主义和弗洛伊德精神分析学说的结合来调和这两类东西：公共幸福，福利国家；私人幸福，沙发。我不相信拉斯韦尔会承认私人幸福的可能性……但这样就会扯得太远。很好。下次我们继续。

第九讲　论辩：自然不平等与反民主主义

（1961 年 10 月 30 日）①

[159]施特劳斯：所以我们仍在试图理解亚里士多德所指的 polis 是什么意思。city-state［城邦国家］是一种不够好的译法，我说过，在前哲学或前科学的层面上，polis 的现代对应物是 the country［国］。然而在理论层面上，与之对应的是 the state［国家］，理解如下：当我们谈论国家时，我们在国家和社会之间进行了区分，这区分与古典的城邦概念不相容。为了使国家和社会之间的区分变得更好懂，我提及了亚里士多德所认为的城邦的目的，幸福；而国家和社会之间的现代区分可以得到最简单的理解，如果我们说，国家关心的是确保幸福的条件，这些条件对所有人都一样，而幸福则极其主观：每个人都把幸福理解为别的什么东西。因此，从某个视角来看，国家优越于社会，而从另一个视角来看，社会优越于国家。国家优越于社会，因为它的目的，即幸福的条件，［是］客观的：这些条件对所有人都一样。另一方面，国家的这个目的，即幸福的条件，只是一种手段，而目的域完全属于超政治的社会领域。

在阐述这一点时，我注意到亚里士多德在《政治学》第三卷 1280a25—35 中谈论了一种观点，这种为他所熟悉的观点在某种程度上为上述现代观点埋下了伏笔。根据这种为亚里士多德所知的观点，城邦的目的是保护其成员免受彼此之间的和外国人的暴力，从而使他们能够交易货品和服务，城邦压根就不关心其成员的道德品质。它只关心保证

---

① 　参施特劳斯，《城邦与人》，页 30—35、35—41。

和平以及和平交易,而不是道德品质,但从亚里士多德的视角来看,polis作为 polis,必须首先关心其成员的道德品质。亚里士多德所记述的那种观点与柏拉图《王制》中描述的所谓"猪的城邦"有共同之处,因为这城邦就是一个足以满足身体、食物、住所等自然需求的社会,也就是说在自然上是私人性的。我已经简要地讨论过那为现代观点埋下伏笔的古典观点与那现代观点本身之间的差别,现在我不能再重复了。我只说,那区别于国家的社会,首先映入眼帘的是竞争者们进行买卖的市场。市场要求国家作为它的保护人,或者更确切地说是它的仆人、警察。一旦承认这一点,那么,政治事物最后就会被理解为是从经济事物派生出来的,而这种理解的极端形式就是一种马克思主义的观点。

但问题还有另外一面,我现在要阐述一下。市场中的那些活动本身是自愿的。这是它们的本质,而国家在其活动范围内进行强制。不过,自愿并非市场的专利。德性,至少是与单纯的功利主义德性相区别的真正德性,其本质在于自愿。[160]而从这一事实可以推出,在现时代,既然德性不能通过强制来实现,促进德性就不是国家的事情,不是因为德性不重要,而是因为它的庄严、它的崇高。出于这个原因,国家必须对德性和恶德漠不关心,恶德区别于违反国家法律,这些法律除了保护每个人的生命、自由和财产之外没有其他功能。这里有一个逆转。社会并不比国家低,因为国家只关心满足每个人的渴望或需求,相反,社会要更高,因为它涉及德性,而国家不能关心德性本身。但是这个论证有一定的困难,弥尔顿在《论出版自由》(*Areopagitica*)①中非常有力地说明了这个问题,即:德性完全是自愿的吗?难道德性未必通过习惯或教育的过程而获得,从而没有完全落入公民社会的领域吗?这是个大问题,但无论如何,这种观点的后果是,德性,当然还有宗教,必定是私人性的,绝不是公民社会的事务,或者,区别于国家的社会与其说是狭义上的单纯私人性的领域,不如说是自愿的领域。如果是这样的话,那么社会不仅包括低于政治的事物,经济事物,而且也包括超越政治的事物。超越政治的事物:艺术、道德、科学。

————————

① 弥尔顿(John Milton),《论出版自由》(1644)。

这个观点当然被广泛地接受,但因为它将人类的最高关切交给了社会,所以再称社会就不恰当了,而要称文明,或者更确切地称作文化。从这个视角出发,我们可以说,polis 真正的现代对应物是我们如今所理解的文化。在此基础上,政治事物必须被理解为从文化派生出来。文化是国家的母体。当然,culture 这个术语本身是一个非常古老的术语,它的意思就是培育——对土壤的培育,尤其是农艺(agriculture)。但后来它开始被用来表示对心智的培育,没有任何附加的 culture 就指对心智的培育,而不是对土壤的培育。这是传统的观点。但是在 19 世纪发生了这样一件事情,culture 到那时为止只用单数形式,现在也开始用复数形式了:cultures。而我现在只关注能以复数形式使用的 culture,而能以复数形式使用的 culture 是城邦最高的现代对应物。

文化这个术语,正如我所说,出现于 19 世纪。它有某些前形式(foreforms),我们必须简要地考虑一下。这些前形式尤其是出现在了黑格尔那里。然而,黑格尔还没有谈到文化,但他谈到了民族精神(folk minds)或者 Weltanschauungen。这个德语词在英语中经常作为正式词汇使用,你们有些人可能知道。现在,从字面上翻译,Weltanschauung 的意思是 worldview[世界观]、对万物的综合观点,而这种综合观点被认为会随历史时期的不同而不同。但[回顾一下],我们仍然可以说,黑格尔所意指的东西类似于当今的、能以复数形式使用的文化概念。在其最初的形式中,文化被认为以宗教为原初核心。援引黑格尔的话来说:"宗教是一个国族为自己定义它所认为的真理的地方。"①[161]在这种总体观点的基础上,一个国族对什么是正确类型的社会,进而对什么是正确类型的政治联合体也有具体的观点。但这是从总体观点出发的。正如我之前所说,政治事物从文化事物派生而来。

为了说明这一点,我想援用一份英语文献,即柏克在《关于弑君和平的书简》(*Letter*[*s*] *on a Regicide Peace*)中所作的陈述。②[在他的第

① 黑格尔,《世界史哲学讲演录》(*Lectures on the Philosophy of World History*, 1837),节 51。
② 柏克,《关于弑君和平的书简》(1796)。

一封书简中]我们发现了这样的评述[读文本]：

> 曾经有一段时间，那些看起来彼此和平相处的共同体，比后来欧洲许多国族长期处于血腥战争的过程中更是完全地隔离。原因必须在整个欧洲在宗教、法律和礼仪上的相似性中寻找。其实，在这些方面都一样。公法作家经常把这种各国族的总和称为福祉共同体。这有道理。福祉共同体实际上是一个大型的国家，拥有相同的一般法律基础，具有一些不同的地域习惯和地方建制（Local establishments）。欧洲各国族都有同样的基督宗教，在那些根本的事实上是一致的，但在礼节上以及在从属的教义上略有差异。欧洲每一国的整个政体和经济都源自同一根源……从此以后，在欧洲每一国都出现了几种有或没有君主的、被称为"国家"的秩序。①

他接着说：这里我们有一个概述，一个关于文化意义的前理论概述。看看 18 世纪的欧洲地图——今天也是那样——这些都是独立的政治社会：法兰西、德国等等，不过，它们有某种共同之处，这共同之处超越了政治事物，在一定程度上比政治事物更重要，不过却以各种方式影响着政治事物。这里你们有一个完整的例子来说明文化的意义。查明文化这个能以复数形式使用的概念是否从欧洲人或欧洲的经验中派生出来的，这将是一件有趣的事情。你们也可以把合众国包括进来，它似乎非常清楚地表明，作为政治事物的政治事物不可能是人类社会层面的最高者。

现在如果分析柏克所提及的这个事实，当然就会看到，最终就像他部分暗示的，那仍然是一个政治联合体。这整个由一种文化联系起来的诸国家的复合体最初被理解为 Respublica Christiana［基督教福祉共同体］，并服从于由世俗权力和精神权力两部分构成的单一政府，但精神权力占据更高的地位。换句话说，对这种文化的这番分析是否最后会导致我们回到一种特殊的政治联合体，这是个问题。无论如何，在

---

① 柏克，《关于弑君和平的书简》，页 73—74。

19世纪早期出现的、其中黑格尔显得特别重要的文化观中,文化的核心被认为是特定社会的宗教。[162]在这里,我们就遇到了亚里士多德与其现代对应者之间最根本的差别。亚里士多德也认为,对神祇的关注以某种方式在城邦的各种关注中占据了首位。他就是这么说的。但他在列举polis的各项功能时对神圣事物的关注做了这样的评述:对神圣事物的关注是第五项又是第一项。①这个陈述模棱两可。一方面是第一项,另一方面又是第五项。那么他是什么意思呢?对神祇的关注在城邦的各种关注中占据了荣耀的位置,它是祭司的活动、公民祭司的活动,而对神祇的真正关注是对神祇的知识,也就是说是超政治的智慧,它涉及宇宙诸神(cosmic gods),而不涉及奥林波斯诸神(Olympic gods),如果我可以这么说的话,不涉及希腊城邦的崇拜对象。我认为关键的议题是:我们所称的宗教,或者亚里士多德所称的对神圣事物的关注,在polis中处于什么地位?从亚里士多德的视角来看,这种关注要么是最高层次的,亦即它和哲学一样——因而它是彻底超政治的,并且不能找到任何组织性的表达,除了亚里士多德和柏拉图各自创建的私立学校——但从另一个意义上说,如果它是一种公共崇拜,那么它在其自然上就服从于polis。这就是亚里士多德对上述问题的回答。在此,我们得细究宗教与国家、教会与国家的漫长历史,才能理解现代视角与亚里士多德视角之间的根本差别。

无论如何,[在]城邦概念和如今使用的文化概念之间的关系[中],如今使用的文化与最初的文化观念有决定性的不同,因为它不再意味着文化的各个要素之间的等级秩序,而在最初的观念中,如黑格尔所例证的,一种文化的核心是宗教。按照如今人类学中流行的观点,一种文化由n个要素组成,这些要素之间没有本质的差别,也没有等级。那么从这个现今流行的视角来看,亚里士多德关于政治事物是人类社会中最高或最权威要素的论断,必定显得像是一种武断的偏好,或者充其量只是许多文化中的一种文化即希腊文化的表达。这个观点认为文化的所有要素,民俗、经济、技术、治理、礼仪等——这个观点认为文化的所有要素具有平等

①　《政治学》,第七卷,1329b2以下。

的地位,这意味着它足以描述或分析当前或过去的所有人类社会。

不过,这种主张所有要素相互平等的观点显得像是一种特殊文化即现代西方文化的产物,它绝不一定有助于理解其他文化,[同时也]绝难确定它是否不会歪曲这些其他文化。毕竟,这些其他文化,无论存在于其他地区还是过去甚或存在于西方,都必须依其本身来理解,而不是被迫躺到过去几代现代西方人的经验所提供的普罗克鲁斯忒床(Procrustean bed)上。似乎每一种文化都必须根据它所仰望的东西来理解,而每一种文化都有它所仰望的东西。任何文化都不是简单的平等主义的,也就是说,不是没有什么特殊的东西可以仰望的。就文化而言,它所仰望的东西[163]或许会反映在[它所仰望的]某种特殊的人身上,而这种人或许就是公开地统治着这个社会的人。现在,这个特别的情况——一个社会所仰望的东西是由一类特定的人代表的,这类人公开地统治着这个社会——这个特别的情况在亚里士多德看来是正常的情况。因此,亚里士多德对任何我现在使用的文化的分析都会是一种政治分析,因为它会表明哪种类型的人在这个社会中占主导,以及这类人的独特目标是什么。问题是,这是否不仅仅是亚里士多德的偏见,或者说这是否有道理。那认为一种文化的所有要素都具有平等地位的观点——我们可以说这是文化的平等主义观点——反映了一个平等主义的社会。但什么是平等主义的社会?这个问题有一定的难度。平等主义的社会也有东西仰望。平等主义社会的特征源于对平等的仰望,最终源于对这样的宇宙(universe)的仰望,这个宇宙并非由本质上不同的部分组成,从而仰望那些致力于为常人(common man)提供服务的不同寻常的人(uncommon men)。你们知道,那些追随亨利·华莱士①的、非常极端的民主党人不得不将他们的亨利·华莱士传记命名为《亨利·华莱士:一个不同寻常的人》(Henry Wallace: An Uncommon Man)。②在据说是最平等主义之国的苏俄,在赫鲁晓夫所称的个人崇

---

① 亨利·华莱士(1888—1965),合众国第 33 任副总统,1948 年进步党(Progressive Party)总统选举候选人。

② 金登(Frank Kingdon),《亨利·华莱士与六千万份工作》(Henry Wallace and 60 Million Jobs, New York: The Readers Press, 1945)。

拜中,①这类情况更为显著。所以换句话说,有一个问题:如果我们更深入地察看这个事情,那么我们在分析任何一种文化时是否就不必去看这种文化仰望什么,这仰望是否未必表现在社会秩序中,[对]某类特定之人[的]、法律上确定或未确定的偏好中?而这些就是亚里士多德主要关注的现象。

在古典时代,存在着与我们现在所称的人类学相类似的东西。有些旅行者试图理解其他部落或国族。最著名的例子当然是希罗多德。看出希罗多德在察看一个部落时所用的范畴并将其与当今人类学的范畴进行比较,这会很有趣。希罗多德从四个方面来研究各个国族。[第一,]土地和居民的本性:土地是多山还是海边的等等?居民充满活力吗?第二,各个国族的技艺或手艺;第三,它们的成文或不成文的法律;第四,它们的故事或叙述(accounts),因为你们在任何地方都找不到成文或不成文的法律,倘若没有论据来解释它们为什么会存在,[而]这些论据就是故事或叙述。在这个方案中,政治要素不是明显的主导要素,或者不是最权威或最高的要素。所以换句话说,希腊人意识到这样一个事实,即对社会的理解并非主要是政治性的,至少并非明显是政治性的。我们可以说这是一种对社会的描述性研究径路(descriptive approach)。与这种描述性研究径路相比,亚里士多德的研究径路是实践性的(practical)。他看待各种社会所显现的样子时受着好社会的问题的引导。然后,这些社会或者任何社会都被看作是在试图回答好社会的问题。[164]它们如何回答这个问题?现在,如果从这种实践性视角来研究一个社会,那么,土地的本性、居民的本性,在某种程度上甚至还有技艺和叙述,都是作为条件出现的,而只有政治秩序本身是其所意图的。我相信,这就是亚里士多德分析和描述性分析之间的差别。

这就是我试着讲清楚的第一点,polis 的概念及其现代对应物。我

---

① 1956年2月,赫鲁晓夫在苏联共产党第二十次代表大会上发表了题为《论个人崇拜及其后果》("On the Cult of Personality and Its Consequences")的演讲,其中他谴责斯大林的罪行和围绕他的"个人崇拜"。

说过，polis 最高的现代对应物是如今使用的文化，我试着解释过。我确信有相当多的点需要进一步解释。现在是时候了。我看到有人在摇头。你似乎有特别的疑难？没有？请讲，塞尔泽先生？

塞尔泽先生：我只想澄清一点。在亚里士多德的研究径路中，政治事物成为主导，而希罗多德所说的其他东西则会成为条件。亚里士多德的意思是说被讲述的故事也成了条件吗？

施特劳斯：从某种程度上讲是的。你会发现，如果你察看部落、国族或文化，但不是像观察狮子甚至艺术作品或其他什么东西那样观察它们，那么情况就立刻发生了变化，而如果你把它们看成那些试图回答"什么是好的社会"这个问题的人，那么重点就不同了。从这个视角出发，可以说亚里士多德的研究径路是实践性的。现今他们会说它是存在主义的，但让我们使用一个古老的词，至少由于岁月的增长，这个词已不再是华而不实或自命不凡的，也就是，一个人的自我问题，它关系到每一个思考着的存在者。什么是好的社会？他们如何设想好社会？他们如何回答这个问题？当然，自然条件明显只是条件，但其他东西也是如此。

学生：您能否阐述一下另一种研究径路的后果——

施特劳斯：那当然是非常临时的说法。得细究一个非常困难的问题，即希罗多德的论证用意何在……希罗多德的目的是解释希腊和亚细亚之间的世俗冲突。这场冲突最大的表现是战争，而这不完全是非政治的。

学生：我想我理解您说的话，但我无法抓住其中的含义。

施特劳斯：我想我们得考虑的是我不止一次提出过的一点：如今使用的文化观念——在某种程度上它是人类学以及其他社会科学的核心——它是一个准确的概念吗？……顺便提一下，这有很多实践后果，因为在我们这个日益缩小的地球上，如果文化之间不能深度理解彼此，那么世界上的各种文化之间怎么可能有真正的理解呢？就实践目标而言，你可以说，不发达的诸国需要更多的资金和更多的物资，并且我们不想它们站到苏俄一边。这就够了。但在很多情况下这行不通，之所以行不通，也许是因为我们不理解这些其他人。得进入他们的深处，

［到达］他们所认为的最高者，而这最高者未必会在一次匆忙的旅行中体现出来，［165］旅途中会遇到来自如此不同的文化的人员，其或许也已经变得西方化，并且真诚但错误地用西方的术语来呈现整个问题……为了我们能理解自己。如果没有比较的条件，如果人们不了解其他人，一种既定的文化就不会理解自身，总的来说这有一定道理。所以，为了我们自己的自我理解，摆脱这种过分简单化的文化观念很重要，它更多的是西方社会发展的结果，而不是理论反思的结果。这是我想得出的一点。但重点当然在于，尝试理解亚里士多德的 polis 概念，它首先与我们自身格格不入，在这一点上柯林伍德是正确的，由此表明它不仅是古文物研究工作要查明的，而且对我们自己的那些指导性概念的澄清也是必要的。

学生：这我能理解，但现在让我们假设我们采用亚里士多德的径路来研究其他文化。我的问题是：那又怎样？这会改变我们的研究径路或者会带来什么结果吗？这种研究径路的改变会产生什么结果吗？

施特劳斯：对于非常一般化的问题，只能给出非常一般化的答案：为了更好地理解。我想说，我们得举一些具体的例子来摆脱这种一般化。

学生：您能否更具体地说明您将如何确定一个社会所感觉到的、它的总体目标？是否有必要把这个目标设想成政治性的？

施特劳斯：这是另一个问题。一个人必须绝对的心智开放。或许那个目标是非政治性的。你可以说，亚里士多德的一个具体论断是，如果你深入到问题的实质，那个目标将是政治性的。但或许并非普遍如此。这是另一回事。现在我给你举个例子。在当今的政治科学和社会学中，人们经常谈论正当性的原则，以及现今最强劲的学派，也就是韦伯——三种类型的正当性，你必定听说过：合理型、传统型和卡里斯玛型。人们相信这些对理解有用。我相信它们完全没用。这是为什么？如果我可以这么说的话，亚里士多德的分析与韦伯的分析有什么区别？区别在于：为了查明一个既定群体的正当性原则是什么，你不得不问这些人。你不能利用并应用像韦伯这样的社会学家所发明的图式。那么，那样一道简单的常识性程序的结果会是什么呢？呃，你会发现——

比如,以合众国为例,且用最简单、最童真的方式进行。你会看到一些法律,而这些法律有一个最终的根基。它们必须与宪法一致。好吧,但是宪法呢? 什么使宪法正当化? 宪法仍然是一种法律。什么使宪法正当化? 你会怎么说?

学生:我想说,随着时间的推移,权威已经被接受了。

施特劳斯:宪法有这么说吗?

学生:没有。

[166]施特劳斯:宪法对正当性原则是怎么说的? 它是否说了什么关于合理型或卡里斯玛型的话,又或者关于传统的话? 它开篇说道"我们人民"(We the people),不要小看这一说法,并非所有的政治秩序都由人民确立并从中获得其最终的正当性。这一点对我们来说或许非常模糊;最初它是非常确定的。你们每个人都从各西方古国的历史中了解到一些东西。人民的替代者是什么? 例如,神授王权。如果你们去察看下,立刻就会发现这不是一个毫无意义的表述。当然,"人民"不确定,因此可以在严格的财产资格条件和其他区别对待原则的基础上来理解人民。它还可以排除所有区别对待原则。这里你们有一道完整的彩虹,从寡头制一直到非常极端的民主制。这就是合众国的真实历史,它是如何从一个最初非常有限的民族变成如今所理解的人民的……

现在我想说一点。有一些正当性的实质原则,它们都是在重大的历史运动中、在革命中使用的重大的字眼。无论有多伪善,光凭伪善不行的。总是有更多的东西:这些是正当性原则,这就是亚里士多德所想的。亚里士多德认为自己有一个详尽的方案,例如,他说民主制意味着自由和平等;寡头制意味着财富;贵族制意味着德性或好的出身。这些是正当性的实质原则,能赋予法律以及社会内所有互动以尊严。假如你们说希特勒的德国是一个卡里斯玛型的社会,因为它仰望希特勒——意大利当然也是如此,在某种程度上,列宁斯大林主义的俄国也是如此,[那里]也有卡里斯玛型的领袖,但这并不能告诉你们什么。但假如你们做一件简单的事,问:呃,纳粹的原则是什么,法西斯主义的原则是什么? 这些原则虽有欺诈和哄骗的成分,却能告诉你们一些非常确定的东西——换句话说,是那些从事政治活动的人所使用的原则,而不是一个外部观察者根据那些本身从来没有讨论前景的原则而使用的原则。比如,以传统型和合理型为例,它们是韦伯方案的一部分。你们当然可以说,法国大革命所斗争的旧制度(ancien régime)是以约定俗成(prescription)为基础的,而革命者们试图做的就是[实施]合理的秩序、合乎自然的秩序。但还不够准确,因为最终旧制度的原则不是约定俗成:约定俗成是柏克在阐释法国大革命时所退回到的一个范畴。它不是旧制度的内在原则;它当然是君主制的、独立君主制的神圣之物,与之相伴的是封建秩序的那些实质原则,而不是形式原则。这就是我想到的一个例子。

学生:根据您现在所说的,我理解您之前举的例子,平等主义社会。但我想您说过,在这个社会中人们并不仰望平等——

[167]施特劳斯:不,不,我肯定是说他们仰望平等。我想表明,生活中绝对不可能不仰望某种东西。当然对于一个社会来说——我想说,我不知道卡彭(Al Capone)①是否有仰望某种东西,但我相信他有,在某种程度上,也就是仰望卡彭的形象。但一个社会总要有仰望,因为总要有你能参照的东西。我的意思是,假如人们说这是7月4日的演说,那在许多情况下很可能是真的,但它不完全真。让我们说,套话和伪善总是存在;但套话之间的差别与社会之间的真正差别有关。当一个人说"呃,嘴上说说没有任何意义",你知道这是一种虚假的老练。那有很大的意义,任何分析都肯定得从它开始。这一点在亚里士多德研究径路的原则中得到正式的说明。这当然不意味着亚里士多德就正确。他相信,如果你从人们心智中最高的东西出发,就会看到政治事物占据着支配地位。他如是断言。当然,这必须受到质疑。

学生:您用了亨利·华莱士的例子。他们不指望常人,而指望常人

---

① [译按]卡彭(1899—1947),出生于纽约布鲁克林,父母为原籍意大利那不勒斯的美国移民,1925—1931年掌权芝加哥黑手党,是20世纪20—30年代最有影响力的黑手党领导人。卡彭虽是黑道罪犯,但在某种程度上却扮演"扶弱济贫"的角色。

的捍卫者。他们的原则是平等还是不同寻常的人？

施特劳斯：说平等是最高原则，但作为一项原则，它充当了区别对待原则，即那些真正的平等主义者的原则。前后充分一致。没有任何限定的简单平等主义是不可能的，我的意思并不是说必须有法律上的区别对待。这完全是次要问题。但是，生活中不可能不做出选择，不仅个人如此，整个社会也必须做出选择，它总是已经做出了选择，因为它总是拥有某种政制。

学生：然而，在我看来，说现代观点不同于所有其他观点，因为它认为文化的所有要素都具有平等地位，这基本上不正确。现代人类学可以被视为一套程序；它并不真的认为所有这些程序所应用其上的东西都具有平等地位，因为那是需要去确定的事情。这就是使得他们进入强度问题的原因，例如，例如两个人对公民自由所持态度的强度，所以他们所说的平等地位都是指程序必须平等地应用。

施特劳斯：唯一绝对必要和构成科学的东西是那区别于任何结论的方法。请讲？

学生：呃，未必，因为方法可能不同。例如，测量强度的方法可能不同。有时可以通过非常精细的方法定量地测量强度，而在其他情况下，测量强度只是一种有风险的做法。例如，心理态度就不可以非常准确地衡量。还有其他种类的强度测量可以非常准确。

施特劳斯：好吧，那我就试着这样来陈述吧。例如，马克思主义说[168]经济要素或生产形式的要素是基本的东西，而其他唯心主义学派（spiritualistic schools）则说关键要素是宗教。与之相反，难道当今社会科学的特征不是在于多因果性吗？现代社会科学说：不，我们保持这个问题的开放性；[有]n 个因素，其中任何一个在原则上都可能占主导，这要视个案而定。他们不就是这样说的吗？

学生：呃，它们在原则上平等，但它们是有待确定的目标。

施特劳斯：但那个引导社会的社会概念隐含着平等。社会本身并没有确定哪个更优越。在各个社会中总有某种东西占主导，而我们得找出它是哪一个。

学生：至少我们尝试的一种理解方式是尝试在我们的经验和我们

的历史中找到共同原则和一致性。不管我们是否同意韦伯在察看人类的经验和历史时找到了一些一般类型的正当性,难道他在寻找这些共同因素方面的努力就没有什么可说的吗?

施特劳斯:问题不仅在于它们是否就是韦伯所说的那些[类型],而且在于它们是否能够具有那种特性,而我认为它们不可能具有那种特性。原则上讲,人们不会为卡里斯玛型、传统型或合理型而斗争,而只会为实质性的东西而斗争。必须考虑的另一点是韦伯所作区分的起源。最初是这样的。在19世纪的欧洲,法国大革命之后,新社会秩序和旧制度之间的斗争可以理解为理性对传统的斗争。然后,在法国大革命和王朝复辟之间还有第三个要素:有一个叫拿破仑的人。这不是合理型或传统型——而是卡里斯玛型。换句话说,我相信韦伯的方案反映了19世纪西欧的某种经验。试验基础非常狭隘。你如何能扩大这个基础呢?人有独创性,可以做不可能的事,但你如何能怀着任何成功的希望,去合理地扩大这个基础呢?这就是问题所在。

学生:如果就像您承认的那样,每个社会都有意无意地拥有一种它认为是可欲的人类形象,那么,为什么这个任务应该是政治性的呢?为什么不能是社会的任务呢?

施特劳斯:肯定能。问题是:如果一个社会就像你说的那样拥有一种人类形象,那么,如果这种被偏爱的类型公开地统治着社会,那这种类型不是更能决定社会吗?对这种类型的人的偏爱,一种道德上的偏爱,在相应的政治秩序中得到表达,这难道只是个意外吗?或者这就只是个意外?亚里士多德会说,正常的情况是,这种被偏爱的类型如果统治着社会,就会给社会打上自己的印记。肯定还有其他的社会,这毫无疑问。但它们不是复杂的形式、在某种程度上不正常的形式吗?这必是问题所在。

学生:按照这种分析,为什么必然是政治领袖而不是宗教或经济领袖来代表社会所认为的最高的东西?

[169]施特劳斯:首先,为什么不呢?但是,如果你环顾四周,看看那些不完全专注于自己的睡眠、消化等事情的人的心智中什么是最高的,你就会发现,有一个主题我相信是每个人最关心的——每一个人或

许也高度关心自己,但也高度关心每个人——我想我现在可以说出它是什么了。柏林等个别事件说明了这一点。① 但这只是目前的事件;更宽广的东西叫作冷战,假如你细究下去,什么是冷战,它是合众国和苏俄之间的对抗状态。这是一个经验性陈述。但如果你更仔细地察看,你就会发现,如果你只思考这两大政治社会是不够的。决定性的一点是,这两个不同的社会有不同的政制,献身于这两个社会不同的总体目标。我认为现今很少有人[不]承认,我们所面临的最紧迫和最火热的问题是这两个以不同政制和政治秩序为特征的政治社会之间的冲突。这就是亚里士多德的意思。假如你察看一下古典时期的希腊,最重大、最大的事件肯定是伯罗奔半岛战争,在这场战争中,你看到的不是合众国和苏俄,而是雅典和斯巴达,它们不仅是两个不同的城邦,而且是两个以不同政制为特征的城邦——也就是说,这不仅是法律技术上的不同,也是献身于不同目的[的问题]。换句话说,正如亚里士多德所说,在人类历史上肯定有一些时期,当时最火热、最全面的议题都具有这种特征。

但假如你说:呃,还有其他一些时期,其中的伊斯兰教和基督教就不是简单的政治联合体。这里你可以说,重点完全在于宗教。这种情况肯定存在。因此,我们的文化概念和亚里士多德的 polis 概念之间的真正差别在于,在 polis 中,作为宗教事物的宗教事物,要么完全超越政治,与哲学等同,要么低于政治;而按照现代的文化概念原始的和最丰富的含义,宗教事物是核心的现象。但你可以看到,这里并没有完全武断地选择政治事物。如果阅读曾经存在过的优秀马克思主义文献就可以发现,他们当然,虽然他们说最终的驱动物是生产方式的变化,但有趣的时刻是政治时刻。例如,在托洛茨基的《俄国革命史》(Trotsky's *History of the Russian Revolution*)中,当他谈到 1917 年初俄国的经济罢工时——妇女、饥饿的妇女、面包、罢工,除了饥饿什么都没有——但他接着指出,从这一时刻起,罢工变成了政治性的,然后就变得有趣了。在其他时候,只要把这些妇女关起来,或者给她们一些面包,它就结束

---

① 柏林墙始建于 1961 年 8 月,就在这次课开始的几个月前。

了。但当它变成政治性的那一刻,它就成了一个问题:这些人会继续接受已确立的政制,还是会去争取一个新的政制? 无论经济事物和技术性事物对马克思或对马克思主义学说有多重要,在关键时刻,在关键时刻这些对抗变成了政治性的,它们涉及的问题是,哪种类型的人在社会中具有权威:是地主,是资产阶级,还是无产阶级? 在这个意义上——我的意思是,在这部分,马克思主义学说并不反对亚里士多德学说,只有亚里士多德会说马克思主义完全是误导人的,因为它假设永远能有[170]一种非政治的人类联合体——你知道,国家的消亡。亚里士多德会说:如果国家不可能消亡,就总会有一种主导的类型。这种主导的类型或许是大多数人、常人。这是一种特殊情况,但也是一种主导的类型。我后面会回到这个问题上来。

学生:如果有一种主导的类型,这是个问题,那么您认为社会或文化有一个稳定的目标,还是说它们的目标一直在变化?

施特劳斯:有一些微小的变化,但重点是,从根本上讲,一定的类型对应于一定的目的。

学生:假设这是真的,当您看到政制不断变化时,这是否意味着——

施特劳斯:政制不断变化是什么意思?

学生:在亚里士多德所引用的例子中,一个特定的城邦国家或 polis 会从独裁制开始变化——

施特劳斯:哦,是城邦变了,不是政制变了。我后面会详细探讨这一点。如果你们不介意的话,这将是关于这个话题的最后一个问题。请讲?

学生:亚里士多德在什么基础上认为那种类型的人在正常情形下是政治人? 还有,您为什么强调说这种人公开地统治? 和什么相比呢?

施特劳斯:这是在默默地驳斥一些傲慢而老练的人,他们说我们所说的统治之人,比如肯尼迪政府或艾森豪威尔政府,只是有名无实的领袖,真正的统治之人有时是工会,有时是通用汽车公司。你听说过吗? 亚里士多德的想法很明确,它频繁地出现,超乎人们的想象。例如,在古老的普鲁士,国王和执政贵族公开地统治着这个国。你只要看看占

据要职的人的名字就知道了。在这方面,政治绝不隐晦,绝不是隐微的
事务。①

我提醒你们注意我所使用的一般方案。亚里士多德的政治科学是
对常识性观点的某种呈现。对此的异议是:呃,这是希腊人的常识,而
不仅仅是人类的常识。这项异议的一个分支是,这是希腊上层阶级的
常识,也就是说,亚里士多德是从一种反民主的偏见来看待政治事物
的。现在首先要简单地澄清一点:亚里士多德是反民主主义者。我一
刻也不想掩盖这一点。我相信像有些人似乎会做的那样去做非常没智
慧,他们既赞赏民主制又赞赏亚里士多德,然后得出推论:因而亚里士
多德是民主主义者。不能这么推。这只能证明我们天生的属人的特
征,我们想要鱼和熊掌兼得,这是一种非常友好的品质,但至少在教室
里不可容忍。所以亚里士多德是[171]反民主主义者。他所质疑的民
主制是城邦的民主制,而不是现代的民主制,我们必须看一下两者的关
键差别是什么。现代民主制是一种以国家和社会之分为预设的民主
制。城邦的民主制不包括这一区分。此外,城邦的民主制以奴隶制的
存在为特征。公民身份是一种特权(privilege),而不是一种权利
(right)。城邦的民主制不允许主张人本身的自由,而只允许主张自由
人的自由,归根到底,只允许那些在自然上是自由人而不仅仅在习俗上
是自由人的人提出主张。

亚里士多德提及过一个定义,公民是身为公民的父亲和身为公民
的母亲的后代。这个定义非常粗朴,但它确实表明,公民不是人本身。
那么什么是自由人呢? 自由人与奴隶的区别在于他随心所欲地生活这
一事实。奴隶没有随心所欲地生活;他不得不去那里,或者去他主人派
他去的任何地方。过随心所欲的生活的主张是平等地针对每个自由人
提出的,而不仅仅是针对某个特定的自由人。自由人拒绝听命于任何
人,或拒绝服从于任何人。他是自己的主人,而奴隶是有主人的人。但
是政府显然是必要的,因此自由人必须承认某种形式的服从。因此,自
由人要求自己不服从任何不服从他的人;那么他的服从就不是一个自

_____

① 这时换录音带。

由人不值得拥有的。这意味着每个人都必须拥有和其他人一样多的机会来获得那些最高的官职,仅仅因为他是一个自由人。除了得是自由人外,不必考虑其他资格条件。唯一能保证这一点的办法是抽签选举(election by lot),因为在抽签选举中,每一个人都被平等地视为符合这一要求。抽签选举的替代者被称为举手选举(election by raising the hand)——正如我们所说的,对候选人投票。对候选人投票是自由人的一项区别对待原则。你们明白吗? 因为你们不仅要考虑他是一个自由人的事实,你们还要考虑他因为他的优点和卓越而应该当选的事实。这是一种贵族制原则,因此我们所称的民主制,也就是现代民主制,从亚里士多德的视角来看是民主制和贵族制的混合。事实上,希腊人不得不稀释他们的水。有两个明显的例子,其中他们不得不考虑真正重要的优点:将军,不是抽签选举出来的;其次,司库(treasurers)不是抽签选举出来的,因为如果司库由抽签选举出来,那就会发生非常滑稽的事情。但是,另一种原则仍然很有趣——例如,在整个陪审制中,等等。

既然城邦民主制所宣称的自由是指随心所欲地生活——这是亚里士多德给出的明确定义——那么民主制就只允许对其成员有最低限度的约束。正如他们如今所说,这是放任到了极致。出于这个原因,柏拉图在《治邦者》(Statesman)中说,民主制,不管好坏,都是所有政制中最弱的,这意味着对个人影响最小、干涉最小。现在有人或许会觉得奇怪,亚里士多德没有虑及一种严厉的清教主义式民主制的可能性。毕竟,这种民主制可能存在。但我想他会说这样的秩序不是严格意义上的民主制;它是一种包含某些民主制度的神权政制,但其本身不是民主制。

[172]还有一件事必须考虑。亚里士多德并没有表明城邦的民主制和这样的城邦之间有什么联系,该城邦保护其成员免受来自内部和外部的暴力,从而将自身限制在使他们能够交易货品和服务。这非常奇怪。他提及的这种洛克式的、可能的城邦,他没有以什么方式将它与民主制联系在一起。这很有趣、非常有趣。换句话说,亚里士多德所说的民主制并不意味着经济社会。当然它也有一些经济制度,但它不是献身于这些制度。作为一个战士社会的 polis,我认为其古老精神太强

劲了,[这]是我的解释。以上就是亚里士多德对民主制的理解。

现在,难点来了。似乎民主制不仅仅是城邦可能采取的许多形式中的一种,而且是一种正常的形式,或者换句话说,城邦在其自然上就倾向于民主制。亚里士多德所理解的城邦是或倾向于是一个由自由平等的人们组成的社会,但这似乎是民主制的本质。城邦就是人民或属于人民,这似乎要求它由人民来统治。这一点以一种更清晰的方式表现在拉丁语中,表现在西塞罗对这样一些事物的讨论中:城邦,福祉共同体即 res publica。什么是 res publica? res populi[人民的事物],某种属于人民的东西,然后,人民当然应该把它当作财产来对待。城邦对民主制的倾向在亚里士多德的《政治学》中表现得非常引人注目。例如,《政治学》的第三卷,这是最重要的一卷:当亚里士多德开始论证时,第一项论证是民主制式的论证,你们一查就知道了。亚里士多德不久之后表明的公民的第一个定义,是民主制式的定义。然后亚里士多德纠正了这个民主制式的定义,但是第一个定义本身表明民主制式的定义本身有一定好处。这该如何理解呢?让我们拿民主制的两个最简单的替代者来说吧,寡头制和贵族制。与它们相对,民主制是所有人的统治而不是部分人的统治。寡头制和贵族制排斥平民参与治理,而民主制不排斥富人和君子参与治理。看来民主制才是真正的所有人的统治。

亚里士多德看到了这些,但他不同意这种分析。据他所述,在一种民主制下,表面上的所有人的统治事实上是部分人的统治。所有自由人,我的意思是所有身为公民的人,在一种民主制下平等地共同治理。那么平等的人之间如何就各种争议作出裁决呢?如果要进行审议,只有一个办法。当然可以达成一致意见,但这是一个无趣的情况,因为那样一来,明显就不需要作出裁决了。但如果没有一致的意见,你们可以如何裁决呢?你们可以通过抽签来裁决。要战争还是和平?让我们来扔硬币吧。呃,这当然不是很有智性,因为没有审议的余地,并且审议后再扔硬币似乎很荒谬。所以,在审议的基础上,在缺乏一致意见的情况下,形成裁决的唯一合理的方式是多数人的投票。试想另一种选择:少数派应该获胜;你们会发现这行不通,因为每个人都会投票反对这个意见。平等者之间唯一合理的制度是多数人的投票。

[173]现在,正如亚里士多德所观察到的,我们面临着一个非常奇怪的巧合:虽然理论上有可能在一个特定的城邦中多数人富有而少数人贫穷,但碰巧的是,在任何地方情况都相反,少数人富有而多数人贫穷。所以,这个事实的简单结果是,民主制是穷人的统治。可能会有复杂的情形,这些复杂的情形是麦迪逊深刻反思的话题,你们可以从第十篇、《联邦党人文集》第十篇中知道这一点,但原则上你们知道,除开复杂的情形,作为人民中的多数人的统治,民主制就是穷人的统治。这是什么意思? 民主制着实表现为所有人的统治而不是穷人的统治,至少在古典时代是这样。为什么会如此? 民主制的主张是基于自由而不是基于贫穷,因为我认为,在古典时代被默认为理所当然的是,你们不能基于缺陷或需求来主张统治,而只能基于卓越。在现时代,人们经常说,如果弱者没有投票权,他就没有机会。亚里士多德会说,作为弱者,他不应该提出任何参与治理的主张。卓越必定是一种积极的品质,而这种作为一个自由人的积极品质当然也意味着他为国而战。统治的资格如果是基于卓越而非缺陷或需求,就会更加可靠。但另一方面,如果民主制是穷人的统治,那它就是那些缺乏闲暇的人的统治。因此,由于教育需要闲暇,它也是未受教育的人的统治,因而它是不可欲的。这就是亚里士多德在那里所作的朴素的论证。

但是有一个很大的难点。许多贫穷和未受教育的人可能具有暴民的所有可怕品质——歇斯底里、疯狂——但他们有武器。他们不可忽视。因此,这个政治问题不能通过“只有受过教育和理性的人才应该统治”这一简单的观察来解决。那么,解决办法是什么呢? 必须要考虑到 demos[平民],①因为它的权力,但另一方面它不是善的。这或许听起来像个玩笑话,但完全是真的。在亚里士多德《政治学》第七卷和第八卷所概述的最优方案中,解决办法就是一个没有 demos[平民]的城邦。有均受过适当教育的自由人——土地的所有者等等——而这片领土上的其他居民要么是外邦人或居留的异乡人,要么是奴隶。当然,这只有在非常有利的条件下才有可能,而不是一个非常实际的解决办

---

① ［译按］在本讲稿第 226 页,施特劳斯将 demos 等同于 common people(平民)。

法。因此,亚里士多德考虑了各种不那么极端的解决办法,各种平民可以参与其中但不占主导的政制。你们可以说相关的论证贯穿了第三、四、五、六卷。如何找到这种解决办法的?在第三卷中,至少在平民不太腐化的情况下,他离接受民主制仅咫尺之遥。但如果你们察看一下相关的论证就会发现它们很难跟上,我相信它们毁掉了所有写过这个话题的人、出版过这个话题的书的人,因为这些论证极其复杂。亚里士多德阐述了一个关于民主制的论证,该民主制是一种有所限定的民主制,但从根本上讲仍是一种民主制,而当你们读到这个论证时,你们会说:呃,就是这样,很公正,很合理,这是任何通情达理的人都想要的,如果能得到的话。然后亚里士多德继续谈,并阐述了完全不同的东西。我现在不能细究所有的弯弯绕绕。

在这另一种讨论中出现了一种绝对相反的可能性,那就是独尊者的独立君主制(the absolute monarchy of the single superior man)。这两部分的论证之间没有非常明显的联系。他是什么意思?为什么[174]亚里士多德——他所描述的独立君主制比他所述说的民主制要模糊得多、不明确得多——但就亚里士多德这样的人而言,必定有某种东西使他偏离了合情理的解决办法。我们必须设法理解这一点。现在,如果我们把所有其他证据都考虑进来,不仅有《政治学》中的,还有《伦理学》中的,甚至还有《形而上学》中的,那么我们就会看到,那种国王,一种宙斯一般的人,具有最高的自然统治资格,其资格比任何群众所能拥有的都要高得多,因此,这种有着最高自足性的人不可能是 polis 的单纯组成部分,因为他的完整性或整全性,在我看来,他如果不是亚里士多德意义上的哲人,至少也是对哲人的最高政治反映。

我想说一点。那使得亚里士多德甚至对一种完全有限定的、令人满意的民主制也感到不满意的是哲学。这就是亚里士多德的《政治学》之谜,难点就在这儿。他所谈到的那种国王、那种完美的人在政治上并不重要,因为正如亚里士多德在其他段落中表明的,充分的君主制、最好意义上的独立君主制只有在公民社会的建立之初、黎明时期才可能存在。另一方面,哲学,至少在其完成的时候,与其说属于公民社会的黎明时期,不如说是属于它的黄昏时期。哲学和 polis 之间,尤其是和民主制之间,似乎存在着某种冲突。这背后是什么？我建议这样回答。亚里士多德对最好的民主制也持保留态度的最终原因是,他确信作为 demos[平民]的 demos[平民]在自然上就与哲学相对立。只有君子、上层阶级才能对哲学开放,才能听从哲人。我相信这无可辩驳。在此我们稍微更好地理解了城邦民主制和现代民主制之间的差别。

现代民主制预设了哲学和人民之间在根本上的协调。而能够带来这种协调的东西被认为是普遍的启蒙——美国意义上的公立学校、成人教育等等——要么是启蒙,要么是能够通过人人都认为有益的发明和发现来减轻人之苦难的哲学或科学。我相信这至关重要。在与亚里士多德的万物观决裂的基础上,人们开始相信有可能存在一个完全理性的社会,这个社会的每一位成员必然都是完美理性的,因而所有人都因兄弟般的友爱而统一在一起。而人的治理,区别于事物的管理,也会消亡。这种马克思主义—无政府主义的形式当然只是一种极端形式。自由民主制所采用的形式当然是一种缓和得多的形式,但两种观点都反对了亚里士多德,认为哲学和 demos[平民]之间在根本上是协调的,而这一观点为亚里士多德所否认。因此,为什么亚里士多德在根本上对民主制持保留态度,甚至没有止步于他在《政治学》第三卷中所再现的那种非常合理的民主制——可以说是雅典最好的状态,其最终原因就在于此。下次我得进一步阐述平等与不平等的主题。重申一遍,要理解亚里士多德的《政治学》,就得再次回到单纯的政治事物之外。

[175]让我换种说法,而这或许对我们之前的讨论会有所帮助。对我们来说,难点在于理解亚里士多德断言政治事物是权威要素这种表面上的独断论(dogmatism)。为什么不应该是经济事物、艺术性事物、宗教事物,或者其他什么？换句话说,亚里士多德必须以某种方式确立政治事物的权威特征。否则它就是十足的偏见,尽管是一种看似非常合理的偏见,因为从我们今天对自由民主制和雅典—斯巴达的简要呈现中可以看到,在某些情况下亚里士多德显然是正确的。但它不是普遍真实的。但亚里士多德是如何确立政治事物的支配地位和权威特征的呢？他是如何做到的？我们在哪个地方可以找到这样的讨论？然后我想说这个讨论和他对哲学的讨论是等同的。亚里士多德主张,

有且只有一种人类活动从本质上超越了 polis，那就是对真理的探求，哲学或科学——柏拉图和亚里士多德那里还没有哲学和科学的区分。这就是他的主张，并且这也取代了很多我们称之为宗教的东西。亚里士多德对神祇的关注，或者说对神祇的最高形式的关注，就是对神祇的知识，据亚里士多德所述，这也就是哲学或科学。而正如我之前所说，崇拜、敬奉、祈祷等所有这类事情，它们对于……polis 的管辖。如果不理解亚里士多德认为的人类最高的完善是什么，就不能理解他对 polis 的总体观点。我相信，这种观点——即哲人和 demos[平民]之间，或者广义上说，哲学和 polis 之间，存在着一种根本的张力——是柏拉图—亚里士多德政治哲学观的本质。它明显相反于现代的观点，后者从一开始就以各种方式假定哲学和 polis 之间在根本上的协调，要么因为哲学是 propter potentiam——为了权力，为了以医学、技术等形式造福人类，因此显然是为大多数人所接受的——要么因为普遍的启蒙会使思辨者和大多数公民之间达成完美的一致。请讲？

学生：在讨论亚里士多德和希罗多德的不同研究径路时，您提到亚里士多德专注于什么是好的社会……其表现形式就是政治组织，与之相对的是，您谈到了希罗多德的描述法和人之本性的要素、叙述和故事、政治事物的条件。在您讨论亚里士多德如何理解 demos[平民]和哲学的关系时，人类的本性问题似乎被当作分析的出发点，而不是当作政治的一个条件。也许没有什么区别，但是——

施特劳斯：哦，是的，但是就像在其他情况下一样，我们可以通过一种区分来解决这一点——我相信，我所做的区分并不是为了让自己摆脱之前所说的内容中我无意间陷入的困境而做出的 ad hoc[特别的]区分。有两种叙述或故事：政治叙述或超政治的叙述。超政治的叙述要么是哲学叙述，要么是科学叙述——严格讲来，[它]肯定不属于 polis 或相关文化。但是政治叙述，用来支撑相关政治社会的叙述，在某种程度上当然是低于政治的。

[176]学生：呃，在描述性叙述中，有一个要素叫人的本性，具体地说——

施特劳斯：当然，无论他们是不是山地人；他们是不是强壮的人、高大的人、矮小的人、敏捷的还是相反——

学生：换句话说，他将人的本性理解成——

施特劳斯：多种多样，什么人都居留在这个地方。

学生：不是这样一些范畴，它们可以被描述为财富或——

施特劳斯：它们也要纳入进来，它们肯定得考虑进来，但它们将是从（1）自然和从（2）技艺派生出来的。我的意思是，人们是如何变富有的？他们并非在自然上就富有。要么他们必须有某种形式的智巧，要么他们必须有一些财富来源，手艺、商业或其他什么。请讲？

学生：但如果亚里士多德讲国家有一个特定的目的，这目的既自足又善，那他如何能区分这个目的之上的东西和这个目的之下的东西、低于政治的事物和超越政治的事物？

施特劳斯：我会试着解释。亚里士多德的《政治学》不是一本简单的书。甚至，霍布斯的《利维坦》可以说是一本简单的书，而《政治学》却不是那样简单。亚里士多德做了各种试验，不是现代物理学意义上的试验，而是智性试验。城邦首先看起来就像它在大多数时候应该在我们每个人看来的那样，是一个威严的、令人印象深刻的东西。毕竟，每个人都该为它而死，所以城邦必须是个威严的东西。乍看之下，城邦似乎是最高者，至少在亚里士多德所针对的那些人看来是这样，因此他赋予 polis 以最高者所具有的一切特征。它是一个整体，我们每个人都是其中的一部分。它在自然上先于个人。一个不是 polis 成员的人（亚里士多德没有走得这么远，我故意夸大了）就像从身体上分离出来的一只手，已死：不再是一只手，不再是一个人。当然，polis 的目的是最高意义上的幸福。

在第七卷中他明确地讨论了个人和 polis 的幸福，似乎最高的幸福不是实践生活的幸福而是理论生活的幸福，因而城邦必须是一个哲学共同体。亚里士多德没有得出这样的结论，但他向我们暗示了它。然后让我们看看发生了什么，你会发现亚里士多德充分意识到一个事实，城邦永远不可能成为一个哲思共同体，只有在最好的城邦中才可能有对哲思的反映。这种反映是什么？城邦不是帝国主义的，也不是扩张主义的，[它]满足于自身。但这种活动当然不是思辨或思考。那统治城邦的最高类型是君子,[他们]是非常不错的人。但归给他们的最高活动是什么? 它甚至显得有点不公正,但亚里士多德并没有越出它。它是什么? 他们做了什么? 当然,他们参加了战争,是政治上活跃的人,这[177]不言而喻。但亚里士多德说这只是工作活动。但所有的工作(business)都是为了闲暇(leisure)。君子们闲暇时都做什么? 他还表明,闲暇不是游嬉(relaxation),因为游嬉低于工作,游嬉只是工作之间的憩息机会。闲暇还要更高:游嬉,工作,闲暇。那么,君子们最高的闲暇活动是什么? 他们听音乐,他们听诗人的吟诵,他们看绘画和雕像,对于君子们来说,这些就是最大的思辨了。这些非常不错、非常好,但它们肯定远远低于亚里士多德所认为的人的最高活动。所以你会发现 polis 高于个人这一观点的试验是失败的。该试验在某种程度上又是成功的:除了哲学之外,任何人类活动都次于 polis。

学生:那么在他的思想中,难道没有试图承认哲学仍然需要某种物理上的充足性吗?

施特劳斯:这毫无疑问。难点也恰好在这里。哲学不能没有 polis。这很清楚,我认为即使是历代的哲学史也会表明,当哲学不是城区的,没有城区基础的时候,它就不是亚里士多德意义上的哲学。我的意思是,中世纪的哲学、修道院的哲学并不是亚里士多德所指的哲学。只有当城市(cities)在 16 和 17 世纪再次成为主导时,你才会再次看到那些城里人,像笛卡尔等人那样的人——不,当你察看的时候,你会发现那是有道理的。我的意思是,我十分喜欢乡村,但一个人必须公正。哲学需要 polis,polis 也需要哲学。当然,柏拉图比亚里士多德更广泛地阐述了这一点,但亚里士多德的阐述也很漂亮。非常简单:polis 想要成为一个好的 polis,想要拥有一些最好的法律等等。但谁能真正给予它们恰当的指导,使它们变得最好呢? 哲人们。所以 polis,如果它理解自己,就需要哲学。虽然两者无疑彼此需要,但它们之间也有张力。我认为这是古典政治哲学中很有特色的论点。在传统中,包括当今声称要批判传统的、很有学识的文献中,这一观点从未被质疑过。尽管如此,我依然认为这是错误的,而如果恰当地阅读,不仅对柏拉图和亚里士多德而且对众多代表传统的人物进行深入的理解,就会发现,总有一种观点认为那两者之间存在着张力。我不知道我是否在课堂上提到过这一点。我得从另一个方面来探讨它,但我现在已经提到它了。

在《伦理学》的结尾,亚里士多德向《政治学》进行了过渡。顺便提一下,《尼各马可伦理学》的最后一章,这是你们都应该读的,在那里他展示了,为什么除了《伦理学》,《政治学》也必要。那么论据是什么?[那是]亚里士多德谈论比柏拉图和苏格拉底更古老的政治科学的唯一一段话,他用了一个你们应该很熟悉的名称来称呼那些最早的政治科学家:智术师。那么关于政治学,智术师说了什么?他们说政治科学等同于修辞术。亚里士多德说他们大错特错,但不是因为修辞术是肤浅的,只是一种言说的技艺,不进入实质,这也是真的,但[178]不是亚里士多德的重点。亚里士多德给出了另一个原因。他说,那在某种程度上预设了说服足以指导城邦、政治群众。很遗憾,情况并非如此。对于那些在自然上就温和、教养得宜的君子来说,说服、赞美或不赞美就足够了,但对于其他人则不然。这就需要强制。以上就是亚里士多德对智术师的异议。它与对智术师的寻常看法相比显得非常奇怪。

我们在苏格拉底那里看到了类似的异议。苏格拉底当然没有写作,所以我们只能在柏拉图或色诺芬那里看到。碰巧这条信息就出现在色诺芬那里。色诺芬在其《上行记》(Anabasis)中讲述了一个故事,关于他在小亚细亚惊人壮举的故事。他是被一位叫普罗克塞诺斯(Proxenos)的朋友带到那里的,普罗克塞诺斯是个迷人的君子,是修辞术大师高尔吉亚的学生。普罗克塞诺斯只需赞美("做得好!")或不赞美——甚至无须说"做得不好",什么也不需要说,他就能很好地统治君子们。但当他面对强硬的士兵时,这样的做法就变得糟糕透顶了。然后另一边是色诺芬,他不是高尔吉亚的学生,而是在这两方面均属一流的苏格拉底的学生。他可以统治君子也可以统治非君子,这一点和《伦理学》的尾声是一回事。真正的政治科学,由苏格拉底所奠基的政治科学,已经理解了 polis 对理性甚至对说服的抗拒。我认为,这是一个我相信在传统观点甚至主流观点中都被完全低估了的重点,尽管一个人如果阅读原著作者就会很清楚。因为 polis 本质上抗拒理性,而又需要理性——这就是 polis 的悖论——因此 polis 和哲学之间存在着张力,也因此所有无政府主义或接近无政府主义的东西都是绝对的错觉。我认为这是古典作品中最重大的信息。这并不意味着为了强硬而愚蠢的强硬,就像每个恶霸都有的那样,当然不是,而是意味着,虽然有人提醒我们人类生活和公民社会的崇高目标,但我们永远不能忘记这种对理性的来自底层的抵制,否则,我们在作为思辨者时和在作为政治人时都会犯可怕的错误。我得在以后的场合再来探讨这个问题,但我想现在就提到它,以便你们能理解。

回到这一点:亚里士多德并不独断地相信政治生活的支配地位。他是这样来确立它的。他通过对哲学和社会的关系进行分析,确立了政治事物的支配地位。结果是,哲学、智慧——从这两个词的另外一种意义上讲,当然不包括诗歌和雕塑,但我们不要把事情复杂化——哲学或智慧是唯一超越 polis 的东西。哲学或智慧是唯一超越 polis 的东西。但除了哲学之外,polis 对支配地位的主张不容置疑。这是亚里士多德的观点,但也未必为真。我们得审视它。但首先,我们必须理解它。

第十讲 论辩：“乐观主义”整体观

（1961 年 11 月 1 日）①

[180]施特劳斯：我们在讨论亚里士多德对民主制的立场。这个话题不仅对我们这些某个民主国的公民来说很重要，而且从亚里士多德的视角来看也很重要，因为正如我上次指出的，虽然民主制是众多政治秩序中的一种，但它特别重要。我只想提供一项佐证。在柏拉图的《高尔吉亚》这篇对话中，卡利克勒斯（Callicles）提出了一种从表面上看绝对反民主制的政治观点：由在自然上优越于任何他人的自然统治者即一个僭主来统治。但是苏格拉底对卡利克勒斯说，“你是一个热爱 demos［平民］的人”；并且他把自己和卡利克勒斯对比，说自己是一个热爱智慧的人。②正如我上次试着解释过的，智慧、哲学一方与 demos［平民］一方之间的根本分裂也是亚里士多德对民主制的态度的终极基础。

民主制的问题当然与平等的问题分不开，尽管正如我们所见，希腊民主制并没有简单地主张平等，而只是主张那些身为自由人的人的平等。虽然如此，无限定的平等这个议题在古典时代就已经出现了。亚里士多德的观点是，政治不平等的终极理由在于自然不平等；而反论题当然就是，存在着自然平等。现在，我相信我们最好通过提醒自己注意《独立宣言》的开篇来开始我们的讨论，那里有关于平等的最著名的陈

---

① 参施特劳斯，《城邦与人》，页 35—41、41—45。

② ［译按］尤参柏拉图，《高尔吉亚》，481d。

述。[读文本]

> 我们认为这些真理不证自明：所有人被造而平等，造物主赋予
> 他们某些不可让与的权利，其中包括生命权、自由权和追求幸福的
> 权利。——为了保障这些权利，人们才在他们中间建立政府，而政
> 府之正义的权力，则是源于被统治者的同意——任何形式的政府
> 一旦对这些目的起破坏作用时，人民便有权予以更换或废除，以建
> 立一个新的政府；新政府所赖以奠基的原则和组织其权力的形式，
> 务使人民认为唯有这样才最有可能使他们获得安全和幸福。

《独立宣言》说人们被造而平等(are created equal)，也就是说他们
在自然上平等，这暗示所有不平等都是由于人为的建制。例如，富人和
穷人之间的区分：这预设了财产制度，一种人为的制度。这种所有人在
自然上平等的观点可以追溯到中世纪的一个非常古老的传统，例见著
名的诗句："当亚当耕田、夏娃织布之时，谁又是君子？"①换句话说，所
有人都是同一对夫妇的后代，[181]因此最终都是兄弟：平等者。男贵
族和妇女之间的区分是一种习俗性的区分。或者国王的儿子出生和死
亡的方式同最贫穷的农民一样。正如我所说，这种观点不仅基于圣经
中关于所有人都是同一对夫妇之后代的记载，而且还出现在古典时代
的那些并没有断言人们是同一祖先的后代的人当中。假如我们转向
《独立宣言》：所有人平等。在什么方面平等？因为明显存在着很大的
不平等，不只是政治或社会的[不平等]，还有自然的[不平等]。我的
意思是，有些人比别人更漂亮，有些人比别人更年轻，最重要的是，有些
人比别人更有智性。《独立宣言》给出了这样的答案：他们在生命权、
自由权和追求幸福的权利上肯定平等。这些权利——你们知道，列举

---

① 在14世纪的英格兰，激进的牧师鲍尔(John Ball)煽动农民阶级反抗封建地
主。1381年6月，他向一支准备进军伦敦的叛军发表了一篇著名的布道，问道
"当亚当耕田，夏娃织布，谁又是君子？"(When Adam delved and Eve span, who
was then the gentleman?)

并不意味着完整;它说"其中包括"(among these are)——但这些和类似的权利是自然基础。它们足以区分正当和不正当的政府或社会。

但是这里出现了某种困难。杰斐逊有一封非常著名的、致亚当斯(John Adams)的书简,这封书简[写于]他写《独立宣言》之后很久,其中他自己说过:"最好的政府形式能最有效地将自然上最好的人选入政府部门。"①而如果他们是自然上最好的人,那就存在着自然不平等。《独立宣言》对此保持沉默,这一点……这当然具有极大的政治重要性。我们还可以考虑另一个困难。现在,如果没有政府方面的任何僭政行动,而许多人的生命和幸福因为极度匮乏而没法保障,那我们该怎么办?这个问题被孟德斯鸠用如下方式清楚地说明了。威廉·配第(William Petty)爵士也许是政治经济学的奠基者,但肯定是霍布斯的学生;他在自己的政治经济学中,用货币计算出了一个人的价值。②孟德斯鸠这样说:威廉爵士所做的是弄清一个健康的奴隶在阿尔及尔的奴隶市场上能卖多少钱。这是一个纯粹的经验问题。孟德斯鸠说,威廉爵士计算出了一个英格兰人的价值,但未必能计算出另一个人的价值,因为在有些国家中,一个人的价值要低得多,在某些地方甚至接近于零,在某些情况下甚至低于零,你们知道,在一国中……或者发生饥荒。③现在这是一个严肃的问题:难道在某些自然条件下,生命权、自由权和追求幸福的权利不会变得毫无意义,完全独立于根本的……? 简言之,必须说《独立宣言》的陈述不完整,我想每个人都会承认这一点。

但是我们如何使之完整呢? 我们如何才能找到这些简短陈述背后的全部推理呢? 我认为其中也没有什么秘密。每个人都知道,在《独立宣言》的第一页,洛克的影响非常强烈。[182]同样众所周知的是,[有]一个有趣的差别:洛克谈论财产,生命、自由和财产,而《独立宣言》谈论生命、自由和追求幸福。如果我可以顺带说一句,看看杰斐逊

① 杰斐逊致亚当斯,1813 年 10 月 28 日。
② 威廉·配第爵士(1623—1687)。他在经济学方面的主要著作有《赋税论》(Treatise of Taxes and Contributions,1662)、《献给英明人士》(Verbum Sapienti,1665)和《货币略论》(Quantulumcunque concerning money,1682)。
③ 孟德斯鸠,《论法的精神》(1748),2.23.17。

从哪里得到追求幸福的观念并非完全无趣。顺便提一下,梅森已经在《弗吉尼亚人权宣言》(Virginia Declaration of the Rights of Man)中给出了这一观念。①有位研究这个话题的作家,齐纳德,②我想他是在普林斯顿大学或者约翰霍普金斯大学,他做了一个非常有趣的观察。他说那个观念不是来自欧洲,因为欧洲人,一个古老的民族,太老练或倦怠了,不像年轻的美国边疆人相信幸福那样来谈论幸福。很遗憾,我想现在甚至有一些非法国出生的人对美国政治观念的绝对本土性持有这种观点。

　　事情还要更加复杂一点。在当时每个受过教育的美国作家都知道的著名公法作家中,有一个叫沃尔夫(Christian Wolff,有时拼写中只有一个 f)的人,③杰斐逊在书简以及其他地方提到过他。现在,事实上可以说,追求幸福的权利(the right of the pursuit of happiness)被非常明确地表述为沃尔夫自然权利中的核心奇想(conceit),请允许我用一点时间来加以说明,尽管这一点在某种程度上与我的主要话题无关,但我认为我应该提到它,因为它显示出这些事情是多么有趣。现在,为了说明沃尔夫所指的追求幸福的权利,我举两个例子。人在自然上没有权利反对渎神者、捍卫上帝的荣耀。在此,没有自然的权利,而只能基于神圣的权利(divine right)。另一方面,人有装饰自己身体的自然权利。换句话说,追求幸福的权利更多地与欧洲洛可可(rococo)的原始版本有关,而不是与美国的边疆有关。这只是顺带一提。但可以肯定,无论追求幸福中的这一点有多重要,洛克的影响肯定要重要和明显得多。

_____

① 梅森(George Mason),《弗吉尼亚权利宣言》(Virginia Declaration of Rights)。1776 年 6 月 12 日,弗吉尼亚制宪会议通过了这份宣言。
② 齐纳德(Gilbert Chinard,1881—1972),其著作包括《托马斯·杰斐逊:美国主义的信徒》(*Thomas Jefferson, The Apostle of Americanism*,1929)和《真诚的约翰·亚当斯》(*Honest John Adams*,1933)。齐纳德职业生涯早期在约翰霍普金斯大学教书,1930 年代末进入普林斯顿大学任教,直到退休。
③ 沃尔夫(Christian Freiherr von Wolff,1679—1754),《以科学方法探讨自然法》(*Jus naturae methodo scientifica pertractatum*),8 卷(Frankfurt,1740—1748)。

那么洛克教导了什么？洛克也教导人的平等，但作为一个理论家，洛克更精确，他必定如此。对洛克来说，根本的权利是自我保存的权利，它扩展为舒适的自我保存的权利。① 现在，所有人在自我保存的权利上，即在最重要的方面，都是平等的，因此他们在其他方面的不平等就不那么重要了，可以正确地予以忽视。但是洛克在这个话题上不像他的半个老师、他所不承认的老师霍布斯那样清晰，霍布斯比洛克更加有力地教导了所有人以自我保存为基础的平等。霍布斯的要点真的很惊人：所有人在自然上平等，因为每个人都能杀死其他任何人。②[183] 当然，最弱的人也能杀死最强壮的人，比如趁他睡觉时突袭他。但这背后是伤害和刺痛的权力，而最大的伤害应该是杀戮。这样就确立了在任何政治考虑中都不能忽视的根本平等，对霍布斯来说，这意味着它是最根本的考虑因素。

还有一点我们必须补充。假定每个人都平等拥有自我保存的权利，那他对自我保存的手段也拥有权利，否则自我保存的权利将是没用的。但随之而来的问题是：实现自我保存的正确手段是什么？在这方面很可能出错。例如，某人很可能相信，某种工具，一种自然的工具，利于杀死他的敌人；该工具被证明是一根折断的芦苇——一种自我保存的最无用的手段——而另一个人马上就能认识到什么木头或石头会对自我保存的目标有用。所以问题在于：判断是发现正确的手段所需的。在此，霍布斯做出了一个非同寻常的决定，这个决定直到当今都有着巨大的影响，尽管现在它已经不在明面上了：霍布斯说每一个人都是自我保存之手段的裁判者，不管他是好的裁判者还是坏的裁判者。传统的观点、亚里士多德的观点当然是：有常识的人、有实践智慧的人是裁判者。但霍布斯从常识上说，智慧的人、具有实践智慧的人对愚人自我保存的兴趣比愚人自己要小得多，这样，虽然智慧的人会是更好的裁判者，但他缺乏那样的激励，而愚人至少有激励。因此霍布斯说这是一个关键点，对实现自我保存的手段的判断在自然上属于每个人，由此产

①　洛克，《政府论(上篇)》(*First Treatise*)，节87。
②　霍布斯，《利维坦》，第十四章。

生无穷的后果。

我只再提一点。卢梭反对霍布斯,在某种程度上也反对洛克,其中的关键论点是,这种在自然上属于每个人、对自我保存之手段进行判断的权利,必须在公民社会中得到保留——这一点霍布斯从未说过,因为霍布斯完全满足于独立君主制。这意味着对判断的自然权利必须在公民社会中得到保存,也就是说,唯一与自然权利相一致的政体形式是民主制。在民主制下,每个社会成员都保留对手段进行判断的权利。公民社会中对手段的判断完全是参与立法的权利,因为法律是关于什么是自我保存之正确手段的最终决定。但回到我刚才讲到的一点:《独立宣言》如我所说是一份有所省略的陈述,人们不得不更加深入地研究整个传统,才能明白亚里士多德所拒绝的自然平等的论点是什么意思。

顺便提一下,我们可以说,还有一个思想学派,其特点可用如下主张加以描述。柏拉图和亚里士多德当然主张人的自然不平等。但在他们之后,多亏亚历山大征服了波斯帝国,摧毁了 polis,一种新的思考方式出现了,这种思考方式不再是希腊特有的,而是普遍的。这在所有人自然平等的学说中得到了体现。某一哲学学派对此颇有功劳。这个学派就是廊下学派、the Stoa。这就是卡莱尔兄弟的巨著即六卷本《西方政治思想史》(*History of Political Thought in the West*)①的基础,[184]可以说,你们能在书中发现,所有贯穿着中世纪的、引自古代晚期的文字都主张自然平等。但是麻烦在于,这些陈述通常局限于往后时代的一个简单主张,[即]所有人在自然上平等,这一主张在罗马法文本的某个地方出现过,但比方说,它本身的含义并没有超出奴隶制:没有人在自然上是奴隶;奴隶制仅仅是一种人为的制度。我们对那个学说所知甚少,无法说什么;例如,在廊下派那里,我就认为没有这方面的证据。如果重大的政治变革和社会变革之间总是协调,就像亚历山大征服近东和政治哲学的彻底变革之间那样,那将是美好的,但没有这方面

_____

① R. W. Carlyle、A. J. Carlyle,《西方中世纪政治理论史》(*A History of Medieval Political Theory in the West*,1903)。

的证据。我们没有理由相信廊下派会相信人的自然平等。

现在让我回归亚里士多德。对亚里士多德来说,政治不平等最终由人们之间的自然不平等所证明。有些人在自然上就是统治者,而有些人在自然上就是被统治者。这一事实,亚里士多德所认为的一个事实,反过来又指向了遍及整个自然的不平等。该整体作为一个有秩序的整体,由不同等级的存在者组成:无生命的、植物、野兽、人类。在人类中,灵魂在自然上就是身体的统治者,而心智(mind)就是灵魂的统治部分。这些都是《政治学》开篇所阐述的。在此基础上,深思熟虑的人被认为是思虑不周的人的自然统治者。在亚里士多德之前——最著名的是智术师安提丰(Antiphon)。[其著述]之辑语直到我们这个世纪才得以问世。例如,他说所有人在自然上平等。① 但是他给出了一种论证,这些论证从我们都呼吸、消化等等的事实出发。很明显,这个真实的观察与亚里士多德的论证不相符,因为亚里士多德关注的是智性和思想方面的不平等。但还有另一种平等主义论证,我们拥有一个提示——只是一个提示,一个部分意义上的指示,但非常重要——是在柏拉图的《蒂迈欧》(Timaeus)这篇对话的 41e 中,你们应该读一读。我会试着解释。这种支持平等主义的论证始于道德及其含义。当我们作出道德判断时,当我们称赞善人或善行而指责恶人和恶行时,我们预设一个人的行动在他的权力范围内。我们让他为自己的行动负责,最终我们甚至让他为自己作为善人还是恶人负责。如果他不怕吃苦,他本可以成为一个善人:这个著名的现象叫作道德职责(moral responsibility)。

那么这意味着什么呢? 在作这些陈述时,我们预设了在行使自己的意志之前,或在自然上,所有人在成为善人或恶人的可能性方面是平等的,在这方面机会平等。而道德似乎就是最高的方面。因此,这种平等主义的标准与基于动物性和植物性的功能在任何地方都一样这一事

---

① 施特劳斯大概指的是当时相对较晚发现的安提丰辑语 44。安提丰明确认为,所有的法律都是纯粹的习俗。参《智术师安提丰辑语》(*Antiphon the Sophist: The Fragments*),Gerard J. Pendrick 编,附导论、译文和注疏(New York:Cambridge University Press,2002),页 159—169。

实的平等主义完全不同。[185]但难点就在这里。一个人的教养或生活条件似乎对他成为抑或作为好人或坏人方面的潜在性有非常大的影响,即使不是决定性的影响。在社会立法的年代,没有必要在这一点上赘述。某人在贫民区长大;他成为善人的机会似乎比在更有利的条件下长大的人要少。面对塑造着自己的不利条件,一个人如何能保持人的道德职责?一个人必须让自己对这些条件负责。那些迫使他做出恶行的条件,一定是他事先意愿的。更一般地讲,人们在道德方面的明显不平等必定是由于人为的错误。这一点在柏拉图《王制》的第二卷中也有提示,尽管非常简单。当我们不断实践道德判断时,它似乎导致了一个假设,某位关心正义的神创造了所有的人,他们在成为善人或恶人的可能性方面是平等的。不能止步于此,因为如果所有的人都是某位神从质料中创造出来的,那么质料或许就会造成困难,并对人的某种根本不平等负责。因此不得不假设由某位全能的神从无中创造,这位神本身必须是全知的:换句话说,就是圣经中绝对至高无上的上帝;因此,这种平等学说、自然平等学说似乎源自圣经而非希腊哲学。

但是,如果我们转向托马斯·阿奎那这样一位在这些问题上的伟大的权威,我们就会发现情况绝非如此。托马斯·阿奎那教导说,即使在无辜的状态中,如果这种状态持续下去,人们在正义方面也会是不平等的,会有优越者对次等人的治理。托马斯面临的问题是:难道上帝创造了不平等的人是不正义的吗?他说,上帝创造了具有不平等地位的存在者,尤其是具有不平等地位的人,并不是不正义的,因为正义的平等性在报应中占有一席之地,比如某人犯了谋杀罪,不管他是谁,他都必须受到惩罚。但平等在创世中没有一席之地,创世不是一种正义的行为,而是一种慷慨(liberality)的行为,因此它与恩赐上的不平等、自由恩赐上的不平等完全相容。上帝不欠他的造物任何东西,因此他可以随意分配他的恩赐。因此,认为圣经的教导导致了人们之间自然平等的教导,这绝非不证自明的。

如果我们无视通俗小册子之类的东西,而转向最高层次的讨论,那么议题是什么呢?在高层次的传统中,主导的观念是前现代的自然不平等。不用说,该陈述本身和主张自然平等一样不完整。但它仍然是起点。在现时代所发生的当然就是你们在霍布斯和洛克这样的著名老师那里所发现的,即主张自然平等。但这并没有下面这一点那么发人深省:假定人们在自然上不平等,这在政治上必然是决定性的吗? 这是个问题。如果我们说人们在重要的方面自然不平等,你明白我们在暗示什么吗? 他们在政治社会中也必须被视为不平等的。很简单地讲,我们设想自然是值得尊重的。如果自然不值得尊重呢? 也许平等未必是自然的;用老的反对意见来说,也许平等必须是习俗性的。我将阐述这一点。卢梭是我首先要提到的名字。据卢梭所述,公民社会的确立意味着习俗性的平等取代[186]自然的不平等。人们在力量、智性等方面是自然不平等的,但公民社会将他们视为平等的:在法律面前平等,而不是合乎自然的平等。那创造了社会的社会契约是道德的基础,是道德自由或自律(autonomy)的基础;此外对卢梭来说,道德德性的实践,对我们的同胞履行责任而不是作理论上的理解,是一件必要之事(the one thing needful)。

我将只是提一提在卢梭之后沿着这条路线所采取的决定性步骤。尊重自然的不平等是一个人的道德责任吗? 一个人的道德责任是服从他没有施加给自己的任何法律吗? 康德就是这样来表达卢梭的核心要点的,这对后来的很多思想起了决定性的作用。自然秩序本身并不值得尊重。任何不是源自人之理性的法律都不能约束人。纯粹施加的法律,纯粹由自然施加的法律,不可能具有约束力,不可能具有道德约束力。道德法对每一种德性活动提出要求,那就是,所有能力充分而一致的发展,以及与其他人一道发挥这些能力。但是,只要每个人都因为不平等以及最终因为劳动分工而受到严重损害,所有能力的发展就是不可能的。因此,在道德上有责任为确立一个彻底平等主义的同时达到人类发展的最高水平的社会作出贡献。这样一个社会之所以是理性的,正是因为它不是自然的——也就是说,因为它打赢了与自然的决战,它征服了自然——该社会中的每个人必然都是幸福的,如果幸福确实是一种畅通无阻的德性活动的话。因此,这是一个完全不再需要强制的社会,因为如果每个人都通过做对社会有益的事情而幸福,就不需要强制了。这种思想部分地是马克思之前的德国哲人费希特提出的,①但是你们都知道,马克思后来又给出了最完整的形式。所以在此,自然不平等的问题完全消逝了。可以肯定,所有人在自然上是不平等的,但自然的不平等将被克服,而且正在被整个社会进程或历史进程所克服。

这里有一个难点,就是要完全从这个角度看问题。毫无疑问,直到当今仍有自然不平等的残余——但自然不平等,我们谈论的不是纯粹的社会不平等——这种自然不平等通过自然生育过程传递。但是,马克思主义的希望是,这些不平等将逐渐消失,因为正如我们所以能希望的那样,后天的能力也能变成遗传的能力。我自然相信,你们还需要高度发达的优生科学和实践,而倘若没有相当大的强制,这本身就会完全无效,因为有时人们会碰巧爱上那些从优生上讲未必对他们最好的人。但是撇开这些难点不谈,我想提及的关键点是这样的。典型的现代平等主义并非基于自然平等的原则。它承认自然的不平等,但它主张,确立最终的平等是社会的任务,而这一任务的基础是人的某种道德责任的观念,即平等地对待每一个人,要平等,为了人的尊严。

[187]现在,这把我带向另一个话题,而我得说些什么,然后我们可以进行讨论。对亚里士多德来说,自然的不平等足以证明城邦事实上是一种不平等的社会。正如亚里士多德所说,城邦符合自然,意思是城邦对人而言是自然的。人们在创建城邦时,只是在执行他们的自然使他们倾向于做的事。人们在自然上倾向于城邦,因为他们在自然上倾向于幸福,也就是说,他们倾向于以一种能满足他们自然之需求的方式生活在一起,即按照这些需求的自然等级生活在一起,这意味着对低级需求的关注少于对高级需求的关注。城邦不禁被说成是唯一有能力献身于卓越生活的联合体。这就是亚里士多德《政治学》开篇的梗概。人是尘世间唯一倾向于幸福的存在者,且有能力获得幸福。正如亚里士多德所言,这是由于人事实上是唯一拥有理性或言辞的动物,或者是为了看或认知本身而努力的动物,又或者是灵魂在某种程度上等于万

---

① 费希特(Johann Gottlieb Fichte),《自然法权基础》(*Foundations of Natural Right*,1797)。

物的动物。人是一个微观宇宙,这是一种后来的表达式。人是整体中唯一对整体、对整体的每一部分开放的存在者。整体与人类心智之间有一种自然的协调。人几乎注定要去看、去理解整体。如果整体对作为其组成部分的人不友好,人就将没有能力获得幸福。如果自然不为人提供食物和其他需求品,人就无法生活。自然制作了——正如亚里士多德在《政治学》第一卷中所言,自然为了人们,即使不是所有动物,也至少制作了其中的大部分(尽管未必是专门为了这个目的),这样,人如果捕获或杀死于己有用的动物,就是在按照自然行事。这在某种程度上是亚里士多德的背景,对他的政治哲学而言也绝对必要。

现在,或许可以将这种关于人与整体之关系的观点描述为乐观主义(optimism)。乐观主义这个词最初有一个非常精确的含义。现今,它仅仅指满怀希望的(sanguine)。如果某人对从疾病中或从他可能所处的其他任何危机中得以恢复满怀希望,我们就说他是一个乐观主义者。乐观主义最初的意思几乎与之相反:它意味着认为这个世界是所有可能的世界中最好的。莱布尼茨是这种乐观主义的首创者,但它被应用于各种事物。但在某种程度上,亚里士多德也是这种意义上的乐观主义者:这世界是最好的、可能的世界。这并不意味着没有邪恶;有很多邪恶,但我们没有权利假定,这世界上充斥着的邪恶,特别是源自人类愚蠢的邪恶,本可以不必存在而带来更大的邪恶。人没有权利抱怨和反抗,这是简单的实践含义。从亚里士多德的观点来看,这暗示了他所说的,人的自然在许多方面受到奴役,这样,只有极少数人才能获取幸福或人在自然上有能力获得的最高自由,甚至这些人也并非总能如此。据亚里士多德所述,更进一步的结果是,一个献身于卓越的、真正献身于卓越的城邦至少可以说极为罕见。似乎是偶然而非人类理性要对人们制定的各种法律负责。所以,虽然有这些不可或缺的限制条件,亚里士多德最终还是主张,生活,人类的生活,是善的,但并非在每种情况下都如此——有些人处于无尽的苦难中,也许死了对他们更好——但生活本身是善的。有着有生命的存在者,有着人类,有着一个世界,要比什么都没有更好。这个观点并没有被普遍接受。亚里士多德被迫为自己的幸福观辩护,[188]而反对诗人的主张,即神祇嫉妒人的幸福或对人怀有恶意。亚里士多德并没有非常严肃地对待这一主张,但他说,比人更高即比人更有智性的存在者不可能是一些低级到会嫉妒人的傻瓜。这就是亚里士多德关于这个话题的全部观点。

　　然而后来,这种观点在经过彻底修正后变得非常强劲。它是由早期基督教时代的某些异端分子主张的,这甚至可以追溯到早期基督教的源头之外。这是一种被某些人称为灵知主义的思考方式,特别是因为沃格林先生的书①是基于现代政治思想在根本上是一种修正版灵知主义这一学说。这个关于灵知主义的主张……这是约纳斯(Hans Jonas)首先提出来的,他先是用德文,然后是在一本英文著作中,②而沃格林以一种独特的方式做了延伸。这是什么意思? 我的意思是,我绝不确定是否可以把这一切称为灵知主义,但我更感兴趣的是观点的同一性,而不是标签。我们所知的整体是一位恶神或魔鬼(demon)的作品,而非出自那善的或最高的神。这种观点最著名的代表是马克安,2或3世纪的一名基督教异端分子。③所以,如果真是这样,如果世界是一位恶魔的作品,那么人作为可见整体之组成部分所倾向的或在自然上所倾向的目的,这个目的显然不可能善。如果整个自然在根本上是恶的,那么人的自然目的就不可能善。这种观点当然预设了人拥有那区别于所谓自然善的真正善的知识。如果人没有一种不可能源于这个世界的标准,人怎么能说这个世界邪恶? 因为按照那种观点,源于这个世界的一切当然都邪恶。我们不可能通过其自然权力来认知真正的善。然而,这也意味着所谓的对真正善的知识缺乏说服力。没有办法

---

① 沃格林(Eric Voegelin),《新政治科学:导论》(*The New Science of Politics*: *An Introduction*,1951)。这卷书是瓦尔格伦基金会系列讲演(Walgreen Foundation Lecture Series)的一部分。亦参沃格林,《科学、政治与灵知主义》(*Science, Politics and Gnosticism*,Henry Regnery,1968)(最初于1959年以德文形式出版)。这卷书的第一部分是1958年11月在慕尼黑大学作为新任政治科学教授的就职讲演发表的。

② 约纳斯,《灵知宗教:异乡神的信息与基督教的开端》(*The Gnostic Religion*: *The Message of the Alien God and the Beginnings of Christianity*,1958)。[《灵知与古代晚期精神》(*Gnosis und spätantiker Geist*,1934—1993)]

③ 锡诺普的马克安(Marcion of Sinope,85—160)。

证明这种知识。某个人上来就这么说⋯⋯

因此,让我们转向对亚里士多德原则的现代批判,它与那种古代观点有一定的关系,但关系非常有限。现在人们常说,在 17 世纪,那反亚里士多德主义的新观点的特点是拒绝目的因(final causes),即目的论(teleology)。这样说是对的,但还不够,因为有一些古典思想家,伊壁鸠鲁派是最著名的例子,他们也拒绝目的因,但不像现代的反亚里士多德主义者那样否认,善的生活是合乎自然的生活,或者如伊壁鸠鲁所言,自然已使必需的东西容易供应。这也正是亚里士多德所说的,同样的乐观主义。

现在让我们再来考虑亚里士多德的这个说法,我们的自然在许多方面受到奴役。由此我们可以得出如下结论:自然不是一位慈祥的母亲[189](否则她就不会奴役我们),而是一位严厉的继母;换句话说,人的真正的母亲不是自然。我现在正试着概述的那种现代思想的独特之处不在于这一结论本身,而在于随后决心通过人自身的持续努力,将人从自然的奴役中解放出来。亚里士多德说自然在许多方面奴役我们。无能为力。在现时代,有些人说我们然后必须将自己从这种环境中解放出来。这份决心显著地表现在征服自然这一要求上。当你们谈论"征服自然"时,你们是在暗示自然是一个不得不征服的敌人。相应地,科学不再是对一个高贵的、美的整体的静观,而变成了致力于补救人的地位的婢女。我们与自然作斗争是为了改善人的命运(lot)。现在科学据说是为了权力——霍布斯——也就是为我们提供手段,以实现我们的自然目的,比如自我保存,包括食物等等。但是我们如何获得科学呢?没有什么慈祥的自然会把科学给我们。我们必须通过艰苦劳作,通过改造自然来获得它。

现在这些自然目的在这个阶段里已不再包括任何知识本身了,不再包括它们了。自然目的被化约为舒适的自我保存。人作为自然的潜在征服者,站在自然之外。这预设了人类心智与整体之间没有自然的协调。从现在起,对这种自然协调的信持就成了一种愿望或一种善意的假设——正如通常所说的,一种天真(naiveté)。我们必须反驳这样一种可能性,即,世界是一位恶魔的作品,他一心要利用他提供给我们的能力,在关于他自己、世界和我们自己的事情上欺骗我们。你们曾听说过这种奇怪的主张吗?它是在现代哲学的开端:笛卡尔,第一个沉思,《第一哲学沉思集》(*Meditations on First Philosophy*)。笛卡尔并不是一个无聊地幻想着各种怪诞的可能性的空想家。他说,无论你是在谈论那位恶魔还是在谈论一种盲目的自然必然性,都没什么差别:如果我们是一种盲目的自然必然性的作品,而这种自然必然性对自然必然性是否会被认知完全漠不关心,那也一样。换句话说就是,这个现在被广泛接受的世界。有一种自然进化过程,或者其他什么叫法,其最终可以追溯到某些纯粹的物理和化学过程,而这种过程对被其自身所认知毫无兴趣,也就是说,对产生能够认知该过程的存在者毫无兴趣。按照这一观点,没有丝毫证据表明人类心智与世界之间有着任何自然的协调。可以肯定,我们没有权利信任我们的自然能力。极端的怀疑论是必需的。我只能信任完全在我控制范围内的东西,那就是些概念,它们是我们有意识地制作出来的,我们只声称它们是我们的构念。换句话说,任何一个人都可以自由随意地定义自己的关键概念。他不会说它们是真实的;他只会说这就是我要使用这个术语的方式。当然,我们还需要一些赤裸裸的予料,因为这些予料给我们留下了它们的印象,而我们只声称我们意识到了它们而没有制作出它们。我们征服自然所需要的知识必须是独断的。它不可能是怀疑论的。但它的独断论必须建立在极端怀疑论的基础上。

我们可以观察到,独断论和怀疑论的这种综合在笛卡尔那里得到了经典的呈现,它最后以一种无限进步的科学的形式出现,作为一种由已被确认但仍可 ad infinitum[无限]更正的假设所组成的体系。[190]这是否定人与整体之间的协调性的后果,因此也是否定人类知识与整体之间的协调性的后果。但道德和政治后果又是什么呢?最终,自然目的是不可能的。存在着人在自然上就有的目的,但它们为什么应该是善的呢?单凭它们是自然的这一事实并不能再证明它们是善的。在早期阶段,情况相对简单。像培根、笛卡尔、霍布斯这样的人说,存在着自然目的:当然就是自我保存。而征服自然的整个过程是为这些自然目的服务的,是为了从饥饿、疾病等境况中补救人的地位而服务的。但是这些目的本身呢？它们和其他自然事物一样自然,因此也一样可疑。一个有趣的中间阶段是 17 世纪某个时候创造的术语:自然状态。自然状态是公民社会的基础,它在某种程度上也是公民社会的标准。但是自然状态原本在古典时期意味着一种完美的状态,在其中人是完整的,现在则意味着一种极度不完美的状态。用霍布斯的公式来说,自然状态是每个人反对每个人的战争状态。①人在自然上不是社会的。只是因为自然迫使人避免最大邪恶的死亡,人才能迫使自己成为和作为一个公民。目的不像老的观点所认为的那样是人所倾向的东西,而是人在自然上被迫朝向的东西。更精确地讲,目的并不召唤人,而是必须由人来发明,以便人能够逃离自己的自然苦难。在这一阶段,自然仍为人提供了一种目的,但这只是消极的。自然告诉人逃脱什么而不是迈向什么。在洛克的学说中,引导人的是痛苦而不是快乐。然而,这只是一个中间阶段,在其中,作为一种积极目的的自然目的被一种纯粹消极的目的所取代。

　　我说目的必须是被发明的。我是什么意思？让我们拿简单清晰的霍布斯方案来说。单凭知道自然状态是苦难的状态,我就知道我必须摆脱它,但关于我应该转向哪里,我并没有清晰的、积极的观念。我如何获得积极的目标？现在这个积极的目标不再是一种合乎自然的秩序。这个积极的目标现在具有纯粹人类发明的性质,纯粹人类计划的性质。人,考虑到自己的自然苦难,设计了一个方案,只有这样才能有善的秩序。这种秩序不是自然的。我想扩展一下,[这样会]更清晰点。据亚里士多德所述,人在自然上注定是为了人类卓越的生活,而这一目的是普遍的,因为只有根据这个目的,人的生活才能得到如其所是的理解或看待。但这一目的很少实现。一个很自然的问题:如果人类卓越的生活很少实现,那么亚里士多德所理解的人类卓越生活不就必定会有自然的障碍了吗？如果合乎自然的生活很少实现,那么生活还有可能是合乎自然的生活吗？要发现人作为人的真正普遍的目的,我们首先必须寻找的不是亚里士多德传统所理解的那种自然法,这种法

---

① 《利维坦》,第十三章。

也许更经常被违反而不是被遵守,我们必须寻找一种新的自然法,没有人能违反该法,因为每个人都被迫按照此法行事。

[191]现在来看这后一种法,该法能够像控制行星运行的法则那样几乎不被违反,这被认为是一种新的规范法的坚实基础,这种规范法当然能够被违反,但其被违反的可能性要远小于传统所宣扬的规范法。现在阐述的新的规范法不再声称是严格意义上的自然法。它是与自然法相对的理性法。这就是这种法在霍布斯那里以及事实上还有在洛克那里的地位。现在,这种法,这种规范法,据称是基于不可违反的自然法,它最终成为了理想,理想因为不是法而区别于法。这里面有一定的自愿性甚至武断性。理想的存在只是由于人类的推理或人类的揣度,而与亚里士多德所理解的自然目的相反,后者是一种以这样或那样的方式凭其本身而存在的东西。我相信①——然后我们进行讨论。

让我试着总结一下要点。如果我们从关于民主制的差异出发,我们最终会回到自然不平等和自然平等的问题上,而这又与自然之地位有关。自然不平等的事实对人的道德生活和政治生活至关重要,抑或不是?这显然取决于自然的道德相关性。典型的现代答案是,自然不再像在古典思想中那样值得尊重。自然并不是善的,而按照古典的方案,它在某种意义上是善的,并且按照圣经的方案,它在某种有所修正的意义上是善的。在创世的最后,上帝看到了他所创造的东西,一切都非常的善。因此,随着那种彻底的变化,必须以一种全新的方式来理解人的各种规范。它们不能再被理解为自然目的,也不能再被理解为自然法,例如托马斯·阿奎那所谈论的自然法。取而代之的是,我们拥有与自然法相对的理性法。通过中世纪的观点,你们可以说理性法和自然法一样。而在这里,理性法被理解为与自然法相对立,最终,理性法成为了一种我们最好称之为理想的东西,一种在自然中没有任何基础的规范(这纯粹是意外,如果有人对此感兴趣的话),也不再具有那源于理性的说服力。19和20世纪意义上的理想这一术语的权威性源于什么?既不是源于它的自然性,也不是源于它的合理性。现今,当人们

―――――――――――

① 这时换录音带。

谈论理想时,他们非常频繁地使用"想象"这一术语。理想在某种程度上是想象的产物,是某种创造性活动的产物,这种创造性活动无论是什么,都肯定不再是自然或理性。这些事情的详细历史非常复杂。但我想先看看你们对我讲的主要观点是否理解了。请讲?

学生:您顺带提到了 17 和 18 世纪思想中一些与那个观念相关的不同术语。我不知道您是否真的认为卢梭觉得自然是不平等的。而如果您非常坚定地这么认为,那么您也许是在指向一部作品或者一部作品中的某段话。

[192]施特劳斯:在卢梭那里?

学生:嗯。

施特劳斯:但是,公民社会确立习俗性的平等以取代自然的不平等意味着什么呢? 这预设了自然和习俗之间的等级秩序已经完全改变,而按照老的观点,自然事物比任何习俗性事物都高得多,不是吗? 现在习俗性事物则比自然事物高得多。

学生:这似乎是卢梭的根本问题,也就是说,是的,我同意您的观点,公民社会确实确立了习俗性的平等,但是,就与霍布斯和洛克相对的卢梭而言,其实并非如此;我其实很想在他的作品中找到某个地方,其中他会说自然或自然状态或某种形式的自然生活确实进入了他的方案。

施特劳斯:卢梭在《论不平等》的长篇历史叙述中所说的就是,他说这种自然不平等在一开始并不存在。但这是什么意思呢? 在一开始,人类可以说是黑猩猩的一种。这些存在者没有任何理性,没有任何言辞,没有任何专门属人的东西。在那里他们是平等的,但又有谁会在乎呢? 据《论文二》①所述,人的发展等同于不平等的发展。

学生:不过,在某个时候,这一点并不成立。我在想,您虽然考虑了《论文二》,但您也得考虑他关于语言起源的作品,在那里他描述了一

---

① [译按]《论文二》(*Second Discourse*)即《论不平等》(*Discourse on Inequality*),也就是《论人类不平等的起源和基础》(*Discourse on the Origin and Foundations of Inequality Among Mankind*)。

个非常美的场景：人，两个存在者，即年轻的男人和年轻的女人，如何走到一起。在这个完全幸福的状态中，没有不平等；只有当人们处于群体之中，这在大多数情况下就是处于社会之中——

施特劳斯：但麻烦就在于，不平等的问题以及不平等的问题只有当人们生活在群体之中时才会出现。如果你们生活在落基山脉的某个地方，与世隔绝，那里没有比较的任何可能条件，那就随便你们是平等还是不平等；这都没什么差别。现在，在两个相爱的人的情形中，某种程度上排除了整个平等问题，因为，虽然他们或许意识到他们的不平等——例如，我猜他们是不同的性别——但这在一定程度上不会造成任何难题，因为，你们都能从文学中知道，至少在这种关系的某些阶段，他们并不关心统治和被统治。你们相信一个人能在十分钟或一个小时内陈述完卢梭的观点吗？它是非常清楚的。如果全班允许我十分钟的默想，我就可以做一个关于卢梭的讲演，向你们展示你们所考虑的难题是什么。在极力强调自然状态是一种低于人的状态这一教诲之后，卢梭非常清楚地看到——他还说，我们必须在某种程度上回归自然。这就是著名的卢梭难题。换句话说，他看到他所要求的对自然的纯粹反叛——你们是否知道他的那类遭柏克抨击的观点，[193]即认为作为公民的公民是由于与自然人的完全决裂而产生的？而柏克不无道理地说，雅各宾主义可怕的兽性可以追溯到这个事实，即扼杀自然情感以利于最极端的斯巴达—罗马意义上的对 polis 的百分之百奉献。卢梭看出这并不是绝对充分的，但是，他所要求的[并]认为可能超越国家的，是某一类人的生活：极少数人，其中他最了解的一个当然就是他自己。这将是真正的自然人，其不是低于人的，而可以说是超越习俗的。卢梭同柏拉图和亚里士多德之间在这方面的差别会特别明显，只不过要比在政治领域的差别更为微妙。他把那样的人称为静观的人，但其静观可以说与探询和探查毫无关系。暂且可以说，这种静观的生活是一种神秘主义。当然，当然是这样。卢梭想要回归古典时代，这一点跃然纸上。至少和回归古代一样，他还将 17 世纪的思想家们以反古典的方式发展起来的现代哲学思想激进化了。这有点复杂。要求一个人能把非常复杂的事情变得非常简单，这稍显不公正，也不可能做到。我相信我在当前语境下对卢梭的说明绝对有道理。

学生：我唯一想要做出区分的地方是，如果您要谈论的是自然中的人，那么好吧，您所说的都是真的。但您谈到了他真正想提出的那种人。那么就要做一区分了。

施特劳斯：嗯，我向你承认，有一些非常复杂的东西，但我还是要说，没有人像卢梭那样强调社会的极端习俗性。但是有这样一个差别：你可以说所谓的智术师说的是一样的，但是价值判断是不同的。卢梭看到，人的尊严是与献身于那些习俗联系在一起，而不仅仅是背弃或利用尊严。卢梭的、公民的全部道德热情不容忽视。无论好坏，卢梭都是最丰富的人之一。① 你可以说，在 18 世纪晚期和 19 世纪上半叶激励着人们的全部问题都是卢梭的问题。无政府主义者和崇拜国家者，尤其是在德国，都有同等的权利将自己追溯到卢梭。重点不在于卢梭是个含混的人。他是一个异常不含混的人，但他认为，他确信自然和习俗之间存在着根本的张力，无法弥合，而一个简单的解决方案无论是仅支持自然还是仅支持习俗都不可能。我不相信有人能改变这一点。但我们不能往下说了。请讲？

学生：我想提两个问题，它们都同人和自然的这种冲突有关。第一个问题始于您关于笛卡尔的观点。我的问题是：有必要甚或有可能这样来解读笛卡尔吗？本质上讲，笛卡尔所谈论的是感知的问题，即人如何感知自然。并不是说笛卡尔在自然中看到了某种外在的、邪恶的东西；相反，他发现问题在于人类感知外在事物的能力。

[194]施特劳斯：我只能说，一个人可以说笛卡尔并不关心感知——但这比笛卡尔自己说的差远了；他就像所有在先的哲人那样，关心关于整体的、关于万物的知识。然而他相信，到那时为止，所有哲人对此的研究方式都是错的。你可以说，他们抱有一种天真的（naïve）信任，这据他认为是毫无根据的。换句话讲，他说，那些反对知识的老怀疑论论证已无可辩驳，而要在怀疑论面前获得确定的知识，唯一的出路是承认最极端的怀疑论论证的真实性，并表明绝对的确定性将从这种

---

① 想必是说，卢梭的思想是最丰富的思想之一。

怀疑论本身的最深处出现。这就是著名的、对思考着的自我(the think-ing ego)的发现,即"我思故我在"(I think, therefore I am)作为绝对的基本确定性。这真的是绝对核心的事件。洛克和英国经验主义者所做[的]一切都源于此。洛克自己说过[他关于]理念之道[的看法],[即]他认同笛卡尔的观点。起点是自我及其理念。笛卡尔的看法当然没有停留在这样一点上:不要做所谓的认识论这样的东西,而是要让它成为真正形而上学的基础、关于整体的真正科学的基础。这一表达式会让人错失笛卡尔的思想实质。笛卡尔试图对人类心智,对科学或知识或者你会说的其他什么,进行彻底的变革或革命。他当然不相信那位恶魔,但是,他用他来作为一种……以证明绝对的怀疑论,这并非意外。他在某个语境中有说:忘掉这个恶魔。称它为自然的必然性;同样的结论随之而来。如果我们的思想仅仅是物理的、化学的和其他什么样的活动的产物,在这种条件下怎能有真理呢? 怎能有真理呢? 波不能是真或假;人类思想能够是真或假。这如何可能呢? 我想说,真正的现代思想史应该是理解从笛卡尔的 ego cogito[我思]到康德对此的处理,因为对康德来说——康德碰巧面临着同样的问题:思考着的自我是根本的现象吗? 康德说,进一步分析表明,意志、道德自我(the moral ego)才是绝对的基础。这些抽象的公式包含了我们真正的历史。这位女士,请讲?

学生:在此,您是不是说亚里士多德的表达式的本质是,自然中存在某些目的或一种秩序,并且它们是善的?

施特劳斯:它们肯定是善的,但一般的观点是,这种秩序本身是善的,因此人类的自然目的也尤其是善的。如果你知道这是人的自然目的,你就知道这对亚里士多德来说是善的。而对康德来说,举一个最清楚的例子,问题从这里开始:为什么自然事物应该是善的? 这同样表现在所谓的认识论问题上:人类心智与整体之间是否存在自然的协调? 亚里士多德说:嗯,存在的,否则就不可能有知识。可以说,现代认识论试图以不存在自然协调为前提来表明知识的可能性。顺便提一下,这一点已现于培根处,他试图寻找办法来补救人类心智与整体之间自然的不协调。当然,其结果之一就是知识不是关于整体的知识;知识严格讲来是[195]对假设或自由构念的发展。你知道?呃,这些假设或自由构念能被证实或证伪,但假设并没有直接表述出是什么(what is)。

学生:呃,我所考虑的实际上是,如果不可能确认存在一种自然秩序和存在一些自然目的这一事实,那么我就仍然看不出自然不平等与政治事物的相关性。但在我看来,我们将不得不从这个表达式中解读——

施特劳斯:那将是绝对可怕的,也是人类理性的终结。但问题是:那从我们现今的视角出发乍一看似乎是天真的(naïve)信念的东西,难道不是必要的吗?换句话说,一个人将不得不细究这个困难的问题——非常困难的问题,无论在这里还是在其他什么地方,我都会觉得这个问题太困难了,但是它被讨论过,例如,康德在说自在之物是不可认知的时候。我们所能做的只是把各种现象组织起来,使它们成为一个有秩序的整体,也就是我们人类的理解而非绝对的理解。他是一位非常经典的现代思想家。然后出现了一个叫黑格尔的人,[他]试图表明这根本上是康德的荒谬立场。

顺便提一下,那是表示现时代的一个简单公式。它是一个不可能的论断,因为你同时说它不可认知和它是[可认知的]。你怎能这样做呢?还[有]某些其他的考虑因素。如果哲学最终是基于某些假设之上,而这些假设可以被其他假设取代,那么这就不是哲学。那么你将不得不做一些已被现代人尝试过的完全不同的事情,制造一种由基本的、可能的假设——亚里士多德的,康德的,还有其他 n 个人的——所组成的体系,并且说,对根本的可能性或根本的选择的静观,就是我们所能做的一切。但这将是绝对的知识。你看到了吗?在某一时刻必须止步于知识,否则就会遇到麻烦。顺便提一下,倘若没有人类心智与整体的自然协调,知识就是不可能的,我相信这样说有道理。现今,亚里士多德[那样]说绝对令人难以置信,理由如下:因为我们基于进化论或某种类似东西而假定,人仅仅是一个意外。你知道,还有 n 种其他动物,每种动物都有其独特的感知器官。就人而言,情况要复杂一点,因为人还能制造语言符号,如此而已。整体中的这种人类形象绝不比蝙蝠、老鼠、狗、海狮或其他什么东西所具有的形象来得更加优越或更加真实。

换句话说,人不是我们曾经非常引以为傲的中心。例如,你听说过弗洛伊德宣布了一些重大的步伐。哥白尼:地球不再是中心。第二步是什么?达尔文:人只是动物中的一种。第三步关乎人本身:潜意识等所有最低于理性的东西,才是人的主体,而理性只是毫不重要的极小之物。另一种观点认为人是整体的中心。此乃所有希腊哲人的意思,不管他们是用这种形式还是用那种形式来表述,这是必须面对的。说那些生活在中世纪小城市里的天真的人不知道通用电气和其他很多东西是没有用的……也许人确实要重要得多。有些人说:呃,这是人类的骄傲所致。他们说,狮子也思考着类似的事情,老鼠也是。[196]不!它们不思考。人能够愚蠢地骄傲,这一事实是基于人的某种独特性。请讲?

学生:您显然反对这样的观点:现代性的本质在于如何阐明基督教这一本质问题,现代性的本质在于沃格林和洛维特(Löwith)所阐述的基督教末世的各种形式的内在化(immanentizations)。您显然反对这一观点。您有时间对这一观点展开批评吗?

施特劳斯:我会告诉你我目前思考了什么,我不得不做了什么。我必须马上转向我们的话题,因为我还没有提到亚里士多德《政治学》的主题,因为 polis[城邦]并不是它的主题。当你看《政治学》八卷中的几乎每一卷的开篇,几乎每一卷(或者在《伦理学》的结尾,主题已经有了描述),这时如果你有一个好的译本,你会发现关键词不是 polis 而是 politeia,该词通常被译为宪制。我会把它译为"政制",因为我不知道还有什么更好的译法了。它就是亚里士多德的主题。它对我们来说非常难理解,不是对作为实践人的我们来说——对作为公民的我们来说,它极容易明白——而是对作为理论者的我们来说。我会探讨沃格林先生对它的阐释,因为我认为他是错的,我会给出证明。这就是沃格林和我之间的一个典型分歧。我认为还有些人也主张现代思想可以被充分地理解为基督教思想的世俗化。你知道这一主张非常常见。我不相信它很有帮助,因为世俗化可以意味着各种各样的事情。世俗化意味着某些东西被丢弃。但是哪些东西被丢弃了呢?

学生:但沃格林是说,已经发生的事情是,某些符号从启示中被提取出来并被内在性的术语所解释,但在传播时出现了中断,不是吗?这种中断从本质上讲始于尤瑟庇乌斯(Eusebius)，并且我们发现，在中世纪，佛罗里斯的约阿希姆(Joachim of Floris)对它的陈述最为经典。

施特劳斯：我知道沃格林的这个论点……但我见过有人将此用来阐释马基雅维利，我认为这没有依据。呃，让我来非常简单地陈述一下，因为我是一个坚信事物之表面的人，当我看着表面时，我看到了一件惊人的事情，而每个孩子都知道这是事实。那就是，不管你看向现时代的哪个地方，也不论人们如何地以轻蔑的眼光俯视它，他们仍然被它所塑造，它就是现代自然科学。一切都围绕着它。问题是，是否[有可能]从圣经思想的世俗化来理解现时代的数理物理学。在这个方向上，法国学者迪昂①做出了最重大的尝试，他展示了现代物理学中的根本概念是如何由 14 世纪巴黎的某一学派即唯名论学派(nominalist school)提供的。但这一尝试饱受争议。如果我们忽略这个巨大的问题，如果我们来看一看狭义的政治学说，我认为可以证明，马基雅维利首次同时与希腊思想和圣经思想进行了决裂。再说一次，这样讲并不是什么隐晦的智慧。我相信[197]很多教科书都这么说。我最初不相信这种说法，但后来我认识到它们是正确的。我认为这不是很有帮助，但可以尝试下。但我不认为说这是圣经思想的世俗化很有帮助。

学生：但是，创造一种基督教秩序这个最初的问题，代表(representation)的问题——

施特劳斯：但这就引发了所有的问题，如果你说根本问题是代表的问题……我[会]详细讨论《新政治科学》这本书。②它只是预设了在场的既存共同体。问题，被引发的问题，就是一个纯粹的群众和一个可以被代表的共同体之间的差别。这是基础。我会把它作为一个具体的问题来探讨，然后我就可以做出相对精确的处理。我会探讨沃格林对亚里士多德的阐释，因为它对澄清亚里士多德的意思很有帮助。

学生：在课程的一开始，您提到过我们时代的危机，至少这个危机的一部分可以追溯到这样一个事实，即我们已经失去了我们的目标，如

---

① 迪昂(Pierre Duhem, 1861—1916)，法国物理学家和科学哲学家。
② 沃格林，《新政治科学》(1952)。

果我们回归亚里士多德的《政治学》,就可以以某种方式重新找回我们的目标。我不是很明白。如果我们因为抛弃了亚里士多德的人与自然相协调的观点而在思想上发生了如此巨大的革命,那么比如在现代自然科学革命之后,鉴于我们受到现代自然科学如此巨大的影响,我们现在是否有办法利用亚里士多德来重新找回我们的目标呢?

施特劳斯:这是一个非常重要和困难的问题。现在请允许我说一些更有限得多的东西,你可以说我在一开始自夸了。但既然广告在我们的社会中被视为一种正当的行为,而且我没有像一些洁牙剂①生产商那样走得那么远,有一件事就必须要说。我们肯定都意识到我们正处于危机之中。但我们对它做出恰当的诊断了吗? 这是个问题。换句话说,我们作为思考着的存在者,区别于知识分子,最主要的需求是看出什么是根本的问题。我敢断言,在当今社会科学的基础上,要恢复根本问题是不可能的,因为当今社会科学预设了根本问题的某个或一套答案,并以此为基础进行论证。为了理解现代自然科学的那种现象以及它对人理解自己即对社会科学的无限影响,从实践、实用、经验上来说,我们不会有比柏拉图和亚里士多德这样的人更好的助手了。这讲得通? 因为,他们没有分享现代思想家的特定预设,肯定没有。不管他们有何问题,他们没有把我们认为理所当然的东西视为理所当然。他们在非常高的水平上做到了这一点,这样,我们在研究他们的时候真就会获得广度和深度。

我们还有一个上次讨论过的问题,当时我们对比了亚里士多德的关键概念 polis 及其现代对应物即文化。我们看到[198]有一个根本性的差别,而议题并没有因为我们事实上知道并能够辨识出这一点而得到解决。我们必须多想想,[想想]谁是正确的。我们肯定要这么做。但是,如果我们想自由地思考,首先需要的就是与我们的仅仅惯常的和习惯的观念保持距离。你承认吗? 你知道,有些人除了过去二三十年发生的事情外什么也不知道,其中有的人不仅在政治中,甚至在学术生活中都身居高位。[你可以在]如今正在进行的一些讨论[中看出来]。

---

①   俗称牙膏。

这就是褊狭主义,危险的褊狭主义并不是对西方一无所知的简单部落的褊狭主义——他们并不自称是科学人——而是科学人的褊狭主义。呃,当然你可以说你不需要特别去阅读亚里士多德;对孟德斯鸠这样的人的研究,我当然承认这一点。但是孟德斯鸠,也许是最宽广的现代社会哲学家,他的整个论证预设了现代自然科学。

然而,有一件事我在我们第一次上课时就已指出,在此我必须重申。于我而言,这件事似乎已经解决了,它就是,将自然科学及其方法简单地应用于人的科学并不是处理问题的办法。换句话说,自然科学不能自称是普遍的科学,因为它不能充分地探究人类事物。而 17 世纪的情况当然有所不同。至少就笛卡尔而言,有两种实体,可延展的和思考着的,而他的新数理科学只探究可延展的实体——探究质料,而不探究心智。但是现今,这种二元论形而上学已经完全名誉扫地了,我们所拥有的不是灵魂科学(science of the soul),[而是]如今所理解的心理学(psychology)。不管老的灵魂科学有何问题,当今的心理学也有问题,我们得想出更好的方法。

学生:如果我们理解我们时代的危机……现代自然科学在东方和西方的基本运用都是为了补救人的地位,我们可以看到,这是普遍存在的,也许无法以任何方式加以阻止,对政治哲学的研究会不会——如果我们坚信亚里士多德是正确的——它能不能在某种对现代生活的悲观绝望之外产生出什么,或者它是否真的能够为这场危机开出一条出路?

施特劳斯:这是一个非常好的问题,我想说,它绝不是一条出路。我相信,每一个能读日报的神志清醒的人都会怀疑是否有出路,因为这不仅取决于你对如何解决这场冲突有非常不错的看法,而且还必须有人接受你的看法。你知道?是否有接受者是一个非常大的问题。我们不能排除……若没有希望,将是绝对可怕的。但还有一件事我们很可能会忘记。这么说吧。有那么一件事,即使我们不能通过不作为或委托对将要做出的决策产生任何影响,也会有一件事:①我们的预期。我们能够改变我们的根本预期。对一个完全幸福、完全富足且完

―――――――――

① 虽说文字记录稿中此处没有省略号,但有可能缺失了一个词。

全正义的世界的预期是当今所有思想中十分重要的要素,无论是在布尔什维克主义世界还是在非布尔什维克主义世界,我们都可以改变对它的看法。那里甚至有希望的信息。我不知道你是否[199]这么认为。亚里士多德偶尔给出了一个简单的评述:人[是由人、太阳所创生的]。① 我会予以说明,这样就不会⋯⋯你。人是由人和太阳所创生的,太阳代表了人类生活的超人类条件。神是不会变化的。换句话说,人类生活有一种根本的自然性,这种自然性甚至仍保留在那些⋯⋯被称为大城市等等,而这种自然的装备中的一部分就是人类的心智。如果我们做了必要的努力,我们就仍能畅通无阻地思考,我们在思考本身方面只是有欠于自然及其可能的创造者,肯定不欠任何人为的建制。人为的建制在一定程度上促进或阻碍了它,但根本的可能性在于人的自然⋯⋯再来两个[问题]。

　　学生:亚里士多德关于人之目的的观念依赖于他的自然观念,既然您提到他的自然观念包含了大量的乐观主义,那么我想知道您能否回应一下伏尔泰对莱布尼茨的那句引语——即这是所有可能的世界中最好的世界——的反驳。还有,亚里士多德对自然的定义很大程度上依赖于一种直接性,即认知与那被认知的东西没什么差别,而我认为整个现代哲学史揭示了我们没有这种直接性这一事实。

　　施特劳斯:[⋯⋯]② 当然,有一个非常精彩的故事,《老实人》,③但至于它是否真的会对莱布尼茨造成冲击,得去研究莱布尼茨才行,可以有把握地说,它对莱布尼茨没有什么影响。莱布尼茨知道那些邪恶,他认为它们是理所当然的。他说,虽然有这些邪恶,特别是人们给自己带来的许多邪恶,但这仍是所有可能的世界中最好的世界。这不是重点。我会给你另外一个例子。伏尔泰以十分优雅的方式所做的事情,即使不是在每个方面都充分,此后也被做了无数次。我记得一百年前梅尔维尔在本国给过一种说法,我相信我是在汤普森的《梅尔维尔与

---

① 亚里士多德的《物理学》(*Physics*)194b13。

② 转录员注:"也许有两三句话听不清。"

③ 伏尔泰,《老实人,或乐观主义》(*Candide, ou l'Optimisme*,1759)。

上帝的斗争》(*Melville's Struggle With God*)①一书中读到的。梅尔维尔
在小说《骗子》(*The Confidence-Man*)②中有一个主人公,这骗子能够创
造信任或乐观主义;他还让这骗子作为一个印刷工。这个骗子对他试
图欺骗的某个人说:"看看你欠自然及其创造者多少。"他以眼睛为例,
眼睛可以[让人]看到所有美丽的晚霞以及别的什么。而对方说:"你
完全错了。我在视力上并非有欠于自然,而是欠费城的一位眼科医
生。"这就是伏尔泰的主要论点。亚里士多德不知道这个论点吗?呃,
他肯定知道,因为他说过我们的自然在许多方面都受到奴役。但让我
们看看那位乐观主义者的观点。我们有许多缺陷,这个事实不可否认。
我想,每个人都有自己的缺陷,我们需要眼科医生或别的什么人。但眼
科医生做了什么呢?让我们只拿梅尔维尔的一些事实来仔细看一下。
眼科医生看着正常的、健康的眼睛。看着它们,他使患病的眼睛得到了
恢复,如果他可以的话,使视力得到了恢复。他的模式是什么?他这样
做时遵循的模式是什么?自然。

[200]学生:是的,但既然没有什么完美的自然,那么完美自然之
模式是什么呢?

施特劳斯:当然,完美的视力是一种模式。存在着拥有完美视力的
人;这不是重点。亚里士多德的意思是,世界上的缺陷多得令人难以置
信,不仅有人为缺陷,还有自然缺陷。亚里士多德认为且是相当明确地
认为,大多数人在他看来在最重要的方面都有缺陷。但他是怎么知道
的呢?他怎么知道他们有缺陷?因为我们知道存在着人类的某种自
然。如果我们是通情达理的人,如果自然没有给我们提供一种模式,我
们就不可能谈论缺陷,我们就不可能抱怨。回到那场危机上来,你知道
并不存在自然的目的,只存在价值。这导致了某些困难,因为仍然存在
一门叫作精神病学的社会科学或半社会科学。存在着神经质的人、有

---

① 汤普森(Lawrance Roger Thompson),《梅尔维尔与上帝的争吵》(*Melville's Quarrel With God*,1952)。

② 梅尔维尔(Herman Melville),《骗子的化装表演》(*The Confidence-Man: His Masquerade*,1857)。

这样那样的缺陷的人。这是价值判断。人们可以否认这一点,但是当你说一个人神经质的时候,你肯定是想以这样或那样的方式淘汰他。而这就是价值判断的实际重要含义。现在你知道他们做了什么吗? 你不会相信的。我班上曾经有一个学生对这样的观察印象深刻,那就是,你在精神病学中确实能找到客观的价值判断,这一事实真的很反常,并且他说:你必须做什么是很明确的。这些价值判断也是相对的。换句话说,美国社会以自己的方式定义神经症,或者美国社会的某个阶层是这样来定义的。我还没看到他们将此应用到躯体医学上,但肯定会发生的是,我们对更好与更坏的所有区分根本上都是武断的。我相信,整件事的 reductio ad absurdum[归谬证法]以及这场危机在学术内部的迹象,就是:我们不知道我们应该做什么。我们拥有一台由知识和权力所构成的巨型装置,而我们无法知道——这不言自明——如何利用这种权力。这种境况肯定不是一种令人满意的境况。

学生:呃,那么问题是,如果一切都如此依赖于自然观念,而我们无法认知自然,我们怎么能确信我们知道……您会同意说,认知的过程需要自然的某种变化。

施特劳斯:我们不要在没有奠定基础的情况下就跳入这些可怕的问题之中。改天我们再探讨。抱歉。我们不得不中止了。

第十一讲 题外话：亚里士多德政治哲学的主题与沃格林阐释之批判

（1961 年 11 月 6 日）[1]

[202]施特劳斯：[2]所以为了理解亚里士多德所指的 polis，我们必须将 polis 与国家从而与社会区分开来。但按照我们当前的说法，恰与亚里士多德所指的 polis 相对应的概念就是我们如今所称的文化。亚里士多德和 polis 概念同现代的文化概念之间的关键差别在于对神圣事物的看法。我试着澄清的第二点是关于 polis 与民主制、polis 与 demos[平民]的关系。据亚里士多德所述，理解力方面的自然不平等这一事实具有最大的政治重要性，尽管在其他一些方面存在自然的平等。为了理解这一点，我们察看了与之对应的典型的现代提法，它可以表述成必须以人制作的或习俗性的平等来取代自然的不平等这一论点。

这一论点就是卢梭的公式，并且在一种更激进的形式中，我们发现了这种根本的马克思主义：社会革命意味着废除智性劳动和体力劳动之间的区分，它将带来最高层次的平等。当然，存在着一种平等主义，它只关心平等，而对出现什么层次的平等不感兴趣。按照马克思主义的学说，马克思主义感兴趣的是最高层次的平等，即每个人充分发展人类的一切能力。但马克思主义面临着一个难题：不平等的自然遗产不会被任何社会革命所除掉。我[所说的"不平等的自然遗产"]是指基

---

[1] 参施特劳斯，《城邦与人》，页 45—49。

[2] 这一讲首先对接下来几次的班级会面进行评述。

因。换句话说,马克思主义如果想要实现自己的目标,就必须在惊人的范围内设计出一种优生学,这意味着要有大量的强制,远远超出了他们——加上李森科①——如今所做的。你们知道著名的李森科事件;它不仅仅是一个意外。我认为,如何为了最终的平等而摆脱那些遗传的不平等,是马克思主义本质上必然要面对的问题。从理论上讲,唯一可以做到这一点的方法是,假定后天的能力和非后天的形式一样可遗传。与马克思主义不同,自由民主制试图通过区分人民和政府来解决这个关于平等和不平等的复杂问题。人民在这里[203]被预设成平等的,由平等者所组成,而通过区分人民和政府,不可避免的不平等得以虑及。简单地说,有普遍和平等的投票权,但选举和任命的职位不是普遍的权利,而是特权。或者换个公式:机会平等,这并不意味着成就上的平等或回报上的平等。

回到亚里士多德。接受自然的不平等暗示着自然的就是善的。恰当理解的话,这就是亚里士多德的前提,这也意味着人类心智与整体之间在根本上是协调的。它们之间有一种自然的协调,而在现时代,我们发现有一种非常强劲的观点,认为自然是敌人。她必须被征服,这种征服不仅是物质上的,而且是智性上的,也就是说,"知性"并不是指向整体开放、感知整体,而是指人类的知性,按照康德的公式,人类的知性为自然立法。人类的知性使自然提供的混沌予料变得有秩序。这是对上次会面讨论的内容所作的非常简要的总结。

我现在迈出下一步。用 polis[城邦]这个术语来描述亚里士多德

---

① 李森科(Trofim Lysenko,1898—1976)曾任斯大林时期苏联科学院遗传学研究所所长。他拒绝了孟德尔(Mendel)所发展的遗传学,而支持某种版本的拉马克(Lamarckian)进化论,例如主张长颈鹿伸长脖子并将这种特征传给它们的后代。苏联科学家们试图采用这种策略来满足一些实际需要。例如,李森科提出了一个可疑的声明,说他已经把一种春小麦转变成了冬小麦。在1948年的一次演讲中李森科谴责了孟德尔,而所有不同意他的科学家都遭到了清洗。一系列的作物歉收和粮食短缺使得李森科在1965年被免职。Sarah Zielinski,《当苏联在遗传学和进化论上选择了错误的一方》("When the Soviet Union Chose the Wrong Side on Genetics and Evolution"),Smithsonian. com,2010年2月1日。

《政治学》的主题是不充分的。politeia［政制］才是一种恰当的和更充分的描述。如果你们浏览《政治学》除了第一卷以外的各卷的开篇，如果翻译还过得去，那么你们就会看到，亚里士多德《政治学》的主题是 politeia 而不是 polis。我必须解释一下，顺便提一下，还有在《伦理学》的结尾，亚里士多德暂时讨论了《政治学》的主题，我们看到，这个主题是 politeia。常被译作"宪制"（constitution）。"宪制"这个术语，尤其是如今在本国所使用的，乃承自一个更古老的术语，后者尤其出现在英语世界，但在法兰西也有，那就是根本法（fundamental law）。这是一个在 17 和 18 世纪使用的术语，然后逐渐上升到如今的宪制的意思，根本法就是不可以变更的法。例如，法兰西的萨利克法①，认为女性不可以担任统治者，以及王室领地不可让与，这些都被视为不可以变更的根本法。但我们现在只讨论宪制。宪制是一种法，它是一种根本法。但 politeia 在使用时与所有法律相对立。据亚里士多德所述，所有的法律都得对着 politeia 来确立。politeia 是一种先于任何法律的根本事实。你们在合众国宪法中找到的对应物是最前面的几个词："我们人民"。那些赋予自己这部宪法的人是先于宪法的。我们可以说，他们是它的起因。现在，在先的是什么？亚里士多德在第三卷的开篇说道，politeia 是 polis 居民的一种秩序。这非常简单，简单到很多人因其如此明显而无法理解。你们有 polis 的居民，一千人，五十万人，百万人，这没什么差别。你们可以以各种不同的方式来安排他们。有一种安排他们的方式是这样［施特劳斯写在了黑板上］；还有一种方式则是这样。还有一种方式中，一个人在这里，另一个人在这里，还有一个人在这里。这第一种是无限定的民主制。这是一种君主制，在其中，其他每个人都只是毫无差别地作为臣民。［204］这是一种等级社会——你们可以作无限的演算。这个秩序就是 politeia，主要是指实际的秩序，而不是法律确立的秩序。它之所以无法在法律上确立，最终是因为所有的法律都来自它。因此，让我们尽可能明

---

① 萨利克法（Salic law）是法兰克人在西罗马帝国崩溃后，于公元 500 年左右在高卢北部确立的法典。它禁止女性和女性后裔继承头衔、职位和土地。

智地把它表述为共同体中权力的事实分配。亚里士多德说，它是一种着眼于官职的安排。而官职指的是所有的统治职位，不管它们是立法的、行政的还是司法的。

不过同时，politeia 不仅仅是人类的一种秩序。如亚里士多德所说，它同时是 polis 的某种生活方式；或如希腊演说家伊索克拉底（Isocrates）所说，是 polis 的灵魂。我们必须理解这两件事之间的关系：作为 polis 成员的个人之间的秩序，以及这是 polis 生活方式的事实。在社会学中，人们谈论社会分层，这意味着社会中有一种事实秩序，其本身与任何法律秩序无关；这种分层当然还意味着，在纯粹描述性的意义上，人有高有低。有一种特殊的人，能为一个社会定基调，赋予这个社会以性格。而从亚里士多德的视角来看，这意味着这种人决定了这个社会的目的，决定了这个社会所认为的其他一切都是为之而做的那样东西——社会精神（the spirit of society），倘若可以用这一有点老式的术语的话。有时，国民性（national character）这一术语也有类似的意思。现在，一个社会的这种精神，随你怎么叫，最终取决于一种特殊的人的形象，这种人被社会成员们所仰望。在最简单明了的情况下，这种类型公开地统治着社会，但情况未必总是如此。可能会有某种分裂。例如，统治的人可能会被轻视为政客。人们可能会仰望一种完全不同的类型；例如，仰望好莱坞的男女演员。这是一个更复杂的情况，但复杂的情况总是只有在简单明了的情况的基础上才能理解。有趣的是，这样的分歧是可能的。

现在，在一种民主制下，如果柏拉图在《王制》第八卷中是正确的，在一种民主制下，所有类型的人都会被承认。按照《王制》中的某个评述，那里没有主导的类型。[①]不过，当然不是完全这样，因为我们得更加严肃地对待民主制的主张，即常人的优势。这一点不能彻底忽略不计，尽管它过于简单，因为常人通常不是统治者。他们或许在选举中起决定性作用，但他们通常不会当选。因此，在古典的反民主制文献中，人们谈论煽动家（demagogues），其字面意思是 demos［平民］的领袖，而

---

① 《王制》557c。

demos[平民]的领袖并不仅仅是 demos[平民]中的普通成员。现在,如果我们看看现今我们直接了解到的民主制,我们就会看到,承认每一种类型的人严格讲来不对。我们总能观察到,事实上有一种或几种类型是被偏爱的。我给你们一个非常简单的例子。有个现象当然众所周知,但人们通常不会从这个视角来看待它。它就是广告,非常发人深省。如果你们看到一个女性的代表,你们可以说它通常是 20 或 21 岁的年轻女士。不知怎的,她成了人们偏爱的类型,所以女孩们,6 岁的小女孩们,和 80 岁的曾祖母们,都以 21 岁的女孩为模式。[205]就男性而言,情况要复杂些,因为我认为有两种被偏爱的类型:年轻健壮的男人,以及头发略微花白的首席执行官,也许在 46 岁左右。但是,顺便提一下,有趣的是就男性而言有这种分化,而就女性而言则没有像这样的分化——非常有趣,但我现在不想去细究。这里极为复杂,但极为复杂也不应使我们无视一个根本的问题:是否每个既定的社会事实上都没有偏爱某种类型的人,以及是否那种被偏爱的类型的人也不是通过公开地统治共同体来定基调。顺便提一下,我会把 politeia 一词译为"政制",因为我认为这是可以找到的最好的译词。如果有人知道更好的译法,我永远都会欣然接受的。

现在,首先,为了让这点更好理解一些,我会给你们非常扼要地陈述亚里士多德对各种政制的区分。他的图式非常简单:这些政制必定非善即恶。那关心共同善的就是善;那只关心统治者私己之善的就是恶。这是一个原则。另一个原则也非常简单:统治者可以是一人、少数人,抑或所有或多数人。一人:善的,君主制;恶的,僭主制。少数人:善的,贵族制;恶的,寡头制。所有人:善的,他称作政体(polity);恶的,他称作民主制。波利比俄斯(Polybius)后来也使用了类似的方案,他称——也许是个小问题——但他称所有人的、善的统治是一种民主制,所有人的、恶的统治是暴民制(ochlocracy),暴民的统治。这一观念就是这个。①这是最善的,王制(kingship)是最善的,僭主制是最恶的,而其他的优先顺序由箭头表示。这个方案有一个优点:它很完整。有没

---

①　施特劳斯显然写在了黑板上,或者是指已经写在黑板上的东西。

有缺什么东西？有没有遗漏什么选项？亚里士多德很容易就能表明，每一种都有 n 个分支，但没有一组被遗漏。但亚里士多德知道，这对我们的理解来说绝对不够。例如，你们怎么从这个方案中知道寡头制是富人的统治？你们只能知道它是少数人的、恶的统治。然后你们不得不细究亚里士多德给出的实质性考虑因素。

他还在第四到第六卷中使用了一个额外的方案，从经验分析的视角来看，这个方案是最丰富的，在那里，他从一个非常实际的问题开始。亚里士多德时代每个 polis 的现实议题是什么？是穷人和富人之间的冲突，最终就是民主制和寡头制之间的冲突。亚里士多德从这一基本点出发。然后他提出了一个问题：既然民主制和寡头制均不能令人满意，它们都是极端，那么我们就必须找到一种中道（mean）。对于亚里士多德来说，中道并不是指这个。[施特劳斯写在了黑板上]这个将是一种糟糕的妥协；它不是中道。中道是一种结合各自的优点而避免其缺点的东西。因此，中道高于两个极端，他称之为政体。现在，这个政体是有限定的民主制，从财产的视角来看是有限定的。每一个可以用重装甲来武装自己的人——你不必很富有，但你必须有一些财产。充分的公民权利仅限于那样一些人，他们拥有①，他们服役过，他们可以担任……但你在此有一个更高的原则。民主制仅仅意味着作为原则的自由，随心所欲地生活的自由；这是不够的，因为没有包含德性。寡头制意味着财富，也没有包含德性，没有[206]善。这里有一个原则[……]，②报国、勇敢、男子气概、战争德性，从其内在上讲就是更高的；但这只是德性的有限部分。因此，还有一种更高的形式，那就是贵族制，有德性者的统治。还有各种各样的中间形式。以上就是两种图式。如果想要理解亚里士多德《政治学》的核心，就必须对两者一视同仁。

我还要补充一点，这一点也至关重要。为了澄清这个 politeia 究竟是什么，[亚里士多德]用了一些术语，这些术语他也在他的理论著述

---

① 有可能这里缺了一个词，或者有一个词听不清。
② 施特劳斯在这里或许会说"荣誉政治"（timocracy）。

中用过,但柏拉图早已用过了,它们甚至都是常识了。当你看一个鞋匠,[看]他在做什么,显然,他需要材料。让我们以皮革为例,这就是材料。或者木匠用木头:木头(wood)来自森林(forest),森林被称为[hule],所以[hule]这个词被用来指质料(matter)。质料的哲学术语就来自这个词。不要有任何幻想;每当你生产什么东西的时候,你都会用材料来制造它。鞋匠或木匠做了什么? 他在它上面加了印记。他没有印上标签或价格,但他赋予了它一种形状或形式(form)。他在材料上加了一种形式,当这一切完成后,东西就做好了。质料和形式同等必要,但形式赋予了它性质。

现在,亚里士多德认为这对理解政治社会也非常有帮助。如果你们有一个polis,你们就有两个要素:[第一,]纯粹作为人类的人类。在任何政制下都会有这个要素,无论是君主制、僭主制、寡头制还是民主制。政制是施加给人类的一种形式,使他们成为民主制社会、寡头制社会、贵族制社会或君主制社会的成员。亚里士多德的教诲似乎非常矛盾。使一个城邦、一个polis成为一的首先就是政制。他用了一个例子——一个非常好的例子:有24个、50个或者多少个人。今天他们出现在肃剧合唱队中,明天他们又出现在谐剧合唱队中。他们是同一批人,但使他们今天成为肃剧合唱队、明天成为谐剧合唱队的是加在他们身上的某种形式。他们在肃剧中发挥的功能与他们在谐剧中发挥的功能完全不同。既然功能最重要,那么重点就不在于那在成为合唱队成员之前的50个或24个人或者多少个人,而[在于]他们作为肃剧合唱队或谐剧合唱队成员的训练和活动。亚里士多德说,这是一个很好的例子,可以澄清民主制、寡头制以及其他各种政制之间的差别。

但是这里有一个非常大的困难。如果说使城邦成为一的首先是政制,那么我们如何去解释,城邦虽有政制上的各种变更,但仍具有明显的连续性? 当某个人写英格兰宪制史的时候,他假定至少从征服者威廉(William the Conqueror)时代到当下时代,同一种宪制在变更。或者如果你们会说,“呃,宪制不一样了,[但]英格兰肯定[是]同一个;英格兰的实质、根本的基础,经历了许多变更,在克伦威尔时代和詹姆斯二世(James II)时代,在乔治三世(George III)治下,以及在现在,都不一样",那么这样说似乎更合情理得多。亚里士多德说,"不,可以肯定,与[207]《改革法案》之前比起来,现在这个国不一样"①。这似乎是异想天开。现在我将简要解释一下。在第三卷的开篇——第三卷肯定是最重要的一卷、最根本的一卷——亚里士多德说,"人们现在持有不同的意见。有些人说 polis 实施了某种行为;另一些人说,'不,不是 polis,而是寡头制或僭主'"——[任]一行为,比如合同义务、外债或内债。[然后]出现了一场革命。新政府说,"不,不是我们干的,不是我们人民干的,是那些该死的寡头干的,或者那个该死的僭主干的。我们不用承担什么义务"。而亚里士多德此刻并不关心法律问题,但他说:看看这些人做了什么。他们说这不是 polis 干的而是某种政制干的,比如寡头制,不是 polis 干的。他们暗示,如果没有民主制,就没有 polis。就没有 polis。呃,当然有房子,但没有 polis。让我们称这种类型的人为党派分子。如果我理解得没错,党派分子会说:"如果没有那被偏爱的政制,那就没有政治社会。"在隐喻式的言辞中,我们都能了解到这一点。在民主制的进一步发展中,寡头会说:"国将四分五裂,polis 不复存在。"呃,他不是字面上的意思,但亚里士多德说,如果他理解自己,他就不会是字面上的意思。这是一个党派分子。现在,我们有另一种类型的人,通情达理的类型,他会说,不管政制如何变更,好公民都有责任为自己的 polis 服务。看看 17 世纪的英格兰,那时候发生了很多变更,[看看]一个在查理一世(Charles I)治下、克伦威尔治下、查理二世(Charles II)治下而后在威廉三世(William III)治下为英格兰尽最大努力的人——我的意思是,如果他活得够长的话:②难道这个人不比一个仅仅是老君主制、福祉共同体或威廉三世治下的宽和君主制的狂热拥

① 《1832 年改革法案》(The Reform Bill of 1832),也被称作"大改革法案",变更了不列颠的选举体制,清除了腐败选区(rotten boroughs),并将选举下议院议员的权利扩大到新城镇。只有拥有至少 10 英镑财产的人才能投票,这就把工人阶级中的大多数人排除在外了,而且只有能够承受参选的代价的人才能担任下议院议员。

② 查理一世于 1605 年即位;威廉三世于 1702 年逝世。

护者更好吗?让我们称这个人为爱国者:[对他来说,]国比政制重要得多。但是这类人,这类不错的人却受到一种指控:他们自然被别人称为叛徒。对此有很漂亮的证明。

这是亚里士多德在他那本更通俗的《雅典宪制》(*Constitution of Athens*)一书中陈述的一种观点,而不是他在《政治学》中采用的观点。在《政治学》中,他作了这样一个无可指摘的陈述:既然公民相对于政制而言——我们很容易就能证明,民主制下的公民在寡头制下就不会是公民,等等——如果公民相对于政制而言,那么好公民就必定相对于一种政制而言。因此,一个在民主制下是好公民的人,在寡头制下只能是坏公民。你们不可能中立,这就是重点。如果我们看看亚里士多德,将他分别与党派分子和爱国者进行对比,我们就会看到,他既不是党派分子也不是爱国者。如果我不得不使用一个简单的术语,我会说,亚里士多德是一个拥护人类卓越的党派分子,出于这个原因,他不可能把自己等同于那些拥护人类卓越以外的[什么东西的]党派分子,他也不可能把自己等同于那简单的爱国者。对此的理论表述如下。当党派分子说,随着政制的变更,[随着]他所认为的那种正确政制[的变更],[208]polis 就会毁灭或不复存在,这时他就错了;当爱国者说,政制的各种变更都是表面的变更,polis 存在于各种变更之中,这时他就错了。而亚里士多德的观点是,polis 在政制变更时发生了决定性的变更,但它并没有毁灭;它变成了另一个 polis。这是亚里士多德的一个简单论断。我后面会有更充分的讨论,我认为从我们当今的经验来看,要理解亚里士多德,最简单的出发点就是著名的忠诚问题。

关于这个问题,我只说几句。当你们现今谈论忠诚时,你们当然首先是指对合众国的忠诚,肯定如此,但这并不完全正确。假如一个布尔什维克主义者或法西斯主义者说"我的意思肯定是对合众国人民最好的,我比其他人更忠诚于合众国",他可以这么说,但这种观点不会被接受,因为忠诚意味着对既定政制的忠诚,对由宪法、由既定秩序所定义的合众国的忠诚。假如有人说"呃,如果将来政制发生变更,比如变成布尔什维克主义,那么现在每个人都被期望成为忠诚的布尔什维克主义者",这将对所有现存的政府造成严重破坏。我后面会展开。亚里士多德也有考虑。每一国,总是被要求的对国的忠诚贯穿整个政制,而不仅仅涉及赤裸裸的质料,即人类、地产等等。而亚里士多德的这个学说一开始真的无法理解。但你们总要迈出我们在课堂上已经提出过的一步:我们的概念而非我们的经验与亚里士多德的根本概念不一致。我们必须在我们的经验中发现经验;然后我们就会理解经验,再然后我们就会看到,我们的概念而非我们的经验如何将我们与亚里士多德隔开。我在那次讨论开始时举过这方面的例子,我说在阅读亚里士多德关于 polis 的陈述时,如果你们想到的是国而不是社会或国家,那么你们就已经正确地察觉到他的意思了。我们对国的经验对应于亚里士多德对 polis 的经验。我们的概念造成了障碍。

现在,沃格林在他的六卷本著作《秩序与历史》中阐释了亚里士多德的《政治学》,其中的三卷已经发表。① 这是一个相当广泛的陈述,大约有 80 页,而且,我该怎么说呢——这不是一个古文物研究般的陈述,因此有一定的趣味。在我转向他对亚里士多德的第三卷的评述之前,我必须首先告诉你们他的一些前提、他的一些一般前提是什么,因为它们出现在关于亚里士多德的这一章。他说,而他的说法部分是为了表达亚里士多德的思想:"在关于行动的一般科学意义上的政治科学与一种关于历史存在的哲学不可分离。"亚里士多德那里没有关于历史存在的哲学(philosophy of historical existence),它没法翻译成希腊文,但沃格林相信它是必要的。这就是他和亚里士多德之间的根本差别。我再给你们读两段说明他的这个哲学前提的文字。这些陈述在第 302 页,但我要从第 295 页开始读。他说他会找到柏拉图式的意志及其产物——理念。换句话说,柏拉图式的理念[209]是柏拉图式意志的产物,这是一个我现在无法进入的话题。当然,这与柏拉图和亚里士多德关于理念的观点完全不相容。还有一点也是一个独特的前提,是我在

---

① 沃格林,《秩序与历史》,5 卷。第 1—3 卷出版于 1956—1957 年;第 4 卷发表于 1964 年,第 5 卷发表于 1987 年。在接下来的几页中,施特劳斯选读了《秩序与历史(卷 3):柏拉图与亚里士多德》(Order and History (volume 3): Plato and Aristotle),见《沃格林著作集》(Collected Works of Eric Voegelin),Dante Germino 编,16 卷(Columbia:University of Missouri Press,1999)。

第 279 页上找到的："虽然亚里士多德《政治学》的各个部分①的日期无法准确地断定，但我们知道它们属于亚里士多德人生的不同时期。"我想说我们并不知道。那位使得沃格林确信我们是知道的人就是几周前去世的德国古典学者耶格尔（Werner Jaeger）。②但你们只要读一下巴克在其《政治学》译本③的序言或导论中对耶格尔所作解释的非常清醒的批评，就会发现不可以那样假设。耶格尔试图解释亚里士多德总体的哲学的起源，特别是他的政治哲学的起源。这种对起源的关注是对历史的总体性关注的一部分，这是与沃格林根本一致的某个思想学派的特点。

现在，一个不可避免的话题就是亚里士多德思想与柏拉图的关系，我会在这门课程的最后予以探讨。它在沃格林的论证中扮演了非常重要的角色。简言之，关于希腊生活的复原或复兴，柏拉图有某些预期。这些预期失败了，而亚里士多德的学说就是基于这种历史经验，柏拉图预期的失败。据沃格林所述，这导致了伦理学和政治学的分离。在亚里士多德那里伦理学和政治学是分离的，这在某种程度上不可否认：有两本不同的书，一本叫作《伦理学》，一本叫作《政治学》。在柏拉图那里，伦理学和政治学并没有这样的分离。问题在于，这个解释是否——你是否需要回到某种从根本上讲只是假设的东西，即柏拉图预期的失败，来解释这一点。这是一个很长的问题，我将不得不讨论沃格林对柏拉图、[对]什么是柏拉图的预期的分析，但我在这里不能这么做。我将局限于这样一个问题，即伦理学和政

---

① 原著中作："虽然集子的各篇 logoi[论述]。"[译按]中译文参考沃格林，《柏拉图与亚里士多德：秩序与历史 卷三》，刘曙辉译（南京：译林出版社，2014）；有改动，下同。

② 耶格尔（1888—1961），古典学者。（从 1936 年到 1939 年，他在芝加哥大学任教，然后去了哈佛大学，并在那里度过了他余下的职业生涯。）施特劳斯指的是耶格尔的《亚里士多德：发展史纲要》（*Aristotle：Fundamentals of the History of His Development*，London：Oxford Universitiy Press，1962）[Werner Jaeger, Aristoteles，Grundlegung einer Geschichte seiner Entwicklung（Berlin：Weidmann，1923）]。

③ 巴克，《亚里士多德的〈政治学〉》（1946）。

治学的分离意味着什么。

现在,假如它意味着我们必须区分德性与旨在产生德性或有助于德性出现的政治制度,这当然是柏拉图式的,也是亚里士多德式的。你只需读一读柏拉图《法义》第一卷,631b 到 c,[就能发现]这在柏拉图的思想中十分清楚:在那里,你有一个标准、一个你为之立法的观念,那就是,一个拥有这些或那些德性的完美的人。这必须是第一位的,然后你才能设计制度。这在两位思想家那里是完全相同的。但柏拉图确实没有专门用一本书来呈现伦理学。在《王制》和《政治学》中,都有[关于]伦理[事物]和政治[事物的讨论]。但原因是这样的(我在这里只能独断地说出来,我后面会再谈的):[柏拉图那里]没有道德德性。道德的(moral)和伦理的(ethical)当然一样——我的意思是,如今所做的区分,[210]药店可以不合伦理,但某些性行为不道德,这是最近才出现的区分。伦理的仅仅是希腊形式的……道德的。这只是顺带一提。我曾经说过一个人,我认为他是一个不道德的人,然后有人问我:他犯了通奸罪吗?而我只想说他是个骗子。后来我了解到这个术语在本国有不同的含义。那么,道德德性或伦理德性,这术语本身并没有出现在柏拉图那里。可以说,亚里士多德是那与其他德性相对的道德德性或伦理德性的发现者。为什么会这样,这个问题我打算后面再探讨。

现在让我们来谈谈沃格林对《政治学》第三卷的讨论。我必须给你们读几段,首先,第 324 页以下:

> 在《政治学》的结构中,第三卷占据关键地位。它是 polis 本性的导论性探究与接下来具体情形中的立法学应用之间的桥梁。立法者的行动领域是 politeia 或 politeuma,被译为宪制、政府种类(kind of government)或政府形式(form of government),不一而足。亚里士多德本人将 politeia 定义为 polis 户主的秩序(taxis)(1274b38)。

我已经提过了,这是误译。亚里士多德这里说的是那些居住在城邦中的人的一种秩序。居民(Inhabitants),而不是户主(householders)。

最好的译法应是"城邦秩序"(order of the polis),不同类别最好被命名为"秩序类型";所以,每当"宪制""政府形式"这类惯用语词可能会导致误解的时候,我们将使用这些术语。术语使用中这样的谨慎是必要的,因为第三卷中亚里士多德的概念经历了含义上的某些变化。例如,术语 polis 不是在与[前几卷——施特劳斯]中①(当主题是"polis 本性"的时候)相同的意义上使用的。在第一卷中,polis 是这样一个共同体,它的"部分"可以被确定为家庭和村落。在第三卷中,polis 仍然是一个复合物,但是公民②取代家庭和村落成为 polis 的部分。[这绝对正确——施特劳斯]……这个定义回答了第三卷开头的一个问题:"polis 到底是什么?"这个问题必须问,因为亚里士多德现在寻求的是 polis,它是"治国者和立法者活动"的目标。立法者的 polis[为亚里士多德在第三卷以下所讨论——施特劳斯]不是哲人的 polis[据说为亚里士多德在第一卷中所讨论——施特劳斯]……本性和秩序之间、哲人的 polis 和立法者的 polis 之间的区分导致了一些理论难题,这是亚里士多德所不能解决的——③

[211]这是目前的初步陈述。那么它的基础是什么? 亚里士多德从第一卷开始,很明显这是这本书的开端,但在第三卷的开篇也有一个新的开端。沃格林描述了这两个开端。在第一卷中,他开篇就谈论了 polis 的本性,而在第三卷中他谈论了 polis 的秩序。换种说法,也是有点更接近亚里士多德的教诲的说法,在第一卷的开篇亚里士多德谈论了家庭和村落是 polis 的部分,而在第三卷的开篇他谈论了公民是 polis 的部分。这种说法更接近实际情况,但并不完全正确,因为亚里士多德在第一卷中没有把家庭和村落称为 polis 的部分。他本可以这么做,但

①　原著中作:"与第一卷和第二卷中。"
②　沃格林附上了"(polites)"。
③　沃格林,《秩序与历史》,卷 3,《柏拉图与亚里士多德》,收于《沃格林著作集》(1999),第 16 卷,页 324—325。省略号表示施特劳斯在阅读时省略了文本中一些简短的部分。

事实上没有做过。第一卷开篇的讨论是什么意思？亚里士多德讲得十分清楚：曾经有人说过，家庭或家与 polis 之间没有本质的差别，polis 只是一个大的家，或者家庭是一个小的 polis。柏拉图就是这样说的人之一，[但]亚里士多德在此没有提到这些人的名字。亚里士多德的第一项任务是讲清楚家庭和 polis 之间的本质差别，这是第一点。然而，这与表明 polis 是符合自然的是一回事。这句话的意思还在于，polis 作为polis，而不仅仅作为扩大的家或村落，是符合自然的。在自然上，polis 和较小的联合体之间是有差别的。

现在，在明确了 polis 和家庭之间的本质差别之后（村落在这里没有受到很大的关注），批判关乎的是家庭和 polis。亚里士多德在第一卷的余下部分讨论了家庭管理(household management)的话题。然后他做了他在其他著作中也做过的事情：对老的政治学观点进行概述。他是在第二卷中做的。在第三卷中，严格意义上的政治学论证开始了。在第一卷的开篇，可以说亚里士多德只关心确立起政治学的一个话题：polis 本身在本质上不同于村落。沃格林发现的本性和秩序之间的区分，即第一卷中的本性和第三卷中的秩序之间的区分，完全是不存在的。现在重点是什么呢？沃格林说，polis 的本性和 polis 的秩序之间的这种区分——这区分不是亚里士多德的——破坏了对实体的理解，而实体可以说就是这两者。我给你们读一读：

> "polis 同一的，这主要是就其 politeia 而言。"如果这个论据被追溯到其结论，作为历史上一个社会的 polis 将消失。

他的意思是，polis 虽然只是发生了变化，但其延续性仍将消失。引用亚里士多德的话：

> 当一个 polis 变更其政府秩序[governmental order, politeia]时，它是否被缚于履行其约定之正义中，这是另一个问题。

亚里士多德在这场讨论的最后说——你们知道，他开始时提过一个实际问题,即人们在 polis 和政制之间做出了区分:寡头们订立了契约或条约;不是我们干的,所以它不能约束我们。沃格林说:

> 在这个句子中,polis 又是历经秩序类型的变更而保持同一性的主体——但是在这个假设下应该偿还的债务的问题悬而未决。这些不同理论意图的和解是不可能的。①

你们明白他的意思、这个债务问题吗? 你们还记得吗? 你们不记得的话,就不能理解我的推理。我重申一遍。亚里士多德的出发点是他的这个观察:政制的变更,对先前政制所负债务之约束性的否认,[212]理由是这债务不是 polis 所弄的,而是以前的政制所弄的。1918年的俄国是最近的例子②——不,不是最近的例子,还有其他的例子,但却是最著名的例子。那是沙皇弄的,不是俄国人民弄的。

让我们考虑一下。首先是延续性问题。亚里士多德并没有说那个 polis 是一个全新的 polis——比如,说布尔什维克主义革命后的俄国[与沙皇俄国]没有什么共同之处——他只是说,政制的变更是所发生的最重要的变更。原因非常简单,因为亚里士多德把好与坏之间的差别视为最重要的区分。举个最简单明了的例子。如果一个献身于德性的社会变得献身于恶德,那么这个社会中的其他任何变更都没法与之相比。它们是否变得更富或更大,或者是否变更各种技术性的东西,在重要性上是比不上的。我想说,这是一种非常站得住脚的视角。但是,让我们回到债务问题上来。据沃格林所述,亚里士多德必须主张,政制的每一次变更都会创造出一个全新的 polis,另一方面他又必须承认 polis 依然存在的事实,因为在某种程度上,变更前后的 polis 显然是同一个。沃格林相信亚里士多德无法解决这个层面的问题。我认为这完

---

① 沃格林,《柏拉图与亚里士多德》,页 326。
② 1918 年 1 月,苏联政府暂停偿还外债。1918 年 2 月,为了使战争从 1917 年 2 月持续到 11 月,它宣布拒绝偿还沙皇的所有债务以及临时政府所负的债务。与此同时,它决定没收外国人在俄国持有的所有资产,并将其恢复为国民财产。1913 年,俄国的公债达到 9.3 亿英镑(约占 GDP 的 50%)。

全错了。亚里士多德说,它是另一个问题,一个不属于这里的问题。为什么不属于?答案是:因为它是一个法律问题。法律问题本身在这种语境下是非政治的,与政制无关。有一些这样的政治中立的问题;我可以用《政治学》中一些类似的例子来证明这一点。它是一个政治中立的问题。但如何裁决呢?我做个简单的假设,即亚里士多德是一个健全的人。一个健全的人会如何裁决这样的问题呢?比如说,有个僭主负债。这僭主被废黜或被处决了,其债务怎么办?似乎明显的是:如果这僭主负债是为了狂欢,为了自肥或者你们会说的其他什么,那么其债务当然就不会得到偿还。那么,那些银行家,那些为这种放荡生活提供资金的家伙,是否应该为此负责呢?但是,如果这僭主用这些钱或者其中的一部分来美化城邦,一般来说是为了 polis 的利益,而这个城邦将在未来享受这些利益,那么一个诚实的城邦就会偿还债务。这就是亚里士多德的意思。它确实是一个法律问题……政治学论证的中心。现在,我得读一读另一段话。

　　　　亚里士多德关心的是 polis 唯一的本性与多种实现种类之间的张力。从关于这种张力的思辨出现了秩序形式(eidos)可以被引向与 polis 本性(physis)最大化重合的可能性。就这样,我们得出最佳 polis 的观念,这个 polis 的秩序(politeia)将是自由平等的人的组织,即《尼各马可伦理学》所描述的成熟人的社会。虽然这样一种最大化的重合是可欲的,政治科学家必须[213]认识到,历史上的[城邦——施特劳斯]远远低于这种完美尺度;事实上,亚里士多德有时候承认,他所审视的 158 种宪制没有一种符合他的标准……polis 本性的探究并没有穷尽政治学的问题,[对 polis 本性的——施特劳斯]形而上学的探询必须得到我们所称的政治的社会学(sociology of politics)的补充。①

现在让我们试着理解。这十分……沃格林利用了本性与秩序[之

---

① 沃格林,《柏拉图与亚里士多德》,页 328。

间的]区分,他把这种本性与秩序之间的区分归于亚里士多德。他将这种区分等同于本性与形式或 eidos 之间的区分。这一点你们必须牢记。自然的 polis 是完美的 polis,但所有实际的城邦都不完美。现在顺便提一下,后半部分说法是对的。亚里士多德认为几乎所有为他所知的城邦——不,是所有为他所知的城邦——都不完美,[这]不可否认。但这和那一点没有关系。沃格林显然不知道一件非常简单的事情。据亚里士多德所述,事物的本性,非常简单地说,就是形式加质料(他忘记了这一点),就像人是由形式和质料组成一样。这很容易说明。例如,在初步分析中,质料的一部分是,比如说,我们的胃。人类的胃和狗的胃不同。从亚里士多德的视角来看,我们还没有充分理解人类的胃,直到我们明白怎么只有人类的胃才能对区别于狗等任何动物之生活的人的生活做出贡献。但形式或人的理性才是支配这整个事物的东西。但人不仅是形式,他也是质料。这很容易理解。但不可否认,存在着一个难题:大多数狗是正常的。至少亚里士多德相信如此。换句话说,你们会发现一些狗有着两个头或一只脚等等,但正常的狗有两只眼睛、两只耳朵等等。但大多数城邦不正常。亚里士多德就这么说。你们几乎在哪都能找到一条正常的狗,却找不到一个正常的城邦,然而他说城邦是符合自然的。这是一个不能否认的悖论。也许亚里士多德甚至会说,大多数人都不正常,他并不是指大多数人都有这样或那样的身体缺陷;不[是]指[这个],而是以一种真正的人类生活规范来衡量[他们不正常]。我们可以说每条狗都过着一种真正的狗一样的生活。可以说,很少有人过一种真正的人类生活。就是这样,我认为亚里士多德没错。

对同一观点的另一种暗示。在第 331 页,他说亚里士多德必须做出三种概念上的区分。"首先,对革命以及 polis 中相应的宪制变更的观察促使对 polis 的本性和秩序进行区分。"这不对。亚里士多德是对 polis 的形式和质料,而不是对本性和秩序进行了区分。那完全是误导人的。① ——这和我之前说的是一回事,他②把这一段译错了。politeia

---

① 这时换录音带。

② 即沃格林。

是户主的秩序。而亚里士多德说的是居住在 polis 中的人,也就是 polis 的质料。你必须有人,[214]然后必须有一种施加给他们的特定形式。顺便提一下,这本身并不意味着某种邪恶的或强制性的东西;而只是意味着他们必须指向一个独特的目标:自由、德性、财富或其他什么。否则,他们就不是一个政治社会的真正成员。

一旦宪制的秩序被确立为一种范畴,它就得是某种东西的秩序;宪制获得了"形式"的功能,这种"形式"与作为其"质料"的公民相关。[不是这样;人是其质料。这大不相同——施特劳斯]这第二种区分即宪制形式和公民之间的区分导致了一个难题:如果公民被定义为符合宪制"形式"的"质料",那么许多人以某种方式属于 polis,但不能被归类为公民。①

这无法从亚里士多德所说的话中辨识出来。亚里士多德的意思非常简单。这里的这个鞋匠,一个城邦居民,是民主制下的公民,而不是寡头制下的公民。每当你回顾本国的历史时,你就会发现我们从未有过如此严格的财产资格条件,但在任何他国,你都会立即看到这种限制,是这样的。公民总是相对于政制而言的,但人却不是相对于政制而言的。如果政制变更了,鞋匠不至于不再是人,但他不再是公民。还有第三种区分。亚里士多德所做的第三种区分是好人和好公民之间的区分。但这绝对明显。如果公民是相对于政制而言,那么好公民就必须是相对于政制而言。如果一个事物是相对于另一个事物而言,那么这个事物在有所限制的情况下也是相对于这另一个事物而言。对此,依然可以给出非常经验性的证据。魏玛共和国的好公民必是希特勒政制下的坏公民,反之亦然,因为好公民意味着献身于政制的目的。我的意思是,如果说某人献身于希特勒政制的目的,那他就不可能献身于自由民主,反之亦然。这是一个经验事实。[沃格林]接着这样说。所有这一切的结果是,

---

① 沃格林,《柏拉图与亚里士多德》,页 331—332。

polis 的本性不再能够通过亚里士多德从柏拉图那里继承而来的人类学原则与人的本性联系在一起;一个视角将在人类生存的可能性上被打开,在 polis 之外的一种社会类型中,以一些令人满意的人类本性实现之模式。①

换句话说,亚里士多德在将完美的人类联合体等同于 polis 时遇到的那个难题,只能通过遗忘 polis 并找到 polis 之外的一种社会类型来解决。这里沃格林所指的是一种文明或文化。如果沃格林只说亚里士多德所描述的 polis 是一个有问题的东西,那他就正确。但这并不是对亚里士多德的批评;它只会揭示亚里士多德本人的意思。亚里士多德遇到的所有难题无论如何都不能证明另一种社会类型会解决那个难题。亚里士多德失败的原因是什么? 对此,他说,"既然本性和形式②是本质之同义词,[215]那么 polis 就是一个有着两种不同本质的事物"。③完全不是这样。沃格林不理解亚里士多德关于本性是形式和质料之复合的学说,更不用说,基于第一卷和第三卷开篇的不同论证而区分本性和秩序,这事实上无论如何都不是该学说的基础。

这些难题起源于将[亚里士多德的——施特劳斯]《物理学》和《形而上学》中提出的本体论范畴不经进一步澄清就应用于社会中人类生存秩序的尝试……在《物理学》和《形而上学》所列模式的场合提出的本体论范畴对于社会中秩序的理论化不是一个足够好的工具,这是非常清楚的。④

这意味着什么? 亚里士多德是形而上学家。他在《物理学》和《形而上学》中提出了一套形而上学学说或体系。在其中,形式和质料之

---

① 沃格林,《柏拉图与亚里士多德》,页 332。
② 沃格林用的是希腊词 physis 和 eidos。
③ 沃格林,《柏拉图与亚里士多德》,页 332。
④ 沃格林,《柏拉图与亚里士多德》,页 333。沃格林提供了括弧注:"《物理学》(第二卷第三章)和《形而上学》(第一卷第九章和第十二卷第三章)。"

间的区分起着非常大的作用。然后可以说,亚里士多德盲目地将这种质料和形式之间的区分转移到了政治学上。但不是这样的,我想展示下理由。

什么是 polis? 这我们首先得知道。现在从亚里士多德的视角来看,polis 只能是两种事物之一。它要么是一个自然存在者,要么是一个人造物,但在这两种情况下,质料和形式之间的区分显然都是必要的。这个区分在人造物的情况下甚至比在自然事物的情况下还要清楚。在亚里士多德的《政治学》中,并没有那种从形而上学体系中的借用。此外,关键的一点是:亚里士多德的思考风格与那种图式化绝对对立。如果亚里士多德不是基于政治事物而看到区分质料和形式的必要性,那么在政治事物上,他就不会应用这个区分。对亚里士多德来说,没有什么比这更清楚的了:世界非常复杂,把一个领域里显然有用的区分简单地转移到另一个领域,在每种情况下都需要特殊的推理。亚里士多德所给出的推理完全从政治事物中得出,它是一个不可否认的事实,即,政制、形式变更了,而质料继续存在,[这质料就是,]人,更不用说城垣或房子了。但可以肯定,人还是一样,而形式变更了。然后问题是:质料和形式这两个要素的相对重要性是什么? 然后亚里士多德会说(我只是重申我之前说过的话):有什么变更能比社会所献身的目的之变更来得更重要呢? 首先让德性成为目的,然后让恶德成为目的:没有比这更根本的变更了。政制的所有变更——例如从民主制到寡头制——都在某种程度上反映了这一所有变更中最根本的变更,因此后者是理解的关键。

我想我就评述到这里吧。还有一段我后面再探讨……我这么做,部分是为了某某先生,部分也是因为沃格林的这部书大概是继萨拜因的政治思想史①之后这一领域的主要著作,萨拜因的政治思想史逐渐落入——我不知道如何表述,但这是一本经历了很多版本的书;自从它首次[216]出版(我相信是在 30 年代)以来,情况发生了变化,无论是理论处境还是政治处境都发生了如此深刻的变化,任何编辑方面的改

① 萨拜因,《政治学说史》(1937)。

变都无济于事,而它一直都需要这样的改变。沃格林在一定程度上满足了这种需求。但在这种情况下,在亚里士多德的情况下……早期著作《新政治科学》,亚里士多德的这个问题完全不能证明他想要提出的观点,即亚里士多德的范畴根本不足以理解政治社会。亚里士多德的范畴或许不足以理解政治事物,但沃格林的论证不能确立起这一点。

学生:有一点是您非常强调的,这一点对挽救亚里士多德的处境是决定性的。它就是,形式可以变更,但质料仍一样。您之前用过一个例子,即魏玛共和国的好公民不可能是纳粹政制下的好公民。而似乎历史上充满了这样的好公民,他们在一个政制下成为了另一个政制的好公民,当然,质料作为物理实物(physical entity)继续存在,但经历了足够深刻的变化,所以就目标而言或就意识形态而言,是另一种质料了。您明白我的意思吗? 您谈论的是何种质料?

施特劳斯:和亚里士多德所谈论的一样,是人。

学生:但这指什么? 是指作为物理实物的人还是什么?

施特劳斯:如果我知道物理实物是什么,我就能回答。我的意思是,我相信在这个时代,当你谈到物理实物时,你指的是一种无生命的物体,而人不是无生命的物体。请再说一遍?

学生:有的时候是。

施特劳斯:接着人死了……从政治的……中的抽离……你是这么做的。即使是在政制变更这一关键的情形中也没有必要这么做? 首先改变的只是法律的改变。他的法律地位或许彻底改变了,他被期望献身于他以前没有献身的东西,这东西与他以前应该献身的东西相反……

学生:质料还一样吗?

施特劳斯:质料确实是相对的。从另一个视角来看,这个人在许多方面当然是形式。你最终会回到亚里士多德所称的原初质料(prime matter),在那里不再考虑人或任何有生命的存在者。亚里士多德所说的质料指的是某语境中的质料,在这里的政治语境中,低于政治的事物本身就是质料。低于政治的事物是含有许多其他形式或本性的事物。忠于……你就会理解的。在政制变更后,人的塑造方式与之前不同。

但是还有很多问题。亚里士多德知道,在某种意义上可以说:不管政制是否变更,肯定都要献身[217]于自己的国。但如果你想到的是一些有趣的政制变更,而不是那些完全不错的政制变更,那就远不止这样了。想想从沙皇俄国到布尔什维克主义俄国的变更。这类变更很深刻,要同等地献身于两者是不可能的。你一定不要忘记,我们的政治范畴或道德范畴在某种程度上不像亚里士多德的那样具有政治性,因为我们有一种不受政制影响的、与一般的人类的正派有关的观念。肯定有这回事,但这低估了政治事物的重要性。我们在我们这个世纪所看到的那些重大变更向我们表明,从纯粹的人类的正派视角来看,政治变更极其重要。不能说纯粹的人类的正派绝不会受到影响。如果一个相当正派的君主国被一个相当正派的共和国所取代,你可以说正派不会受到影响,我承认这一点,但在根本的变更中则并非如此。我们的政治范畴如果没有考虑真正根本的变更,或许就太贫乏了。

学生:如果人们在自然上倾向于自身的卓越,那么有什么手段可以帮助他们实现这种卓越呢?

施特劳斯:……因为人在自然上是理性的动物,因此,倘若他不自己运用理性,他的完美就不可能实现。自然有时被理解为不需要推理就能出现的东西……从这个意义上讲,它是一种自然的过程。但是人的教育从这个意义上讲不可能是自然的。教育必须是一种理性的过程,但也是一个受自然引导的过程,即考虑到受教育意味着什么……

学生:从亚里士多德的角度来看?

施特劳斯:但是你不能在不考虑一个存在者的自然的情况下谈论对于这个存在者来说什么是自然的……既然人恰好是理性动物,你就必须给理性留有相当大的余地。这很难理解吗?

学生:那么,关于我的问题的答案会是肯定的吗?我的问题就是,任何成功的东西——

施特劳斯:当然不。如果说作为那种过程的最终结果,你有一个完美的君子和一个在所有值得的事情上受过良好训练的心智,那么这肯定是一种成功。你知道,有些人在这方面很成功。成功需要被定义;因此,当一个人谈到人的完美的时候,他……但不是当他谈到成功的时候,因为成功完全是另一回事。一个人如何能理解自己想要实现的事情呢……从社会角度来看,冷静、平稳的劳作。当你谈到成功的时候,并不排除这一点。但你看,重点是:这总会引出手段和目的的老问题,而这个老问题就是,目的是否使一切手段神圣化。我相信亚里士多德会像黑格尔在自己的时代那样回答这个问题。目的使一切与目的相配的手段神圣化。但如果手段真的破坏了目的,那就当然不是……

[218]学生:如果亚里士多德说 polis 变成了一个新的 polis——

施特劳斯:不仅如此,而且是在最重要的方面。为了澄清这一点,我顺便提一下,如果亚里士多德的意思是 polis 可以说是只由形式或政制所定义的,那么两个不同的民主城邦将是同一个城邦,或者,n 个民主城邦将只是同一个城邦,因为它们在形式上相同。所以你看质料有多么必要。北方的民主城邦和南方的民主城邦即使在政制上相同,也仍然是不同的城邦,因为它们的质料不同,就像人 A 和人 B,虽然他们的完美和形式相同,但他们是不同的,因为他们有不同的胃。

学生:我的问题是,我们如何能通过亚里士多德的概念,研究从一种政制到另一种政制的质料或人民,以了解人民不变的特征所特有的人民的限制对政制的变更方式施加了什么限制?

施特劳斯:我不想令你不快,否则我会说你还没读过第四到第六卷。亚里士多德在那里表明,比方说你有某种政制,比如民主制。现在,作为一个以经验为依据的政治科学家,他马上看出这太笼统了,因为民主制有多种分支。比方说,他在一种民主制中看到,农场主、农民、农村人在集会中占优势;在另一种民主制中,城区贫困人口占优势。这是两个极端。它们是两个完全不同的民主国。他很漂亮地表明了这一点。有农村人,住在村落和城市(towns)。他们不能每天都来集会;他们很少来,因此他们想要有一种秩序,在其中,一年四次集会就足够了。但这四次集会能做的只有选举官员和稽核官员……因此,在农村民主国,上层阶级成为当选官员的情况不可避免。但在一个城市(city)或城区的民主国,或许会有顽劣的奇想……向他们支付出席费,他们就可以每天去集会,在这样的民主国,平民实际上将是主宰。

亚里士多德花了很大篇幅来阐述这些所谓的社会学的东西,但他总是从政治意义着眼来使用它们。如果你不从政治上看待它们，那么它们在某种程度上就毫无意义，因为人类的意义取决于作为一个整体的社会的特征，也就是说，取决于作为一个整体的社会所献身的目标的特征。看出职业优势的差别肯定很有趣，但只有当你看出它在政治上的意义时，它才变得很有趣。它在政治上的意义和在人类方面的意义是一样的，在于作为一个整体的社会所献身的目的。要了解这一点，你只需看亚里士多德，看修昔底德，看看雅典的民主制是如何变更的，看看那些非常激动的人——许多雅典鞋匠等等，他们出现在集会上，可以说，除了那唯一赋予他们以实质的东西外，他们没有其他的内容：我们是雅典帝国之主，如果还有一个岛上的小城邦[的居民]在我们吹哨子的时候不跳，我们就要让他们瞧瞧。更大、更宽广的考虑是：对这类小事做出如此粗暴的反应显得智慧吗？［219］对雅典来说，做一个宽宏的保护者不是比做一个严厉的主人更好吗？你知道那个著名的故事，当时他们摧毁城邦，杀死男性，并判处女性为奴之类的。换句话说，激情、情感——也就是如今他们所称的大众心理（mass psychology）——是非常重要的考虑因素。换句话说，如果人们缺乏这种广度，不关心……那将是民主制的毁灭。这不是坏事吗？在现代民主国，情况肯定完全不同，因为现代民主制不是直接民主制——你永远不能忘记这一点——也就是说人民和政府之间[有]根本的区分，而对亚里士多德来说，在直接民主国中人民就是政府。

学生：先生，我想知道，亚里士多德对质料和形式所做的智识上的区别是否最终导致了一个非常严重的问题，即，哲人不仅由于反对 demos[平民]而被排除在 polis 之外，他只是一个非常特殊的例子，而且他就像您在《自然正当与历史》中所谴责的实证主义者们那样，没有从异常的 polis 中提供正当性。您说他们唯一不错的地方是他们对僭主的建议与对民主制的建议不一样。不过，亚里士多德展示了像民主国、寡头国和僭政国这样的异常社会是如何建立起来的。现在我认识到，人们可以用亚里士多德的话说，这个特定的社会是在既定条件下最适当的社会，但亚里士多德展示了这些条件如何维持。也就是说，如果我是一个民主的煽动家或是一个僭主，那么我可以查阅亚里士多德，看看如何解决我的问题。我可以挽救我的社会。这样,他成为了试图推进帝国主义的说教者,或者干脆被关在知识的象牙塔里,在那里他一无是处,他离开了世界其他地方,成为了马基雅维利和俾斯麦的游乐场。

施特劳斯:我理解你从哪里得到这种印象,亚里士多德在第五卷中——你知道,在那里他提供了一些诀窍,而人们已经在其中关于僭政的章节中发现了马基雅维利的原则。但亚里士多德诀窍的一般特征是什么?即便你想保存你的坏政制,甚至是僭政,那也要尽可能正派。他对僭主说的话,他对 demos[平民]说的话,他对寡头说的话——不断的建议,不仅基于说教,而且基于实际考虑。毕竟,僭主并不想仅仅是仗势欺人。你知道吗?但即使他想这样,他也想在很长一段时间里仗势欺人。

学生:那么亚里士多德是不是给了像斯大林这样的人一个坏建议,他说,"我会让他们思考"?在这里,他要么是在给斯大林一个坏建议——也就是不准确的建议,要么——

施特劳斯:亚里士多德对所有坏政制的建议是,尽量做到与你的根本错误的形式相配的正派。

学生:这是个坏建议。

施特劳斯:为什么是坏建议?

[220]学生:之所以是坏建议,乃出于为了维持僭政社会的条件,你或许有必要尽可能表现得不错——

施特劳斯:不,不,光有表象不行。人们看到——在这种粗朴的事情上,人们看穿了表象。

学生:但这涉及亚里士多德的另一个问题,即通过区别形式和质料,他排除了灵魂的秩序本身的问题,也就是说,这质料不是作为质料的质料,而是某种超出质料的东西。它是形式本身。它是形式的起源。这样斯大林就可以给大众洗脑了。

施特劳斯:让我们忘掉形式和质料,因为这太笼统了,并不十分清晰。但是你不能忘记一件事,我相信它在我们这个时代的思想中发挥着很大的作用。像亚里士多德这样的人,还有其他很多人,都非常适度。也就是说,他们总的讲来都憎恶极端措施,即使这些极端措施服务于好的目的。他们厌恶在这些极端措施中养成的习惯。我的意思是，亚里士多德不会指责那些杀死僭主的人——你知道，在一种无法忍受的情况下，在某种程度上，他们有一定的权利。不过，这种做法事实上显然不是有序的法律程序，这不是一个好习惯。对我们来说，革命这个词几乎是一个赞美的词，因为，在现时代发生过一些革命，特别是在本国——顺便提一下，从形式上讲它们几乎既是一种战争形式也是一种革命形式——它们是有益的，而且它们在先前的时代……革命……你知道那指什么吗？煽动叛乱（sedition）。这就像"政党"一词取代了先前的"派系"一词一样。某些习惯、做法，在过去被认为在道德上非常危险，如今则完全成为人们所期望的。我们不得不考虑这一点并重新思考它。这未必意味着亚里士多德正确，但最起码，我们争论的话题与他所讲的相同。

还有一点。让我们假设，亚里士多德所指的贵族制，即君子的统治，他们具有公共精神，从不滥用他们的权力来谋取像他们的利益这样低级的东西，这种统治是罕见的——不是内在的不可能，而是罕见到亚里士多德都不知道有这样的例子。换句话说，如果我们总是有不完美的政制，那么像亚里士多德这样的老师实际可能做到的最大限度的事情，难道不是给一个不完美的既定政制、一个愿意听从他的政制提建议，使它在这个或那个方面比没有这建议时更加正派？我的意思是，让我们不要抱有过高的期望。亚里士多德非常清醒。但他并没有清醒到只知道最近的目标而不知道什么最终对社会是最好的这种地步。他两者兼有：他知道我们或许会希求或祈求的完美解决方案，也知道实现这一解决方案的巨大困难，因此他试图给我们通常发现的统治者提建议。亚里士多德，甚至当他谈到僭政，说我们如何能维持它——一般的规则是：考虑到长期的持续，而不仅仅是为了短期的享受，总的来说，一种非压迫性的、非侮辱性的统治比相反的条件要好。当他做这样的评述时，他非常清楚地表明了僭政是一种[221]怪物，而当今的社会科学家会说，把僭政说成怪物是荒谬的：那支持僭政的价值判断和那支持法治之类的价值判断一样站得住脚或站不住脚。这是一个巨大的差别。亚里士多德认为哲学和 polis 之间的张力无法克服，肯定是这样。但是为了不过早地谴责,你必须考虑到一个事实:哲学和政治的结合在现时代已经通过以现代科学为基础的技术实现了。随之而来的直接后果是热核灭绝的可能性。在这一风险被完全克服之前,我会把它视为一个开放的问题。即使它应该被克服,人们仍然可以说,那需要这种风险、这种九死一生的东西并不那么明显地就是一种……的命令。我相信我们这一代人的不同之处在于,我们亲眼看到,现代技术的那些重大而奇异的承诺伴随着难以置信的灾难的威胁,过去一些非常智慧的人(你知道,达·芬奇就是其中之一)一开始就察觉到了这种威胁,如今它则成了人尽皆知的事。正是因为我们感受到了这种震惊,从前那些智慧的人才显得有点不像19世纪的智慧的人那样老顽固,虽然甚至在19世纪,他们有些人也能看出,技术的最大促进者是战争,因为战争的激励是如此巨大,而限制则较少。这就是困难所在。我们下周一见。

第十二讲　题外话：诸政制与最佳政制

（1961 年 11 月 13 日）①

[222]施特劳斯：我握有一个问题。我想我将首先讨论某某先生提出的这个问题。

　　据说 polis 旨在让其成员变得善和正义，或者说，polis 是一个由家庭或氏族组成的联合体，旨在让其成员能够自足地存在。polis 的生长是为了单纯的生活，但它的存在却是为了好的生活。但完美并不是所有成员都能获得的，即使是最好的 polis 的成员。因此，从什么意义上讲，最好的 polis 旨在最好的生活或完美的存在？最好的 polis，就其旨在只有少数人能达到的完美存在而言，不是旨在共同善，而是旨在少数人能达到的善，这么说不是更合理吗？那么只能含糊其词地说，polis 旨在完美。在亚里士多德所描述的最好的 polis 中，统治的公民仅仅是为了延续他们自己这种类型而统治，这样说不是更正确吗？

　　这个问题非常好，但我想把我的回答分为两部分，所以说，首先让我们假设某某先生的前提是对的，即，polis 不是旨在共同善，而是旨在少数人能达到的善。假设是这样的话，polis 的前景是由最好的人公开

---

① 参施特劳斯，《城邦与人》，页 45—49；《思索马基雅维利》（*Thoughts on Machiavelli*, Glencoe：The Free Press, 1958），页 298—299。

地统治而社会的其他成员表示遵从所决定,这一事实不也是为了这些其余人的利益吗?通过遵从别人而不是不遵从别人,他们不是能够作为更好的人吗?

学生:我认为,亚里士多德试图通过在那些无法实现完美的人身上放置一种潜能(potentiality)来证实这一观点。在《论灵魂》(*De Anima*)中,他谈论了潜在的(potential)和实际的(actual),因此作为商人的商人不会实现完美,但他有实现完美的潜能。

施特劳斯:亚里士多德肯定总是在潜在和实际之间做出区分,我认为这很难避免。例如,举个亚里士多德的例子,一个婴儿是潜在的数学家。10[岁]时他还是潜在的数学家。20岁时,如果他昏昏沉沉,他还是潜在的数学家,因为他实际上不是数学家。那么,有多种[潜能]。现在如果你拿同一个人来说,不管出于什么原因,[他]都不能成为一个完美的君子,那么,如果他生活在一个他会习惯遵从最好的人的社会中,和如果他生活在一个他不习惯遵从最好的人的社会中[,情况是不同的]。你可以把这两种事由中的潜能称为某种类型的潜能,但它肯定是一种不同的类型。

学生:让我们暂时回到商人的立场。如果有一个人,他所能实现的最好状态就是作为一名商人之类的,那么,亚里士多德事实上是不是在世界的各种事实之上叠加了一个事实,即这个人只能成为[223]一名商人——一种愿望,也就是说,这人应该寄望于这最好的状态?如果一个糟糕的商人没有能力达到这最好的状态,那他为什么应该关心它呢?

施特劳斯:这肯定是许多人采取的姿态:凡是我得不到的东西,无论它本身有多好,我都会以某种方式予以诋毁。这是人身上的一种令人遗憾的要素,但我们必须说,还有一些人不持这种卑劣的观点,他们说自己没有能力做某些非常崇高的事情,但却对这些事情有一种正派的尊重。

学生:但这是哪种尊重,如果他们不清楚这是什么的话?就他们所知,这一切或许不过是一种神话。

施特劳斯:有一种遵从,完全由高高在上的外在气派所造成。这不大好。可以有一种出于更实质性的考虑的遵从。例如,观察那样一个人在他自己的生活或社会生活的危急时刻如何表现,看看许多仰望丘吉尔的人:他们全然不能做出丘吉尔所做的任何功绩。你不可以说这是单纯的无知。这在某种程度上是无知,因为他们中的大多数人也许不能恰当地分析或阐明它,但假如一个人不能阐明某件事,他并不因为这个原因而对其完全无知。它是一种无知,但它肯定不是单纯的神话、单纯的意识形态,随你怎么称呼。但我有另一种回答。我后面再探讨。亚里士多德确实构建了一个 polis,其中只有完美的君子是 polis 的成员——你知道,[在]第七和第八卷——在这种情况下,可以说这个 polis 作为一个整体献身于德性或卓越。换句话说,这是一个很好的问题,因为它表达得十分清楚,但这不是一个非常困难的问题。我相信,亚里士多德的教诲所暴露出的困难在别处。如果有机会,我今天就试着谈一谈。

　　通过几次会面,我讨论了亚里士多德《政治学》的主题是 polis 这一命题,但我上次对此有所超越,说严格意义上的亚里士多德的主题不是 polis 而是 politeia,我把后者译为"政制"。今天我想做更详细些的阐述。亚里士多德的政治科学是对各种政制的分析。因此,它根本上不同于某些现代学说、某些可以被描述为国家理论的现代政治哲学。它们并不具有你们在亚里士多德那里可以看到的多元[性]。亚里士多德从严格意义上的政治事物出发。这是造成分裂的事物或引起争议的事物。你们当然知道,政治活动(politicking)有一种仅仅带有贬义的意思:这是政治,从而是不真诚的。这指向了一个非常严重的情况:严格意义上的政治事物是造成分裂的事物。它在这个特定的社会中不一定会造成分裂(这是另一回事),但它在原则上会造成分裂,我将逐渐澄清这一点。政治上造成分裂的事物区别于政治上中立的事物,后者有两种。首先是我们所称的单纯技术性的事物。让我们以一个社会为例,这个社会的存在或生存依赖于灌溉系统。那么,不管哪种政府,照管灌溉系统都将是政府的主要任务。但还有一件事,灌溉系统本身不是政治的,它低于政治。但有些东西更接近于政治事物,甚至就是政治的,只不过在政治上中立:这些是所有政制共同的东西。例如,[224]现在没有任何政制,也从来没有一种政制,不是被迫以武力自卫。这种武力在平静的时代是蛰伏的,但它总是在幕后。这是所有政制的共同之处。严格意义上的政治事物是这种或那种政制所特有的东西。这是亚里士多德在谈论政制时心中之所想。

有各种各样的政制。我们还可以说,在一个社会中有各种各样的精神发挥作用,或者这个社会作为一个整体献身于各种各样的目的。目的的差别对应着社会优势部分的差别。社会的优势部分未必是大多数人。这只是优势的一种形式;还有其他的形式。或许存在着不具有共同目的的社会——就像一些人说的,不具有共同善,不具有公共利益。我指的是本特利的《政府过程》①以及当今美国政治科学中的集团理论(group theories):只有特殊利益或个人利益作为目的。这是现今经常说的。但正是由于这样的事实,即,集团或个人应该有自由发挥,而政府应该只是中间人,所以这种集团的自由或者集团或个人的平等就是作为一个整体的社会的目的。自由和平等就是目的,仅此而已。任何社会都有其献身的目的。

亚里士多德强调政制的多样性,这区别于现代学说谈论国家之类的东西。举个例子,现代学说的一个很好的例子,那就是霍布斯的《利维坦》。对政制多样性的承认与我们所称的教条主义(doctrinairism)相反。在不同的环境或条件下,需要不同的政制。有些条件有利于君主制,有些条件有利于民主制,等等。没有一种解决政治问题的方案能够在所有时代和所有地方都有效。不过,虽说亚里士多德持有这种观点,但他并不是如今所称的相对主义者,因为在各种政制之间有等级秩序。所有政制都相对于条件而言,可以这么说。但亚里士多德并没有止步于此。他对条件本身提出了一个问题:这些条件对人的卓越有利还是不利? 这就是亚里士多德和任何形式的相对主义之间的差别。亚里士多德谈论的是某种所是的东西、某种非常重要的东西,对此我们现今有了直接的证据。现今在任一国中发生的任一政治现象都指向自由民主和布尔什维克主义之间的总体性冲突。我不必细究任一地方的任一纯粹国内的事务,因为现今在任一遥远的国或小型的国中,都不再有任何

---

① 本特利,《政府过程》(1908)。

与这场全球冲突无关的国内事务。但自由民主和布尔什维克主义,这些是亚里士多德所说的政制所意味着的东西:社会的总体秩序决定了政府的特定性质,但更重要的是,决定了作为一个整体的社会所献身的目的。

不仅现今如此。让我们回到1830年以及随后的几十年,在欧洲发生了另一场冲突,在暴力程度上无法与当今的这场冲突相比,但仍然非常激烈,我们称之为寡头共和国和民主共和国之间的冲突。例如在1830年的法兰西,它是正式的立宪君主国,但其特殊之处在于对选举权的严格限制,[225]这样,这个依法组建的国只由很小比例的成年男性组成。在世界上的某些地方——我指的是德国、俄国、中国——直到第一次世界大战开始,还有一个仍然有点老式的议题:君主制对共和制。让我们永远不要忘记一个事实:1900年左右,世界上大部分地方都是君主制统治,君主制对共和制的议题一直是一个非常激烈的议题,直到第一次世界大战结束。

当然,这类冲突并非在所有时代都同样明显。例如,我们如果回到16和17世纪就会看到,最显著的不是政制的冲突,君主国、共和国、寡头国、民主国或者自由民主对苏俄的冲突。当时,核心的政治事实[是]宗教战争或改革战争。① 参与竞争的集团不是严格意义上的政治集团,而是宗教集团,宗教集团有很多种,其中有一种极端派别以宗教理由支持宗教宽容。但在法兰西还有另一群人特别有名,他们被称为Les Politiques,即政治人。他们试图以纯粹的政治理由来解决他们那个年代的宗教冲突。你们会发现,艾伦(J. W. Allen)的16世纪政治思想史从一个不同情的视角很好地呈现了这一点,这是该领域最好的书之一。② 例如,他们持这样的观点。假如你们有一个大多数人或几乎所有人都是天主教徒的社会,其政府当然会尽其所能地支持天主教。但假如人口中有相当一部分已经成为新教徒,就像当时的法兰西那样,

---

① 也就是宗教改革的战争。

② 艾伦,《16世纪政治思想史》(*A History of Political Thought in the Sixteenth Century*,1928)。

那就要求有一定程度的宽容。换句话说，宗教问题上的决定仅仅是出于权宜之计。在一些情境下，或许会要求有完全的宽容、绝对的宽容，然后我们就会这样做。我们称这些人为 Politiques，但这些人正是一些遵循亚里士多德精神行事的人，认为任何超政治议题都不能干扰严格意义上的政治问题。一个政治社会，假如被设想为屈从于宗教，即屈从于某一特定的宗教，那它就是处于一种患病的状态。这是政客的、Politiques 的经典前提。14 世纪早期的帕多瓦的马西利乌斯在中世纪强有力地陈述了这个前提。① 他在亚里士多德本人的基础上来呈现该前提。

这暗示了我们在分析亚里士多德的《政治学》时所到达的根本问题，而我认为只有 16 和 17 世纪特别的经验才能证实这个问题。议题是 polis 或文化，现代的文化概念在其最丰富的意义上断言，polis 必须服务于比它更高的东西，即宗教。重申一遍，这并不是断言亚里士多德在这件事上正确，而只是对议题是什么的陈述。这个议题是真正的议题。换种说法，亚里士多德的《政治学》和他对六种政制及其不同分支的分析肯定不足以理解现代冲突。我认为通常对亚里士多德的批评，如果它们不更进一步的话，是完全合理的，但是它们、这些批评忽略了一点。在我看来，通过理解亚里士多德的前提以及这些亚里士多德前提的替代者，[226] 我们就能比没有这样做时更好地从原则上理解现代冲突，因为我们看到了现代冲突的一种替代者。我们从更宽广的角度看待它了。

我认为亚里士多德有一个根本的前提，它与所有专属现代的政治思想都不一致。如果我们想彻底地理解现代政治思想，就得根据亚里士多德给出的现代前提的这个替代者来看待这些现代前提。可以非常简单地陈述出亚里士多德的这个前提。哲学和 demos 之间存在着一种根本的张力——demos，即平民（common people），民主制（democracy）一词就是由此而来。这意味着最高的生活在亚里士多德看来是理论生活，是献身于静观的生活。依他看来，就多数人的精神状

————————

① 帕多瓦的马西利乌斯（1275—1342）。在《和平的保卫者》中，马西利乌斯论证道，教皇不是政府权力的来源；相反，政府权力来自人民。

态而言,这种生活不可企及。这大多数人中有少数人可以被认为愿意接受哲学教化的影响。这大多数人中的少数人就是亚里士多德所指的君子。原则上讲,这就是为什么他青睐贵族制胜过其他所有政制。因此,亚里士多德观点的替代者是,哲学和 demos[平民]之间在根本上是协调的。这导致了我们所熟悉的两个后果。第一,科学或哲学——科学和哲学之间的区分是很晚才有的事——是为了人类的权力,为补救人的地位。换句话说,这第一个差别的后果就是我们所称的技术社会的发展。第二个后果是相信大众启蒙的可能性,这样,哲学家或科学家所觉得的意见就会被社会的所有成员所分享。大众启蒙及其结果就是我们如今所称的意识形态。在人们发现真实的学说——也就是 18 世纪启蒙运动的学说——并非真实并看到这种社会需要公民体分享的某种总体观点(但这种观点是否真实并不重要)之后,他们发展出了我们如今所称的意识形态观念。前现时代社会既非技术型,也不是意识形态型。我真的认为应该谨慎使用这些术语。如今这两样东西,技术要素以及意识形态要素或就此而言的大众启蒙,[是]当今的自由民主与布尔什维克以及法西斯主义之间的冲突的共同基础。这种共同基础只能通过与古典政治哲学的对比来理解;因此,它只能基于古典政治哲学来理解。它是对亚里士多德思想的彻底修正,因此只能基于亚里士多德来理解。

这里,我无意中又有另一个示例来说明我所想到的,该示例表明亚里士多德的分析虽然存在那些巨大的困难,但仍具有现实性。它就是法国政论家德·朱弗内尔(Bertrand de Jouvenel)的文章《元首制的新时代》("A New Age of the Principate")。元首制是奥古斯都在罗马内战结束时确立的一种政府形式,[德·朱弗内尔]观察到的事实是全世界君主国的惊人增加。我给你们读几段,然后会指出这种分析和亚里士多德的分析之间的差别。[读文本]

> 如果我们现在看一看我们的周围,就会惊讶地发现,几乎在每一国都有一个主导人物、一个核心人士,他由他可以更换的部长们服务,[227]因此具有独一无二的行政首长的特征,此外,在许多

情况下,他可以在立法选举中投票,那么,他在其国至少与美国总统一样有权力,在许多情况下甚至更有权力。宪法权力(constitutional powers)没法恰当地描述这种首要地位。这个或那个已确立的官职可以很好地为这种首要地位提供支持。与属于这种官职的东西相关的法律知识并没有穷尽对这种情形的政治理解。这种情形应当被命名为元首制。①

　　他想到的显然不仅仅是赫鲁晓夫和铁托,②还有像阿登纳③这样的人物,阿登纳拥有一种上次选举之前的德国总理甚至俾斯麦显然没有的权力。这是一种描述性意义上的君主制的情形,因为重要的决策由单独一个人做出,这就定义了与共和国相对的君主制,这共和国不管是贵族式还是民主式的。换句话说,我们所观察到的是从共和式政府形式向君主式政府形式的转变,尽管是一种新的君主式政府。

　　必须区分社会形式和政府形式。19世纪的一位法国作家[托克维尔]断言,社会状态越来越趋向于平等,但他把这种不可逆转的趋势与政治社会的反复进行了对比。政治制度(political regime)受制于我们所知道的社会革命所无法解释的变化。这在此意味着这样一点,并没有发生根本的社会变革,而是发生了一场政治变革,这场政治变革朝着那种元首制方向发展,朝着一种新的君主制方向发展。我相信,这里在某种程度上暗示的是政治的从而是表面的革命与社会的革命之间的区分。这当然与亚里士多德的观点完全相反。亚里士多德会说根本的变革是政治变革,而不是非政治的社会变革。

---

①　我们无法找到施特劳斯正在朗读的文本。有可能它后来的版本叫作《元首制》("The Principate")。参《政治的本性:德·朱弗内尔文选》(*The Nature of Politics: Selected Essays of Bertrand de Jouvenel*),Dennis Hale和Marc Landy编(New York:Schocken Books, 1987)。这篇文章首次发表于*Political Quarterly* 36(1965),页20—51。

②　铁托(Josip Broz Tito,1892—1980),南斯拉夫共产党人,1945年至1980年期间担任南斯拉夫领导人。

③　阿登纳(Konrad Adenauer,1876—1967),1949年至1963年担任德国总理。

那么,作为表面事物的政治事物与社会事物的区分的前提是什么呢? 关于此,我们在这种学说的最详尽的形式即马克思主义中看得最清楚。马克思主义在国家消亡之前景面前起起落落。这意味着马克思主义在政治事物可以被摒弃的观点面前起起落落。迄今为止还不能摒弃,暂时不可以,但原则上可以。但正如我提到的,马克思主义当然还说,那只会在最后发生。我们暂时有无产阶级专政,它当然是一种政治事物;事实上是共产党的专政,更精确地讲是党的领导人的专政。所以,我们可以从那区别于未知未来的马克思主义中了解到,所谓的社会革命事实上是一种政治革命。此外,[德·朱弗内尔]陈述道,[228]当今的君王即准君主式的行政官的一个特征是:"现今的君王非常谨慎,不称自己为主权者。"①换句话说,他的法律地位与他的实际地位截然不同。他的实际地位不合规。德·朱弗内尔恐惧的是,由于这种新的君主制没有明确的法律基础,它对自由的威胁就要比老的独立君主制大得多,比如法兰西的独立君主制,由于有许多法律限制,它就并不像看起来那么绝对。换句话说,这种新的君主制没有正当性原则。

但这意味着什么呢? 在此,我们很幸运地拥有某权威所明确说过的话(an explicit utterance straight from the horse's mouth),这里的权威(the horse)就是亚里士多德:《政治学》第三卷,1286a2—3。亚里士多德在此简要地讨论了君主制的一种形式,即国王事实上只是一个终身将军的形式。他说,这种制度、对这种王制的反思更应该属于法律,属于法律探查,而不是属于政治探查,因为这种制度可以存在于所有政制中。这意味着什么呢? 承认在所有的国中,君主式行政官的权力和地位都在增长,无论政制如何不同。这里恰恰表明它是一种技术变革,而不是政治变革。这并不意味着它不重要,但它没有触及事情的根源。我们时代的政治议题不在于这样强化行政官是智慧的还是不智慧的,它是次要的问题。我们时代的政治议题是:权力何故要集中于一个个体化的使用——换句话说,阿登纳的使用,赫鲁小夫的使用,这是自由

———————

① 参上文关于德·朱弗内尔文本的注释。

民主和苏联之差别的问题。这是德·朱弗内尔说过的一句有趣的话，当然也值得说，但并没有触及事情的根源。我认为，德·朱弗内尔的分析在理论上的不足是由于他的隐蔽的马克思主义信条，那就是，根本的变革是社会的即非政治的变革，而不是亚里士多德所主张的政治变革。但这只是作为示例。

我只补充一点观察，然后我们可以简要地讨论一下，之后我就转向下一点。现在，关于亚里士多德的政制至上的论点，我们只需要考虑如今被称作忠诚的现象。每个公民所需的忠诚不仅仅是对国的忠诚，在不考虑政制的情况下对国的忠诚，而是对被政制、宪法所影响的国的忠诚。一个法西斯主义者或布尔什维克主义者或许会宣称，出于对合众国的忠诚，他逐渐破坏了合众国宪法。在他看来，合众国宪法对合众国人民有害。但他声称自己是忠诚公民的说法不会得到承认。有人或许会说，从宪法上讲，这宪法可以变更，这样就不再是自由民主的政制，而是法西斯主义或布尔什维克主义的政制，然后每个合众国公民都被期望忠诚于法西斯主义或布尔什维克主义。我认为有很多人含蓄地断言了这一点。但是，任何忠诚于自由民主的人倘若知道自己在做什么，就不会教导这一学说，这恰是因为它会逐渐破坏对自由民主的忠诚。只有当一种政制处于完全衰败的状态时，它向另一种政制的转变才可得到公开的辩护。

[229]我再给一个示例来说明亚里士多德的政制观念意味着什么。我们已经开始区分合法性（legality）和正当性（legitimacy）。在一个既定的社会中，任何合法之物最终的正当性都是源于某种作为所有法律（一般法或宪法）之来源的东西，源于正当性原则。这或许是人民主权，[也或许是]神授王权。正当性原则并非简单地指正义，因为正当性原则有多种。换句话说，正当性原则并非指自然法，因为自然法在民主制、贵族制和君主制之间是如此中立。因此，自然法本身不能成为诸如民主制的正当性原则。正当性原则在每种情况下都是指特定的正义观念，亚里士多德对此有最清晰的陈述，他说：你所说的正义是什么意思？民主制的正义、寡头制的正义、贵族制的正义，等等；民主制所理解的正义、寡头制所理解的正义、贵族制所理解的正义，等等。这意味

着,每一种政治社会的特征都是源于特定的公共或政治道德,源于它认为在政治上可辩护的东西:这意味着源于社会的优势部分认为正义的东西。一个既定的社会或许以极端的放任为特征,但这种放任本身需要确立和辩护。这个社会不是处于自然状态。它必然有其限度。一个放任的社会倘若还允许其成员有任何非放任的思想,很快就会不再放任,原因很简单,它将从地球表面消失。不根据政制的多样性来看待polis 或城邦,意味着在看城邦时不是作为一个政治人,也就是说,不是作为一个关心特定公共道德的人。政制多样性是每个人都知道并且一直都知道的经验事实,它引起了一个问题——我的意思是,那些不老练的人以及我们有些人也许在虚假的老练之后恢复了不老练——政制多样性引起了一个问题:哪种政制更好,哪种是最好的政制?因此,这就成了亚里士多德政治哲学的主导问题:什么是最好的政制?关于这一点,我马上就讲,但我想有一些要点需要解释。

如果我可以这样评论,我认为人们一般不理解亚里士多德的这一特[点],即[他]比许多其他政治思想家要"现实"[得多]。这个论断需面对亚里士多德除了现实主义之外还有很多理想主义这一事实。但是,亚里士多德的现实主义和现时代马基雅维利传统所关注的某种现实主义有差别。这是有根据的,因为事实上亚里士多德在看政治事物时总是站在政治人的角度,而不是站在一个外部观察者的角度,这个外部观察者似乎把他的观察结果和他从中得出的推论交给了实践者,供其使用。可以非常粗略地说,这就是马基雅维利所做之事。这一点还不够明显。如果那是公民或治国者看政治目标的方式,不论这些目标是什么,那么当今的政治科学家及其智识先祖们就站在这里,看公民、治国者或社会朝着自身的目标前进,给出某些观察结果,从中进行归纳,[并]将其以法则的形式表达出来,然后为实践者所用。亚里士多德也站在这里;只是他朝着同一个方向看得更远。因此可以说,最佳政制问题不再[像]其经常表现出来的[那样]是一种异想天开的东西、纯粹象牙塔的东西。他完全是在仔细地思考[230]每个公民和每个治国者在某种程度上所暗示的东西。他对什么是此时此地最佳的社会秩序有一种看法,而要有这种看法,就不可能对什么将是完全最佳的社会秩序没有某种看法,无论这看法有多不成熟。请讲,塞尔泽先生?

塞尔泽先生:亚里士多德认为就大多数人而言哲学不可企及,他还认为哲学或科学的运用不应该是为了人类的权力,我不太确定我是否理解这两种看法之间的联系。

施特劳斯:我将对此做一连贯的探讨。必须探讨他对理论和实践的区分。就实践目标而言应该运用实践哲学,也就是说伦理学、政治学等等,这不言而喻。问题涉及的是就实践目标而言理论科学的运用。后面我将就此说几句。

学生:我不理解 demos[平民]和哲学之间在根本上是协调的这一信条为什么必然会有技术社会这一后果。

施特劳斯:但是你会承认你必须有那两个后果中的一个,正如我所说的,要么是普遍的启蒙,要么是技术? 你会承认吗? 你会承认两者中的一个是必然的后果吗?

学生:为什么它们是相互排斥的选项?

施特劳斯:它们不是相互排斥的选项。现代的发展表明,两者都出现了。它们在某种程度上彼此相属,这体现在这样一个事实中:你在当今的自由民主中会看到民主与技术统治之间的隐秘冲突。你知道这个冲突的事实吗? 许多重要的决策事实上由专科医生、核科学家或其他什么人做出。艾森豪威尔总统对这种恐惧、对这种危险发表了一些评论,我相信是在他的告别演讲中。① 无论如何,你会发现这个东西在拉斯韦尔的作品②中扮演了非常重要的角色,即技术统治对民主。让我试着重述下。哲人和 demos[平民]之间的张力:哲人有这个目的,而非

① 《致美国人民的广播电视告别演说》("Farewell Radio and Television Address to the American People"),1961 年 1 月 17 日。艾森豪威尔告诫道:"正如我们应该尊重科学的研究和发现,我们也必须警惕公共政策本身可能成为科学技术精英的俘虏这一同等和相反的危险。"

② 例参拉斯韦尔,《科学的政治科学》,致美国政治科学协会的主席演讲,1956 年,*APSR* 50(1956),页 961—979;《政治科学的未来》(*The Future of Political Science*,1962)。

哲人有那个目的。但如果哲学最终服务于这些目的呢？那将是一种协调，不是吗？这未必意味着非科学家的统治；很有可能是那些哲学家或科学家在统治，但他们的一种统治方式是让人民得到他们想要的。在培根的《新大西岛》(New Atlantis)中有一些相关的概述。那是一种方式。另一种方式可以说是人民自己通过在学校、学院、大学学习而成为哲学家——人人如此。可以设想，只会出现第一种方式或[231]另一种方式，但两者中的一种会出现，我们可能这么说；而事实上我会说，两者都发生在现代——未完成地、自然地。

学生：只要哲人和demos[平民]之间存在那种张力，就意味着demos[平民]不可能成为哲人，至少在亚里士多德看来是这样，哲人也不会想成为demos[平民]。这意味着，在构建一个将是你的典范的国家时，正义用它来确定方向是通过哲人的视角，而不是通过任何其他的视角。正确吗？

施特劳斯：既对也不对。在某种程度上，你正确。但是，为了做出精确的说明，你不得不说，哲人的优越地位源于一项一般原则，那就是不平等的事物对不平等的人。有些不平等本身不可能使人有权享有政治上的优越地位：例如，单纯的美貌。我的意思是，有时候一些参议员当选是因为他们比对手更好看，但这是例外。通常我们关心的是美貌以外的属性。智性尤其是政治上的智性，是一种非常相关的不平等；还有某些形式的德性。论证可以采用三段论的形式：最好的人应该统治，而哲人是最好的人，因而哲人应该统治。你可以质疑所有这些观点，尤其是哲人是最好的人这个小前提，你不得不去细究。但亚里士多德是那么认为的。顺便提一下，亚里士多德的思考并没有那么简单，你是知道的。柏拉图在《王制》中以那种形式做出了讨论。亚里士多德确信，哲人应该统治。

学生：但如果是这样的话，为什么要把它作为标准呢？

施特劳斯：我说明过的。有一个中间阶层：这些人虽不是哲人，但对哲学很敏感，他们能够听从哲人。我想说这就是关于君子的哲学概念。有一件事不能过分强调，那就是自然等级这个被亚里士多德视为最重要的东西与实际的社会等级之间的差别。这是个问题。这在某种程度上是最深的政治问题，即实际的社会等级与自然的等级不一致。任何神志清醒的人都不会反对被明显比他更智慧、更有德性的人统治。许多人实际这么做了,但理由很糟糕。但困难在于社会等级很少是自然等级,这很遗憾。没有人比柏拉图在《王制》所谓的高贵谎言(noble lie)中更漂亮地表述了这一点,在那里,他实际上说,如果一个社会是稳定的,则它建立在这样一种一般信念之上,即不管是世袭的还是当选的主宰者都配管理这个国。①如果有一种一般意见认为他们不配管理它,他们是傻瓜和骗子,那么整个社会就会分崩离析。公正起见,我们必须说亚里士多德总是想到自然等级。你可以对他提出这样的异议;你可以说:事实上你永远不会得到自然等级,你总是得到一种或多或少适当的模仿。既然这不是一种真正值得尊敬的等级,为什么不简单地从一个精明但公正的平等主义前提出发,因为自然不平等与社会不平等几乎无关? 你可以说这是现代民主理论的支撑点,如果予以智慧的理解的话;[现代民主理论]并没有说所有人[232]在政治上最重要的方面是平等的,而是说:让我们把那个作为前提,总体来说,我们将比从另一种前提出发得到更令人满意的结果,后者即使在理论上是真实的,但在实践中几乎没有什么价值。

学生:这不就回到了我们之前处理过的问题吗? 也就是,如果 demos[平民]确实意识到哲人是谁,并且确实同意被这些人统治,因为如您所说,任何心智正常的人都不会反对被他们统治,那么,这是否意味着如果 demos[平民]不承认这一点,如果他们没有意识到自身之外的某种东西,但他们必然意识到自身之内的某种东西,这或许使他们有资格获得某种东西……

施特劳斯:这是个问题。他们自身内肯定有这种东西。拿柏拉图《斐多》(Phaedo)结尾的一幕来说,一个简单的奴隶、雅典的刽子手,负责苏格拉底的死刑——你知道,那个施药人——他对苏格拉底说的话。②这个人虽然不可能听从苏格拉底和同伴们的谈话,但他肯定觉察

---

① 《王制》,414b—415d。

② 《斐多》,116c—d:"苏格拉底,我不会像对别人那样对你挑毛病,明明是当政者们命令我让他们喝药,他们却恼怒我,还诅咒我。可你却不同,这段时间里我发现,凡曾到过这里的人中,你在各方面都是最高贵、最温和、最好的男人。而且,现在我知道,你的恼怒是对别人的,而不是针对我,因为你知道谁该受责备。"[译按]中译文参考刘小枫编/译,《柏拉图四书》(北京:生活·读书·新知三联书店,2015);有改动。

到了苏格拉底的为人。但重点是:你可以在每个人都能意识到这一原则的事实之上建立什么吗?每一个人身上不还有一些能够阻止这种遵从的反作用力,这样除了说服之外还会需要强制?在柏拉图《王制》的某个地方,他以极端的哲学激进主义讨论了这个问题本身。①事实上,有些人,相当多的人,不管社会地位如何,都会压制任何的隐约察觉,以支持他们的自我主张、他们的嫉妒或者其他什么。

学生:您会同意说,在 demos[平民]意识到领袖品质是什么从而接受哲人作为领导者的情况下,demos[平民]之间的区别确实模糊了哲人和 demos[平民]之间的区分。

施特劳斯:这个问题很复杂。有这样或那样的情况。但问题完全在于,理论上讲,在两种可能性都[存在]的情况下,哪种可能性更大,这样我们就可以把我们的总体偏好建立在它的基础上。

学生:我想我的问题就随之而来了。哲人的善和其他人的善之间究竟有什么共同之处?

施特劳斯:呃,你是指一个像亚里士多德那样的人?你知道,我不必告诉你,他必须吃,他必须睡,如果他没有因为继承了遗产而算得上富裕,他就必须自己挣钱。这并非不重要。最后一个问题是他可以被杀死。非常重要。看看苏格拉底,而苏格拉底并不是唯一的例子。所以[233]有某种共同之处。还有一种一般的人类高贵习性也是共同之处:即古人所称的热爱德性,这种行为在大多数人身上都有一定程度的作用,但在培育程度上却非常不同。

学生:但是国家奠基者、国家领导者或者先知虽培育了德性,却不是哲人。

施特劳斯:在亚里士多德看来,政治哲学的特殊贡献是什么?这是治国才干本身所无法给予的。我想亚里士多德会说,从治国者那里无法得到关于政治生活之意图、目标、目的的可能最清晰的解释。治国者总是在这样或那样的有限框架内工作,无法对超出这个框架的问题投

---

① 施特劳斯或许指的是《王制》487b1—489e2。参照 497d8—498d4、499d8—500a8 和 501c4—502a4。

入足够的注意力。我认为这一点可以很漂亮地展示出来。我记得丘吉尔在其《马尔伯勒》中做过一个引人注目的陈述,当时他是在讨论那些应该可以指导治国者的最终原则。①这是一个令人印象深刻的表达式,但我想没有哪个政治哲人会对此感到满意。它很可观[且]总体来说是真实的,但它是完整的吗?它在所有情况下都真实吗?这就是问题所在。这通常不会出现在政治生活中,但却是一个我们不能忽视的问题,因为至少有些人非常渴望弄清楚。

学生:不过,根据亚里士多德提出的论点,一种情形的实际情况似乎是,[只有]哲人有能力实现完全的存在或最高的善,因此,正义从哲人所达到的这个位置获得其意义。换句话讲,他可以说是从他在世界上的位置来赋予正义的,而一个没有获得这种位置的人就其是商人或其他什么而言,也能赋予正义。

施特劳斯:然而,这并没有导致一种相对主义。它导致的是胜任问题。

同一个学生:它没有导致哲人的目的的有效性问题吗?

施特劳斯:当然。如果那仅仅是在表达非理性地渴望静观、渴望清晰或者你会说的其他什么,那么当然,为什么它比集邮、钢索舞或其他任何罕见的活动更值得尊敬呢?你可以说,在《政治学》中或在《伦理学》中——这两部书不可分割——都有提出理论生活具有至高无上性的理由。假如哲人说哲学生活是最高的,而你说这是一种职业偏见,这好比认为人有特殊尊严这一我们的意见只是出于人类的偏见、人类的骄傲。狗或狮子也会说同样的话。但是狗和狮子不会讲英语;它们不可能有骄傲,[234]健全或不健全的。人之所以能有不健全的骄傲,只

①　施特劳斯或许指的是如下段落:"君王、治国者和首领都没有能力洞穿未来的奥秘,即使是最敏锐的目光也只能得出这样一些结论,这些结论在某一特定时刻似乎可以得到辩护,但却会被时间无情地抹去。唯有一种行为准则仍然存在,可以作为人们流浪时的指南:忠于契约、士兵的荣誉以及对造成人类苦难的仇恨。"丘吉尔,《马尔伯勒:他的人生和时代》(London:George G. Harrap & Co. Ltd,1933—1938),卷 2,页 996。(第 2 卷由原版的第 3 册和第 4 册组成。)

是因为他有理由拥有健全的骄傲。这就是麻烦所在。这是否同样适用于哲人是另一回事。我想真正的哲人会说,非哲人总是独断地认为某些事情、某些极其重要的事情是理所当然的。哲人从这里开始。这是一种……深思熟虑,至少有一种假设认为,这是一种比集邮或钢索舞更能与人本身联系在一起的卓越性。

学生:我想说的是这个。我不确定,即使我们承认德性是有等级的,是否就可以得出,由这样一个人管理的国家对这个国家的所有人来说都最佳。

施特劳斯:亚里士多德会完全同意这一点。但亚里士多德仍然会说,一个 polis 若不在某种程度上向哲学及其人性化的影响开放,那就是一个非常有缺陷的 polis。他会这么说。①

现在我们转向这个问题,它是亚里士多德《政治学》的主导问题,即最佳政制的问题。亚里士多德对这个问题给出了两个答案,第一个在我们的时代是非常奇怪的(但并不总是被视为奇怪的),即最佳或最神圣的政制是王制。他的意思是独立君主制。亚里士多德给出的理由有哪些? 例如,他提到了如下的考虑因素。王制——当然,如果这是真正的王制的话——类似于父权、父权统治:[国王是]其人民的父亲。父权统治本质上是为了被统治者的利益而统治,而在所有其他的统治情况下,统治至少是向统治者的利益开放的。此外,在共和秩序中,当你们有一个以上的统治之人时,你们必然需要某类技巧、某些惯例(conventions)。例如,有 5 个领导者:他将做这个,他将做那个,而他则将做这个。这种区分在一定程度上总是人为的和武断的。但我会给你们读一段关于这个话题的最清晰的文字,它出现在《欧德谟伦理学》(Eudemian Ethics)中。你们看,有三部《伦理学》被归给亚里士多德:由于这样或那样的原因,其中一部被我们更精确地称为《尼各马可伦理学》;还有一部被称为《欧德谟伦理学》。它们为什么有这些名字还不太清楚。还有第三部,被称为 Magna Moralia,《大伦理学》(Great Ethics),它被很多人视为伪作。但我引用的是《欧

---

① 这时换录音带。

德谟伦理学》第七卷,1242b。当他在那里谈论最佳的共和政制时,他说:"这里存在着一个统治要素和一个被统治要素,但不是自然的统治,也不是国王式的统治,而是轮流统治式的统治。"在共和国中,人们只统治一段时间,即轮流统治。"轮流"是指所有的特殊法律安排、多长时间等等。"其目标也不是像神的统治一样,为了造就福利,而是为了福利和负担之相等份额。"①这就是亚里士多德对这一点所给出的最清晰的表达式。

然而这不是非常重要,因为正如亚里士多德在《政治学》中表明的,国王统治只有在社会的初期才可行,要最初的时代,[以及]最初的奠基者必须是比他们的同伴优越得多的人。在更[235]发达的社会里,只能有共和制形式。最清晰的证明是在《政治学》的最后两卷即第七和第八卷中,在那里亚里士多德概述了他所认为的最佳政制。很明显,他有一种共和政府,我们可以称之为贵族制,或者我们也可以称之为政体——我希望你们记得这个名称:一种好的民主制;换句话说,[这种民主制有着]可观的财产资格条件。正如第七和第八卷所描述的,这种最佳政制的特点在于:它是一种没有 demos[平民]的 polis。这就是亚里士多德对这个政治问题所给出的奇妙的解决方案。如果你有 demos[平民],就必须给 demos[平民]一些权利,这很明显。否则你就会有持续的骚乱。因此,正如数学家会说,最优雅的解决方案将是一种没有 demos[平民]的 polis,公民体只由君子组成,其他人要么是居留的外籍人,要么是奴隶。

现在,按照亚里士多德的观点,只有当奴隶应该成为奴隶,当奴隶在自然上就是奴隶,奴隶制才正义。当一个人没有能力照管自己,他在自然上就是个奴隶,这样他就没有受到伤害。相反,当别人照管他,他就会获益。对此我想做如下例证。亚里士多德还说,自然奴隶并不比野兽好多少,但还是要更好一点,因为他对人类语言的理解程度比任何

---

① 想必是施特劳斯的译文。[译按]中译文参考亚里士多德,《优台谟伦理学》,徐开来译,收于苗力田主编,《亚里士多德全集(第八卷)》(北京:中国人民大学出版社,1994);有改动。

野兽都高。现在我用这个例子:假如你找了一个特别愚蠢的家伙——不,从亚里士多德的视角来看这不是一个好例子,但在其他方面它是非常好的。它取自莎士比亚的《暴风雨》(*Tempest*):卡列班(Caliban)在某种程度上是一个自然奴隶,但不是因为特别愚蠢,而是因为愚蠢和邪恶的结合。但我相信亚里士多德对卡列班不会非常重视,他更重视另一种人。我将做如下例证以有益于我自己,但我希望它也会对你们有益。你有一个非常愚蠢的家伙,但他非常强壮。他能搬运大木头。你对他说:取五根木头来;两根,三根,四根,五根。他只是有[足够的]能力不忘记这件事,直到他要做了。这是一个很明显的例子,一个人很明显会过得更好,如果他在——我曾经遇到过这样的人,我和他交谈过很多次,因为我想理解亚里士多德。在本国,他当然不是一个自由人;在一个为相当低能的人设立的机构里,他被借给那些用他做几个小时工作的人。他会洗刷墙壁和其他一些东西。不可给他酒喝,因为他完全不能抵抗住;一旦给他喝了,他就会睡着,甚至不会洗刷墙壁了。这种人是存在的。据亚里士多德所述,只有这样或类似的人才能被正义地奴役。

但在第七和第八卷所描述的最佳政制中,他说必须向奴隶承诺解放;他的意思不是说谎,因为很快就会被发现,他的意思是他们应该得到解放。这可能意味着三件事。首先,在几代人之后,你周围就会有这些自由民(freedmen),事实上你会有 demos[平民]。他们被剥夺了所有的公民权利,但他们就在周围,并且在紧急事件和病房里,他们也会时不时地被需要。然后你就要面对 demos[平民]要求权利的问题。但我相信另一点同样有趣:亚里士多德似乎在这里承认,第一卷中他所描述的自然奴隶制是没有用的。这些人、这些近乎低能的家伙,如果有个不错的主人来照管他们,他们肯定会过得更好,但他们对主人的好处却微乎其微。所以如果你想有奴隶,就将不得不违反那[236]禁止奴役那些在自然上并非奴隶之人的严格禁令。换句话说,你不得不做一件不正义的事。我相信亚里士多德是睁着眼睛说的。他极其清晰地阐述了正义的问题,并含蓄地提出了这样一个问题:严格理解起来,正义在政治社会中可行吗? 顺便说一句,托马斯·阿奎那在解决这个奴隶制问题时采用了一种不会遭受这种异议但会遭受另一种异议的方式,那就是我们现今会说的,习俗性的奴隶制,即对那些在自然上并非奴隶之人的奴役,是国际法的一项好处。在战争中被俘虏的人本会被胜利者杀死,但在他们成为奴隶的条件下他们得以幸免,这样,这一奴隶制是一项好处;因此这种奴隶制是正义的。①我相信亚里士多德会说这不正义,因为严格来讲,你没有权利杀死投降的人。即使是最佳的政制,其正义也很可疑。换句话说,这个政治问题不可能有一种完美的解决方案。在亚里士多德看来,这个政治问题[的解决方案]就是一种与自然不平等相一致的完全正义的社会,而永远都不太可能有这样的社会。我们再通过如下的现代主题来面对这一点:一种与假定的平等——不是与自然的平等,而是与假定的平等——相一致的完全正义的社会,这需要技术和普遍启蒙。

我想对亚里士多德学说的这个基本困难作如下阐述,因为这个我刚刚指出的困难亚里士多德可以从理论上解决,他说:呃,一种完全正义的社会是不可能的,那么通过最少残暴的不正义之举,我们就可能最大限度地接近一种正义的社会。不能期待更多了。但还有一个困难,在亚里士多德本人那里、在他自己的作品中,确实是没有解决方案的;换句话说,这是亚里士多德政治教诲的真正内在的困难。②对亚里士多德的常见批评总是从亚里士多德所质疑的前提出发,因此这些前提并不能真正令人信服。但真正令人信服的批评会从亚里士多德所承认的原则出发。现在,那个困难涉及我们如今所称的技术。亚里士多德在《政治学》第二卷中讨论了以下问题——我将在后面探讨那一段话:应该鼓励发明吗? 亚里士多德的回答大体上是否定的,或者至少是怀疑的,理由如下。请允许我再次使用一句现代措辞,技术变革导致社会变革,社会变革导致法律变革,这最后又导致政制变革。顺便说一句,我

---

① 参托马斯·阿奎那,《〈政治学〉疏证》(*Commentary on the* "Politics"),第一卷,第一讲,编号 75 和 79。这部疏证大概写于 1270 年到 1272 年之间。

② 关于接下来的讨论,参施特劳斯,《思索马基雅维利》(Glencoe:The Free Press,1958),页 298—299。

相信此乃当今保守主义的一个盲点:它完全意味着一种如今所称的动态社会,从定义上讲这种社会并非保守主义的。一种献身于变革、增长、经济等方面的社会从定义上讲并非保守主义的。在我所见过的任何保守主义学说中都没有明确提出这一点。亚里士多德在这方面绝对是前后一致的。他是当今意义上的保守主义者,因此他还反对技术变革。

到目前为止,他的学说是完全清晰的。不过他必须提出一个例外:必须鼓励有关战争的发明。如果你们想读一读,就[看]1331a1—14。[237]为什么?利害攸关的事情太多了。每场战争[都会有]这样著名的故事:为了防御甚或生存,必须鼓励一些在其他方面非常不可欲的发明。但这意味着什么?德性社会,一种献身于人类卓越的社会,将从人类卓越的角度来控制技术变革。它不会给技艺,无论是手工艺还是美术,以完全的自由来颠覆道德德性,而一种不献身于卓越的社会——为了简单起见,称其为邪恶的社会——当然不会强加任何这样的限制。现在,如果德性社会必须鼓励有关战争的发明,这就意味着缺德的事物将自己的法则强加给了善的事物。善的社会必须进行各种各样的军事发明,因为不然的话它就会被缺德的事物击败。我们只要再迈一步就可以说,善的事物不可能完全善,因为有许多缺德的事物。换句话说,你们只要迈出一小步,就可以从亚里士多德转向马基雅维利。这是马基雅维利真正的切入点,既然霍布斯后来提出了一种现代的批评,而亚里士多德对此没有提供任何辩解。如果有人试图理解亚里士多德本该如何反驳这一点的,他就会看到两种论证。

学生:请您再说一遍这一点,好吗?

施特劳斯:发明必须受到监督,绝不能让它们失去控制,因此必须从根本上阻碍它们。但是必须鼓励有关战争的发明,原因很明显,最终讲来就是因为那些发展出一种极高能力的缺德事物会击败善的事物,而这必须加以阻止。马基雅维利的原则是:善是不可能的,因为有如此多缺德的事物。缺德的事物把自己的法则强加给了善的事物。现在,我相信亚里士多德会作如下论证,他首先会说,一种确实惊人且赋予社会以特征的技术变革乃是由于[将科学]用于技术而产生的变革。科学家必须避免成为政府的仆人。这个话题在普鲁塔克的马尔克鲁斯（Marcellus）传这篇文献中有讨论。① 马尔克鲁斯是一名征服叙拉古的罗马将军，当时叙拉古最重要的公民是有史以来最伟大的科学家之一——阿基米德。作为一名善的爱国公民，阿基米德帮助城邦建造了一台抵挡敌人的机器。在此，阿基米德对其科学的技术应用的整个态度以一种非常令人印象深刻的方式被讨论，我认为你们应该读一读。

亚里士多德的第二个回应是这样的。亚里士多德认为，在很长一段时间内——我想说几千年，但不是一万年，也不是五千年——会有周期性的自然大灾：灾劫（cataclysms）、洪水等。所以，任何那样的发展都将结束。由于这些周期性的自然大灾，人类的技艺，特别是军事技术，不可能有过度的发展。从这个视角来看，很奇怪，这些自然大灾表现得像是自然的仁慈之举（an act of beneficence of nature）。还可以这么说。当人们在各方面都变得彻底邪恶和放荡时，他们就会被毁灭，[238]就像你们所知道的圣经里洪水的产生一样，但在亚里士多德的图式中，这将是一种自然的周期性事件。

这些推理显然不充分。我们可以将亚里士多德学说在这方面的缺陷陈述如下。人对自然的权力已被证明比亚里士多德所相信的要大得多，但反过来，这也意味着自然对人的仁慈比亚里士多德所认为的要小。我相信这是"征服自然"这个短语所表达的现代观点的核心，该短语暗示了自然是一个需要被征服的敌人。换句话说，那现代观点并非完全没有根据。如果你们谈论现代自然科学的重大胜利，亚里士多德从未梦想过的胜利，那么我会说，这只是全面变革中的一部分，尽管是最重要的一部分，这全面变革就是，比起亚里士多德所认为的，人对自然的权力变大了，相应地，自然对人的仁慈则变小了。诚然，如果有人愿意，他也可以说，亚里士多德没有（以任何显著的方式？）② 预见到现代自然科学，而这种现代自然科学制造了困难。但是，即便我们把自己

---

① 参普鲁塔克，《平行列传》（Lives），可通过大量互联网资源获得。

② 括号里的话出现在原始文字记录稿中，显然是转录员对施特劳斯所说内容的推测。

完全局限于自然科学,我们也必须说,现代自然科学的胜利本身并不能裁决现代视角和亚里士多德视角之间的争执,因为现代自然科学及其暗含的结果,即以现代自然科学为模式的社会科学或心理学,对于人类问题是彻底沉默的,没有任何帮助的。虽然亚里士多德在发展其学说的过程中肯定需要某些纠正,但起纠正作用的并不是那种我们如今所拥有的、具有自然科学和社会科学形式的东西。它必是某种全面得多的东西。

关于亚里士多德最佳政制学说的话题,我就想说这些。我将以一种系统的方式来探讨这个问题,理论和实践的区分[问题],或者更一般地讲,以我最初计划的形式来阐述,当时我说亚里士多德的政治哲学是政治哲学或政治科学的最初形式。这是有争议的,因为在亚里士多德之前,政治哲学或政治科学已经有了相当大的发展。与柏拉图和其他早期希腊思想家的学说相比,亚里士多德的学说有什么独特之处?我将在余下的课程中探讨这一点,以便更精确地了解亚里士多德政治哲学的特点。请讲?

学生:您能再说一遍亚里士多德的两个问题中的第一个吗?

施特劳斯:科学家、理论人必须完全避免、拒绝成为任何剥削、任何技术上的剥削之仆人。顺便提一下,现今有一些物理学家持这种观点,尽管他们不再持有亚里士多德关于 theoria、静观的观点。请讲?

学生:我对您有关德·朱弗内尔的评述很感兴趣。据我对您的评述的理解,有两种体系,现代自由民主和法西斯主义,它们都普遍声称自己解决了所有时代、所有地方的政治问题。

[239]施特劳斯:不,它们不会这么认为,但无论如何,它们在现今是二选一的。

学生:它们是二选一的。然而,朱弗内尔也许不怎么这样看。

施特劳斯:他当然知道那一点,但他把自己局限于一种分析,局限于一个现象,那就是强化君主式行政官,你知道,这种强化远远超出了19世纪期间和第一次世界大战之前的通常做法。

学生:例如,难道戴高乐可能还有本国的肯尼迪没有——渴望一个强大的领导者,因为肯尼迪事实上并不具有国会所没有赋予他的权力——

施特劳斯:你刚才提到了戴高乐。难道事实上并不存在赫鲁晓夫所称的某方面的人格(personality)吗?① 它也可能存在于非布尔什维克主义的诸国之中。我这样说并不是在批评你的观点,但这是一个决定性的考虑因素,不是吗?

学生:他是怎么想的,一方面是人民——

施特劳斯:不,简单地讲,按照一般的自由民主观,控制权将被集会掌握,而不是被个人掌握。合众国宪法将立法与行政[分开],所作的这项强调的意义是这个。权力的中心在人民——主权是权力的中心。换句话说,就是在西方成长起来但被认为是各国发展目标的共和观念,共和意味着没有人是……

学生:[……]

施特劳斯:他把这视为一个政治事物,而不是一个社会事物。当你现今做出这种区分时,你是在暗示更深层的事物是社会事物……你可以在布尔什维克诸国和西方诸国中发现它。这只是一个非常简单的问题,是否在许多国中都有出现一个君主式行政官,这将如何——

学生:我问的是对政治局势的更令人满意、更根本的理解,而不是支撑着一些——

施特劳斯:据我所闻,这个寡头问题在南美洲扮演着相当重要的角色。据我的阅读,我认为情况似乎就是这样。但这只能说明民主对布尔什维克之议题并不是我们这个时代唯一的议题、政治议题,但它仍然是首要的议题。

[240]学生:就亚里士多德的自然观对柏拉图和亚里士多德所阐述的那种类型的政治体系非常重要而言,说自然科学对人类问题几乎没说什么,这不是一种误导吗? 我的意思是,假如我们不得不从自然等级来推导某项军事措施的可能性,这是否导致我们在一个完全不同的、或许必然会导致不同的政制的参考框架中考虑政治生活的问题?

———————————

① 关于赫鲁晓夫论个人崇拜(personality cult),参第九讲,第 163 页注释。

施特劳斯:换句话讲,你说假设现代自然科学驳倒了亚里士多德的自然科学,那么整个亚里士多德学说——呃,让我们不要迂腐了——那么这整个学说就崩溃了。当然,这是一个完全站得住脚的立场。但随后你会遇到其他问题,因为你必须面对这样一个事实,即据了解,在自然科学以及对自然科学的反思的最新发展中,所谓的价值判断没有理性基础。这在学术上或理论上都是当今最紧迫的问题。所以,那些意识到这一点而不只是假装知道的人就被迫说:那么,好吧,我们必须有两种科学:自然科学,完全非目的论的、完全价值无涉的;然后是人的科学,必然是从善或恶或者你会说的其他什么视角来看待人的。就目前而言,我认为这是一个清醒的人所能提出的最好的建议,但从长远来看,这还不够,因为我们需要某种统一。

学生:是的,我想得更加具体,难道我们不能说,在一些情况下,解决生命、自由和追求幸福问题的方案是我们能给出的最好的建议……

施特劳斯:但麻烦的是,当这一点在 17 和 18 世纪被提出时,当时的人们理所当然地认为,理性,也就是根本上受现代自然科学影响的理性,给了我们关于好和坏、正确和错误的清晰指引。现今你必定听说过(你上过大学,所以你必定知道),比如《独立宣言》的序言和类似的声明,据了解,如果它们没有被描述为完全是光彩夺目的泛泛之词,就被说成是一种个人可以接受或社会可以接受的评价,但没有比所谓法西斯主义的或者其他什么的价值观拥有更大的权利。你知道这就是主流的观点。

我相信,17 和 18 世纪确立这种观点的方式,事实上无效。我会陈述我的理由,它们不同于一般实证主义的理由,但这里确实有一个困难。假如有人说:以言论自由为具体的例子,如今所有自由民主国都承认言论自由。它以前不被承认,甚至在过去最自由的社会,比如雅典,也不被承认。我认为有一个很大的错误,那就是相信[在雅典]有第一修正案。那里没有这种东西。那里有的是一种非常不生硬的实践,而从未有过一种法律依据。政府总能主张自己的权利,苏格拉底的情况就是一个著名的例子。从法律上讲,雅典城邦可以要求公民相信雅典城邦所敬奉的诸神是存在的。苏格拉底从未质疑过这种权利,那仅仅是一个事实问题:苏格拉底是否犯了那个罪?

[241]现今,我们拥有那项权利,没有它,我们任何人都极难生活,但这项权利的地位是什么? 源自 17 和 18 世纪的传统观点认为,它是一项属于人本身的自然权利,我认为,斯宾诺莎在《神学政治论》的最后一章中以某种形式最清晰地阐述了这一点。①在那里,它只是被阐述为一项自然权利,而没有任何权宜的理由。现今的实证主义者当然不会思考自然权利,但事实上他们在实践中将其视作一种绝对。我相信弥尔顿在《论出版自由》中部分地提出了一个清醒的理由,可陈述如下。对言论自由的任何限制都意味着赋予审查者或审查者团体很大的权力。审查者或审查者团体是愚蠢之人的可能性大于他们是智慧之人的可能性;因此,不要有审查者们是一条可靠的经验准则,也就是斯宾诺莎所说的,要有言论自由。但是经验准则并非绝对权利。极其怪异的是,那些自称自由主义者的人,那些以自由主义的名义拒绝一切绝对的人,事实上把某些总体来说是有益的权利视作绝对,而从任何视角来看,它们肯定都不是绝对:从自由主义的视角来看,是因为没有绝对;从非自由主义的视角来看,是因为即使在那里,事实上它们②也不是绝对。我认为这就是困难所在。

你的目标是通情达理的。我们必须看到那些符合自由民主的明显福祉。我们必须谈论它,看看它们最终是如何与人的本性相联系的。我们必须通过自己的努力来弄清这一点,因为,传统学说并没有这样做过,而这是我最大的敌人们也承认的,如果我可以这么说的话,他们指的是实证主义者。你知道他们是怎么说经典的民主学说的:该学说已然被驳倒,因为可以观察到,自由民主的公民体并非由一些完全拥有智慧和德性的人组成。我听说,好像曾经有人怀疑过

---

① 斯宾诺莎,《神学政治论》,第二十章:"表明在一个自由的共和国,每个人都被允许既思其之所求,又言其之所思。"英译参《斯宾诺莎的〈神学政治论〉》(*Spinoza's Theologico-Political Treatise*),Martin D. Yaffe 译(The Focus Philosophical Library,2004),页 229—237。

② 在原始文字记录稿的页边空白处出现了一条手写的注释:"(在那里?)"

这样的说法。但是，密尔(John Stuart Mill)和其他一些人所提出的这个所谓的经典学说并不是……不过，我们现今所做的是沐浴在光荣传统的光辉之下，总的来说就是自由民主的有益影响之下，但理论根基，我们没有这方面的学说。这无疑是真的。但我相信，为了弄清楚，我们就必须面对一个根本议题，这个议题在讨论布尔什维克或法西斯主义这两种学说的原则时没有清楚地显示出来。但我们必须采用具有最高水平的理论老练性的学说，我知道没有比亚里士多德更有用的了，我可以从亚里士多德那里习得我们与他的不同之处。我不是指读了他关于民主的说法就说"可怕的人！"并愤愤不平，而是指我们应该学习一些东西……换句话说，普遍启蒙(universal enlightenment)确定是不可能的，因为他不相信普及教育(universal education)的可能性。然后，我们当然可以说我们是一个富有得多的社会，事实上是一个富足社会，就像某人所称的那样；①因此普及教育是可能的，而在亚里士多德时代从财政上讲则是不可能的。好吧，到目前为止，这个论证完全可靠。但然后我们就必须看一看我们的教育。它是否符合严格的[242]教育标准，即品格的形塑加上心智的严厉训练，但不沾沾自喜？我认为，就像从前说的，君王的奉承者和君王的朋友之间的区分，也适用于demos[平民]：有demos[平民]的奉承者，也有demos[平民]的朋友。我不想做一个奉承者。我认为我们可以从那些老者那里得到帮助，即使他们不是demos[平民]的朋友。

　　学生：我想谈一下德·朱弗内尔。正如他所说，我不相信政治要素本身是表面的。在他的《主权》(Sovereignty)一书中，他似乎在说，整个现代政治，无论是俄国的，还是美国的、英格兰的、法国的，都源于对上帝主权的拒绝，取而代之的是人的主权。在他关于正义的一章中，他教导说，就像古人所认为的，正义是更大的关切。他援引了圣托马斯乃至亚里士多德，说它存在于人的心智中，也就是说，它代表了人和事物之间的关系，现今它代表了占主导地位的结构本身。②

----

① 加尔布雷斯(John Kenneth Galbraith)，《富足社会》(The Affluent Society, 1958)。
② 最后一句中的"它"似乎均指正义。

施特劳斯:我读过这本书,但我不记得他说这些话的那一章节了。我在这里只读过那篇文章,对它作为一篇当今的政治分析很感兴趣。他寄给我的。它必定是去年发表的。我这样做是为了展示亚里士多德如何分析那种现象。我知道他意识到了自由民主与苏联之间的根本冲突,但在他的分析中,这并没有体现出来。

学生:但在这本书中,它们都是堕落的形式。

施特劳斯:呃,我必须说,作为一篇理论分析,这本书并没有给我留下深刻的印象……我只是碰巧读到了,我认为它可以作为一个很好的例子来说明亚里士多德的意思。

第十三讲　论辩:谁才是政治哲学的首创者

(1961 年 11 月 15 日)①

　　[244]施特劳斯:现在我提醒你们注意本课程的起点。我们从当今的问题开始,这个问题在学术领域内就是价值无涉的社会科学的可能性问题;换种说法,有一个前提被广泛地接受,那就是事实和价值之间有根本的区分。依其自身的方式来审视这个命题还不够。不得不扩展,然后就会遇到常识和科学的问题——常识区别于科学。看来常识是首要的。对于政治问题,科学理解来源于常识理解。一旦这一点明确了,就能认识到有必要对关于政治事物的常识理解进行连贯而全面的解释。这是我们转向亚里士多德《政治学》的首要原因。有一定的理由断言,亚里士多德《政治学》是对那些出现在公民或治国者的常识视界中的政治事物的经典呈现。我们可以说亚里士多德是政治哲学或政治科学的首创者,因为他标志着从公民或治国者的普通常识理解到政治的哲学呈现的过渡。不过有人或许会提出异议,一种特别历史主义的异议:没有人本身的常识,而总是有特定的常识。我们后面将不得不探讨这一点。

　　目前,我想提一个更加表面的、针对我关于亚里士多德所作断言的异议。按照西塞罗的说法,政治科学的奠基者不是亚里士多德而是

───────────

① 施特劳斯,《城邦与人》,页 13—29。在这一讲中,施特劳斯还利用了他在《政治哲学史》中的导论,见 *History of Political Philosophy*,施特劳斯和克罗波西(Joseph Cropsey)编,第一版(Chicago:Rand McNally,1962),页 1—6;以及《自然正当与历史》(Chicago:University of Chicago Press,1953),页 81—93。

苏格拉底。现今许多人会说,政治哲学甚至在苏格拉底之前就存在了。我相信在每一本教科书中至少都有提到,在苏格拉底之前,智术师是政治哲人,有些人还会说演说家、史学家、诗人等等也是如此。现在,为了弄清楚这一点——你们很快会看到,这不仅仅具有古文物研究上的重要性——我们必须在政治哲学和一般的政治思想之间做出区分。政治思想与政治生活相伴而生,因为人是一种不思考就无法生活的存在者,但政治哲学是在一种特定的政治生活中,同时是在某段过去的一个可知的时期里出现的,我们可以说,我们有相关记载。简言之,政治哲学是政治思想中的一种,是哲学性的政治思想。但这意味着什么呢? 哲学先于政治哲学。在第一位政治哲人之前就有哲人了。无论第一个政治哲人是谁(我们稍后会探讨这个问题),在他之前就有哲人了。

亚里士多德称第一批哲人为自然论者(physiologists),也就是谈论自然的人,并且[他]将他们与他所称的神论者(theologists)——我故意不说神学家(theologians),因为这有点不同——或谈论诸神的人区分开来。[245]所以我们暂且说,与一般的政治思想相对,政治哲学根据"自然"来处理政治事物。但这意味着什么呢? 为了初步了解这意味着什么,让我们读一下对于什么是自然这个问题的经典的回答,同时也是最简明的回答,这是我们在亚里士多德《形而上学》第五卷①第四章中发现的。格尔布卢姆(Gelblum)先生,你愿意给其余同学读一下吗? 你能不能过来这里以便别人更容易听到?

朗读人:

"自然"是指(1)生长的事物的创生——如果将 physis 中的 y 读长音,就会暗示出这个意思。(2)一生长的事物的内在部分,其生长由此发动而进行。(3)每一自然对象因自身的本质而由此开始其原初的运动。那些事物由于与其他事物接触,或由有机统一,或由有机吸附,如胚胎,因而获得增益者,此之谓生长。有机统一

_____

① 有时用希腊语中表示 delta 的符号来指代。

不同于接触;因为,在后一种情况下除了接触之外无需其他,而在有机统一体中,两部分之间有某种相同的东西,这使它们一起生长而不仅仅是相碰触,并在连续性和量方面而不是在质方面成为一。(4)"自然"是指任何自然对象所赖以组成或制成的原初材料,这材料相对来讲是无形状的,不能由自身的潜能进行变化;譬如,据说青铜是雕像和青铜器的自然,木是木器的自然,余者以此类推;因为,当这些材料被制成产品时,初始质料仍然保存着。就是这样,人们把自然对象的元素称为自然,有些人说是火,有些人说土,有些人说气,有些人说水,又有些人说其他诸如此类者;有些人说其中的几种,又有些人说它们的全部。(5)"自然"是指自然对象的本质,如有些人说自然是原初的组合模式,或如恩培多克勒斯(Empedocles)说:

"万物皆不具自然,

只有混合物的混合与分离,

自然就是人们所赐予这些东西的名称。"

所以,至于在自然上就存在或生成的事物,虽然它们所赖以自然生成或存在的东西已经存在着,但除非它们具有自己的形式或形状,否则我们就说它们还不具有自然。由这两者组合成的东西在自然上就存在,例如动物及其部分;自然不仅是初始质料(初始质料有两种含义,要么是对一个别事物来说的初始,要么是一般而论的初始;例如就青铜作品而论,青铜是初始的,但一般而论,也许水是初始的,如果所有可溶性事物都是水的话),同时还是形式或本质,即生成过程的目的。(6)引申"自然"在这方面的意思,则一般而论,每一本质都可称为"自然",因为一事物的自然属于某个种类的本质。

[246]从以上所说明显可以看出,自然的原初而严格的含义是,在其自身之内有一种运动源泉的事物的本质;质料之被称为自然就因为它能够接受这种东西,生成和生长过程之被称为自然就因为它们是发轫于这种东西的运动。在这个意义上,自然就是自然对象的运动源泉,它以某种方式存于物中,要么是潜在地,要么

是完全实在地。①

施特劳斯:现在我可以向全班提出这个问题了:自然是什么? 你们
能认出你们曾经听到过的当今关于自然的说辞吗? 你们在亚里士多德
的说法中找到类似的东西了吗? 现今当我们谈到自然时,我们通俗的
或者可能超越通俗的理解是什么? 请讲?

学生:它不是人制作的。

施特劳斯:这是亚里士多德提出的吗? 是他提出的,因为他谈到了
自然对象(natural objects),如果我使用这个译本的话。[但]更接近希
腊文的是:在自然上就存在的事物,这暗示有在自然上不存在的事物;
换句话说,前者不是人制作的。那么数字呢? 5、11 等等。

学生:他会认为它们是人制作的,或者是心智中的概念。

施特劳斯:而有些人,例如上世纪著名的数学家戴德金,②则说自
然数、正整数是上帝所制作的。所有其他的数字,分数、负数等等,都是
人所制作的。在这种情况下,数字即自然数也不会是人造物,但由于某
些原因,其仍然不会在自然上就存在。这是一部分故事。

学生:原材料、基本形状,亚里士多德——

施特劳斯:非常好。举个例子。

学生:我想到的基本上是霍布斯和洛克的自然观。他们会谈论
开端——

施特劳斯:但更简单地讲,如果你拿一只鞋来说:这只鞋是人制作
的,但如果一开始没有什么东西可用——皮革,木材或其他什么东西,
那么它就不可能是人制作的。所有的人造物都预设了非人造物的东
西,我们最终称这些东西为原材料,但它们是自然的。

学生:即使你人工制造一样东西,也要考虑模式。

---

① 亚里士多德,《形而上学》,1014b16—1015a19。参《形而上学》,W. D. Ross 译
(Oxford:Clarendon Press,1953)。[译按]中译文参考亚里士多德,《形而上
学》,吴寿彭译(北京:商务印书馆,1959);苗力田译,收于苗力田主编,《亚里
士多德全集(第七卷)》(北京:中国人民大学出版社,1994);有改动。

② 戴德金(Richard Dedekind,1831—1916),德国数学家。

[247] 施特劳斯：我们有自然的两种直接可理解的含义：(a)作为材料的自然；(b)作为模式的自然。但还有一种含义在这里压根没有提到，我相信这是现今最常见的含义。请讲，格尔布卢姆先生？

格尔布卢姆先生：我们常认为自然就是我们周围的一切，树木、动物——

施特劳斯：但不仅仅是包含部分——树木、动物——而是整体。这一点非常重要。它在这里是缺席的。

学生：当前，在我们讲自然是万物的自然时，我们也可能考虑到了它的形式，不是吗？

施特劳斯：给个例子？

学生：呃，建筑物的自然在于它是或可以是矩形的。

施特劳斯：换句话说，我们甚至谈论人造物的自然。亚里士多德的一些典故也提出了这种自然，通过某种引申，自然适用于所有事物，这里的自然是指形式，完成的形式。回到格尔布卢姆先生提出的观点，我相信对现时代至关重要的观念由康德明确阐述过：经验对象的总体(the totality of objects of experience)。① 康德本人有更老练的表达式，但我认为这是最简单的表达式，即自然中经验对象的总体，因此它就是那个整体。但是在经验对象的总体这个现代观念中，自然事物和人造物之间的区分消失了。从这个视角来看，椅子和猫一样都是自然事物。

这种认为自然是包罗万象的整体的观念也在某种程度上出现在亚里士多德那里，但很典型的是，在那个最根本的陈述中，它被省略了。现今有些人所说的自然是时空宇宙这一观点，是一个自称为自然主义的(naturalistic)哲学学派的基础。现代自然主义学派的典型论点是"自然不是一个区分性的术语"，也就是说，任何存在的东西都是自然的。可以肯定，这完全不是亚里士多德的观点，也不是希腊人的观点，因为自然事物和人造物之间的区分曾经总是决定性的。但是让我们一

---

① 参康德，《自然科学的形而上学基础》(*The Metaphysical Foundations of Natural Science*, 1786)，"序言"。亦参康德，《纯粹理性批判》(1781, 1787)，A216/B263。

步一步来。亚里士多德(以及当时的其他所有人)的预设是,有在自然上就存在的事物,也有在自然上不存在的事物,尤其是人造物。亚里士多德在这里指出的自然的主要意思是这样的。自然的着重含义是,在其自身之内有运动源头的事物的本质。让我们作这样的简写:自我运动的事物——显然包括动物,但也包括植物,因为作为植物之特征的运动,即生长,就在植物体内,开始于它们体内。也就是说,石头,下落的石头:这种下落不是外界强加给石头的,而是石头本身——每一个重物——在下落。这种下落是它的自然。据亚里士多德所述,与这个意思,与这个根本的意思相关的,是他之前在那段话中所说的:自然是在自然上就存在的事物的本质。[248]这在某种程度上是个糟糕的定义,因为其中出现了有待定义的事物,但它仍然是可理解的。有在自然上就存在的事物,也有在自然上不存在的事物。

那么,是什么使自然事物成为自然事物的呢? 自然事物的自然性是什么? 亚里士多德不是在这里而是在《物理学》第二卷中讨论了这个关键的问题。但是与这个意思相联系的是另一个对我们来说特别重要的意思。对于尚未完成的事物,我们不会说它具有它的自然。[要具有它的自然,]它[就]必须具有存在的形式和形状。例如举个极端的例子,没有人会说胚胎是人类。在某种程度上,我们甚至不会说孩子是人类。这是常识。你经过了一个广场,所以你来晚了一点,因为你周围有那么多存在者阻碍了你快速通过,然后你说周围有那么多男人、那么多人类;但[如果他们]都是孩子,你就不会说人或人类,你会说孩子。如果周围的人都只是女人,我相信你会说周围有那么多女人;我不相信你会说有那么多人类。女士们务必原谅我,我只是试着阐释亚里士多德,而不是呈现我自己的观点。所以,如果一个农场主对助手说"给我牵一匹马来",而助手给他牵了一匹小马,他就会说"我没有叫你牵一匹小马,我叫你牵一匹马"。因为小马还不是马。顺便提一下,如果助手给他牵了一匹生病的母马,他也会说"我叫你给我牵一匹马",因为他指的是一匹正常的马、一匹健康的马。这就是亚里士多德的意思;它真的是常识。

让我们试着把这些联系起来。据亚里士多德所述,自然的主要意思是形式;这就是说,生长、生成,停止于此。让我们说,自然主要是指区别于制作(making)的生长(growth)。我们制作椅子,我们不制作树。生长是接近某种状态、接近某样东西生长。生长必然是有限度的。你们一定不要被杜威使用的"生长"这个术语所误导,例如在那里,它至少在某些方面暗示了有无限的生长;①这完全是格格不入的。所有的生长都有一个期限,即事物接近这个期限生长。在《政治学》的第一卷中有一段话对我们来说离得更近,在那里,这个观点得到了清晰的表达:每个polis都是自然的(by nature)。polis是其他联合体的目的,自然是一种目的;因为,不管一个事物是人是马还是房子,我们都说,它完成了生成之后的样子就是它的自然。换句话讲,我们说,通过引申,即使是一座房子、一座建筑物,当它完成时,也能实现它的自然。在《诗术》(Poetics)中有一段评述:在这个或那个阶段,肃剧,这肯定不是自然的东西,获得了它的自然就意味着它的完成。真正的肃剧只有一个;其他的可以说是前肃剧的,它们还不是肃剧。完成的生长——这生长结束了,在某种程度上,这是一种静止的状态,但不是一种惰性或不活动的状态。看看长大的马。它并不总是睡着的。恰是在生长结束的时候,事物才能做其特定的工作;在此之前,它不可能这样做。比较下小狗的吠叫和成年狗的吠叫。小狗的叫声还不是真正的[249]吠叫。但是就人造物而言,例如椅子,我们不能严格地说,它在完成的时候获得了它的自然。这仅仅是一种隐喻的用法,因为椅子的形式是从外面印在木头上的。木头不能生长成椅子,它必是被制作成椅子的。

这是对亚里士多德定然所指的自然的一个极其粗略的概述,而不是对此的一个纯粹武断的意见,因为我们很容易就能重新激活这种理解。即便没有亚里士多德的任何直接影响,我们自己的语言也仍然包含着这种意思;仔细想想,我们发现它就是这样的,就是我们的意思。在每一种可以被重新激活的语言中,比如,表示狮子的词指的是成年狮子,而不管这种语言是否对那些处于不同生长阶段的小狮子有特殊的

---

① 例参杜威,《民主主义与教育》(Democracy and Education,1916)和《人类的本性和行为》(1922)。

称呼。在一些有狮子的国中，它们有许多不同阶段的名称，但尽管如此，这只是小狮子、幼狮或者我们会说的其他什么。每当我们谈论狮子时，我们指的是成年狮子。当我们说一把椅子时，我们不是指一把破椅子：一把椅子就是一把完成的椅子。无论这是多么符合常识，我们仍然可以说，这种充分的理解很可能是[亚里士多德]所特有的，而不是古典政治哲学的前提。

因此，我建议我们转向希腊文本中第一次提到的自然。① 它肯定具有一种没有哲学色彩的前哲学意思。我所想到的文本出现在《奥德赛》(*Odyssey*)第十卷中，它是整部荷马史诗中唯一提到自然的地方。在那里，奥德修斯(Odysseus)讲了一个故事。我确信你们大概知道奥德修斯是谁。我后面会稍微说一下。当然，他又遭遇了海难，这次是在基尔克(Circe)的岛上。他的同伴们先去了那里，并被这位神圣的女巫变成了猪。当他去那里的时候，赫尔墨斯神走近他，握着他的手，然后讲道：

> 倒霉的人啊，你孤身一人翻山过壑，不明地理，意欲何往？你那边的同伴们在基尔克的宅邸，以猪的形貌被关进快速闭合的猪栏。你想前去释放他们？不，我确信你也难回返，同他们一起被留下。不过我可以让你免受伤害，给你安全。嘿，拿这强效的药草前往基尔克的宅邸；它会挡开凶日的恶难，保护你的生命。我将告诉你基尔克的全部魔法：她会给你准备一份饮剂，在你的食物里下药；但即便如此，她也无法对你施魔法，因为我给的强效药草可予防抵。让我再告诉你：当基尔克用她那根长魔杖对付你时，你便从你的腿侧抽出锋利的佩剑，向基尔克猛扑过去，好像要把她杀死；她会退缩，邀请你同寝。这时你千万不要拒绝这女神的床榻，好让她放回你的人，把你也招待一番。但要让她以有福的神明起大誓，免得她对你再谋划新的祸殃，免得她趁你光身之际，毁损你的男刚

---

① 关于接下来的讨论，参施特劳斯，"导论"，《政治哲学史》，施特劳斯和克罗波西编，第一版(Chicago：Rand McNally，1962)，页1—6。

阳健。

[250]神一面说,一面从地上拔起药草交给我,告诉我它的自然。"那药草的根呈黑色,花的颜色如奶液,诸神称这种草为摩吕(moly)。有死的凡人很难挖到它;诸神则无所不能。"①[诸神则是全能的(omnipotent)——施特劳斯]②

这就是我所指的段落。现在让我们看看我们能从中学到什么。伟大的受难者奥德修斯出于对同伴们的责任被迫与一位女神共眠。这部分的行动并非不重要;毕竟,他是个已婚男人。换句话说,他对妻子佩涅洛佩(Penelope)就像佩涅洛佩对他一样忠诚,他不得不表现出的不忠诚只是由于强迫和[他的]责任。赫尔墨斯神拯救了他,使他没有变形成猪,这并不令人惊讶,因为诸神是全能的。但这里,他们从什么意义上讲是全能的呢?他们可以很容易地挖出那药草,因为首先,他们知道那药草。他们通过全知而全能。严格地讲,他们不是全知的(omniscient),正如荷马所示。例如在奥德修斯的情况中,"其牛被奥德修斯所杀的太阳神",而太阳应该是最全视的神。奥德修斯公开地杀了牛,但太阳神并不知道这件事:不得不由某某上前告诉他奥德修斯所做之事。所以,诸神不具有字面意义上的全知性,他们是全能的,因为他们知道所有事物的自然。这里有一点很重要:他们之所以知道所有事物的自然,不是因为他们制作了这些自然。那药草本身就具有那种自然。诸神知道这些自然。自然当然更不是由人制作的;自然压根就不是被制作出来的。这里你们可以看到自然和技艺之间的区分是如此彻底,以至于技艺甚至包括了神祇的技艺。自然不是由人类或诸神制作的。我们可以说,在希腊哲学的晚期,这种思想在柏拉图的《蒂迈欧》这篇对话中得到了有力的表达,我们会说,其中呈现出世界是由一位神创造

① 原著中作:"对于诸神则万事皆有可能。"

② 荷马,《奥德赛》,George Herbert Palmer 译(1894),10.281—306。[译按]中译文参考荷马,《奥德赛》,王焕生译(北京:人民文学出版社,1997);陈中梅译(北京:人民文学出版社,1997);有改动,下同。

的。这位神，即宇宙的德穆革（demiurge），制作了世界，但是要通过察看某种模式即诸理念，而这不是他制作的。在所有的制作即诸神或人类的所有制作之外，有一种东西：作为自然事物的自然事物。这从一开始就有暗示。在荷马的那个例子中，我们还清楚地看到，自然是指事物的特性，即事物的权力，也就是那种特殊药草所能办到的事情。自然的一个非常重要的部分，亚里士多德所分析的自然概念的一个非常重要的部分，从一开始就出现在荷马那里，从这个意义上讲，它是前哲学的或常识性的。

但目前有必要做一观察。它从一开始就出现在希腊。或者，这种对事物的理解、对自然的理解，是普遍的，是人本身所共有的吗？我相信我们有资格说它不是普遍的。这就是我们在讨论柯林伍德的观点时所谈到的历史主义的相对真理。你们记住柯林伍德在批判[与他]同时代的某些英国人关于国家概念和责任概念时所说的话，他们假定这些概念在所有哲学中都以这种形式出现，而柯林伍德正确地认为不是这样的。希腊没有关于国家的哲学。从某种意义上讲，希腊没有关于责任的哲学，因为他们通常译为"责任"的希腊词没有责任的意思。换句话说，自然不是在自然上就能被认知的。自然只有在某些条件下才能被认知。[251]所有的西方语言都有一个表示自然的词。希腊词physis被译成拉丁语词natura，natura来自nasci，生出（to be born）、出生（birth）、生长；natura这个词当然也迁移入了所有罗曼语以及属于西方传统的日耳曼语中。如果我们现今在西方拥有自然，这最终是由于希腊语的影响。

但是东方语言呢？我将首先毫不犹豫地陈述我自己的意见，这是基于我的极大的无知，然后请我们的日本朋友和另一位来自东方的君子告诉我们他们对这个问题的意见。我所较懂的东方语言只有希伯来语。现今有一个希伯来词，每个懂希伯来语的人都知道，它是用来表示自然的。转录后它应该是这样的：teba。这个词早已出现在圣经中，出现在旧约中，但它没有"自然"的意思。非常有趣的是，它有硬币（coin）的意思，也就是那上面带有印记的东西；换句话说，一个绝对的人造物。但是，我们能够在其中识别出希腊语，如果我们用希腊词charaktēr来表示印记(stamp)的话。这也就是形式。所以,形式意义上的自然进入了希伯来语,顺便提一下,在阿拉伯语中也是一样。但是这个词是从希腊语借来的。旧约并没有从自然的意义上来认知这个词。我知道有些人说《诗篇》(Psalms)处理过自然。他们指的是树木、山丘和动物,但这并不意味着圣经作者将这些事物设想成自然事物,它是一个完全不同的命题。旧约并不知自然。我想其他东方语言也有类似的情况。关于印地语,我通过诘问一位印度学生,发现了一点东西。但是,这不是非常奇怪吗?它们不是应该知晓狮子和椅子之间的区别吗?它们当然知晓。例如,在人的作品和上帝的作品之间有做出区别:椅子是人的作品,诸天是上帝的作品。但严格讲来这里不是自然。为了找到旧约中自然含义的对应物,我们不得不考虑《创世记》(Genesis)31:35 中的这样一段落:"拉结对她父亲说,我不能在你面前起来,求我主不要生气;因为女人的那种习惯正落在我身上。"①她的意思是她来月经了。月经是女人的习惯。对于它,对于习惯(custom),有一个对应的表达,那就是"方式"(way)。在我看来,这是自然的前哲学对应物。可以说人们一直都知道,不同的事物有不同的行为、常规行为。我认为这是一条基本的经验,自然作为这条经验的解释是希腊出现的一种特殊形式。

伟大的诗人是最懂得重新激活对事物的原初理解和新鲜理解的人。我碰巧记得德国诗人歌德在《浮士德》(Faust)第一部中的一段话,魔鬼(devil)梅菲斯特(Mephistopheles)试图伪装成一条狗,一条贵宾(poodle),进入浮士德的书斋。②浮士德,能察觉到幽灵,确信这不是一条单纯的贵宾,但他有一个非常实证主义的……瓦格纳(Wagner),他确信没有幽灵,他只是一条普通的贵宾。然后他说:看,就是一条狗,并非幽灵。他咕咕吠叫,他趴下——他们用尾巴做什么用英语怎么说?他摇尾。尽是狗的习惯。③即使在那个晚期阶段,④那也会被重新激

---

① ［译按］中译文参考《圣经》(中文和合本);有改动,下同。
② 歌德,《浮士德》,第一部(1808),1. 1188。
③ ［译按］歌德,《浮士德》,第一部,1. 1145—1165。
④ 也就是 18 世纪晚期。《浮士德》第一部出版于 1808 年。

活。每一种存在者都有其独特的习惯或方式。这是一条基本的[252]
经验。例如,让我们看一看太阳。它从东方升起,经过一定的路线,在
西方落下。这就是我们所称的常规行为——太阳的方式、习惯。然而
还有日食、偏离;因此,习惯——那①不是它的必然性,而是一种方式或
习惯。这样,所有存在者都有自己的方式。火燃烧,狗吠叫,女人来月
经。但是,现在决定性的一点来了,我所提到的这些诸多种类的存在者
的情况也适用于斯巴达人、波斯人、摩押人(Moabites)以及任何其他部
落:他们都有自己的习惯和方式。决定性的一点是,在这个反思的阶
段,一个部落的习惯,一个部落的方式,和我们如今所称的自然物种的
方式并没有根本性的区分。当然,这必定以某种方式被感知到了,但并
没有被明确表达出来。如果我们想要理解自然的原意,我们必须从这
里开始。但在我继续之前,我想知道,例如你就我们提供的启发有什么
要说的。

　　学生:恐怕我不能给您提供真正的启发,既然我没有做过如此详尽
的研究。

　　施特劳斯:但是,举个例子,你现在用什么日语词来表示自然?

　　学生:更像是您提到的康德的看法,宇宙中某种包罗万象的、模糊
的东西。

　　施特劳斯:指"整体"之类?

　　学生:是的,我想是这样。在汉语中,他们设想是某个单一的神灵
给宇宙带来秩序,但在日语中,他们认为神灵是多重的。

　　施特劳斯:在日语中,你在谈论自然科学时也会用到这个术语吗?

　　学生:会。

　　施特劳斯:这是现代西方科学在日本为人所知之后才有的吗? 但
你不会把这个术语、这个表示自然的术语,应用在狗身上吧?

　　学生:我想您会,对。

　　施特劳斯:呃,我和那个印度学生的交谈是这样的——那是很多年
前在芝加哥、在这里发生的事了。他在翻译梵语表述时毫不犹豫地使

---

① 也就是日食和偏离。

用所有现代术语,而我试着告诫他不要这样做。然后在某个时候,他在评论中使用的关键词是"宗教",而我知道,例如希腊语中就没有表示宗教的词,旧约中也没有表示宗教的词,我问他这个词是什么意思。首先我让他给我写下来。它就是 dharma 这个词。然后我说:"dharma 主要是什么意思?"我逐渐了解到,它大约指一种事物的方式,而并不局限于宗教的意思。据我 [253] 当时所知,dharma,"方式"——指宗教——其实就是人的方式。可以理解,人的方式就是由印度教徒的神圣思想所规定的方式。我觉得这很有启发。你能说说东亚人吗?

学生:……

施特劳斯:在这种情况下,你会说,当他们做出这样的评述时,自然在日语中的对应物就出现了。请讲?

学生:我认为禅宗中有某种东西区分了对美的事物的静观和对那区别于受造事物的自然事物的静观,这几乎就是柏拉图所做的区分。

施特劳斯:呃,这里我们面临着一个尴尬的局面。让我来猜猜看,你不是从原始语言中知道这一点的;你是从西方的报道中知道了这一点。这对于我们的目标来说还不够好。这就是问题所在。顺便提一下,甚至像我们使用的"整体"(the whole)这样的表达或"世界"也是个非常大的麻烦。例如,据我所见,旧约中没有表示"世界"的词。我认为,在其中,天和地及其之间的东西是"世界"的对应物,但这意味着更显著的是一种根本的分裂,天和地,而不是统一。希腊语中表示世界的词,cosmos,是在相对较晚的时候,大约在 6 世纪被创造出来的,所以即使在那里也有一个问题。但是"自然"这个词特别重要。

现在,假如我们暂时假定这是对的,在人类理解中的一个更基本的层级,有一种意识,即一些不同种类的存在者与猫、狮子等有着不同的方式或习惯——但特别有趣的当然是他们对待自己的方式,而不是任何野兽或植物的方式。[人类] 开始意识到其他部落事实上有其他的习惯、不同的习惯。现在,他们并不只是观察到他者的习惯仅仅是不同的:在决定性的方面,它们似乎是恶的。我并不是说这种情况总是发生,但它有可能发生,这肯定是希腊哲学的前提之一。希罗多德的《原史》(History)中有经典的描述。例如，一个部落认为埋葬死者符合习惯，[是]它的方式。邻近的部落则焚烧死者。这不仅在你可以这样做或那样做的意义上不同，而且与我们的做法不同是令人憎恶的。另一个例子：以人类作献祭。这对于一个不这样做的民族来说不仅不同，而且在他们看来也是一种令人憎恶的事情。一般说来，只有祖传的东西即我们祖传的东西才是善的。至于其他人的祖传的东西，呃，他们也许会说，每个人都必须遵循他祖先的习惯——这是没有办法的——但是其他的习惯、其他的祖传习惯，当然不是善的，总的来说不是善的。

现在，在这种情况下出现了一种人，这种人在希腊文学中就是奥德修斯的形象，据亚里士多德所述，①这个奥德修斯正是第一个人，第一个使用自然这个词的人类。[254]现在，这个人被迫旅行。你们知道奥德修斯是想回到他在伊塔卡(Ithaca)的妻子身边，而不是离开十年，因为他不得不离开，但正如[荷马]在《奥德赛》的开篇所说，由于被迫旅行，他睁开眼睛，环顾四周，观察了许多城邦及其不同的心智。这里出现了某种与祖传事物本身的分离：希腊人这样做，腓尼基人那样做。呃，当然，他在家乡也会这样行事，但他有点犹豫要不要因为腓尼基人的做法不同而谴责他们。我们在课程一开始的时候讨论过这个问题，当时一个学生担心我的建议会导致褊狭主义。我相信哲学传统从一开始就反对褊狭主义，因为哲学预设了对多样性的意识。这并不意味着一个自称为哲学家或哲学教授的人或许不是非常褊狭，但这肯定是一个无趣的例子。亚里士多德在《伦理学》第五卷中说得非常简单，火在波斯和希腊都能燃烧，但波斯的正义事物与希腊的不同。②呃，例如，关于女性继承权等问题的法律：在这里，首先很清楚的是，将祖传事物(the ancestral)与善的事物(the good)或与真实的事物(the true)简单等同的做法真正说来是与人相伴而生的(因为我们也一直返归于它，我

---

① 施特劳斯或许想说的是荷马，而不是亚里士多德。参施特劳斯的《政治哲学史》导论，页2—3；亦参施特劳斯的《自然正当》(Natural Right)课程的文字记录稿，1962，第五讲("我们所知的第一个谈论自然的人是狡猾的奥德修斯")。这份文字记录稿可在施特劳斯中心网站上查阅。

② 《尼各马可伦理学》，1134b。

们不得不如此），但它开始变得可疑了。在《政治学》第二卷中，有一段话我们后面将不得不探讨，其中出现了一句话：我们寻求的是善的事物，而不是祖传事物。①想想看，这是亚里士多德曾说过的最具革命性的一句话，不过也是绝对必要的一句话。那善的祖传事物要保存下来，但那恶的祖传事物不应该保存下来。我想说，睁开眼睛，完全弄清楚这一发现的意思，它就像反思所显示的那样，对人本身来说是有效的。可以使每个人都看到，祖传事物本身并不等同于善的事物。如果在某一特定情况下，它与善的事物相吻合，那就是巧合；本质上并不相等同。现在，我认为这是对历史主义论证的简单回应。在哪里做出这种区分，在哪里发现这种区分，相对来说并不重要。一旦它被发现，人们就不可能回到它的背后。

现在让我们根据那些旅行者的观察，把这应用到关于方式或习惯的原始观念上，其中，奥德修斯是神话中的旅行者，而希罗多德也许是最好的经验例子。这种关于方式或习惯的根本观念［发生了］一种分裂，一方面是自然，另一方面是 nomos。我现在要使用这些术语，首先把它们转录并写在这里：physis, nomos。［施特劳斯写在了黑板上］狗吠叫和摇尾巴，火燃烧，这是自然的。这是火和狗所固有的。犹太人不吃猪肉，印度教徒不吃牛肉，是非自然的，这并不是说猪和牛是恶的，而只是说它们是非自然的。它们取决于某种不同的事物，取决于确立（establishment）、协定，或者拼出 nomos 所指之物的充分含义：人们［255］对他们所认为的善或恶的东西进行推理。他们对这些东西有经验，包括想象在内的经验，在某个时刻，他们冻结了［对自己的经验所作的这种推理］的结论。这就是 nomos。冻结是必要的，因为问题必须以某种方式得到解决；人们需要稳定性。这暗示了有东西在自然上对人本身来说是善的，或者对人本身来说是恶的。一个简单的例子：毒芹对人本身来说是恶的，这一点你们很容易就能发现，但至于猪肉和牛，它们对人来说并不明显是恶的。或许现在依然如此，但那会是在一个完全不同的基础上。

---

① 《政治学》，1269a。

所以我要说的关键点是这个。根据教科书的说法,physis 和 nomos 之间、自然和习俗之间的区分是我后面要谈到的所谓的智术师引起的。不是这样的。因为"自然"是一个区分性术语,所以自然这个术语就意味着发现与自然相对的 nomos。这两样东西分不开。并且,那区分不仅限于智术师①——一个非常常见的东西所示。在柏拉图和亚里士多德之后的传统中的关键术语之一是道德法意义上的"自然法"。

但什么是非自然的法律呢?首先是实证法(positive law)。实证法是制作的、确立的、设定的法律。它只是希腊词[thesis]的拉丁译法,而这个希腊词被用作 nomos 的对应物。自然和习俗之间的区分——如果你们不知道这一点,就无法理解柏拉图和亚里士多德的思路。柏拉图和亚里士多德同所谓的智术师之间的差别,我将在后面探讨,但那种区分本身是预设的。举一两个例子来说明这个问题:[首先,]在《政治学》第一卷关于奴隶制的讨论中,讨论的标准是区分在自然上就是奴隶的人和在法律或习俗上是奴隶的人。唯一能够正当地成为奴隶的人是自然上的奴隶,是在自然上就被挑出来当奴隶的人。[其次,]在经济学即家庭管理的讨论中(也是在第一卷),区分了自然财富和习俗性财富。自然财富本身是维持你生存的财富。习俗性财富是未必维持你生存的财富,就像你在每一场饥荒中看到的那样,你可能有成千上万的金币,但或许会挨饿,可如果你有黑麦或肉,就不会挨饿。通过这个简单的例子,你就可以继续下去。所以,自然财富和习俗性财富之间的区分是亚里士多德经济学教诲之核心。当他们寻求最佳政制时,他们指的是按照自然来说是最佳的政制,而不是按照任何已确立的制度(establishment)来说的,因为任何已确立的制度、每一个已确立的制度当然都会认为自己是最佳的政制。但是,凭确立的(by establishment)最佳政制不是凭自然的(by nature)最佳政制本身。所以,那种区分是绝对根本的,而对希腊或古典政治哲学的寻常呈现所具有的弱点之一就是,没有认识到那种区分至关重要。请讲?

学生:但是您刚才讨论的自然概念不是和确立观念有关吗?我这

---

① 这时换录音带。

么说的原因是这样的。您举了一个在自然上是善或恶的事物的例子，您谈到了毒芹。假定毒芹能杀死大多数人——我是说，评判事物之善恶的特定准绳，对吗？这准绳就是毒芹能杀人。我所说的[256]确立是指这个准绳可用。那么，除开这些简单的事情，自然上的善恶的问题就是接受准绳的问题。

施特劳斯：他们会简单地说，你不能武断地接受或不接受它。能够暗示这一点的是，我们对生活的热爱，我们对生活的欲望，是一种自然的欲望，而大约不像对集邮或其他任何时尚①的欲望那样是一种可以抛弃或改变的欲望。当然了，人的情况要复杂些，但他们仍然会说，且亚里士多德也说得十分清楚，使城邦得以存在的主要就是对生活的欲望，因此也是对防止暴死的欲望。那么，你是已经根据某些现代观念尤其是没有自然欲望这一当今的观念来看问题的；所有的欲望都以某种方式基于价值之上，而价值本身是由人类的自由行为所设定的。这对他们来说完全陌生。人具有一种自然，就像其他任何自然存在者都具有一种自然一样，这种自然暗示着某些欲望或倾向，倘若没有这些，这种自然就不会是它之所是了。

学生：这也是困扰着我的地方，因为它暗示着自然就是我们的标准。然而，自然有一部分是恶的，因此我们的标准就有一部分是恶的。

施特劳斯：但你说"自然有一部分是恶的"是什么意思？给我个例子。

学生：呃，在《伦理学》中，有些激情需要控制，需要压制。你如何抉择自然的哪一部分需要由自然的另一部分控制？你还得有一个标准，说"我们赞成自然的这一部分，我们不赞成自然的那一部分"。我们不赞成用毒芹来喂人，即使它是自然的一部分。

施特劳斯：我马上就会探讨你的观点，但是可以举例说，响尾蛇与羊羔或者我们有些人喜欢的其他任何存在者一样，也是自然的存在者。不过，自然是善的，并不意味着所有的自然存在者都是为了人的福祉。这是一个相当简单的观点，亚里士多德在《政治学》第一卷中偶尔用到过，

①　[译按]原文是"collecting stamps of any other fad"，疑误，of 或许应改为 or。

但这并不是他真正的意思。至于另一点,比如说,激情,特别是我认为我们都同意应该被抑制的激情,这些激情不是自然的吗? 这是一个问题,我们所特别想到的这些激情是不是一种多余的东西。所谓的激情后来被称为精神疾病,我指的是执念(obsessions)。你曾听说过吗? 那么,执念不是一种病态即生病的自然所处的状态吗? 这会是一个问题。我想说,你不能简单地认为他[有执念]这一事实不会使得他变善。在现代自然主义看来,一切存在的事物都和其他事物一样自然;那么,最奇异的执念当然就像最高的智慧一样自然。如果你从这种自然或事实的观念出发,那么预料之中的是,所有价值判断都是武断的。但现在有一个问题可以提出来:例如,人难道不是一种具有特定结构的存在者,而对这种结构的理解使我们能够区分什么是自然的,是他正常的健康状态的本质部分所需要的,以及什么是多余的东西? 你可以说我说了很多,但那些人也说了很多,[257]他们最后被迫说,精神病人和非精神病人之间的区分根本上是一种习俗性的区分。每个社会都把精神病人和非精神病人区分开来,但你可以随意地划定界限;这完全取决于价值判断。这项任务也很艰巨。在另一个场合,我举了一个取自梅尔维尔的例子:我的眼睛不是自然给的,而是费城的一位眼科专家给的。① 他是一个视力糟糕而不得不接受手术的人。但是梅尔维尔或他笔下的人物那样说有点目光短浅,因为眼科专家又做了什么呢? 他从正常人的视力着眼,对那只眼睛做了一些改变。那模式是谁给他的? 自然。

学生:但是那模式也有改进。在这种情况下,他超越了自然。

施特劳斯:在一定程度上是的。人们承认,人类的技艺在某种程度上肯定是对自然的改进。这在某种程度上是可能的。但即使是这些改进也是由自然引导的。那么,有什么好的例子可以证明一种对自然的无可置疑的改进呢?

学生:当你的视力从 20/20 变到 20/15 时,这当然是一种改进。

施特劳斯:但这并不适用于一个已经拥有这样的视力的人。让我

---

① 梅尔维尔,《骗子》(1857),第 21 章。参第十讲,第 199 页注释。梅尔维尔笔下的人物提到的是"视力",而不是"眼睛",是"眼科医生",而不是"眼科专家"。

们假设有防护措施来抵御各种恶劣天气,太热或太冷。衣服肯定不是自然的,而是人造的。但这里我们做了什么呢? 我们考虑人体的形状,我们考虑人体的需求。从自然着眼,我们提供了自然本身并不直接提供的某些技艺。但是即使我们做出这种改进,也是从自然着眼的,这就是我所想到的。请讲?

学生:这种自然与斯宾塞(Spenser)《仙后》("The Faerie Queen")所谈到的在所有无常和变化中保持同一的恒常性之间有没有联系?

施特劳斯:有一些。我不知道斯宾塞。在这些反思中,斯宾塞在多大程度上使用了自然事物和人造物之间的区分?

学生:他似乎被事物的变化所困扰,不仅是季节、时日等等的变化,还有它们内部的变化。我认为他确实没有区分人造物和非人造物。

施特劳斯:亚里士多德在我们朗读过的第四卷第四章中的说法表明了关于这一点的一般思路。让我们以人造物为例。很明显,人造物是从自然事物派生出来——至少材料是自然的。如果直接的材料已经由人类技艺所预制,你最终会回到纯粹的自然事物。现在,你可以在一定程度上把这种区分应用到自然事物本身上,也就是说,把次生事物如鞋子与原初事物如兽皮之间的区分应用到[258]兽皮本身上。你可以提出这样的问题:兽皮本身当然不是人制作的,那么兽皮是由什么制作的呢? 然后,正如亚里士多德所概述的那样,你会得出类似于四元素的东西——我们现今会说是化学中的周期系(periodic system)。我们甚至有所超越,回到了原子和原子内结构。原则上讲,没有什么东西可以使它们运动了。这就是亚里士多德所说的第一质料(first matter)的意思——你几乎可以说第一材料(first material),尽管这是一个不恰当的用语、隐喻的用语,但即使在亚里士多德那里你也应该说,自然所拥有和使用的质料就像是自然本身的原材料,而不是她的成品。但从隐喻的角度来看,这个用语讲得通,而且采取这一步本身肯定有必要。所以你就触到了某种东西,就像人们现今所说的,这东西是一切存在物最终的建筑石材。这种思想对所有希腊哲人来说当然十分清楚。

顺便提一下,这就是严格意义上的唯物论,而不是如今所理解的与唯心论相对立的唯物论,即它承认区别于物体实体的精神实体。唯物论的原初含义在于,可以通过理解万物由何而出、万物所由之而来的东西,来理解整体。无论是由四元素而出还是由原子而出都没什么差别。这里的重点不在于物体,而在于"由何而出"。不可避免的是,这里的情况是由物体而出,但这不是原初的考虑。你也可以说,就像人们总说的那样,由何而出不能自我解释,因为必定有某种东西作用于由何而出,使第一个原子爆炸。第一个原子本身不能解释自己的爆炸。

然后你就会遇到亚里士多德所称的动力因(effective cause)。诸如吸引与排斥或增强与稀释之类的事情,显然与由何而出具有完全不同的特性。但在所有这些考虑中,人们寻求的是某种不变的东西。如果它是可变的,如果它是易逝的,它就不能解释一切的生成或消逝。现在,有一种做法尽管更老练,但你可以说就是在法则之类的事物中找到不变的东西,这东西不是原子,不是吸引或排斥,而是某种完全不同的东西。我们现今会说是数学公式。这也可以追溯到希腊人,但我们所称的公式的更直接的来源恰恰是柏拉图—亚里士多德的形式。这种形式是现代数学公式的鼻祖。一种相对清晰地了解这一点的方法就是阅读培根的《学问的进展》。他总是谈到形式,而这似乎只是一般的亚里士多德式用词,但当你仔细看时,你会发现这种形式即将转化为现代数学公式、现代自然法。所以,寻求那总是同一的恒常或不变的东西,而这东西从一开始就属于形式,但形式并不是自然的直接含义。这就是我对你的问题的回答。请讲?

学生:这个观点的结果就会是,亚里士多德的物理学是真正的理论物理学,而现代物理学在某种程度上是派生的,或者不是一种明显的理论理解。

[259]施特劳斯:这是一个非常难的问题,我肯定无法在这里发表看法。你知道吗?我们能够有把握地说出的是,我们可以说物理学一般研究运动的事物本身,因此不研究数字。数字不会运动。如果我可以这么说的话,现代物理学完全不能理解某类运动,这些运动就是物理学家本身所进行的运动——不是他布置计算机或其他什么的运动,而

是诸如在假设形成过程中发生的运动。亚里士多德的物理学能够阐明这类运动。你可以这么说。对亚里士多德来说,物理学家所进行的运动比一块落石的运动更加发人深省。现代物理学与其说是从物理学家的运动开始,不如说是从落石开始。假定现代物理学已经取得了这个惊人的胜利——想想这是可能发生的奇异的事情,做出一种理论建构,使[我们]能够从地球力学来理解天体的运动。我指的是,当一块石头落下时发生了什么,是万有引力。这就是牛顿的重大工作,一个惊人的胜利。但问题是,这个胜利是否与这门自然科学越来越不能理解物理学家即人本身同时发生呢?这是个问题。如果你想对这笔交易有一个公正的判断,你就得考虑双方。你不能仅仅考虑一个方向上的巨大进步而不考虑另一个方向上的巨大倒退。请讲?

学生:但这只意味着双方作为理论陈述或许都是错误的。我们的观点是,我们在假设亚里士多德的看法可能是正确的,它不受我们视界的限制。

施特劳斯:抱歉,我们探讨了一个更加有限的命题,虽然我相信这个命题不是无关紧要的。亚里士多德在有限的范围内对人类事物或政治事物所作的分析,难道不是比如今流行的观点更深刻、更有启发性吗?但假如我们谈论的是总体立场,你已陈述得非常巧妙。双方的立场必定都是不充分的,我们必须以某种方式做这样的假设。我相信这个假设定然是真的,其结果将是找到某种新的东西。但据我所见,现代哲学的特点是,这项任务实际上没有起到任何作用。我相信像怀特海①这样的人心里大概有这种任务,但我相信它完全没有得到执行,[它]仅仅是一种妥协。现今占主导的观点,一方面是实证主义——实证主义压根没有看到问题,因为它对现代自然科学十分满意。另一个学派是存在主义,它看到了现代科学的本质局限,并且在现今是最强劲的。存在主义彻底抛弃了一种真正的宇宙论的问题。现代实证主义,

---

① 怀特海(Alfred North Whitehead,1861—1947),英国数学家和哲学家。施特劳斯或许指的是《自然的概念》(*The Concept of Nature*,1920)和《科学与现代世界》(*Science and the Modern World*,1925)。

如果我可以试着更巧妙地表述它的话,事实上,它将任何可能的宇宙论与现代科学或其未来的任何进展等同起来。存在主义抛弃了宇宙论问题。宇宙论问题在现今几乎完全是靠回忆来维持的,即靠它在过去是存在的这一事实。我还要说,它的最详尽的形式存在于亚里士多德那里。当然了,一个知道自己正在做什么的人不可能是亚里士多德主义者,就是这样。这不可能。但在可预见的未来,亚里士多德仍然可以充当我们所拥有的最佳模式,我们应该试着得到什么,当然我是给不了的,但也许未来会有某种东西[260]出现。但我可以说,宇宙论问题在现今实际上被抛弃了。顺便提一下,我认为这是存在主义最严重的缺陷。

学生:我会认为这是他们最重大的胜利之一,消除宇宙论思维的必要性。

施特劳斯:但他们没法回避宇宙论思维。我现在没法陈述它。我要记起某些我此刻不记得的事情才可以,但他们没法回避它。它尤其出现在最伟大和最重要的例子中:在海德格尔的例子中,我认为它是显而易见的。他所认为的最高原则——他不会允许我们使用这个术语,但为了方便起见我们就用了——他所称的存在,即德语中的 sein,这预设了人类、人类种族以这样或那样的方式从一个他们并不存在的状态中出现。他不能否认他所制作的这个前提。从某种程度上讲,当他说人的生成是一个谜时,他就是在说这个前提。但谜也意味着问题,一个未解决的问题,但在他的学说中没有这个问题的位置。再也不可能提出这个问题。如果他说一个谜,那肯定意味着它很重要,但是再也没有办法把这个谜转化为问题。它的背后当然是整个现代的发展——例如,康德的《纯粹理性批判》等等。

我现在或至少下次要探讨的话题是这个。如果我今天的论断是真的,即政治哲学和一般的政治思想之间的差别在于,政治哲学是这样一种政治思想,它根据"自然"来看待政治事物,而自然又意味着根据自然和 nomos 之间的区分,那么最初,根本的选择有哪些? 这可以用最简单的形式表述如下。正义的事物,被视为正义的事物,是彻底习俗性的,还是说其中有某种自然的东西? 也许更好懂一点的是:所有的正当都是习俗性的,还是说有一种自然的正当?当然,这是一个只有在区分自然与习俗的基础上才有意义的问题。这个问题在亚里士多德之前甚至早在苏格拉底之前就已经被讨论和知晓了,在我们继续之前,我们将不得不对这些选择进行概述。我认为现在就开始是缺乏智慧的。请讲?

学生:当不再区分自然和习俗之后,是否真的就不会再有任何政治哲学了?

施特劳斯:我们不要把婴儿连同浴盆一起倒掉。第一阶段是一种新的政治哲学。什么时候自然不再是关键术语了?我相信,这明显只能由于康德,因为在康德之前——甚至在卢梭那里,自然法或自然权利的术语仍然是决定性的,但在康德的学说中,牛顿法则或任何其他这类法则意义上的自然法,和自由法则之间有明显的区分。对康德来说,绝对属于决定性的是,人必须把自己从自然的束缚中解放出来。我认为这一点在康德那里比在其他任何地方都要明显,但康德仍有一种政治哲学,因为他确信纯粹理性——这种理性并不作用于任何经验材料、任何早期政治哲学所假设的关于人的经验知识——能够给予我们以[261]指引。有一种理性法则绝不是自然法则。在此基础上,康德及其后继者们,特别是黑格尔,建立了他们的思想结构。直到不久前,这都是一个经过多种修正的、非常强劲的学说。尽管如此,在 19 世纪下半叶确实出现了政治哲学的衰落。19 世纪晚期的一些著名的英国人在某种程度上仍然是德国古典哲学的继承者,鲍桑葵①和诸如此类的人。呃,在德国还有一种文明的新康德主义(neo-Kantianism),它具有一定的重要性。并且我们不能完全无视一点,那就是由边沁和密尔发展起来的功利主义[不]是传统的政治哲学,但是[在]幸福、快乐等观念[中],自然的概念还是以这样或那样的方式出现在他们的论证中。我后面再谈。

---

① 鲍桑葵(1848—1923),英格兰哲人。其著作包括《关于国家的哲学理论》(1899)和《献给英格兰读者的柏拉图〈王制〉指南》(*A Companion to Plato's Republic for English Readers*,1891)。

我只提一点。从 17 世纪开始，自然和习俗之间的区分就因为一件非常简单的事情而失去了踪影，这件事直到当今还直接或间接地影响着我们。你会发现关于此的证据，只要你读一读当今关于自然和习俗之分的描述，例如哈夫洛克的书，《自由特性》(*The Liberal Temper*)——不是瘟热(distemper)——《古典思想的自由特性》(*The Liberal Temper in Classical Thought*)。① 此人完全不能理解这种区分，而且他不是唯一的一个。你可以接受这位自然主义者的偏见，[认为一切都是自然的，]但他更具体的意思是什么？自然和习俗之间的区分意味着它似乎与某种必然论(necessitarianism)或决定论——尤其出现在 17 世纪——不相容，这种必然论或决定论指的是：每一种习惯、每一种法律或习俗都是由[在先的]原因决定的，就像一块石头的掉落一样。习俗的观念意味着人有某种回旋余地，更不用说自由了；有某种回旋余地，也就有某种武断。从这样的视角来看，例如从斯宾诺莎等人的严格决定论来看，严格来讲不可能有任何武断的东西，因为一切都是完全被决定的。

我后面再探讨这一点，因为我认为它是现代思想中最重要的要素之一，即自然和习俗之分的消失。但这个区分依然存在，尤其是在更通俗的层面上，[在]现时代世界各地对习俗、对所有约束的反抗[中]。这是对习俗的上诉，对自然所受到的武断的人为限制的上诉，我认为这种上诉直到当今都在发挥作用。但如今，它当然被降格到了一个相当低的反思水平。在哲学层面上它已经不见了，但直到 18 世纪它都还很强劲，卢梭的整本《社会契约论》很明显是基于自然和习俗之间的区分。在他使用的一个公式中，公民社会用习俗性的平等取代了自然的不平等。这整个问题预设了那种区分，但在此你已经在卢梭身上看到了一个重大的变化：卢梭在这个语境中站在了反对自然的习俗这一边，而按照老的观点，自然事物比习俗性事物具有更高的地位。

---

① 哈夫洛克，《希腊政治的自由特性》(1957)。

第十四讲 论辩:自然和习俗之分与政治技艺

(1961 年 11 月 20 日)①

[263]施特劳斯:我想先总结我上次开启的一个论证,然后我们再作讨论。这里有两个问题。上次我试着澄清的是古典政治哲学乃至直到不久前的现代政治哲学的根本前提:自然和习俗之间的区分。或者换种说法,只有把自然看成与习俗相对,自然的原意才能清楚地显现出来。例如,自然法和实证法之间众所周知的区分就是我说过的一个最明显的例子。现在,一旦发现了这种与习俗相对的自然,就有可能甚至有必要提出如下问题:政治事物是自然的吗? 如果是,那么在什么程度上或在什么意义上是呢? 法律从定义上讲不是自然的。但服从法律被视作正义:正义最简单的含义是守法。因而最尖锐的问题是:正义的事物是单纯习俗性的,还是说有某种在自然上正当或正义的事物? 甚至法律、城邦的法律也是完全习俗性的,还是说它们植根于自然? 法律是城邦的根基或作品。城邦是自然的(by nature)吗? 在试图回答这些问题的过程中,有一个预设是,有些事物在自然上对人本身来说是善的,对身体来说的善和对灵魂来说的善。因此,精确的问题是:对人来说,在自然上是善的东西与正义的关系是什么?

我将从苏格拉底之前的哲人即通常所称的前苏格拉底哲人中挑几个样本,来说明早期的讨论状态。关于那位最著名的前苏格拉底哲人,我们拥有一些辑语——因为所有前苏格拉底的哲学都只以辑语的形式

---

① 施特劳斯,《城邦与人》,页 13—29。

保存了下来——以弗所的赫拉克利特（Heraclitus of Ephesus）在这些人中最伟大，他在政治问题上发表过看法。公元前500年左右，他生活在小亚细亚的以弗所。他说——我给你们读几段引文。顺便提一下，这些辑语在弗里曼（Kathleen Freeman）的一本书中有英译文，《前苏格拉底哲人辅读》（*Ancilla to the Pre-Socratic Philosophers*, Harvard University Press, 1947）。例如，[赫拉克利特]说，人民应该为法律、nomos而战，就像为城垣那样，而所有的人定法都是由一种神圣的法律哺育的。①他似乎在说，城邦法律的尊严应归功于作为人定法之来源的神法。但这并不意味着他无条件地喜欢法治而不是人治，因为他还说过，服从一个人的意志也是法律，"如果一个人是最好的人，他对于我来说就抵得上一万个人"。②如果一个人是最好的人，服从他的意志是人定法还是神法却不清楚。

但更大的困难是由如下说法引起的：

> 对于神（God）来说，所有事物都是高贵的、善的和正义的，而人们却假设有些事物是正义的，有些是不正义的。③

这里[264]他似乎在说，正义和不正义之间的区分是单纯属人的。人们假设了它；对神来说，一切都是正义的，或者换句话说，正义是单纯习俗性的。

> 这个有秩序的宇宙（cosmos），亦即对万物来说同样的东西，既

---

① 赫拉克利特，辑语44、114，收于弗里曼，《前苏格拉底哲人辅读》（Cambridge, MA: Harvard University Press, 1948），页27、32。

② 辑语49，《前苏格拉底哲人辅读》，页28。[译按]中译文参考苗力田主编，《古希腊哲学》（北京：中国人民大学出版社，1990）；G. S. 基尔克、J. E. 拉文、M. 斯科菲尔德，《前苏格拉底哲学家：原文精选的批评史》，聂敏里译（上海：华东师范大学出版社，2007）；有改动，下同。

③ 辑语102，《前苏格拉底哲人辅读》，页31。

不是某个神也不是某个人①制作的,它过去一直是、现在是、将来也是永活的火,按尺寸燃起、按尺寸熄灭。②

赫拉克利特所理解的神法似乎是某种类似宇宙法则的东西,是宇宙原则火在发挥作用时所依据的法则。这火被他称为神圣的,因为它是永活的,而其他任何东西都不是永活的,或者说其他一切东西的生命或存在都归功于这火。把这火与最高的神等同起来是有道理的,但这样做也会误导人。"唯有智慧是一;它既愿意又不愿意被人唤以宙斯之名。"③换句话说,你们可以唤它宙斯,但也可以不唤它宙斯。它并不完全真实。宙斯被认为是诸神和人类的国王和父亲。据赫拉克利特所述,一切的国王和父亲是战争。战争既是万物的国王,亦是万物的父亲,它显明一些是神,另一些是人。战争使[一些人]成为奴隶,另一些人成为自由人。④你们看到了区分。这战争——战争以一种奇特的方式等同于火这个宇宙原则——显示一些存在者是神,另一些存在者是人;另一方面,它使一些人成为奴隶,另一些人成为自由者。也许他在这里透露出,诸神和人类之间的区分与奴隶和自由人的区分有着不同的地位。有人或许会提议,诸神和自由人之间的区分以及相应的区分属于神法或宇宙法则,属于不同种的存在者之间的区别;而奴隶和自由人之间的区分属于人定法,该法如他所说确实由神法哺育,但正是由于这个原因,它与神法不一样。呃,我想我就止步于此吧。你们可以看到,一些根本问题在这里已经清晰地表达出来了,但你们会发现,这里并没有像柏拉图和亚里士多德的著作那样有成熟的学说。

我还会取德谟克利特(Democritus)的两段辑语,给你们指出一个不同的前苏格拉底学说。德谟克利特是苏格拉底的同时代人,显然他们彼此不认识。他是在现时代已取得压倒性成功的原子论学说或原子

---

① 原著中作:"人类"。
② 辑语30,《前苏格拉底哲人辅读》,页26。
③ 辑语32,《前苏格拉底哲人辅读》,页27。
④ [译按]辑语53,《前苏格拉底哲人辅读》,页28。

教义最伟大的代表。现在我给你们读他的两段辑语，向你们指出那早期哲学中某类重要的考虑。[读文本]

> 　　对人类来说，生孩子是生活的必需品之一，它源于自然和原始法则。这在其他动物身上也很明显：它们都是在自然上就生育后代，而不是为了任何利益。

现在，自然和利益之间的区分意味着这个。他们有一种与利益计算无关的自然倾向，这种倾向促使他们创生出与自己同类的存在者。[读文本]

> 　　当他们出生时，父母尽其所能地劳作和抚养他们，在他们还小的时候为他们担心，如果他们出了什么事，他们的[265]父母会很悲伤。但对人来说，现在已经有一种被确立起来的信念[某种习俗性的东西——施特劳斯]，认为后代应该也会[给父母——施特劳斯]带来一些好处。①

德谟克利特说，存在者创生出与自己同类的存在者并照顾他们，是一件自然的事情。但是，后代应该照顾年老者，这一点你们只能在人类中发现，它不是自然的。它已经被确立起来了。这当然是一个非常激进的学说，因为它意味着，整个社会的孝道根基，即尊重父母、尊重父亲和母亲这样的家庭秩序，不是自然的。这就产生了非常重大的后果，例如，殴打父亲，阿里斯托芬一部谐剧中的著名话题，你们知道，据那里的描绘，苏格拉底教导说儿子可以殴打父亲，至少如果儿子智慧而父亲不智慧的话。我用德谟克利特的另一段辑语来说明。

> 　　我认为不应该生孩子。我观察到，在培养孩子的过程中，有许

---

① 　德谟克利特，辑语278，《前苏格拉底哲人辅读》，页117。

多重大的风险和许多悲伤,而收获却很罕见,即使有,也是少得可怜。①

德谟克利特运用了他的人类理性,这让他获得某种免于自然本能的自由,他说,你遵循这种本能就会承担重大的风险。到那时你的境况或许会很糟糕。在另一段辑语中他提议,应该收养孩子:到那时你就有了某种保障,你得到了正确的商品。②你们看,这是一种完全不同的应用,但问题显然是一样的,自然和习俗之间的区分。

按照通常的教科书的观点,自然和习俗之间的区分是所谓智术师的发明。我认为这完全错了。这到底是什么意思?尤其是在苏格拉底的时代,有一些人,多数是非雅典人,也许全部都是非雅典人,他们来到雅典,教导一些被广泛视为不可欲的、颠覆性的教义。自然和习俗之间的区分在这一教学中发挥了可观的作用。通常对智术师的异议是非常粗朴的:他们教学是为了报酬,而君子教学则不是为了报酬。这个观点非常君子,但肯定不适合一名教授,因此智术师在我们这个年代找到了许多辩护者。也许有人会说,它只是对智术师、对这种谋生方式的一种偏见。柏拉图和亚里士多德这两位哲人对智术师的异议并非基于那个理由,因为它会很容易引起这样的问题:你们的收入来源是什么?呃,柏拉图碰巧是个富有的人,而苏格拉底却出了名的贫穷,显然他没有任何明显的生活来源。不得不研究色诺芬的论述(treatise),或者更确切地说是对话,Oeconomicus[《齐家者》],指家庭管理,在那里苏格拉底不明显的生活来源的问题得到了精致的讨论。苏格拉底似乎有一些富有的朋友,而按照希腊谚语,朋友的东西是共同的。难题似乎解决了。

但这不是严肃的议题。严肃的议题是,智术师被柏拉图、被苏格拉底和柏拉图视为一种卖淫者,出卖哲学或智慧的人。可以说,柏拉图—亚里士多德意义上的智术师类似于[266]如今所称的知识分子。知识

---

① 　辑语276,《前苏格拉底哲人辅读》,页116。

② 　[译按]辑语277,《前苏格拉底哲人辅读》,页116。

分子这个术语如今严格地讲是价值无涉的;它是一个描述性的术语。但就纯粹描述性的目标而言,它是一个很难定义的术语,因为与医生等其他职业的术语不同,它不可能有真伪的区分。你们知道,真医生和伪医生常常可以区分开来,但是不可能说伪知识分子。那样的区分在这里不适用。你们可以区分伪物理学家和真物理学家、伪学者和真学者,但不能[区分伪的和真的]知识分子。这表明这里有一个严重的困难,而柏拉图、亚里士多德和苏格拉底认为智术师是假智慧人的观点,在某种程度上预见到了这个困难。他们肯定是非常有智性、非常聪明、非常智巧的人,但显然有什么根本的错误。要确立这一点绝非易事。但我们现今对于这一现象有了最好的线索,从知识分子[的]现象出发。我不认为这对探讨智术师的政治学说这一话题有多大帮助。总的来讲,可以说智术师是习俗主义者,也就是,他们断言所有的正当都是习俗性的。然而,这种观点并不是智术师的专利;相当多的哲人都持有这样的观点。我不认为细究这个问题有多大帮助。

现在我想再补充一点,然后我们开始讨论。古典政治哲学最重要的前提是自然的观念,这自然隐含着与习俗的区分。但是古典政治哲学还有另外一个条件,我们至少得提一下。在政治哲学之前不仅有哲学,还有按字面翻译的政治科学,politike episteme。但政治科学在那时的意思与如今的不同。政治科学意味着技能、技艺、知识、理解,凭借这些,一个人能够通过行动和言辞很好地管理城邦事务。也许有人会说,智术师的特点是,他们事实上声称是这样理解的政治科学的教授者。毫无疑问,古典政治哲人承认存在这样一种技能,但它与政治哲学并不等同。最简单的标志就是这种政治技能、这种政治知识,不需要区分自然和习俗。它完全是从政治生活中生长出来的。关于政治科学观念的最清晰的陈述,你们可以在亚里士多德《修辞术》第一卷第四章中找到,在那里亚里士多德描述了治国者必须了解的关于税收、防务以及其他重要领域的事情。在那段文字的最后,他评述道,阅读关于其他国和历史的游记有助于获得这种知识,当然,现今一个有智性的政治人也会这样做。但这里压根没有涉及哲学。一个众所周知的事实是,《修辞术》的这一章的来源是色诺芬《回忆苏格拉底》(*Memorabilia*)中的一章,即第三卷第六章。亚里士多德只是总结了据说在一些交谈中苏格拉底对格劳孔(Glaucon)所说的话,这格劳孔就是柏拉图《王制》中的那位主人公。我只给你们读一读开头,以便你们有所了解。①[读文本]

　　　[阿里斯通(Ariston)的儿子]格劳孔还不到20岁就一心想成为一名演说家,争取在城邦中做领袖;他的亲友中没有一个人[267]能够制止他,从而使他免得被人从讲坛上拖下来,成为一个笑柄。只有苏格拉底,因为柏拉图和卡尔米德(Charmides)的缘故而对他感兴趣,设法制止了他。

　　　有一次在遇到他的时候,苏格拉底拦住了他,为了引起他的注意,说:"格劳孔,你是下定决心想做我们城邦的首领吗?"

　　　"我是这样想的,苏格拉底。"

　　　"呃,那可了不得,世上没有比这更值得敬仰的抱负了;因为很显然,如果你的目标能实现,你想要什么就能得到什么,你将有办法帮助你的朋友:为你的父家扬名,为你的祖国增光;你的名声首先会传遍国内,然后还会传遍希腊,你可能还会像忒弥斯托克勒斯那样,在蛮族中享盛名;你将来无论到哪里去,都会是一个名人。"

　　　格劳孔听到这番话后感到很骄傲,于是就欣然留下来了。

　　　苏格拉底接着问道:"呃,格劳孔,看来很显然,既然你想赢得荣誉,你就必须为你的城邦谋福利?"

　　　"当然是这样。"

　　　"那么,不要保留;而是要告诉我们你打算怎样开始为城邦服务。"

---

① 施特劳斯读的是洛布古典丛书(Loeb Classical Library)版的《回忆苏格拉底》,E. C. Marchant 和 O. J. Todd 译(Cambridge:Harvard University Press,1923),3.6.1—6。[译按]中译文参考色诺芬,《回忆苏格拉底》,吴永泉译(北京:商务印书馆,1984);有改动。

当格劳孔明显由于第一次考虑应该怎样开始而继续沉默寡言的时候,苏格拉底说道:"如果你想增加一个朋友的财富,就会着手让他更加富裕起来。那么,你会不会也想方设法让你的城邦更加富裕起来?"

"当然。"

"如果她的税收更加充足起来,她会不会就更加富裕一些呢?"

"哦,想必会吧。"

"现在告诉我,目前城邦的税收来源有哪些,总收入是多少?为了使不足的得以补足,使缺少的得到新的来源的弥补,毫无疑问,你对这些问题一定都细究过了。"

"当然没有,"格劳孔嚷道,"我还没有细究过。"

"呃,如果你在这方面疏忽了,那就告诉我们城邦的支出吧。毫无疑问,你一定打算把那些开支过大的项目加以削减。"

这样就对治国者应该掌握的关键知识主题作了一个完整的总结。你们会发现这非常有意思,但同时也富有教益,因为我们看到这里完整地列举了那区别于政治哲学的政治知识的主题。我想在此停一停,在我继续之前先对一些问题做一探讨。这里有两个问题,或许还会涉及其他的问题。巴特沃思先生问了这样一个问题:

您一再批评科学和实证主义,认为它们是无法回答它们存在的原因的方法论,虽然它们能够回答它们是关于什么的。您怎么解释它们事实上既没有也不需要提出那个问题,既然它们只是接受既定的东西并朝着未知的东西努力? 问题不在于为什么是科学,而在于,科学如何能给我们更多的知识? [268]它们肯定会这么认为的,尽管如此,是否没有必要提出这样的问题:为什么是科学? 我的意思是,总的来讲,反思、深思熟虑和智慧的标志之一是否不在于能回答这样的问题:你为什么要做你正在做的事情?

学生：总的来说是这样的，但在我看来，他们有些人会说，他们无法接受那个问题的答案，因此那个问题可以被取消。

施特劳斯：我知道，但是在这个意义上可能发生的事情，当然不是由这个事实本身来证明的。我知道人们会这么做。但是直到不久前，人们，即科学家们，还理所当然地认为自己知道科学是关于什么的。我的意思是，即使在现今，你们仍然能时不时地读到这样一种陈述：科学是一种特定的形式，就像他们说的，在其中，一种特殊的有机体——人——在宇宙中找到自己的位置。没有任何科学，狗也能过得相当好；它们可能会倒立，但永远不会创造科学。没有科学，人们也能在很多国中生活很长时间，但后来发现，就像人们说的，有科学比没有科学更有利于人类的生存。这种观点在不久之前还相当常见，即使在现今，你们还能时不时地听到。如今确实有观点认为科学不能回答那个问题，但这意味着科学在根本上是非哲学的。这也意味着人们不能离开它，哲学也不能停留在描述作为一种非哲学性追求的科学。哲学必须做得更多。实证主义试图描述科学并回答科学是什么[这个]问题。它没有超越科学的视界。有必要超越这个界限；因此实证主义是非哲学的。我确实就是这么断言的。

学生：我不明白为什么哲学不得不提出那个问题。

施特劳斯：澄清科学在个体意义上和社会意义上的人类生活的结构中所占的位置，难道不是一个必要的问题吗？

学生：哲学能为哲学回答这个问题，但不能为……回答这个问题——

施特劳斯：但麻烦在于，[对于]那些说哲学不能回答这个问题的人[来说]，唯一的哲学就像是科学的内部装饰，不能解释科学。现在我转向下一个由某某先生提出的问题。令他困扰的是，亚里士多德所使用的自然和他所理解的自然之间有着似乎无法化约的鸿沟。

> 我非常同意亚里士多德的说法，即事物生长成的形式是事物的自然目的。例如，我可以看到，一粒橡子本身有某种东西使它生长成一棵橡树，而成为一棵橡树是橡子的自然目的。但当亚里士

多德将这一论点应用于人类时,他似乎做了一个毫无根据的类比。他说人在自然上就具有一种理性能力。这一点我同意。但他接着说,对于人而言,臻达道德卓越也是自然的。在我看来,这显然不合逻辑。说[269]人在自然上就具有一种理性能力,这就开启了一系列可能的目的,其中一些或许是互不相容的。诚然,人可以利用理性能力变得道德卓越,但正如亚里士多德自己承认的,这是一个恰当教育的问题。因为一个人同样可以利用他的理性能力变成智巧的骗子手,不过亚里士多德会说,道德卓越且唯有道德卓越对于人来说是自然的。

我在办公室与某某先生就此有过交谈,我想再说一遍。就人体而言,我相信每个人都会承认有些东西与人相似,因为人类胚胎与成年人的关系就像橡树与橡子的关系一样。现在,亚里士多德做了一个当今科学心理学所不会承认的假设,即存在一种叫作灵魂的东西。"心理学"的字面意思是灵魂科学,但我认为现今的心理学家不再谈论灵魂了。亚里士多德假设,如果没有灵魂这样的东西,我们就不能理解自己。它非常难定义,但除了身体和除了大脑之外,还有某种东西最终对成为一个人来说比身体更重要。现在,如果灵魂也存在,那就有理由说目的也会存在,灵魂就像身体那样会有生长期,而且会出现一些这方面的迹象。你们都知道一种叫作衰老的现象——不是来自你们自己的经验,但你们或许已经观察到了。当人们到了一定的年龄,他们就会记忆力衰退等等,这是一个众所周知的事实。所以这里也有生长和衰败的现象,就像身体一样。轨线可以画得有些不同,身体的生长期比精神的生长期来得早,但它们都是存在的。你们愿意承认那种人类特有的东西可以被称为,那种人的特性可以被称为,理性。你们对此不会有异议。那么这会意味着,人的完美将是他的理性的充分发展,假设一个人在一开始天赋不是太有限,当他把自己的理性培育到最高程度之后,那将是最完美、最卓越的人。

具体的问题是:这和道德卓越有何关联? 受过培育的理性和道德之间有什么关系吗? 亚里士多德会说有。道德是一种应用于人类行为的理性。换句话说,理性可以应用于各种各样的事情,对星星的观察等等,但它也可以应用于人类的行为,一个理性行事的人,这和君子或有道德的人是一样的。这是重点。换句话说,你们将不得不提出这样的问题:智巧的骗子手是不是——如果他处境有利,即使他被抓,他也会提前获得假释(我现在指的是伊利诺伊州一个众所周知的案例)——智巧的骗子手是不是理性的人?你们不必考虑这样一个事实吗?那就是,欺诈和偷窃以及其他所有这类行为都是一种寄生行为,它们预设了有些人诚实地生产东西,并且如果寄生成为人类行为一般的理性准则,那么生产和劳动的可能性本身也就荡然无存了,而要是没有这种可能性,任何的人类生活也都将无从谈起。[270]我们都知道还有很多其他的考虑因素,但倘若我们遇到一个孩子,他不知道他应该做警察这一行还是毋宁做强盗这一行,那么我们很容易就重复这些简单的论点。当然,它们或许太简单了。有些人或许会说,掺杂大量的骗子对社会是有帮助的,因为要是没有他们,你就不会看到一支警惕性强的警察队伍以及其他所有相关的优点。这话或许有几分真,但你们必定听过这句话:诚实为上策(honesty is the best policy)。

学生:我想说的是,这和人的自然如何联系起来?

施特劳斯:因为理性是人的自然,而理性应用于行为就是道德。这是一个临时的陈述。除非通过习惯化,否则应用于行为的理性不会变得有效,但这并不会取消根本的理性。为了身体健康,你不得不好好锻炼,并且,对灵魂进行一定的锻炼也是需要的,这样一个人就会变得习惯性地理性。例如,那些在自然上就易怒的人不得不学习……

[由于设备问题,讲座的余下内容听不见了。]①

---

① 转录员注。根据一位学生的笔记,施特劳斯在本讲的余下内容继续处理和回应问题。

第十五讲　论辩:自然和习俗之分
与政治技艺(续)

(1961 年 11 月 22 日)①

[271]施特劳斯:[进行中]——那些区别于宇宙的善的事物和恶的事物。②按照这种观点,苏格拉底并不关心——亚里士多德和色诺芬的,其至还有柏拉图《苏格拉底的申辩》的一些评述都支持了这一点——苏格拉底并不关心所有事物的自然,包括人的自然,而只关心人类事物。我们顺带注意到,在西塞罗的评述中,你们可以在西塞罗的《图斯库路姆论辩集》(Tusculan Disputations)第五卷开篇附近找到这个评述——该评述是什么?哲学得被迫去研究人类事物。重述要点:苏格拉底是第一个把哲学从天上召唤下来的人,他把哲学确立在城邦中,把哲学引入家庭中,并强迫哲学去探询人类事物。③你们中那些知道柏拉图《王制》的人会记得其中强调了强迫:哲人得被迫进入政治。在这里,它被扩展了:哲学得被迫处理政治问题。但这只是顺带提一下。然而,按照一种非常广泛的印象,在苏格拉底之前,智术师们已然转向研究人类事物。换句话说,智术师们似乎先于苏格拉底对包括政治事物在内的人类事物产生了兴趣。苏格拉底从未明确谈论过他的这些前辈,但苏格拉底的某种替代者,柏拉图《法义》中的雅典异乡人,却明确谈论过他的这些前辈。《法义》,第十卷。

---

① 参施特劳斯,《城邦与人》,页 13—29。

② [译按]原文是 the good and bad things as distinguished form the cosmos,疑误,form 或许应改为 from。

③ 西塞罗,《图斯库姆论辩集》,5.10。亦参西塞罗,《布鲁图斯》(Brutus),31。

这些前辈是什么人？他们是老意义上的唯物论者；也就是说，他们寻找所有事物由之而出的东西，并把这个"由之而出的东西"视为第一事物（the first thing）。他们把自然理解为随着第一事物而来的生成、创生。这是一个非常模糊的、刻意挑选过的表述，意思是与第一事物直接相关的生成，是第一事物所带来的生成。理所当然的是，这些人暗示了自然事物和习俗上的事物之间的区分（这一点我们在前面已经讨论过了）。第一事物，比如元素、原子或其他什么，它们自己产生了自然的事物，当然这些事物也是人造物。但更重要的是那些习俗上的事物。"习俗上的事物"指的是仅仅由人们持有的事物，"持有"（holding）是指法律意义上的持有：持有信托（the holding of trusts）。这意味着持有它们的存在，或者设定它们，或者同意它们存在。人造物或鞋子当然不仅仅是由人们来持有它的存在，但其他一些事物仅仅是由人们持有它们的存在或者设定它们。例如，据这些前辈所述，诸神是习俗上的，正义的事物是习俗上的。至于高贵的事物，这些人说，自然上高贵的东西是与习俗上高贵的东西相对立的。在习俗上，帮助别人是高贵的——正如他们所说，为别人当奴隶——而在自然上，主宰他人是高贵的。雅典异乡人——我们可以说，另一个苏格拉底——则反驳了他们，断言有些事物在自然上就是正当的，并非所有正当的事物 [272] 都仅仅是在习俗上正当的。我前面提到过，那自然和习俗之间的区分在古典政治哲学中得以保留。最简单的标志是自然法和实证法之间的区分，这对整个传统来说是决定性的。但是那个区分在现今不再容易理解了，这是由于现代哲学对我们思想的影响。

让我先讲一个类似的例子来解释这一点。在古典哲学中，尤其是在亚里士多德那里，有一种现象被称为偶然（chance）。例如，有一个简单的故事：你为了买东西而去了市场，并且你碰巧遇见了一个债主。你去那里不是为了遇见债主：你是碰巧遇见了他。或者你为了种土豆而在自己的菜园里刨地，并且你碰巧发现了财宝。偶然是一种会发生的事情。你当然可以试着解释它；你可以说：我发现了财宝是因为有人把它放在那里，他是在战争等非常动荡的时期把它放在那里的。你可以一直这样说下去。你也可以解释你为什么去菜园,比如说,为了刨地,种土豆;你想要种土豆是因为你想要食物,而你需要食物是因为你是一个人,[你]可以一直这样说下去。但是,所有的解释,无论有多成熟,都不能抹杀这一事实:两条思路的交叉是偶然的。说这是一个偶然事件,这是你去市场或去菜园或去其他什么地方的动机,这是债主为什么来那里或财宝为什么在那里的原因,无论你怎么解释,这次遇见本身实际上仍然是无法解释的。这是古典哲学尤其是亚里士多德的一个关键点。偶然的情况表明,有些事件无法有意义地溯及在先的原因。这是重点。

现在,nomos 或习俗的情况类似于偶然的情况,因为你有一个既定的 nomos 或一个既定的习俗,你可以从它的条件来解释它。例如,左侧行驶[还是]右侧行驶,①就举这个简单的例子;你可以解释英国人[靠]左行驶是怎么来的,你可以从英国的国民性、英国的历史等等中找到各种各样的原因,但按照那种观点,它仍然不再是一种无法解释的行为,也就是说,因为,它的存在,nomos 的存在——我们说,它的有效性——仍然是由于它被这个社会所持有或接受的事实。这是与 physis 相对的 nomos 这个古老的观念所默认的前提。重复一遍,一般的本体论原则是,有些事物、事件无法有意义地溯及在先的原因。你能做的和你必须做的是解释偶然的一般可能性。你肯定得这么做。这就是亚里士多德所做的,例如,在他的《物理学》第二卷中,但这当然不是对特定的偶然事件的进一步解释。这一切经过必要的修正后,同样适用于习俗的情况。

现在,现时代有人对这种观点提出了如下异议:习俗起源于人类的行为,而这些人类行为和任何自然事件一样是必然的、自然的。让我们举一个最简单的例子。一种习俗的生成是因为某个立法者制定了它。他为什么制定它? 这和他的生活,也许是他的潜意识生活,以及和他的驱动力等等如何联系起来? 就像一块石头的掉落或其他什么事情一样,它在原则上也是可说明的。[273]换句话说,按照这种推理方式,

---

① 　也就是,靠左边还是靠右边行驶。

自然和习俗之间的区分只能是暂时的。我之前已经提到过斯宾诺莎，在他的《神学政治论》第四章开篇，你会看到关于这个立场的最清晰的陈述。① 不过，正如斯宾诺莎所承认的，这种一般性的考虑在实践中并没有多大帮助，除非有人指出了那种能够对习俗作出解释的[在先的]原因。那么这种原因会是什么呢？例如，气候、领土特征、社会的动植物、人类的种族等等。这种对我们如今所说的社会制度的解释贯穿了整个现时代，大概更多是在 18 和 19 世纪。但这暗示着什么呢？一个既定的社会制度完全可以从立法者立法的条件来加以说明。这意味着立法者在每种情况下都规定了对他的人民来说最好的东西。

举个简单的例子，如果有大量的女人，让我们说男女比例是 1∶2，那么[立法者]就不会确立一夫一妻制，但如果比例大致是 1∶1，那么他就会确立一夫一妻制。诸如此类的事情。立法者在每种情况下都规定了对他的人民来说最好的东西。换句话说，所有的法律或习俗都是通情达理的；你只需要找到原因。或者所有的立法者都是智慧的：你可以在孟德斯鸠的《论法的精神》中找到这种观点的概述，它在书中发挥了非常大的作用，但孟德斯鸠知道这是不够的。现在，这种将习俗性事物化约为自然事物的可能性，暗示所有的习俗或法律都是通情达理的或智慧的，这一切被证明是过于满怀希望了。我们不得不考虑立法者——一人还是多数人都没什么差别——的错误，他们的愚蠢、他们的迷信等等。而且还会遇到更进一步的困难。作为结果，人们放弃了这样的观念：习俗可以以任何方式被解释为由人，即由个人或社会所制作的。习俗，或者最宽泛意义上的法律和制度，不是制作出来的，而是生

---

① 参《尼各马可伦理学》，1181.13—15：“但那些声称自己教授政治技艺的智术师，看起来与他们所自许的相距甚远。因为总的来说，他们甚至不知道这技艺是哪一类事物，也不知道它与哪类事物有关；否则，他们就不会把它设定成和修辞术是同一东西……”《亚里士多德的〈尼各马可伦理学〉》(*Aristotle's Nicomachean Ethics*)，Robert C. Bartlett 和 Susan D. Collins 译 (Chicago：University of Chicago Press，2011)。[译按]应是 1181a13—15。中译文参考亚里士多德，《尼各马科伦理学》，苗力田译，收于苗力田主编，《亚里士多德全集(第八卷)》；《尼各马可伦理学》，廖申白译注 (北京：商务印书馆，2003)；有改动，下同。

长出来的。这一重大的变化发生在 18 世纪末。

现在,制度或法律的这种生长(growth)当然在根本上不同于植物和动物的生长。它是一种准生长(quasi-growth)、一种第二自然(second nature),而不是一种单纯的自然生长。现在,这种准生长、这种第二自然开始被称为历史,不是人类的探究或人类所作纪事意义上的历史,而是如他们所说,是一种不同于自然维度的实在维度意义上的历史。所以,我们可以得出结论,在现时代,自然和历史之间的区分已经取代了自然和习俗之间的区分,这就是自然和习俗之间的区分对我们来说如此难以理解的原因所在。我们不得不在一定程度上把自己从某种现代思维方式中解放出来。

现在,我返回到柏拉图《法义》第十卷的论证,在其中,一个准苏格拉底,即雅典异乡人,谈论了他的那些前辈。现在,他将他与他的那些前辈的不同之处陈述[274]如下。那些前辈都说,第一事物,即万物所由之而来的东西,只是诸物体(bodies)。他们谈到了灵魂,但他们没有在灵魂和物体之间做出根本的区分。换句话说,他们所谈到的诸灵魂事实上是诸物体。他们没有认识到物体和灵魂之间的根本差别,而据苏格拉底或柏拉图所述,灵魂不仅截然不同于物体,而且先于物体,地位高于物体。现在,这种物体和灵魂关系的观点与承认或否认自然上正当的事物有着直接的联系。如果只有诸物体,那就意味着人本身可以完全从身体来理解。但人体本质上与个体的私人的善有关——你需要的食物是你的身体(body)需要的;你所感到的牙痛完全是你的牙痛,任何对它的同情都不能使另一个人也感到牙痛——而只有在灵魂中并通过灵魂,一种被恰当理解的共同善才是可能的。正如我们如今所说的,经验可以以一种单纯的身体性情感所无法分享的方式分享,在思想过程中,在纯粹的思想过程中尤其如此。经典的例子是,比如说,一个数学定理,两个人研究它,而所作的理解是完全一样的。就理解定理[而言],所有的个人差异都是毫无干系的,但举个例子,听音乐,你就不可以这样来说,因为个性在其中会发挥作用。

你从《法义》第十卷中得出的东西,在某种程度上得到了亚里士多德《伦理学》第十卷接近末尾处关于智术师的说法的证实,在苏格拉底之前的这些人关注于人类事物的研究。亚里士多德说,智术师把政治科学化约为修辞术,化约为演讲的技艺。① 我们能够理解这一点。如果所有正义的事物都是习俗性的,仅仅是习俗性的,如果其中没有任何自然的东西,那么,它们就没有尊严。它们具有任何单纯习俗性的事物的尊严。例如,如果你有一个区别于英镑—先令体系的美元—美分体系,这单纯是习俗性的,除了单纯的实际使用外,没有人会严肃对待它。如果正义的事物单纯是习俗性的,这就意味着,唯一在自然上善的东西是每个人私人的善。这东西牢靠。但是正义的事物,那单纯是习俗性的。然而,如果唯一自然的善是每个人自己的善,那么 polis 或社会的本身无论如何都不是善的,而只是一种非常从属的善:它对剥削来说是善的。它给个人以机会去剥削它,倘若智巧地利用它,它就可以非常有利于个人的福祉,而不存在共同善优先于私人的善的情况。但是为了个人自己的善而剥削 polis 意味着什么呢? 因为在纳税申报上的小骗术太过微不足道,所以我们把那种使人能够在最宏大的规模上行骗的技艺叫作什么? 使你能够做到这一点的技艺正是修辞技艺,而即使在虚假纳税申报的情况下,你毕竟也可能会被发现,并将不得不上法庭,除非你是修辞技艺的大师,否则你怎么能得到无罪释放呢? 这是一个略带讽刺的表述,但原则是这样的,正如亚里士多德和柏拉图所非常清楚地看到的。

[275]不过(现在我们要涉及一个严肃而有趣得多的例子),亚里士多德承认在苏格拉底之前有一种政治哲学。他非常清楚地提到了一个名字,我们不得不注意这个人。无论他本身有多无足轻重,他都具有引人注目的象征意义,否则亚里士多德不会在第二卷的核心章节中讲述他,那也是亚里士多德讨论早期政治思想的第一卷。他的名字是希

---

① 《尼各马可伦理学》,10.9.18:"但政治科学可能看起来与其他科学和能力并不一样。在别的科学和能力方面,能力的知识传授者同时也是实践者,例如医生和画家;但在政治学方面,智术师声称教授这门科学,却从不付诸实践。"洛布古典丛书版,H. Rackham 译(1926)。

珀达摩斯(Hippodamus),从专业意义上讲,他可以被称为政治科学或政治哲学的奠基者。所以从某种程度上讲,我们应该从座位上站起来一秒钟,但只是象征性的。最简单的方式就是给你们读读巴克译本中的一段话,这段话并不完全是……但就我们的目标而言已经足够好了。你们可以在1267b22以下找到它。是在巴克译本的第八章。"没有过政治生活却试图处理最佳政制主题当以米利都公民、欧若丰(Europhon)的儿子希珀达摩斯为第一人。"你们可以看到,这就是亚里士多德对政治哲人的定义。政治哲人是一种关心最佳政制但本质上并不积极参与政治的人,希珀达摩斯就是满足这种条件的此类人中的第一人。[读文本]

> 他发明了城市的区划设计并为雅典的佩莱坞(Peiraeus)港铺设了规则的道路。在日常生活中,他也因为想引人注意而有些古怪;这使许多人觉得他的生活方式过于矫揉造作。他长发垂肩而盛加装点:他有一件松垂的长袍,用廉价而暖和的布料制成,盛加装饰,不分冬夏地穿着;他也渴望了解整个自然。

亚里士多德通常不会做这种事,不会说闲话或胡说八道,即使是带有恶意的那种;那不是他的作风。亚里士多德确实很少做所谓的个人点评,我相信他在这里这样做并非偶然……我们科学的奠基者的这种可笑显示了科学所面临的一些危险。我现在不会详加说明;亚里士多德会说得非常清楚。我会提到另一个亚里士多德没有提及的例子。第一位哲人通常被认为是泰勒斯。他也使自己变得可笑,但方式不同:他看星星时掉进了沟里。[①] 这里也有一个象征性的信息。一个来自色雷斯的女奴嘲笑了他,而对于希珀达摩斯,亚里士多德嘲笑了他,而不是……

让我们简要地谈谈希珀达摩斯的思想。我们可以说,希珀达摩斯

---

① 按照《泰阿泰德》(*Theaetetus*)中苏格拉底所讲述的故事,泰勒斯掉进了井里,而不是沟里。《泰阿泰德》,174a。

认为最佳政制……最佳政制是合乎自然的。他的方案的特点是简洁美观，这一特点部分被柏拉图《王制》所模仿。数字 3 是关键：法律有 3 种，人口有 3 个部分。这似乎是由于如下事实，希珀达摩斯遵循了一种宇宙学说，一种认为数字 3 是万物的关键的宇宙论。最佳的政治技艺是合乎自然的技艺：处处有三分。他所做的是[276]直接从作为一个整体的宇宙过渡到政治事物，而没有考虑人的特殊自然、政治事物的特殊自然。正如亚里士多德所强调的，希珀达摩斯的这个简单程序导致了混乱。他研制了一个极其简单的方案，但这个方案比一个不那么简单的政制导致了更大的混乱。我们可以说，希珀达摩斯失败了，因为他没有考虑政治事物的自然。关于政治事物，他没有提出"是什么？"的问题。这假定了……适用于万物，而不用考虑政治事物的特殊性质，即"是什么"。

这种问题正是苏格拉底提出的问题。我们可以说，苏格拉底的哲学革命恰恰在于这样一个事实，即各种事物的"是什么"是理解政治的关键。整体之特点是理智上的异质性（noetic heterogeneity），我这么说的意思是这样的。整体不是同质的，所以一个公式或一系列公式不足以理解它的全部。整体是异质的，但这种异质不仅是感官上的，而且本质上是智性的、可理解的那种。存在着本质上不同的本质。这一点当然被亚里士多德完全接受了。因此，苏格拉底是第一个关心"是什么"、关心这个指向本质的问题的人，因此，从严格意义上讲他必定是政治哲学或政治科学的奠基者。他是第一个拥有概念性工具——如果我可以用这个词的话——来理解各种事物，因此也理解政治事物这 sui generis[自成一类的]事物的人。

但让我们返回到亚里士多德对希珀达摩斯的评论。希珀达摩斯，除了给出 polis 的总体图景，一幅以惊人的简洁为特点的图景，还提出了一个具体的建议，大意是发明家应该从城邦获得荣誉。发明应该得到城邦的鼓励。亚里士多德对这个建议的审视占了他对希珀达摩斯方案所作的整个审视的一半，对亚里士多德来说，发明这一话题是如此重要。现在我给你们读一段能很好说明亚里士多德思想的话，我是特别关注 1268b22 以下的内容的。[读文本]

至于希珀达摩斯提出的进一步的问题,即是否应当把某种荣誉授予那些提出了对城邦有益的改进建议的人——我们或许会争辩说,这种意义上的法规不可能得到稳妥地施行,它只是听起来好像有理。它或许会助长[对改革计划的,巴克补——施特劳斯]诬告以反对改革者,并可能导致政治纷乱。但这个提议还涉及另一个问题,并引起了进一步的争辩。有些思想家可能会提出疑问,当有其他更好的法律时,城邦变革传统的法律是得还是失。在这个议题上,如果我们认为变革没有益处,我们就很难轻易同意希珀达摩斯的观点;因为,那些确实颠覆法律或政制的变革或许会以有利于共同善为借口而被提出来。

[277]然而,既然这个议题现在已经提到了,我们不妨稍微进一步界定我们对它的看法。正如我们所说的,这是一个备受争论的议题;有理由认为,变革是更好的政策。[即总的来说,向更好的方向变革是智慧的——施特劳斯]当然,在其他知识分支中,变革已被证明是有益的。我们可以举出在医学、身体训练以及一般而言的其他所有技艺和人类技能形式方面从传统实践中产生的变革作为证据;既然政治学不得不被算作一种技艺或技能形式,那么可以说,同样的道理也必定适用于政治学。

换句话讲,亚里士多德认为所有的技艺和科学都有明显的进步。不仅是现在,而且在 4 世纪就可以看到了……比荷马时代先进得多。为什么不该把同样的道理应用于立法技艺或政治技艺呢?[读文本]

还可以说,一些实际的事实显示了[变革的益处]。古老时代的那些吸引人的东西是极其简陋和不文明的;希腊人带着武器四处走动[想象一下,带着武器到处走,这是多么野蛮的表现啊;我想说,在芝加哥,我们会期待这样——施特劳斯],他们互相购买新娘。[然而,求爱当然是文明的行为。新娘有拒绝的权利——施特劳斯]的确,现存的古代习惯的遗迹,处处都是荒谬透顶的:例如(for example),在库梅(Cyme)有一条关于杀人者的法律,如果原告能从自己的亲属中提出一定数量的证人，被告者就可能被控以谋杀罪。通常来说，所有人想要遵从的［现在亚里士多德谈到了原则——施特劳斯］不是祖传事物，而是善的事物。①

我们可以有把握地说，这是一位哲人所做过的最具革命性的声明：不是祖传事物、继承下来的事物，而是善的事物。继承下来的事物可能碰巧是善的；但只有当它碰巧是善的，它才可能被保留下来。但是，继承下来的事物本身不再被维护。亚里士多德并没有绝对地认同……然而在此之前，我们还没有在希腊文献中发现同样有力的声明。［读文本］

> 而已知最早的人们，无论是"土生的"（earth-born），还是某次灾劫（cataclysm）的幸存者，都十有八九与当今的普通人甚至是愚蠢的人相似。

［278］换句话说，祖先，最终是祖先的祖先、初民（the first men），初民被制作得并不完美……初民绝对是粗鲁的野蛮人、食人族。那么，在一个进步的文明社会里，这些人怎么能成为我们的模式呢？［读文本］

> 因此，墨守他们的看法将是荒谬的；但是，除了这些考虑因素之外，也可以敦促说，保持成文法不变不是一个好政策……

> 但是，虽然这些争辩表明，在某些情况下，在某些时候，法律应当加以变革，但从另一视角来看，变革似乎是一个需要高度谨慎的问题。当我们考虑到可能产生的改进或许是很小的，以及使人们习惯于轻率地废除法律是一件坏事时，我们就会明白，立法和政府中的一些缺陷还是不要去触碰为好。如果人们养成不服从政府的习惯，变革的益处将小于可能造成的损失。我们还必须注意到，拿技艺来类比是错误的。改变一种技艺的实践，比如从

---

① 《亚里士多德的〈政治学〉》，巴克译（Oxford：Clarendon Press，1952），页72。

低劣的医学发展到更好的医学,与变革法律的运作是不一样的。他在这里说,正是从习惯中,且只有从习惯中,法律才能找到那确保服从的有效性。但是习惯须经长期的培养;相应地,轻易变革现存的法律为新的、不同的法律,往往会削弱法律的一般权力。①

　　那么他在这里说了什么? 让我们不要忘记语境。我们仍然在间接地研究希珀达摩斯。希珀达摩斯非常关心进步,正如我们会说的,并且他非常关心简洁明晰。他对技术进步的恣意关心似乎与此有某种联系。这至少是我们会猜想的,因为我们在离家更近的地方有过这样的经历。但亚里士多德所提出的关键观点是这个。技艺和法律——最广义的法律,即任何的制度——之间有着根本性的差别。你们可以将这种差别表述如下。技艺能够必然而合理地进步。进步是技艺和科学的本质。这并不意味着它们总是会这样,但技艺和科学不进步是不自然的。如果这种进步没有发生,那就意味着在一个既定的社会中,技艺的实践出了问题。但法律和制度的情况正好相反。在法律和制度方面,原则是“莫惹是非”(let sleeping dogs lie)……在技艺和科学上,情况则正好相反。若一个科学家说“莫惹是非”,你们会怎么看? 关于这一点,目前学者们的看法完全一致……这就是亚里士多德所想到的。法律,我们还没有着手弄清楚一个非常庄重的声明,法律的力量完全归功于习惯。完全归功于习惯当然意味着法律的力量决不可归功于理性。医学上的一种新实践:为什么很容易被采用? 因为发明者可以通过[279]理性的论证向医学同仁表明,它对治疗这种或那种疾病更有帮助。让我们说,在这个领域,理性无所不能。呃,甚至在那里,也有我们称之为守旧派的人,他们抵制创新,即使是合理的创新。但这些人在科学或技艺上没有立足之地,但在法律上[守旧派确实是有道理的]。法律作为法律的存在,作为法律的有效性,作为法律是有效的——不仅在表面上,而且为人民中的绝大多数所遵守——都要归功于习惯。而习

① 巴克,页73。

惯是一个需要漫长时间的问题。如果我们接受亚里士多德的观点，那么，仅仅是洞察到新规则比老规则实用得多，就立法而言是没什么意思的。人们必须养成习惯，[这]一点在所有古典政治哲学中都是决定性的，至少在柏拉图的《法义》中以及在亚里士多德那里是如此，我们也许可以表述如下。

政治思想家的首要任务——我现在并没有在哲学家和思想家之间做任何区分——是找出什么对政治社会本身来说，以及对我们为之立法的这个特定社会所处的政治社会环境来说是善的。那就是善的事物。然后我们必须做进一步的准备，我将用一种不可能的数学符号系统（mathematical symbolism）来表示。善的事物必须以某种方式除以祖传事物，才能变得真正有益。如果它没有被带入某种与祖传事物和谐相处的状态，如果它没有以一定的方式被祖传事物所稀释，那么它就会造成一些困难。当然，智慧的治国者们的实践一直都是那样的，但政治哲学家们，尤其是在现时代，更倾向于希珀达摩斯的思路，而不是亚里士多德、柏拉图和苏格拉底的清醒。顺便提一下，一个标志就是主权学说。主权学说意味着什么？它意味着在每个社会中都必须存在一种在任何时候都可以改变任何法律的权力。这里或许有某种理论智慧（我不作细究），但是，提醒人们注意存在一种能把今天所做的一切在明天化为乌有的权力，这肯定不是一项明智的原则。关于此的……声明，主权者必然是现在的主权者。我想说，每个人只要反思片刻就会看出这一点，但这是我们没有考虑的一个重要含义。"主权者是现在的主权者"（The sovereign is the present sovereign）意味着，所有的习惯和一切继承下来的东西，其有效性不在于被检验或被继承等等，而在于现在的主权者接受或没有拒绝它。主权学说的情况也适用于具体的人民主权学说。这种希珀达摩斯式的观点——你们现在知道我说希珀达摩斯时是什么意思了；忘记那种必须除以祖传事物的运算，如果你们知道什么在政治上是善的，你们只要凭借主权权力就行了——这一点在法国大革命中已取得了外在的成功。正如黑格尔所说，在法国大革命中，人试图倒立，意思是他试图建立……一个彻底理性的社会。之前存在的社会，即旧制度

(ancien régime),是非理性的,并且通过行使作为唯一正当的主权者的人民的主权权力,就可以确立起一种理性的秩序。

这重大而可怕的……使得另一国的一个不是哲学家而是非常深刻的政治思想家的人重新考虑了整个问题,那就是柏克。正是由于这个原因,柏克是继亚里士多德之后最雄辩地阐述这些原则的人,这些原则的数学形式应该是这样的。让我们看看这两个错误是什么。一个错误可以说是教条主义的错误,是无限定的改良主义的错误。[280]另一个是说善的事物就是祖传事物,两者是等同的。这个错误是野蛮的,因为从这个观点来看,每个野蛮的体制都和其他任何……一样善。柏克一生都在阐述这些原则,但在法国大革命之后阐述得最为清晰,有许多阐述可以加以引用。

我还想提醒你们注意另一位英格兰作家,大约在柏克之后半个世纪,他接受了柏克的观点,当时法国大革命议题还没有像在19世纪最后十年时那样构成一种执念。比起自己的晚期著述,柏克最初能更加自由地重申辉格主义的(Whiggish)启示。那个人是麦考利。①我总是惊讶地发现学生们不再知道麦考利了。即使没有其他原因,他也应该被阅读,因为他是一个异常幽默的作家。他是某些英语技艺的大师,既能轻描淡写又能言过其实。我想给你们读一段麦考利《英格兰史》(History of England)中关于《宽容法案》(Toleration Act)②的文字。[读文本]

> 在议会通过的所有法案中,《宽容法案》也许最能显著地说明英格兰立法的特殊缺点和特殊优点……单纯的理论家只看到一般原则,单纯的实干家只看到具体情况,而完美的立法者正好介于两者之间……在英格兰的立法中,实践要素总是占主导,而且经常是过分占主导……胜过思辨要素。不考虑对称,多考虑方便;绝不会仅仅因为事情不合常理就废除它;除非感受到有某种不满,否则绝

---

① 麦考利(Thomas Babington Macaulay,1800—1859),英国的史学家和政客。
② 1689年的《宽容法案》。

不革新;除非是为了纾解不满,否则绝不革新;绝不会制定超出有必要规定的特殊情况范围的建议;从约翰时代到维多利亚时代,这些准则通常指导着我们250届议会的审议工作。我们民族对政治科学中任何抽象事物的厌恶无疑算是一个错误。然而,这个错误也许有正确的一面……但是,虽然他国或许偶尔会有更迅速的进步,却很难说出还有哪一国的倒退是如此之少。

《宽容法案》几乎是一部伟大的英格兰法律。对于一个精通立法理论但对大革命时期我们国族所分裂成的宗派和党派的脾性不是很熟悉的法学家来说,这个法案似乎充满了荒谬和矛盾。它经不起健全的一般原则的检验。不,它经不起任何健全的或不健全的原则的检验……

……但是,当我们考虑到《宽容法案》所针对的那些人的激情和偏见时,这些错误也许就会显得像是长处。每一个对政治哲学一知半解的人都能察觉出这部法律满是矛盾,[281]但是,它做到了由最伟大的政治哲学大师们以最高技能制定的法律可能无法做到的事情。必须承认,这部法律所概述的那些条款是繁琐的、幼稚的、彼此不一致的、与真正的信仰自由理论不一致的。唯一可以为它们辩护的是:它们消除了大量的邪恶,却没有动摇大量的偏见……①

施特劳斯:……这是以柏克为媒介来声明亚里士多德的立场。顺便提一下,当时有一个声明,或者说[有一个]比麦考利早一点[的声明],可以说明这个问题。那就是黑格尔的《改革法案批判》(*Critique of the Reform Bill*)。②我不知道它是否已被翻译成英文。它非常引人注

---

① 麦考利,《英格兰史:詹姆斯二世即位以来》(*History of England From the Accession of James the Second*),卷5,第十一章,"威廉和玛丽"(Philadelphia:The University Library Association,1898),页98—101。

② 黑格尔,《英国改革法案》("The English Reform Bill"),见《黑格尔政治著述集》(*Hegel's Political Writings*),T. M. Knox 译(Oxford:Clarendon Press,1964),页295—330。

目,因为黑格尔是一个通常意义上的非常保守的人,但他对英国秩序的非理性程度感到十分震惊……一个更加清晰的秩序,它在革命后被引入欧洲各地,①甚至被政府的反革命运动所引入。你们值得去看一看这个声明,并将其与麦考利表述得非常巧妙的立场进行对比。

　　回到我在这里提出的主要观点上来。在那个声明中,亚里士多德说,法律,不同于任何技艺或科学,其有效性全然归功于习惯。这意味着,绝不可归功于理性。这是一个非常冷酷的秩序,因为毕竟,我们不是预设了法律是某种理性的规定吗? 尽管在某些领域,或许没有哪个选择可以说比另一个更理性,比如右座驾驶,但大体而言,所有有趣的法律,如果我可以这么说的话,都应该是理性的规定。因此,亚里士多德在这里的说法似乎明显是矛盾的。他是什么意思? 亚里士多德说,法律本质上是理性的裁定(verdict of reason)。他在这里则说,法律的有效性仅仅是通过习惯而不是通过理性的裁定而获得的。这是个矛盾。他可以怎么解释呢? 我会试着概述解决这个困难的办法。让法律尽可能合理。它的合理性由于它所抑制的激情而变得模糊不清。这些激情支持着与法律不相容的格言或意见,而这些由激情滋养的意见反过来又必定被由激情滋养的和正在由激情滋养的相反意见所抵制,这些相反意见未必等同于法律的理由。换句话说,你们必须总体考虑,而不是看一个或许没有任何根本的趣味的具体规则。法律作为多数人的道德教育的最重要工具,必须有祖传意见也就是神话的支持。

　　相关的关键段落可见《形而上学》第十二卷1074b1以下。亚里士多德在那里举了一个神话的例子:我们谈论诸神的时候,好像他们是具有人形的人类。在那些神话中,作为人的诸神是没有意义的,并不是独立存在的。他们只有通过法律、通过习俗才能存在。[282]不过,鉴于法律的必要性,可以说整体之原则既希望又不希望自己是完全真实的,正如我上次引用的赫拉克利特所说的那样。城邦作为一个整体——这是更深层的理由——以一种对理性的特殊抗拒为特征,

---

① 施特劳斯很可能指的是革命后的拿破仑状态,尤其是普鲁士形式的拿破仑状态。

因此它为了自己的福祉而需要一种不同于普通修辞术形式的、作为政治技艺之仆人的修辞术。这个思想在《尼各马可伦理学》的结尾处、在第十卷的结尾处得到了发展，在那里，亚里士多德谈到了法律的理性。他还谈到了如下几点。①——真正理性的人，真正不错的（nice）人，这对亚里士多德来说是一样的，理由我们上次讨论过。君子不需要强制，因此不需要法律。我们可以说，法律是理性的裁定，是配有强制性权力的。从亚里士多德的视角来看，两者同等重要。法律应该是理性的，也必须具有强制性权力。如果它们只是针对理性的存在者，它们就不需要强制性权力。按照亚里士多德在《伦理学》结尾处的描述，这就是智术师的不足之处。智术师说，政治技艺可以化约为修辞术，也就是说，说服足以治理人类。这非常奇怪，并且不知怎的，人们完全没有预料到亚里士多德会这样做，但这就是他对智术师的异议。当然，智术师还不承认任何自然正当，但亚里士多德还提出一点，那就是智术师过于满怀希望了。只有在相对较少的一类人那里，说服才是足够的。为了治理作为一个整体的政治社会，强制同样是必要的，这意味着修辞术不能等同于政治技艺。政治技艺包含并在某种程度上使用说服的技艺，但它只是一种工具。法律是政治技艺的一种产物，它并没有得到其序言等给出的任何推理的充分支持，而是决定性地依赖于强制。请讲？

学生：在他的第七卷中所提到的理想国家里，人是由教育塑造的，即使如此，他仍然保留着国家，所以他从不认为国家会消亡。②

施特劳斯：……在任何既定的政体中，全体居民中总会有少数人在没有强制之威胁下正确行事……这少数人未必属于一个单独的社会阶层。亚里士多德只会说他们应该……但大多数人不会是理性的。③对亚里士多德来说，就像对柏拉图来说，这绝对是核心的思想。在现时代，你在边缘而不是在伟大理论家的书中发现的观点是，一个完全理性

---

① 这时换录音带。
② 转录员注："由于设备问题，只能听见本讲座余下的部分内容。"
③ 参亚里士多德，《政治学》，第二卷，第一到第五章。

的社会是可能的,这个社会由那些均是充分理性的人组成。如果你有了这样一个社会,你当然就不需要国家。你就可以有一个没有国家的社会。但这种可能性本身遭到柏拉图和亚里士多德的否认——不仅是他们,只是我们现在正在谈论他们。你明白了吗?

学生:……

[283]施特劳斯:在某处批判柏拉图的地方,亚里士多德也说:你可以自由地陈述那些发展你的完美社会的条件、最有利的条件,但它们必须是可能的。并且亚里士多德会说,假定所有人都有能力变得充分理性,这是一个不可能的要求,与人的自然不相容。

学生:……

施特劳斯:这倒是真的,但我希望你能说明原因和联系。

学生:……

施特劳斯:那你误会了。这就是其中的含义。据亚里士多德所述,这是永远不可能发生的,因为大多数人不会获得那种成熟。

学生:……

施特劳斯:不,一定有原因。迄今为止,它一直是这样的,这一事实总是会产生一种对它有利的强烈假设。这并不能证明它……难道不可能有一个世界吗? 一个世界,也许甚至是一个没有国家的世界性社会……一个克服了通向人类完美的一切障碍的普遍社会,在这个社会中,贫穷已被克服:难道不可能使每个人都能获得完美的道德教育,即君子的教育,使他成为一个不再需要强制性法律的成熟的存在者吗?亚里士多德的一个经典前提是,人的根本处境是贫穷。周围永远不会有足够的货品供应大多数人……货品。但是,这个论点可以被现时代所出现的、至今仍在继续的生产力的巨大提高所击败。从各方面考虑,寻常人如今[是否]比一千年前过得更好,这很难回答。

学生:……

施特劳斯:……如果所有的人都成熟,他们就会运用那在种类和程度上都正确的强制……除非你接受卢梭的一些追随者所接受的观点,即在幼儿教育中使用任何强制都会破坏幼儿们的道德品质……令人生畏的……习惯于权威观念(…forbidding accustoms to the idea of authority），然后是不平等观念……他养成了骄傲这个大恶习，高高在上，凌驾于所有人之上，据卢梭所述，这是一切困难的根源……火造成的疼痛不会引起任何怨恨。但如果你告诉他，"不要这样做"，那么他就会有怨恨，因为你阻止了他做某件事。这怨恨是由一种简单的心理机制导致的，他想做令人生畏的事（the forbidding），他想成为引起怨恨的人，他想成为主宰。在我们自己的时代，进步教育（progressive education）延续了这条推理路线……完全启蒙了的、没有强制的普遍社会，在其中，教育将遵循卢梭主义的模式。我相信这有一定道理。但问题就在那里，我们必须要面对。再举个例子，至今为止，所有的政治哲学都认为，[284]人需要政治社会，一个建立在排他性之上的政治社会。每个政治社会都有其边界之外的人。即使只剩下两个政治社会，这一点依然成立。但是，一个全球性的政治社会将是政治生活的根本性变革，这是没有什么先例的，而且其根本性要超过……这是另一种说法。但是，一旦你有了两个社会，a fortiori[不消说]更多的社会了，那么防御问题就出现了，说得直白点，就是战争的问题，因为除非根据战争是什么，而不仅仅是或许是什么，否则战争的可能性无法得到理解。

学生：……

施特劳斯：……法律是理性的，是理性的裁定，也就是说，法律确立了什么是善的，什么对于这个社会来说在这方面是善的……亚里士多德说这是相当行不通的。法律还必须符合关于这个共同体及其习惯的意见、偏见、传统观念。"法律只是习惯"的声明不完整，"法律只是理性的裁定"的声明也不完整。

学生：……

施特劳斯：[……]①在我看来，这一点，即法律的强制性、法律的冷酷性，是古典政治学说中绝对决定性的一点。这一点不仅在某些半无政府主义的学说中被模糊了，而且关于这一点还有一个非常不同的、托马斯主义传统所特有的说法。耶夫·西蒙有本书叫《民主政府的理

---

① 转录员注："施特劳斯教授回答这个问题时有几分钟内容听不见了。"

论》(*Theory of Democratic Government*),①这是近一二十年来出现的推理最稳靠且最深思熟虑的书之一(大约十年前由芝加哥大学出版社推出),在其中,西蒙非常有力地论证道,即使是在一群完全理性、道德成熟的人中间,虽然他们不需要任何强制就能正派地行事,但法律仍然是需要的。在这里,强制要素被认为只是意外地为法律所需要,而不属于法律的本质……像霍布斯这样的现代思想家,他们以冷酷著称甚至是臭名昭著。在这一点上,他们与柏拉图和亚里士多德并无不同。

学生:……

施特劳斯:……自然和习俗之间的已不再好理解的区分……每个行为、每个事件都是完全被决定的。每个行为都和其他行为一样是必然的。这就使得自然和习俗之间的区分变得不可能了,因为已经规定好的基本行为,就[其]原因而言,就像彗星或其他任何东西的方位或坠落那样[是]可以解释的。在具体情况下你或许不能做到这一点,但原则是清楚的。世界上有些事件是无法得到有意义的解释的,那些唯凭习俗的偶然事件就是如此。[285]这并不意味着习俗就是指偶然……偶然和 nomos 有一个共同之处,那就是它们都是一些超出了它们就不能再被我们有意义地审视的事件。我之所以想说明这一点,是因为如今非常有趣的是,这个古老的 nomos 观念在社会科学的某些领域又变得可以理解了。我唯一的例子是很好的,因为它是一个著名的作家;摘自本尼迪克特的《文化模式》,你们大概都知道这本书,因为它是芝加哥学院多年来的必读书目,我想在其他地方也是。你们大概知道,她是一位人类学家,并且她在研究那些部落——我相信她研究的是北美印第安部落。她试图从气候、动植物、种族等等来说明法律、礼仪和习惯。这是行不通的。她在完全相同的气候下发现了两个部落……然而,一个部落倾向于强硬,而另一个则倾向于温和。怎么会这样? 她

---

① 耶夫·R·西蒙(Yves R. Simon, 1903—1961),《民主政府的哲学》(查尔斯·R·沃尔格林基金会讲演集)(*Philosophy of Democratic Government* [Charles R. Walgreen Foundation Lectures], Chicago: University of Chicago Press, 1951)。这本书后来由圣母大学出版社重印。

的解决方案是:部落 A 采用价值体系 A,而部落 B 则采用价值体系 B。部落 A 并非必然要采用价值体系 A,而部落 B 则并非必然要采用体系 B:那是一种无法解释的行为、一种自由的行为。她没有这么说,但如果你们想一想,意思就是这个。试图对部落 A 为什么采用价值体系 A 做出说明是不可行的;你们最终会回到"采用"这一纯粹蛮干的事实本身。这就是那些老伙计的意思。这就是 nomos 的意思。这是已经不可再作解释的。而除了我们知道此处这个偶然事件是一个偶然事件这一事实外,它是不可解释的……

学生:……

施特劳斯:……顺便提一下,根本的法律和非根本的法律之间的区分,虽然在实践上很重要,但在理论上却没有很大的用处……关于婚姻的法律对作为一个整体的社会来说是极为重要的,且未必与各种政制联系在一起……

学生:……

施特劳斯:……在这些法律中,你可以区分出那些与国内和平的维护和政制性质直接相关的法律。诸如选举法这样的法律:谁有投票权,支持什么? 比起婚姻法等法律,这类法律与政制更直接相关。如果你愿意,你可以说这些是政制的根本法,但亚里士多德确实没有这么说。你可以这么说,但这样做没有必要。

学生:……

施特劳斯:……换句话讲,你是说尽管政治稳定,仍可能存在相当程度的无法无天,是吗?

学生:……

第十六讲　论辩:道德德性的发现与
政治哲学的创建

(1961 年 11 月 27 日)①

[287]施特劳斯:在我继续之前,②有两个问题。某某先生仍然不清楚亚里士多德关于人类可完善性的观念。

> 亚里士多德观察到任意行动的权力无法抵御存在于我们所有人身上的邪恶冲动,这是否意味着,由于人类天生的缺陷或人类纯粹的人性,我们永远不能成为或作为完美的好人? 关于好人以及由此而来的好社会的理念是不是所有人都应该追求的目标,其中少许人或许会接近它,但永远没有人能够真正达到它……在那里绝对的自由是允许的,没有任何东西可以约束每个人内在的邪恶。

呃,亚里士多德当然承认好人是可能的,如果还需要什么进一步的证据,可以从《伦理学》第四卷末尾的那一章中去找,在那里他说羞耻感是不成熟之人的一种可欲的性质。这不仅指不成熟的年轻人,也指不成熟的老年人。这里暗示,一个成熟的人不会做什么错事;因而没有什么可羞耻的。由于这个原因,羞耻感不是一种德性,它只是德性和恶德(背后?)③的某种东西,因为它是对恶德的纠正。所以说亚里士多

---

② 本讲一开始,施特劳斯先介绍了期末考试的细节。这一通告已被删除。
③ 括号里的词出现在原始文字记录稿中,显然是转录员对施特劳斯所说内容的推测。

德承认[好]人[是可能的]。那么,说邪恶的冲动存在于我们所有人身上是什么意思呢?它们当然[存在于我们身上],而就像某个人所称的那样,我们的潜意识里发生的那类事情在现今应该是人尽皆知的事。这很清楚。在某些条件下,例如在梦中,我们每个人都渴望各种各样的怪诞的东西。如果社会秩序鼓励这类事情,鼓励所有无法无天的欲望,并且如果有特别的机会纵容它们,例如过度的财富、非常大的权力,那么就没有善了。亚里士多德确信,一个真正的好人会抵制所有的诱惑,但你不能指[望]所有掌权者都会是完美的好人。任何政治科学、任何立法科学都不得不考虑到这一点。我看不出这有什么困难。说人有能力变得善、有德性,不过这样的人在任何条件下都是罕见的,尤其是在一个对无法无天的欲望毫无有效约束的社会里就更是罕见了,这里我看不出有什么困难。

学生:我想知道,习惯上好的人是否还有残留的邪恶问题。

施特劳斯:不,真正的好人不会有;他会习惯性地控制它们。①但让我们假设,某些非常缺德的人在他的饮料里放了一些药丸,这些药丸麻醉了他,使他不再知道自己在做什么,使他不再负责。[288]可以想象,[邪恶的冲动]出现了。这不是什么怪诞的事;这样的事情确实会发生。你甚至可以在日报上读到这些事情。亚里士多德完全相信它们会发生。柏拉图会说,严格讲来没有人是善的,因为没有人是智慧的,对柏拉图而言,善等同于智慧。亚里士多德并没有这么说,但我后面会探讨这两种观点。

现在是某某先生的陈述。

　　　　亚里士多德按照最完整和最好的人也就是智慧的人的自然,来描述目的的等级。为什么智慧的人要比以另一种德性如明智或勇敢为特征的人在自然上更完整?难道拥有智慧不是一种具体的德性,它使智慧的人的自然变得完整,就像明智使明智的人变得完整一样?

---

① 参亚里士多德,《尼各马可伦理学》,第十卷第九章。

这是一个非常明智的问题,但亚里士多德会假设你可以说(我将在今天晚些时候探讨这个难题),人身上最高境界的完美是最高的德性。如果说人身上最高的东西是心智,而心智在其理论能力方面是最真正的心智,那么理论智慧就优越于明智。在明智中,我们本质上处理的是偶在的事物,即生成和消亡的事物,从我们的视角来看,甚至是对我来说是善的事物,即我现在所处的环境。智慧则处理总是存在的事物,即永久或永恒的事物。亚里士多德对此已经做过推理了。其推理是否足够好,那是另一回事,但它不是一个单纯独断的论断。尤其是关于勇敢,在《伦理学》的第三卷中有一个相关的论证。亚里士多德从勇敢开始列举德性,这在上下文中意味着勇敢是最低的德性。这并非意味着它不是必不可少的,但它是最低的,因为它是更加——我将仅给你一个提示。当亚里士多德谈论勇敢时,他不得不区分五种形式的勇敢。勇敢很复杂;任何暴徒都有某种形式的勇敢,但它并不完全正确。在其他德性的情况中,[较少]有这些虚假的形式,正如在其他一些情况中亚里士多德的……从亚里士多德的视角来看,勇敢是最低的德性。顺便提一下,柏拉图在《法义》第一卷中也说过同样的话。① 这并非意味着它不是必要的和不可或缺的,但可以这么讲,它是最不具智性的德性。第二个问题:"如果智慧的人是完整的,因为与其他德性相比,智慧"——这不是亚里士多德的看法——"是亚里士多德对最好的人的看法……与其他德性相冲突吗?"原则上不会。

然后让我们转向我上次所作论证的结论。我一直在谈论亚里士多德对第一个政治哲学的呈现和批判,至少是对那在亚里士多德的政治哲学观念看来会是第一个政治哲学家的人即希珀达摩斯的呈现和批判……没有考虑到政治事物的特殊性质。他把一种宇宙论公式应用到政治事物上。其现代的对应者就是 19 世纪的人和我们这个世纪的一些人,他们说进化论是分析政治现象的关键——在某种程度上现今的精神分析学说也是,尽管精神分析学说当然不是宇宙论的而只是[289]心理学的一种公式,有些人说,除非我们根据精神分析学说来看

---

① 《法义》,630c—d。

政治事物,否则我们就理解不了它们。这也是一种类似的情况。亚里士多德在这里谈论法律的特殊性质非常恰当,因为希珀达摩斯没有考虑到这一点,并且亚里士多德在此做了一个相当令人惊讶的陈述。法律的权力完全归功于习惯或习惯化(habituation),这就是法律和技艺之间的根本性差别所在。技艺的有效性归功于它们的合理性。如果一个医生有了新的发现,他对这个发现的接受完全是基于其合理性而非其他。如果是基于其他,比如基于这个医生在医学等级制中的权力,那么从医学的视角来看,这个发现非常可疑。但据亚里士多德所述,法律的情况则不同。正如他在此所说,法律的权力完全归功于习惯,而不是其内在的合理性。现在,如果有人详细阐述这一点,就会得出这样的结论:政治共同体或 polis 本质上是抗拒理性的。除了说服之外,它还需要十足的力量。这是亚里士多德的一个非常奇怪的论断,因为他就是那个说法律是理性的命令的人,他说法律的统治意味着理性的统治,区别于人的统治,人的统治意味着受激情限定的理性统治。

我想重述一下困难所在。在对希珀达摩斯的批判中,技艺似乎优越于法律。技艺具有更高的合理性。但恰恰是亚里士多德对希珀达摩斯的批判暗示了技艺必须受到法律的控制。在这里,亚里士多德提出的关键观点[是]希珀达摩斯建议鼓励发明,即鼓励技艺在自然上倾向做的事情,进步;[而]亚里士多德说,不,这种无限定的发明在政治上和社会上都是有害的,它必须受到法律的控制。因而技艺必须从属于法律,而论证的第一部分似乎就暗示了法律优越于技艺。现在让我们来讨论这一点。法律是立法技艺的作品,而立法技艺是实践智慧或明智的最高形式,即,与一个政治社会的共同善有关的明智,区别于与个人自身的善有关的原初意义上的明智。这些都是亚里士多德在《伦理学》第六卷中阐述的。技艺与法律之间的差别,严格意义上的智性活动与法律和社会制度之间的差别,建立在技艺与明智之间的差别之上,我们现在不得不讨论。

明智比技艺有着更高的尊严,因为每一门技艺都关注局部的善,而明智则关注人的整体的善,即善的生活。唯有明智才能使人区分真技艺和假技艺。技艺做不到这一点,但明智可以做到。真技艺如医学,假技艺如化妆，而唯有明智才能使人分辨出一门技艺的哪种运用是善的。例如，拿战略技艺来说。但并不是战略技艺的每一种运用、战略技艺的每一种技术上正确的运用，都是善的。我们会说，这不再是由战略、将军本人决定的，而是由文职当局决定的，而这意味着由那区别于单纯技艺的明智来决定。技艺可以说是指向正当（right）或法律，正当或法律通过成为技艺的界限和规范而使得技艺成为真技艺。索福克勒斯的《安提戈涅》（Antigone）中那首著名合唱歌明显传达出一条信息，存在着许多（可怕的?）①东西，但最（可怕的）是人，并且，这位诗人为了导向这一点[290]而描述了人所发明的诸多技艺。② 这种发明可以是一件非常重大的事情，但也可以是一件非常危险的事情，因为技艺既可以被很好地利用，也可以被滥用。而什么是与恶用相对的善用，这不再由技艺决定，而是由正义或正当决定，或者说是由明智决定的。艺匠所关心的是生产他的技艺所特有的作品，鞋匠关心制鞋，医生关心恢复健康，但其本身并不关心自己的善。鞋匠在制鞋时不关心自己的善；他又是关心自己的善的，因为他关心由自己的作品来获得报酬，或者关心赚钱技艺的实践，这是一门伴随所有技艺的技艺，因为每个艺匠都接受他所做之事带来的回报。乍一看，赚钱的技艺似乎是普遍的技艺或者技艺中的技艺。赚钱的技艺不知道界限。它能使一个人获得越来越大的收益。不过，认为赚钱时的智巧是一门技艺的观点预设了无限的获取性对人来说是善的，而这个预设很有可能会受到质疑。按照亚里士多德的分析，获取似乎是为了使用财富，为了善用财富，这种获取行为必然被明智所规制。即使能存在一门赚钱的技艺，就技艺这个词的松散意义而言，[这]肯定是可能的，但它本身必须被一种更高形式的理性所规制，这种理性也不是技艺，而是明智。

　　明智和技艺之间的区分暗示着没有一门技艺告诉我们，我此时此地应当选择一门技艺所提供的哪种局部的善，而不是其他特定的善。艺匠们或许会完美地为我们提供他们不同技艺的产品，但没有一门技

---

① 想必是转录员对施特劳斯所说内容的推测。
② 索福克勒斯，《安提戈涅》，第二场，第 368 行以下。

艺能告诉我们,我现在应该获取或购买的是哪种产品,而不是其他产品。这就是那个区分的含义。任何专家都不能尽可能好地替明智之人解决明智之人的那些至关重要的问题。这是亚里士多德与当今社会科学中的某些趋势之间的一个巨大差别,按照后者的观点,明智最终有可能被技艺、被专家所取代。打个比方,你今天有一位婚姻专家:婚姻顾问们,这些人在某种程度上声称比一个人自己更能告诉他应该和谁结婚。明智这一观念暗示着,唯有明智之人才能处理他的那些至关重要的问题——[而]不是每个人都能做到;有些人通过专家的建议得到了很好的服务。你看,专家的建议永远都不可能是最终的。医学专家会告诉你:你必须接受手术,如果你不接受手术,你就会死。这似乎等同于命令,但实际并非如此。你仍然可以说你偏向什么,这是你的决定。因此,如果一个人认为自己没有必要动手术,就不能强迫他接受手术。医生说,如果你想活下去,就有必要动手术,但病人仍然可以说,与其可能彻底丧失行动能力,不如不活。甚至可以想象,[影响他做决定的]或许是手术的成本。要明智意味着要过一种善的生活,过一种善的生活则意味着应该做自己的主人,或者能很好地做自己的决定。

　　明智的观念与普遍的专业技能这一观念不相容。明智是一种知识,它与道德德性分不开,也就是说与品格上或选择习惯上的善分不开,正如道德德性与明智分不开。[291]亚里士多德在明智(prudence)与智巧(cleverness)或机灵(smartness)之间做出了区分。机灵或智巧都不是明智。机灵或智巧是为任何目的找到手段的能力;无论这目的或手段是正派还是不正派,都没什么差别。那是机灵,而不是明智。一个人的明智是由这个人身上同时存在的正派构成的,反之亦然。如果你不明智,你在道德上就不可能善。或者你的意图是善的,但这并不能说明你是个善人。你还必须在此时此地做出恰当的选择。如果你在此时此地没有做出很好的选择,那么仅仅有一个好好行事的一般愿望是不够的。作为技艺的技艺与道德德性没有这种密切的关系。换句话说,你可以是一个没有任何道德德性可言的艺匠;你可以是一个没有任何道德德性可言的科学家。亚里士多德在《政治学》中更进了一步,认为艺匠作为艺匠所需的德性要比奴隶所需的德性少,因为奴隶和你一起住在你家里。如果他要做一个善的奴隶,如果我可以这么说的话,他必须好好管教:他必须有不少的道德品质。但是住在别处的艺匠,只有当你走进他的商店柜台时,你才需要和他打交道,他可以是一个酒鬼或其他什么,只要他有足够的自制力在生产时好好表现——最好是在交易时,因为那时还会有各种欺骗的可能性。但这里你不必太过担心,因为这些事在一定程度上可以通过立法等等来保障。明智和道德德性的统一,也可以说是相互融合,使一个人能够过一种善的生活或高贵的生活,这似乎是人的自然目的。

最善的生活是那献身于理解或静观的生活,其区别于实践的或政治的生活。因此,实践智慧的地位比理论智慧低——理论智慧与神圣事物有关,如亚里士多德所说,或与宇宙有关——并服从于它,但在其领域内,在所有人类事物本身的领域内,明智是最高的。既然明智的那些原则,即明智在指引人时所根据的那些目的,是独立于理论[理性]而被认识的,明智所统治的领域是封闭的。① 我们在自然上就认识人的目的,在这方面我们并不需要科学。由于亚里士多德认为技艺次于明智,明智次于理论智慧,以及理论智慧可以获得,所以他无论如何都能够以如下方式创建政治科学并把它作为众多学科中的一门独立学科:政治科学保留着公民或治国者的视角,而不依赖于理论科学。政治科学,即关于人类事物的科学,是一门独立的学科,因为它的那些首要原则不需要更高的科学来确立。这一点清楚了吗? 如果我们今天来看通常所认为的政治科学和社会科学,那么就会发现政治科学在本质上,或如人们所说在逻辑上,依赖于政治科学之前的其他科学。举个例子,政治科学处理的是某种人类行为,即政治行为。但是有一门关于人类行为的一般科学叫作心理学,因此,心理学在逻辑上先于政治科学,政治科学以心理学为基础。亚里士多德则从根本上主张政治科学的独立性,因为政治科学的那些最高原则并非由或未必由之前的某门科学确立起来的。

[292]学生:它们如何确立起来? 完全是从经验中、从一种更高的

---

① 参《城邦与人》,页25。

经验中引出来的吗？

施特劳斯：让我们这样看。你知道，自德国观念论时代以来，a priori[先验]和经验之间的显著区分就变得非常强劲，但当阅读亚里士多德的《伦理学》和《政治学》时，却不必注意这个区分。

学生：它们是经验的，不是吗？

施特劳斯：是经验的，但另一方面，如康德对经验知识所提出的老的异议：即经验知识只能导致暂时的知识。经验只能向你显示出，迄今为止，事情一直是这样那样的；它不能告诉你任何关于必然性从而关于未来的事。但这样的论点对亚里士多德没有任何影响，我们得理解这一点。

学生：呃，他在《伦理学》中说不能期望任何东西超过一定程度的精确性，但我注意到他在《政治学》中专门把政治科学称为一门科学。

施特劳斯：我知道，但你不能逼得太紧。亚里士多德经常用"科学"这个词作为技艺的同义词。换句话说，第六卷①中所作的显著区分并不完全适用于他自己的用法。不过你说的还是有些道理。尽管你的论证不好，但你提出的观点很好。《政治学》在"科学性"的程度上不同于《伦理学》。我后面会开始探讨这一点，因为这只是一项我认为具有一定重要性的临时声明。因为我会说，这是亚里士多德初看起来的说法，并且，在某种程度上也是他一贯的意思，但并非毫无保留。请讲？

学生：《政治学》或者就此而言的《伦理学》在什么意义上是独立于理论科学的，既然它们的根据都已经具有一种探查的性质？

施特劳斯：当我开始上这门课程的时候，我一直在重复一个我记得很牢的主张，即亚里士多德和常识之间有联系，直到你们感到厌烦为止。在他的其他作品中、在他的《物理学》《形而上学》等作品中出现过的某些东西、某些观点、理论观点，在《伦理学》中也肯定偶尔提到过，但都是相当边缘性的。没有它们，你们也能理解主要的论点。第一个观点是这样的，它是亚里士多德实际上一直在使用的一个非常常识性的观点。他有一种主张；举个例子，他列举了这些或那些德性，但不是

————————

① ［译按］应该是指《尼各马可伦理学》第六卷。

从任何原则推导出来的。六种政制,你们应该还记得,他从一个原则推导出来。有一个方案:一人,少数人,所有人;有善有恶。你们会得到六种,而且必然只有六种。但德性的情况就不同了。这背后的思想是什么? 我会遵循无争议经验的原则,这原则是我们一直奉行的。学校里的每个孩子都会说,一个孩子不是男孩就是女孩。他或她或许一点也不了解人的双性恋是什么意思,不了解它与人类的生育有联系等等,但那是他知道的,并且我们也一直据之行事。[293]最终,当你们去看科学的任何领域的任何一个非常有趣的发展时,你们会看到一条无可争议的经验突然面临一个例外,而问题是:这个例外是否重要到足以抛弃先前确立的范畴,或者它能否在这些范畴中找到自己的位置? 所以,无可争议的经验为我们提供了我们所需要的共相,并且亚里士多德会说,如果有个人发现他的德性清单有错误就会说:"这不是一种德性;例如文雅(urbanity),它就不是一种德性。"然后,如果这个人是一个非常粗野无礼的家伙,就会说:"不,一个人应该在任何场合都告诉每个人他对它们的看法。"然后,这个人可能需要一些教育,一些道德教育,也许首先是一些粗朴的例子,在这些例子中,他发现自己会由于这种无礼而惹上麻烦,这或许会让他思考一会儿,而后他会看到这种无礼不仅鲁莽,而且甚至是不友好、不正派的。然后他就会知道文雅是一种德性。在其他情况下,我们的这个例子会认为"这个或那个是一种德性"——例如,仁慈(beneficence)。在亚里士多德那里,它不是一种德性。你们必须把它辩清楚:亚里士多德有没有可能在某个地方提到了它? 如果你们在任何地方都找不到它,你们就得查阅亚里士多德不经意间谈到仁慈的所有段落,看看能否得到论据来间接地证明仁慈不是一种德性。顺便提一下,我认为这就是亚里士多德的意见。

学生:难道我们不能争辩说,亚里士多德的清单或许不是这样?

施特劳斯:正如一位杰出的律师所说,我们必须时常……在探查之前,亚里士多德有可能凭经验拾取了一些德性而没有顾及完整性。从某种程度上讲,这就是康德对亚里士多德范畴学说的异议所在:他说他是在狂热地拾取范畴,而不是在推导出范畴。所有经历过德国观念论学派的人——也就是现今的每个人,甚至是实证主义者——当然都对亚里士多德甚至柏拉图论证的无原则特征感到震惊,因为二人没有以任何方式来对经验和所谓的 a priori[先验]进行区分。这就是古典思想特有的"常识性"特征。

学生:……

施特劳斯:从实践上和政治上重要的意义来讲,好人是君子,而不是智慧的人。

学生:亚里士多德的常识与亚里士多德的智慧以及与明智的观念是什么关系?

施特劳斯:常识当然是一个非亚里士多德的术语,也就是说,常识这个术语虽出现在亚里士多德的心理学中,但有着完全不同的含义。它与我们如今所称的常识无关。我们所称的常识显然是在 18 世纪出现的。①[但]据我所知,[我们使用的常识这一术语可以]追溯到西塞罗。我还没有探查过。它最初确实是对亚里士多德所指的明智作了一些小[294]修正,也就是说,常识是一种道德常识(common moral sense),或者类似的东西。那么我们就处理了你的问题的一半。常识和智慧是什么关系?用现代语言来说,智慧与不变的事物有关;例如,法则,即普遍法则,就是这样一个例子。明智则总是与此时此地的个人有关。从最简单的意义上来说明这种联系,就智慧的人而言,智慧的人关心理论,关心静观。但这个人当然是米勒(Miller)先生或者叫其他什么名字,比如说他住在底特律,某个时候出生,已婚或未婚,等等——也就是说,他还是一个除了理论智慧之外还有其他关注和职业的人。但就他而言,所有其他特性都将为理论智慧服务。他必须反思:我如何才能得到最大限度的闲暇来做研究?那些关于如何获得最大限度的闲暇的反思,属于明智的领域,因为每个人、每个情况都不同。例如,如果他是斯坦福大学的教授并有机会成为伯克利大学的教授,这个问题就是一个纯粹的明智问题。而自由民主与布尔什维克主义的关系问题本身却是

---

① 更精确地讲,它起源于所谓的苏格兰"常识"思想家学派的作品。这一学派植根于洛克、贝克莱和休谟,且包括斯图尔特(Dugald Stewart)、里德(Thomas Reid)和汉密尔顿(William Hamilton)在内。

一个理论问题。这是一项临时的声明。它讲得通吗？明智在原初的意义上是个人对自己善的生活的关心，但还有一种明智与社会的善的生活有关，这被称为治国才干。治国才干是对明智的一种修正。亚里士多德的政治科学不是治国才干（statesmanship），但它可以用来指导治国者（statesmen）。它不是为了理论用途，不是为了理解它本身。

学生：治国才干或政治科学会使用 techne 这个词吗？

施特劳斯：这是个大问题。我后面再讲。目前我将止步于那三分法，否则我的论证将变得不清晰。techne，即技艺，所有这些：明智，暗示着……治国才干；而理论智慧，意味着所有作为科学的科学。我们是否可以止步于此，这是我后续会讨论的问题。

学生：难道人类卓越这一观念并不依赖于对物理学的理论理解，或者，一切事物的运作都是为了一个目的——

施特劳斯：亚里士多德不这么认为。亚里士多德的一些陈述，当你读《伦理学》的开篇——我们知道，所有人对人的目的是什么有一致的看法：那就是幸福。当然也存在差别：有些人说幸福在于拥有最大限度的感官快乐，有些人认为幸福在于荣耀和荣誉，有些人说幸福在于正派，有些人又说幸福在于理论智慧。然后，亚里士多德［基］于君子所承认的东西而辩清了这一点，但没有涉及太多理论智慧。君子不会说我们活着是为了填饱肚子，他也不会说仅仅是为了荣耀和荣誉，因为他知道，在许多情况下，做一名有军衔的人，比如一名士兵或其他什么人，但绝没有什么杰出可言，以及仅仅做一个好公民，都要比身居高位正派得多。他会说正义，即最高意义上的好公民资格，才是最重要的。再来一位，然后我们接着讲。

［295］学生：我一直觉得古代关于灵魂的著述对政治科学很有帮助，我想您不会不同意这一点吧。

施特劳斯：你这话是什么意思？给个例子。

学生：《论灵魂》。

施特劳斯：你认为哪一段对政治科学非常有帮助？

学生：第三卷，关于智性。

施特劳斯：我得承认，我看不出来。如果你说的是那些与激情的心理学有关的部分对政治科学来说非常重要,我会说是的;因此,亚里士多德在他的《修辞术》中论述了激情。

学生:他在《论灵魂》中说到理性遵循倾向的地方又怎么样呢?

施特劳斯:你是指倾向和理性之间的关系吗?但这对政治科学甚至对伦理学有多大的直接重要性呢?

学生:在我看来,整个关于自然德性先于明智的观念取决于这样一个事实——

施特劳斯:但是《伦理学》中关于此的教诲是什么呢?首先,你必须被习惯化,直到你真正理解是"做"还是"不做",或者"一个好孩子不会那样做"。为什么一个好孩子不会那样做,他自己也不知道。渐渐地,当他长大了,他就会明白的。当然,我知道在亚里士多德的实践性的、道德的、政治的著述和理论著述之间有一些联系,甚至是一种非常重要的隐秘联系,但首先,实践性的和政治的著述是独立的。

学生:理性本身在实践理性中是不是强制性的(obligatory),这个问题不是一种决定性的联系吗?亚里士多德认为不是。

施特劳斯:你所说的"强制性的"是什么意思?

学生:关于善的事物的知识会立即地、必然地——

施特劳斯:我相信我会探讨你所想到的议题。但表面上看它完全就是亚里士多德所说的:明智在于知道如何、何时、对谁做或不做。例如,给谁钱,你应该何时给、给多少,这是由明智决定的,也就是说,你需要知道所有的情况才能做出正确的决定、实践上正确的决定。但有些事情就完全不会出现这个问题:例如,何时偷,偷谁,在什么情况下偷,因为你在任何情况下都不能偷。整部《伦理学》都在说这个。就实践目标而言,这个已经足够了。[296]亚里士多德知道,它不能解决所有问题;但这是次要的,但如果这在实践上是次要的,那么因为那些原因,其也不是不重要的。

现在我继续讲。据亚里士多德所述,正是道德德性提供了那些健全的行动原则,即那些实际上可欲的、正义而高贵的目的,也就是说,道德德性不只是告诉你们,比如,节制是善的;道德德性还使你们渴望节制,渴望节制地生活。只有道德上善的人才能看到这些目的,明智寻求实现这些目的的手段。道德上善的人是有着合宜的教养的人,有着良好教养的人。亚里士多德的政治科学只针对这样的人。亚里士多德拒绝教骗子如何成为成功的骗子。他向君子们讲述:他们如何才能在各种各样的情况中表现得最君子。因而明智的领域是由那些只有君子才完全清楚的原则所封闭的。在寻求一些更高的原则时,也就是说,你们看出了这样一个论点的循环性:君子就是君子所认为的君子,因此有人会说:"这在理论上不令人满意。我想从一个更高的原则中推导出君子风度、德性。"在寻求一些更高的原则时,有人会提出这样的问题:一个人为什么要正派? 这是一个简单的、关于原则的问题,但一个人在这样做时就已经不再是君子了。君子就是通过这种循环而得到定义的。正派应该是因其本身的缘故而值得选择,因此,不能提出为什么要有君子风度或为什么要有道德德性的问题。亚里士多德非常信守这些现象。然而,一位君子被承认为君子,不仅是其他君子这么承认,而且缺乏教养的人也这么承认。不过在后一类人中,或许会有一些极具说服力的人质疑道德德性的善——换句话说,他们会说:"我为什么要正派?"——他们竟不正派地提出这个问题。因此,光知道正义、大度和其他德性是什么,并为这些德性之美所打动,是不够的。必须证明它们是善的。这就是《伦理学》的症结所在。因而必须超越明智的领域或者我们可以称之为道德意识的领域。

在那些伟大的思想家中,唯一得出道德意识的绝对性方面的全部结论的思想家是康德,但康德为此不得不先写出他的《纯粹理性批判》,即证明一切理论知识的本质局限性,然后才能作出那样的声明。我们必须证明,道德德性的实践是人在自然上的目的,也就是说,人在自然上倾向于道德德性的实践。这并不要求人在自然上就知道,也就是说,其不需要任何努力就知道,自然目的。人的自然目的和其他任何自然存在者一样,要通过理论科学才能真正被认识。也就是要通过关于诸自然的科学才行,人的自然是诸自然中的一种。更精确地讲,德性的知识源于人类灵魂的知识。灵魂的每一部分都有其特定的完美。柏拉图,尤其是在《王制》中,概述了这种对德性的纯理论说明。灵魂被划分为三个部分:理性、血气(spiritedness)、欲望。有理性的德性、血气的德性、欲望的德性,然后你们还需要第四个德性把它们结合在一起,使它们成为一种德性。这就是柏拉图所做的,是一种推导。亚里士多德却没有这样做。请讲?

学生:我只是想弄清楚这和我问的有什么不同。

[297]施特劳斯:我不止一次地说过,我在论证的第一部分所说的只是一半。我或许没有在对你的回应中表达清楚,但我至少说了两次。你的问题肯定正当,但你也必须理解论证的第一部分的力量。亚里士多德甚至都不想对德性给出那样一种说明。他描述了有道德德性的人所知道的所有道德德性,而不是试图从一个更高的原则推导出它们。总的来讲,我们可以说,他止步于某种既定的习惯被认为是值得称赞的这一事实,而没有探查为什么会这样。可以说,亚里士多德仍然处于不成文法律的界限之内,这种不成文的 nomos 在任何地方都会得到有着良好教养的人的承认。这种不成文的法律或许与理性一致,但其本身并非理性所命令的。它构成了人类的或政治的事物的领域,是这个领域的界限或上限。如果亚里士多德采取不同的做法,他就会使得政治的或实践的科学完全依赖于理论科学,而这正是他不希望做的。

现在,为了掌握亚里士多德的教诲,我们必须从这样一个事实出发:据他所述,人在自然上的最高目的是理论理解或哲学,而这种完美并不需要道德德性作为道德德性,也就是说,正义行为和高贵行为因其本身之缘故而值得选择。这些东西就是道德。换句话说,亚里士多德讲得很清楚,如果你们不能控制自己的激情,就无法思考,但从这个视角来看,对激情的控制只是[一种]手段,其本身没有益处。尼采在某种程度上完全误解了亚里士多德和柏拉图,但又通过自己的难题迂回地理解了这一点。他说,对于哲人而言,某种禁欲主义、某种戒绝是不值得赞扬的,而与骑师的类似戒绝有着同样的尊严、同样的品质。①骑师想赢得比赛,他知道如果他想赢,就必须非常仔细地去节食。换句话说,其中没有什么可夸耀的,没有什么辉煌的。不用说,要是没有严格意义上的、类似道德行为的行为,人的最高目的就无法实现。但哲人只

---

① 参尼采,《道德的谱系》(*The Genealogy of Morals*),3.8。

打算把这些行为当成达到这个目的的手段。这一目的也需要明智，因为哲人必须审议如何确保他的哲思的条件。道德德性更直接地关系到人的第二自然目的，即他的社会的或政治的生活。因此一个人可能会认为，道德德性可被理解为本质上是为城邦服务的。如果人们不勇敢、不节制、不正义等等，城邦就不可能是严格意义上的［城邦］；换句话说，功利主义的证明出现了。

　　我希望你们能理解这第一点。像道德德性这样的东西是人的理论完善所需要的，但它们不是作为道德德性而被需要的。例如，大度值得称赞，因为城邦需要那些生来就是发号施令的人和那些知道自己生来就是发号施令的人。根据一些报道，陆军元帅蒙哥马利①是当代这种德性最著名的例证。但只要［298］读下亚里士多德对大度的描述就能看出，以这样的方式即从功利主义的视角，无法理解大度的全部现象。亚里士多德赋予各种德性的是一种光辉，这是功利主义学说无法解释的。道德德性不能被理解成是为了城邦，既然城邦必须为了道德德性的实践而被理解。这个论点可以很好地得到支持，即通过证明如果你们反过来看，你们就是马基雅维利主义者。是马基雅维利间接证明了亚里士多德的观点是健全的，因为正是马基雅维利说过：道德德性只有作为实现城邦［目的］的手段才可以理解。马基雅维利导致的所有可怕后果皆［由此］而来。如果道德德性是实现城邦目的的手段，那也绝不能肯定它们总是手段。总会有一些有趣的边缘情形，尤其是在某一时刻：如果城邦处于危险之中或者它不存在，那该怎么办？它不得不被创建起来。在此，道德德性就不适用了。只有在城邦确立起来之后，在世界因道德德性而变得安全之后，道德德性才会发挥作用；但在世界变得安全之前，做什么都可以。这是马基雅维利的结论，并且我认为它绝对正当。亚里士多德看出了这个结论，因此在这方面，他和柏拉图一

---

①　陆军元帅蒙哥马利（Bernard Law Montgomery，1887—1976），英国将军，因在第二次世界大战中的行动而闻名。当第八集团军在阿拉曼战役和西西里岛战役中击败德国人和意大利人时，他任第八集团军司令；在诺曼底登陆期间和之后，他在法兰西指挥盟军。

样,认为城邦是为了德性——亚里士多德比柏拉图更明显,我们后续会看到这一点。那么道德德性作为实现两个唯一自然目的的手段是不可理解的,虽然这两个自然目的可以被认为是道德德性的目的,即智性生活和社会生活。因此,道德德性似乎必须被视为一种绝对,这种绝对在精确的意义上不能被化约为其他任何东西。

不过,我们不能忽略道德德性与那两个自然目的——即智慧和polis——的关系。道德德性表明城邦——这是关键点,道德德性,不能仅仅被理解成 polis 的手段,因为 polis 必须被理解成为道德德性服务——道德德性表明城邦指向自身之外,因为城邦是为了①[……]——活动只是为高贵地利用闲暇而服务。但君子对活动的闲暇利用几乎不会超出听诗歌、文化等方面的享受的范围。换句话说,这不可能是人的目的。正是由于这个原因,亚里士多德才是政治科学的奠基者,因为他是道德德性的发现者。这个简单的事实再怎么强调也不为过。道德德性这个术语最早出现在亚里士多德那里。柏拉图没有这个术语。当然,在这个术语生成之后,人们很容易就能在世界各地认出某种类似道德德性的东西,但这个术语所具有的精确含义只有在亚里士多德那里才有。对柏拉图来说,亚里士多德所称的道德德性是一种介于政治德性或庸俗德性与真正德性之间的中间物。政治德性或庸俗德性服务于身体方面的福祉,比如自我保存或和平。对柏拉图来说,真正的德性与哲学一样。至于廊下派,他们在这种语境中经常被提及——你们知道,廊下派是一个后亚里士多德学派,[299]差不多与伊壁鸠鲁学派同时出现。廊下[学派]和伊壁鸠鲁学派是希腊化罗马时期最典型的学派。现在有些人说一种全新类型的政治思想始于廊下派,例如卡莱尔兄弟在他们的六卷本西方思想史中就是这么说的。②

---

① 这时换录音带。在《城邦与人》中,施特劳斯写道,"道德德性表明城邦指向自身之外,但它并没有清楚地揭示出城邦指向的东西,即那献身于哲学的生活"(页27)。施特劳斯接着讨论了"高贵的闲暇",就像他这时在文字记录稿中所做的那样。[译按]中译文参考列奥·施特劳斯,《城邦与人》,黄俊松译(上海:华东师范大学出版社,2022);有改动,下同。

② R. W. Carlyle、A. J. Carlyle,《西方中世纪政治理论史》(1903)。

我没法去细究。廊下派甚至断言，只有高贵的事物才是善的，也就是，我们几乎可以说，只有道德的事物才是善的。不过，他们把具有高贵性的人［等同］于智慧的人，而智慧的人本身必须拥有逻辑学和物理学的"德性"。换句话说，这更接近柏拉图而不是康德。我们必须小心，不要将亚里士多德笔下的具有道德德性的人或完美君子般的善人，错认为是通常意义上的善人，也就是一个正义、节制但缺乏其他所有德性的人——换句话说，就是我们所称的不错的家伙（a nice fellow）。他是节制的、正义的，但他不需要勇敢，也不需要智慧，就像柏拉图《王制》中最低阶级的成员一样。这种善的观念在西塞罗的《论义务》（Offices）第二卷中得到了非常清晰的发展，例如在第 35 段以及其他例子中。当我写那本关于马基雅维利的书时，我并不知道这一点，因为马基雅维利区分了善和德性，而我无法精确理解马基雅维利的意思，我完全不记得或从未真正理解过西塞罗的那些评述，以及西塞罗［是如何］定义那种善［的］。一个善人是具备正义和节制的人，也就是具有柏拉图《王制》中的下层阶级成员所具备的那些品质，而当我们模糊地但相当明确地说一个人是善人，是不错的家伙，我们当然都能理解那种善的观念。我们想到他是正义和节制的，但我们没有说勇敢和智慧，这当然不是亚里士多德所指的善人。

当哲人亚里士多德向君子们宣讲、向差不多完美的君子们述说他的政治科学时，他尽可能地向他们证明完美君子的生活方式指向哲学生活。他就像挪开了这些人自己无法挪开的屏风。他为他的受众们阐明了不成文的 nomos，这是他们视野的界限，而他自己就站在那道界限之上。这样他就被迫或能够纠正君子对他们眼界内的事物的意见。君子在自然上就能受到哲学的影响。亚里士多德的政治科学意在实现这种潜能。这些人可以意识到某种比君子风度更高的东西，并且在一定程度上，在可能性的界限内，亚里士多德做到了。受到哲学影响的君子，其最高情形便是被启蒙的治国者，比如受到哲人阿那克萨戈拉斯（Anaxagoras）影响的伯利克勒斯。因而道德—政治领域并非毫无保留地封闭于理论科学之外。为什么似乎有必要在实践智慧一方与科学和技艺一方之间做出根本性的区分，其理由之一在于这样的事实，即每一门技艺都关注局部的善，而明智则关注人的整体的善。

　　但现在有一个惊人之处。最高形式的明智是立法技艺,立法技艺是一门建筑技艺,正如亚里士多德所称,是技艺中的技艺,因为它以最全面的方式处理人的整体的善。这是一门可以教导立法者的技艺,这门立法艺术通过关注人最高的善来关注人的整体的善,[300]只有参照最高的善,人的所有局部的善才是善的。它以最全面的方式处理自己的主题,因为它确立了一个框架,在这个框架内,严格意义上的政治明智、治国才干才能够出现。它是一门技艺,因为不像政治明智和严格意义上的明智,它免于那种介入,这种介入的危险只有通过道德德性才能避免。因而明智本身似乎最终受制于一门技艺,不是庸俗的技艺,而是技艺中的技艺,即立法技艺。诸如此类的考虑促使苏格拉底和柏拉图断言德性即知识、明智即哲学,因为任何个人实践的每一种明智都需要一个善的社会、善的法律这样的立法技艺的作品才能充分实现,所以明智本身最终依赖于一门从根本上被理解为哲学的技艺。正如人的局部的善只有参照人的最高或整体的善才能被认识为善一样,对人的整体善的认识也只有参照单纯的善,即柏拉图所称的出现在所有其他理念之外和之上的善的理念(the idea of the good)。

　　让我们重述一下。据柏拉图所述,对人的善的认识只有参照单纯的善,即他所称的善的理念,因而善的理念是一种所有明智和所有明智地处置各种情况必须由之开始的原则。但是,哎,所有智慧的最高主题,即柏拉图所称的善的理念,是无法完全获得的。不可能充分认识善的理念,因而智慧是不可能的,只有对智慧的热爱(love of wisdom):在希腊语中就是哲学(philosophy)。因而鉴于上述理由,明智是对一个人自身善的永远无法完成的关注。现在,如果是这样的话,如何才能知道哪种生活方式是最值得选择的生活呢?换句话说,这种最终的智慧不足难道不会导致实践上的彻底怀疑主义吗?柏拉图或苏格拉底知道,哲学生活是最善的生活。我相信答案会是这样的。关于善的生活,只有一种根本的选择,那就是,政治—实践的生活,或那献身于静观的生活[即]哲学生活。① 现在,论点是,那替代者即政治—实践的生活,显

① "苏格拉底也不可能知道这一点,如果他不知道哲学生活唯一严肃的替代者是政治生活以及政治生活从属于哲学生活的话……"施特劳斯,《城邦与人》,页29。

然是从属于哲学生活。用柏拉图的类比来说,政治生活显然是洞穴中的生活。我们还可以说,城邦是整体中唯一可以被充分认识其本质特征的部分。我们可以充分理解,政治的或实践的生活无法实现人的最高可能性。这就解释了柏拉图和亚里士多德之间的差别。

为了提醒你们要点——我还想提几件其他的事情——困难正在于此。对柏拉图来说,这很清楚。对柏拉图来说,明智和理论智慧之间的区分最终是无关紧要的,至少就我们目前所见是如此,因为明智或实践智慧的原则存在于善的理念即理论理解之最高主题中。明智的领域并不像亚里士多德所说的那样封闭。说柏拉图那里没有道德德性,只有庸俗的或政治的德性、哲学的或真正的德性,这只是另一种表达。这种中间德性是不存在的。造成这一困难的是这样的事实,即亚里士多德认为智慧、[301] 理论智慧、明智和技艺都可以得到。显然存在着艺匠。没有人会质疑这一点。存在着明智的人,即存在着具有实践智慧的人,包括治国者。存在着智慧的人:至少有亚里士多德,他找到了解决宇宙和人的根本问题的办法。对柏拉图来说,智慧和明智最终会变得不可分割,并且它们的完美不可获得。所以,你们所看到的是真正的哲学,是对你们自己的进步、你们自己的改善、你们自己的德性所做的理论—实践的关注,这种尝试永远不会停止,因为事实上智慧是不可获得的。亚里士多德本人的困难在于,亚里士多德在某种程度上必须承认,虽然明智优越于技艺,但有一门技艺,最高的技艺,优越于明智:建筑技艺,立法技艺。这是对柏拉图观点的一种必要让步。

人们可以对我所说的话提出许多异议,而且是完全有理由的异议。我只提一点。按照上述方案,哲人似乎等同于最高级别的治国者。如果理论和实践之间没有根本的区分,那么最高的理论活动和最高的实践活动必定是一致的。在《智术师》(*Sophist*)这部对话的开篇,有个人,不是苏格拉底,断言哲人和治国者是两种完全不同类型的人。① 他说有三种类型的人:智术师、治国者和哲人。柏拉图写了一部叫作《智

---

① 《智术师》,216a—218c。参施特劳斯,"柏拉图",《政治哲学史》,第二版,页 32—43。

术师》的对话,在其中他阐明了什么是智术师,然后他又写了一部叫作
《治邦者》的对话,在其中那位来自埃利亚(Elea)的异乡人阐明了什么
是治国者,但是,他并没有写过《哲人》这样的对话。所以,要么他在能
够写这部对话之前就去世了,要么他认为通过理解智术师和治国者,我
们就能理解哲人。这就导致了一些非常难的问题,对此我没法去细究。
我想说的是,这些只是非常临时的陈述,但我相信,如果一个人想要更
深入地探讨这个论证,就不得不考虑这些观点。

学生:在什么意义上,立法技艺是一门技艺,而不仅仅是对明智的
最高运用?

施特劳斯:你是指立法者在此时此地做的事吗?

学生:我认为您使用了一种根本意义上的立法技艺。

施特劳斯:不,我不想谈论众议员或参议员意义上的立法者。我所
指的是一个出去创建了一个殖民地并为其制定法典的人。你是这个意
思吗?

学生:是的。为什么这不是一种对政治智慧的运用呢?

施特劳斯:但难道他不受一门更高的技艺的指引吗? 让我们再举
一个例子:一个将军,一个一流的将军。他赢得了一场战役。但这意味
着什么呢? 考虑到他的处境、敌人的位置,这是一种明智的行动。但这
难道不是他的技艺的一种应用,也许是一种非常有独创性的应用吗?
但难道就没有一种可以教授的战略技艺? [302]不是向每个人。没
有一门技艺可以向每个人教授,除非是一门非常简单的技艺,比如——

学生:您会不会说,为了运用立法技艺,对人类本性的认识是必要
的,而政治智慧的实践者必须为了这种对人类本性的认识而寄望于立
法技艺,以便履行——

施特劳斯:治国者依赖于立法者。这是一个非常简单的问题。任
何一位美国总统的一切所作所为都依赖于宪法。他能有一定的余地,
但最终他不能上升到高于他的源泉。

学生:我的问题是,在什么意义上,那些奠基者是立法技艺的实践
者而不是政治智慧的实践者?

施特劳斯:让我们从理论层面来谈论治国才干和立法技艺。治国

者是在此时此地处理个别政治局势的人。古老意义上的立法者是确立框架的人,这框架如今被我们称作宪制,但在古人那里也指关于婚姻、财产等的特殊法律。这一切都是明智,因为立法者在此时此地为这个共同体制定法律。最高形式的明智、最高级别的立法行动,其本身依赖于一门技艺,建筑技艺、立法技艺。你曾看过柏拉图的《法义》吗? 总的印象是,这是一个人,一个哲人,他是立法技艺的教授者,[他]把立法技艺教授给实际的[立法者]。这就意味着,首先,有一门技艺,它高于一切形式的明智,包括最高的明智。

学生:这门技艺似乎就是智慧。

施特劳斯:不完全是,因为它最终与制造某种东西有关,这东西就是好的社会秩序。但恰恰是这样,以柏拉图的《法义》为例,[那里说]立法者的教师如果不知道理论人所关心的最高原则,就不能胜任他的工作。简言之,立法者的教师是一位哲人。在柏拉图那里,这一点非常清楚。它就是他所说的"德性即知识"这句话的意思。如果你从最实践性的意义上来透彻思考每个人在日常生活中所指的德性,你最终会被拉回到理解、洞察、某种理论理解。亚里士多德对此表示否认。亚里士多德说一门实践的科学是可能的,或者如我所言,明智的领域原则上是封闭的。这一点他主要通过《伦理学》和《政治学》这两部作品传达出来。但甚至在这两部作品中,它对亚里士多德来讲也不是绝对真实。换句话说,亚里士多德使实践科学尽可能地独立于理论科学。

学生:但从亚里士多德的视角来看,政治科学家或具有政治智慧的人必须在同样的意义上来寄望于立法技艺?

施特劳斯:最终是这样的。当我们如今所说的立宪政府或有限政府中的治国者不得不考虑并服从一种不是他确立的秩序时,他一定[303]程度上就是在仰望某种东西,而他仰望的质量将取决于他对立法者意图的理解。但苏格拉底,这个人在运用一门技艺时显然是明智的,因为他教授立法技艺,他会说,立法者本身事实上在所有情况下都是一门技艺的实践者。你明白了吗? ……会说……①通过为斯巴达制

①　施特劳斯在此或许提到了吕库戈斯(Lycurgus)。

定法律来运用立法技艺……这个人学到了真正的立法技艺,他会说:不,他没有。他是尽力而为。他是一个学徒,已经被迫制造了一种适合斯巴达的鞋子,这是一个学徒应该做的工作。

学生:在您论证时所关注的最后一个问题中,您说过对柏拉图来说,明智导向更高的东西,一种立法技艺,立法技艺反过来又会导向更高的东西,也就是真理,而亚里士多德想要——

施特劳斯:上限:亚里士多德想要有一个上限。我们可以这样思考明智的领域。它是封闭的,上限由道德德性、由君子的目的构成。

学生:但您是在论证,即使有了上限,亚里士多德也意识到,在更大的意义上,明智也有一种关于人的自然目的的知识。

施特劳斯:你可以这么说。我试图做的事情要稍微微妙一点:首先,我尽可能鲜明[地]指出,那是亚里士多德总体上真正要做的,然后表明,亚里士多德在这里或那里被迫质疑明智领域的封闭性。但这并没有抹杀这样的事实:就大多数实践目标而言,这种封闭性是奏效的,这对我们来说是很重要的一课,尤其是在现今,所有的压力都是让政治科学依赖于那类不为亚里士多德所知的理论科学,这类理论科学使得对政治事物的真正理解变得彻底不可能。这就是我们现今的特殊障碍,也就是说,这门以现代类型的自然科学为模式的科学患有这个根本的障碍。你可以说,这就是我的主张背后的动机。请讲?

学生:……如果技艺从明智中获得证明,而明智领域最终从智慧中获得证明,那么我们如何知道哲学是自我包含的,哲学可以是不需要某种比自身更高的东西来证明自己的呢?我们如何知道哲学是自我包含的?

施特劳斯:只有关于哲学说辞的内在证据才能回答这个问题。不可能有无限的追溯,否则就会出现理论和实践上的绝对怀疑主义。当然了,你可以说绝对怀疑主义是合适的。那我们就不得不讨论它了。

学生:换句话说,我们不得不凭信念接受它吗?

[304]施特劳斯:不,这是哲学的终结,因为哲学需要探求清楚的知识。而如果对清楚的知识的探求本身是基于某种异质的东西——但现在让我们止步于你的更激进的陈述,[那么]绝对怀疑主义就会随之

而来。好吧,唯一实际和真诚的处理方式是看一看绝对怀疑主义,看看它是不是一个可行的立场。这似乎对亚里士多德来说是一种间接证明,我相信会是的。

学生:如果您承认根本意义上的立法技艺,即形成一种社会秩序的能力,是最高的技艺——

施特劳斯:不,它是一门技艺而不是科学,因为它关注制造。一门技艺是关注制造的。鞋匠的技艺关注鞋子的制造,立法者的技艺关注法律或其他社会制度的制造,而理论科学并不关注制造,只关注如其所是地看待事物。

学生:假如我们接受这种分析,然后考虑到合众国宪法的奠基者们所实践的这种最高技艺,这如何与亚里士多德有关法律变革的观念联系起来呢? 因为假定……不得不在条件和……之间制定一种比率——

施特劳斯:这是一个重要但在理论上非常次要的问题,也就是说,一旦确立了这样一种社会秩序,规则就是保存它,而不是进行频繁的,特别是激进的变革。

学生:那更根本的问题呢,即实际确立一种更好的社会秩序?

施特劳斯:哦,非常简单。我现在用的是柏拉图式的符号系统,但你得把它翻译成更合理的语言。让我们假设好的秩序是《王制》中的秩序。现在,[在]立法者的所作所为[中],他会看到,让人们,即让那些他必须为之立法的人,接受它是绝对不可能的。他说:我会做出让步。首先,允许他们拥有私人财产和私人家庭——从《王制》的字面观点来看,这是一种让步。此外,这些人来自斯巴达或克里特;他们有这些或那些特殊的习惯,其中一些不错,另一些则没那么不错,但我不能简单地通过立法来消除这些没那么不错的习惯。我会怎么做? 我会做出妥协:我会约束他们所拥有的这些坏习惯,我不会试图根除它们。这是一个从属但重要的问题。

现在,很抱歉,因为这是最后一次会面,我必须补充两点。当然,我已经忘记或忽略了《政治学》中出现的一些值得考虑的事情。我想把你们的注意力转移开——不要去想考试;我几乎可以发誓,这两点不会在考试中出现,所以没有唯利是图的考虑……在第四卷开篇中有亚里士多德关于政治的技艺或科学的最详尽的陈述,我们应该仔细阅读。从我们今天讨论的如下问题来看,它也很有趣:我们在顶端发现的是[305]某种形式的明智还是一门技艺? 它对这个问题来说非常重要。我提请你们注意的另一点是在第四卷,1297b37以下。亚里士多德区分了政府的三个部分:审议的、行政的和司法的。这在某种程度上是美国宪法最明显特征的根源——你们知道的,立法机关、行政机关和司法机关。但更重要的是要看到差别。亚里士多德谈的是审议而不是立法,也就是说,像战争与和平以及条约等属于审议的问题显然从立法中排除了。将审议窄化为立法,这背后的观念是什么? 我相信可以这么说,所有的政府职能,包括特权行为……洛克……以这样或那样的方式受制于法律。

不得不考虑的第二点是,政府的这三个部分之间的区分并不是权力分立。亚里士多德完全同意所有三种权力可以由同一部分、由同一些人行使——不是权力分立。如果想理解亚里士多德和宪法讨论之间的决定性差别,就不得不回到一种理论观点,在这里就是孟德斯鸠的《论法的精神》第十一卷。孟德斯鸠在那里表明了为什么我们需要权力分立。答案非常发人深省,就是:个人的安全。这种考虑本身在亚里士多德那里并非决定性的;他以某种方式意识到了这种考虑,但并没有意识到它本身。这里我们看到了孟德斯鸠与他之前的自我保存或自然权利教授者洛克和霍布斯之间的联系。

在此,我想提一下,孟德斯鸠在第十一卷中对英格兰宪制的讨论有一个直接的来源。那就是珀律比俄斯在其[那部处理罗马宪制的《罗马兴志》(Histories)一书]第六卷中的讨论,这也非常有趣。罗马宪制中有一种权力分立。有些事情由人民来做,有些由元老院来做,还有一些由执政官来做——你们可以说行政机关。但是如果你们将珀律比俄斯对罗马宪制的呈现和孟德斯鸠对英格兰宪制的讨论进行比较,就会发现其中有一个非常重要的理论差别。珀律比俄斯和孟德斯鸠二人都关心自由,然而珀律比俄斯相信,他通过将总的政府权力划分成不同的部分,但不需要原则来指导划分,就能获得这种自由。可以说是,你们划分成三组,一组对应一个部分,但是没有原则。

在孟德斯鸠那里则是有一个原则的:行政、立法、司法。但关于这个问题的讨论必须从别处开始,但也不能从别处开始,除非先从亚里士多德的那一段话出发,也就是从那区别于权力分立的政府权力之区分出发。

最后再讲一下这门课程的目标。在这门课程中,我想做的是澄清古典政治哲学的尤其是亚里士多德的那些根本的概念——这些根本概念就是城邦、政制和最佳政制——澄清这些根本概念意味着澄清这些概念的意涵。假如我可以大胆地从这个讨论中得出任何结论,并且止步于此,[306]那就是:亚里士多德政治科学的关键概念是政制的概念。通过对六种政制的区分,即三种善的政制和三种恶的政制以及它们的各种重要分支,特别是通过民主制和寡头制的区分,亚里士多德的政制学说变得更加具体了。但亚里士多德对政制的分析在细节上并不能立即适用于对任何现代政制的分析,因为所有现代政治生活,特别是在我们这个年代,所有当今的政制,与亚里士多德所考虑的政制之间有着根本的差别。如果我们追溯这种差别的原则,就会回到这一点:现代思想对 demos[平民]与哲学或科学之间关系的理解与亚里士多德不同。对哲学[或]科学与 demos[平民]之间关系的现代理解导致了两个不同但相互关联的结果,(1)技术和(2)意识形态。当今政制的特点是,它们是技术社会和拥有意识形态的社会中的政制。不好好考虑这一点,我们就无法理解我们时代的任何"主义"(isms)。但这并没有抹杀这样一个事实,即政制作为社会秩序的概念是根据其目的和与其目的相近的人来定义的,因此公开地统治仍然是我们分析政治现象的最佳线索。这是我这门课程的总体意图。现在我愿意再简短地讨论十多分钟,因为在早些时候,我觉察到你们有些人有这方面的迫切要求。请讲?

学生:……我认为,从您所说的来看,人可能会有两种优势,一种是理论知识,另一种是德性。

施特劳斯:说道德德性,因为亚里士多德还谈到了理智德性(intellectual virtues)。

学生:但这样你就可能有一个善人团体……为什么德性是善的,你可能会有一个不道德的哲学家群体。

施特劳斯:不是不道德的(immoral)。假如你说的是"超道德"(transmoral),"超道德"要更好些,因为他们行为的动机不是严格意义上的道德的。你可以这么说。这正是重点所在。亚里士多德试图解决之,他展示了作为君子风度的君子风度如何有可能向哲学开放、受哲学影响。这就是他建议的解决方案。如果是这样的话,哲学和 polis 之间就会有某种协调,以君子为媒介。

学生:在评价政制时,我们是要寄望于某一个人的最卓越之处,还是要寄望于一种遍及众多人的一般的好品质的生活?我心里比较难决定哪一种对亚里士多德来说更优。

施特劳斯:亚里士多德当然会认为存在统治阶层。有一个极端的例子,在早期君主国中会有一个绝对杰出的人。这不适用于之后的任何情形。会有相当一部分人未必是这个意义的善的多数人。但我想亚里士多德会理所当然地认为,如果你以任何方式严肃对待善或君子风度,[307]那么只有一部分人,或者说只有少数人,才能实际拥有它。但其他人可以对它表示遵从,这使得他们以自己的方式成为善人;但他们本身并不是善的,它们通过遵从而变善。

学生:我特别遇到的问题是如何区分那些遵从这种好品质生活的人与那些实际拥有这种生活的人,后者不遵从德性但实际上获得了一定水平的——

施特劳斯:假如我对此可以用一个完全武断的统计来说明,比如说,30%的君子,50%的真正遵从的人,20%的人被这80%的人所强迫行事,让你对我所认为的他的意思有一个初步的了解。

学生:您能把您在这里展示的这种差别描述为古典的理论事物是超道德的,现代的理论事物这不同的东西则是超越善恶的吗?

施特劳斯:不是超越善恶。你想说马基雅维利的立场会是什么?

同一个学生:是的,我想要思考在他的意义上什么会是价值无涉的。我想要问的是从超道德走向不道德的一步。这不是已经迈出的一步吗?

施特劳斯:现代社会科学——不是个人,他们还是人类和公民,而是作为社会科学家的身份——的正当特征是什么？呃，我想你只得说非道德(amoral)。这与如下[问题]有关:理论态度的对象是什么？对亚里士多德而言,理论态度的对象是有秩序的,或者用一个并不等同于我们所指的道德但肯定也不是不道德的术语来说:是美(beauty)。璀璨(resplendence),内在的美。我会给你举个例子。当你考虑一个逻辑实证主义者,他主要关注的是科学,不是科学为了什么而是科学的方法和程序是什么等等,他做出价值判断却不承认,也就是说他不知道这种对科学的分析、对科学的严格描述性分析,事实上是规范性的。它理所当然地排除了伪科学、炼金术、占星术等等。现在你必须更进一步。例如,有诸如伦理学或美学这样的哲学学科。它们处理的是那区别于假道德的真的道德、伦理,并且美学关注与垃圾相对的真正的艺术作品。所以这些在某种程度上必然都是规范性的追求。那关注规范性话题、关注价值的哲学,不可能像社会科学那样是"非道德的"。

例如,我们之前在谈论实证主义的时候举过一个例子:作为人类学话题的文化。这是人类学本身无法解释的;你迟早得求助于哲学来弄清楚什么是文化。现在,如果你说文化是一种社会,被理解为从事各种不同但相关的追求,诸如法律、食品生产、宗教、艺术等等,所有这些东西在这里都是以一种严格的价值无涉的方式来理解的——换句话说,它们不受某种规范的指导——[308]这是亚里士多德完全没有的,我应该说,这是任何早期哲学都没有的。我的意思是,即使是古老时代的唯物论学说也没有摆脱这一点。我相信那没有先例。一种声称能带来价值无涉的知识的研究,这是这里的动机。我的意思是,曾有怀疑论者,但他们没有声称他们有任何科学。当然,今天的现代社会科学家不是怀疑论者。他自称是一个科学人,一个找到了知识的人;他承认知识的可能性,却又说在知识的领域内,在任何意义上都不可能有高低之分。我相信这没有先例。怀疑论有很多先例,但怀疑论意味着科学是不可能的。你也不能忘记,从亚里士多德的视角来看——以及从柏拉图的视角来看,这一点更清楚——如果可以说哲学是超道德的,那就必须说,在非哲学人的眼界内,我们所称的道德——比如正义——在这个词的通常意义上仍然是最高的。这毫无疑问。你必须做出超越,超越据柏拉图所述的(世界上?)①通常理解的正义,因为这总是一种为了社会稳定而被冻结的、有缺陷的理解。因此你必须超越它。但它肯定比人们所关注的任何其他事情都要高,比如身体需求的满足等等。超道德的不是非道德的。

学生:我不明白为什么一旦社会秩序运转起来,它的自我保存就是不证自明的。也就是说,我不明白为什么得为了保持社会稳定而冻结正义。我认为这会是不正义之巅。

施特劳斯:呃,柏拉图说,任何正义的事物,无论是正义的人,还是正义的法律或正义的制度,都不完全正义,也就是说,其中总有一定的不正义。让我试着把你的意思说清楚。你有一个由不完美的个人、由不完美的法律所构成的社会。然后你说:我们将变革这一切,也许不是一蹴而就,而是一步一步地,沿着完全正义的方向。这就是进步的观念、现代观念,但它预设了很多东西。它预设了变革和与变革相伴随的运动将是沿着正确的方向的。我会给你一个来自不同领域的例子。我曾经有一个朋友,他是法律现实主义者,②如果你知道那是什么的话。他是一个非常有智性的人,但喜欢(一些奇怪的表达式?)……他完全是……法律是什么意思?只是法官对它的看法。当然,同样的情况也适用于宪法。我试着使他明白,他是一个当今意义上的自由主义者。我说:

> 从你的视角来看,只要你能确信法官比立法者更自由,那就非常好,但如果从你的视角来看,上帝禁止出现法官是反动派的情况,那么你唯一的希望就是法官受到立法机关所制定的法律的相

---

① 括号里的短语也出现在原始文字记录稿中。

② "法律现实主义"(legal realism)包含多种观点,但现实主义者一般会同意,在判决案件时,法官主要对案件的事实而不是对法律规则和理由作出反应。许多法律现实主义者对以社会学和人类学径路来研究法律很感兴趣,以便更好地确定为什么做出某项司法判决。著名现实主义者霍姆斯(Oliver Wendell Holmes)对法律的看法是,它不是一个连贯的规则或原则体系,也不能从主权权力来理解;相反,法律是过去的判决加上对法官未来行为的预测。

对自由主义的约束。

[309]现代的观点——这种满怀希望的特征,我们上升到正义之巅——预设了变革从整体上看是沿着正确的方向的。但是,如果我们不知道这一点,如果我们必须考虑到变革也可能趋向错误的方向,那么人们就会说,如果你有一个相当正派的秩序,这充其量意味着有不少的不正义,那么最好是保存它,而不是冒险进行可能直接或间接走向相反方向的变革。换句话讲,正如我们会说的,差别并非偶然地在于对非个人力量——无论是星星还是经济条件——的不同评估,师出有名还是师出无名(fight for the good cause or do not fight for the good cause),这并没什么差别。我认为,过去三四十年间所发生的事情和很多社会科学难题的根源,均是人们越来越意识到这些超人类的支持,你知道,环境并非像19世纪许多人所相信的那样可靠,这些人部分是基于一般的进化论,[即]从变形虫发展到人,再从人到更高层次,或者基于其他类似的理论。当然了,一个人不能因为亚里士多德说过它就独断地确立起它。那并不能证明它真。我们知道。但我们必须以亚里士多德为例——因为他的著作真的是一部关于人的著作——作为一个契机,来弄清楚他为什么得使用我们陌生的术语、什么是原则,并看到或发现我们所作的默认的假设……然后权衡那些在这个观点下幸存下来的术语。

学生:但正义不就包含了两件事,不仅是分配还有做正确的事?

施特劳斯:但这意味着什么呢? 假如你去南方,在[一个]完全没有融合的地区,①据我所知,这样的地区在一定程度上是存在的,假如你进入一个为有色人种保留的区域,你就是做出了错误的行为。你是一个不错的人,一个正确行事的人,因此你的行为助长了种族隔离。为了讨论起见,我假设反种族隔离的情况是好的。正确的行为意味着在任何情况下都要粗朴地服从法律。那种在更高意义上得到证明的对法律的不服从,总是一种罕见且极端的情况。一个信守种族隔离的正派

---

① 法律上种族隔离的地区。

南方人当然一刻也不会对一个黑人做错误的事,比如抢劫他或做其他事情。他只会服从法律。不过按照自由主义的观点,他服从法律,不是非常积极地为他们的改变而努力,这样做是错误的。

学生:但如果[正义]只是用来支持社会,支持现存的社会秩序,那么它不就是相对的吗?

施特劳斯:首要的是……你不能忘记,总有一个领域,法律(law)是沉默的,而更微妙意义上的正义理所当然地出现在其中了。请允许我举一个关于正义的经验方面的例子,这些经验对像我这样的人来说最常见:公正地对待学生。你知道,这并不总是那么容易。[法则(law)]①在 B-和 C+之间划了一条界线。但如果我们不是迂腐和病态的话,我们会说:呃,我们知道有一种无法消除的武断性因素。我指的不是[更微妙意义上的正义的问题]。但如果涉及我们应该在教室里做什么、[310]我们的实质正义是什么,以及我们可以理所当然地说出的其他问题,[那么]巨大的意见分歧就出现了。在形式意义上,每个人都会说自己做得正确,但实质的东西(他没法判断?)。②假如一个在他的领域里非常有能力的人能够走进教室,在从他的办公室到教室的路上思考他讲座的话题,而且在他的领域里确实很有能力,讲了 50 分钟或 100 分钟,没有停下来过,没有重新考虑他去年在课上说的话,这是一个尽责的老师吗?他正确对待学生了吗?这就更微妙了。

---

① 原始文字记录稿作:"(德性?)"。
② 括号里的短语出现在原始文字记录稿中,显然是转录员对施特劳斯所说内容的推测。

"政治哲学传统中的宗教和共同福祉":

施特劳斯的一篇未刊讲座稿①

明科夫(Svetozar Minkov) 纳马齐(Rasoul Namazi) 整理

摘 要:在此首次刊布的是 1963 年施特劳斯关于政治哲学传统中的宗教和共同福祉之关系的讲座及讨论的文字记录稿。在这场讲座中,施特劳斯考虑了宗教的确立问题、宗教的自由与免于宗教的自由之关系,以及宗教的真理问题。该讲座可能影响了美国的宪法学尤其是关于施特劳斯将其置于现代政治哲学的发展过程之中的第一修正案的宪法学。

编订者导言

近年来,人们对施特劳斯(1899—1973)思想和著述的兴趣激增,他逐渐被承认为 20 世纪最杰出的政治哲人之一。这种重新燃起的兴趣使得迄今为止只有少数学者能够获得的著述和讲座稿得以发现和刊

---

① 感谢施特劳斯中心主任、施特劳斯遗稿执行人塔科夫(Nathan Tarcov)教授,他允许我们刊布本文字记录稿,并为我们提供了他于 2017 年 11 月 18 日在比萨大学开展的讲座的文字记录稿,其中讨论了施特劳斯的这篇文字记录稿。他保留进一步刊布本文字记录稿的所有权利。塔科夫和麦基恩对这场讲座的原始文字记录稿进行了相当大的改进,两位匿名审稿人也对本文字记录稿的改进做出了贡献,同时对讲座内容提出了一些实质性的评论,非常感谢他们。[译按]本文字记录稿原题是"'Religion and the Commonweal in the Tradition of Political Philosophy': An Unpublished Lecture by Leo Strauss",载 *American Political Thought: A Journal of Ideas, Institutions, and Culture*, vol. 10(Winter 2021),页 86—120。

布。下面的文字记录稿在这方面特别重要,因为它通过明确参考美国的背景和围绕恰当理解合众国宪法中宗教和政治之间关系的论辩,处理了政治哲学和宪法交叉的问题(以及政治社会学的法外考虑)。由于施特劳斯对这个话题的处理与他思想的哲学根基密切相关,所以值得首先概述他思想中的这个问题。

　　施特劳斯的读者经常遇到的困难之一是,如何在施特劳斯作为一个整体的著述中找到自己的门道。鉴于施特劳斯的智性生产极为多样——其著述主要由对色诺芬和柏克、修昔底德和阿尔法拉比(Alfarabi)、迈蒙尼德(Maimonides)和洛克、哈勒维(Judah Halevi)和马基雅维利等不同著者的注疏组成——一个人就会有这样的印象:施特劳斯的著述如此多样,以至于它们抗拒在单一标题下进行任何种类的范畴化。这类印象来自对施特劳斯著述的"表面"的观察,其当然告知了我们某种关于他思想特征的重要东西,但施特劳斯本人曾经著名地谈道,也许不是他的著述和智性项目作为一个整体的内在统一性,而至少是那最重要的主题,指引着他的智性历险(intellectual odyssey):在 1964 年《霍布斯的政治哲学》(*The Political Philosophy of Thomas Hobbes*)的德文版前言中,施特劳斯声称,多年来,在他的智性成果中,"神学—政治问题(the theologico-political problem)一直是……唯一的(the)核心主题",这个问题最明显地为他的多元著述提供了某种统一性。① 在其最根本的层面上,神学—政治问题是对哲学、启示和政治之冲突关系的意识。施特劳斯在著述中坚定地认为,哲学和启示之协调的综合是不可能的,尽管很多人,最著名的是托马斯主义者,并不这么认为。② 他还论证道,

---

① 施特劳斯,《〈霍布斯的政治科学〉前言》("Preface to *Hobbes Politische Wissenschaft*"),载 *Interpretation: A Journal of Political Philosophy* 8(1979),页 1;迈尔(Heinrich Meier)编,《施特劳斯与神学—政治问题》(*Leo Strauss and the Theologico-Political Problem*),Marcus Brainard 译(Cambridge:Cambridge University Press,2006),页 3—29。[译按]中译文参考施特劳斯,《〈霍布斯的政治学〉德文版前言》,娄林译,收于刘小枫编,《苏格拉底问题与现代性——施特劳斯讲演与论文集:卷二》(北京:华夏出版社,2008),页 66;有改动。

② 施特劳斯,《自然正当与历史》,页 74—75;《理性与启示(1948)》("Reason and Revelation[1948]"),收于迈尔编,《施特劳斯与神学—政治问题》,页 150。

哲学和政治之间,或者更具体地说,哲人和城邦之间,其核心关系是一种根本的冲突关系,这著名地反映在苏格拉底被雅典城邦所处决这件事上。①对施特劳斯来说,神学—政治问题的这份专注和核心重要性在下面的讲座文字记录稿中可以清楚地看出来,在那里,施特劳斯指出了"如何在不侵犯人权的情况下以人类的手段确保宗教的未来"的问题。理性,作为哲学的工具和最高的人类能力,被认为要对最高的非人类的知识来源,即启示,所产生的东西的未来负责,而且是在一种政治背景之下。

然而,倘若相信施特劳斯关于神学—政治问题之重要性的陈述非常有助于向普通读者澄清其思想的一些基本方面,那就错了。事实上,在此,普通读者和更有经验的人面临着同样的困境。施特劳斯的神学—政治问题的确切轮廓到底是什么,在什么意义上这个问题是他著述的主轴,乃至施特劳斯在该难题上的立场是什么,这一切都没有直截了当的答案。②这场讲座的特殊开场以一种相当柔和的方式(也意味着以一种经典的施特劳斯式的方式),指出了施特劳斯读者的这种缺乏共识和困惑的主要原因之一——在我们对这场讲座的主要主题进行总结之前,我们应该讨论下这段开场白。施特劳斯以解释他打算"如何"处理政治和宗教之间的关系问题开始他的演说。这个"如何"最终与"令人不快的真理"的问题密切相关。这些令人不快的真理与政治和宗教的问题有什么关联,对此施特劳斯提到的雅尔塔会议或工会的实例并没有做出澄清。相反,施特劳斯所指出的东西是通过他省略的东西来说明的:当他引用伏尔泰的一段话时,他省略了第一句话,但他

---

① 施特劳斯,《注意一种被遗忘的写作艺术》("On a Forgotten Kind of Writing"),收于《什么是政治哲学:及其他研究》(Glencoe, IL: Free, 1959),页 221—222;《城邦与人》(Charlottesville: University of Virginia Press, 1964),页 21—23;《论僭政:含施特劳斯与科耶夫的通信》(On Tyranny. Including the Strauss-Kojève Correspondence), Victor Gourevitch 和 Michael Roth 编(Chicago: University of Chicago Press, 2000),页 205—206。

② 对施特劳斯的读者之间关于神学—政治问题的论辩的综述,参凯瑟琳·扎科特(Catherine Zuckert)、迈克尔·扎科特(Michael Zuckert),《施特劳斯与政治哲学问题》(Leo Strauss and the Problem of Political Philosophy, Chicago: University of Chicago Press, 2014),页 313—327。

在其他地方引用过这句话，"一个诚实[或勇敢]的人的命运是自由地解释自己的思想"。

伏尔泰的这段话为引入神学—政治问题开辟了道路。然而必须牢记，在讲座的主体部分，施特劳斯决定只专注于这个问题的一个方面，也许不是最根本的方面，即这个议题的政治方面或政治和宗教之间的冲突。这个议题的更加根本的方面，即理性和启示的冲突，只有在施特劳斯不断提到必须在解决实践议题之前处理的"理论问题"时才暗示出来；理论议题的核心只有在讲座的问答环节中才脱颖而出，因为有一些参与者似乎了解施特劳斯这方面的思想。听众询问一个哲人的恰当的政治态度，而哲人本身否认任何不是通过人作为人可以获得的东西来获得的知识的认知价值，但他同时也意识到，作为一个人，他"对共同体负有一定的治理职责"。

神学—政治问题的实践方面反映在"人类生活的两极"，"宗教"和"政治"。宗教在这里被阐释为"每个人都关心一个人格化的神"，而政治则是参照"政治哲学的传统"来解释的。"传统"这个词，暗指某种僵化和停滞的东西而不是某种鲜活和适宜的东西，它已然指向了"政治哲学"在施特劳斯时代岌岌可危的处境，施特劳斯也许比其他任何人都更想通过赋予这个挣扎的学科新的生命来纠正这种遗忘。①因此，施特劳斯很自然地从亚里士多德和柏拉图作为这个传统的唯一(the)代表开始，这两位顶尖的人物在重要议题上达成了一致：政治秩序需要公共宗教，因为法律需要超人的支持。施特劳斯声称，这一观察使得"所有古典哲人"都同意，"作为公民宗教的宗教"是每一个秩序优良的政治秩序的先决条件。②公民宗教是从政治权宜之计的视角来看的宗教。

---

① 施特劳斯，《自然正当与历史》，页92；《论古典政治哲学》("On Classical Political Philosophy")，收于《什么是政治哲学：及其他研究》，页78—79；《什么是政治哲学?》，收于《什么是政治哲学：及其他研究》，页27；《城邦与人》，页2、9；迈尔编，《施特劳斯与神学—政治问题》，页11—13。

② 施特劳斯，"《卡扎尔人书》中的理性之法"(The Law of Reason in the Kuzari)，见《迫害与写作艺术》(Persecution and the Art of Writing, Glencoe, IL: Free, 1952)，页130。

当对神圣事物的关注完全通过那区别于哲学视角的政治考量的镜头来处理时,它的地位较低。公民宗教的观念也暗示了哲人对宗教信仰之形成的必要干预。施特劳斯评述道,这些古典哲人都没有声称他们可以创建一种宗教,这完全属于"奠基者或立法者"的权限。①哲人找到了他的社会的宗教传统,并"不得不接受它"。但鉴于宗教"也给城邦带来了某些危险"这一事实,哲人的公共职责要求他在城邦的利益需要时"应该影响或修正宗教"。

施特劳斯评述道,尽管"一种相当自由的宗教实践"是一些前现代社会在宗教信仰方面的一般趋势,但对宗教异端没有"法律保护",在现代之前没有任何与"第一修正案"相对应的东西:即使是哲人也不要求这样的保护,虽然在一个只要求信仰宇宙的或可证明的诸神的城邦里,"苏格拉底可以毫无困难地生活和死亡"。在此,"古典古代在哲学或非哲学的意义上是极为不自由的",虽然在实践上比在明确的政治建议上要更自由些。

这种情况在现代开始发生变化,确切地讲,是紧接在现代意识兴起之前的一段时期。然而,施特劳斯小心翼翼地与那些主张基督教在影响这种态度转变方面的至关重要性的阵营保持距离,并含蓄地质疑所谓的"世俗化论题"(secularization thesis)。②严格意义上的宗教观,也就是施特劳斯所说的"政治神学",并不提倡宗教自由,更不用说免于宗教的自由了。"三种普遍的一神论宗教"最多允许的是,对其中别的公认宗教的信徒采取某种"极其无能"的、有限形式的宗教宽容。只有

---

① 施特劳斯,《法拉比如何解读柏拉图的〈法义〉》("How Fārābī Read Plato's Laws"),收于《什么是政治哲学:及其他研究》,页154;《理性与启示》,收于迈尔编,《施特劳斯与神学—政治问题》,页167;比较施特劳斯,"《卡扎尔人书》中的理性之法",见《迫害与写作艺术》,页124。

② 参施特劳斯,《自然正当与历史》,页60注22,页317;马南(Pierre Manent),《关于世俗化观念的若干评论》("Quelques Remarques Sur La Notion de Sécularisation"),收于 François Furet 和 Mona Ozouf 编,《法国大革命与现代政治文化的创生(卷3):政治文化的转型(1789—1848)》(*The French Revolution and the Creation of Modern Political Culture*, vol. 3, *The Transformation of Political Culture* 1789—1848, Oxford:Pergamon, 1987),页351—357。

通过与正统观点的根本决裂,才能引起根本变化的出现。施特劳斯解释说,这种变化不是一夜之间发生的,而是经由几个步骤逐渐发生。首先,早期现代哲人仍然需要某种形式的公民宗教,尽管在莫尔(Thomas More)和马基雅维利那里,施特劳斯观察到微小但重要的发展。莫尔提出了一种公民宗教:允许在信仰条款和公共崇拜方面有某种有限的灵活性,同时,也有可能对官方确立的宗教进行理性批评,前提是这些批评性观点只能在私下里和当高级公民在场时提出来。①马基雅维利接续了古典传统,但在独立君主国的情况下做了一个重要的例外,他相信这可以消除确立公民宗教的要求。与古典观点决裂的决定性人物是霍布斯(马基雅维利的"后继者")②和培尔(Pierre Bayle),他们否认公民宗教的必要性,并首次设想了无神论社会的可能性和可欲性:

> 这样一个社会,其中,公共政府行为和公众支持的行为与神没有任何关联……或者一个人不会因为自己信奉无神论而为任何与政治相关的无能所困……③

施特劳斯将这种新发展描述为"地下的",一种"直到19世纪才以某种方式影响公共政策或公共讨论"的新观念,当时,无神论政治秩序的规划尤其通过社会主义和布尔什维克主义而成为一种政治项目。从霍布斯到19世纪,主导的观点仍然是,呼吁总体上要宽容不同的宗教派别,除非出现一些显著的例外情况。在这一时期,对所有宗教信仰和实践的普遍宽容的观念,包括宽容无神论者,更不用说一个根本上是无神论的政治秩序的实践根基,都被排除在思想和实践之外。施特劳斯

---

① 参施特劳斯,《柏拉图〈法义〉的论辩与情节》(*The Argument and the Action of Plato's Laws*,Chicago:University of Chicago Press,1975),页10—11,关于柏拉图的"诸法之法"的讨论。

② 施特劳斯,《霍布斯的政治哲学:基础与起源》(*The Political Philosophy of Hobbes:Its Basis and Its Genesis*),Elsa M. Sinclair 译(Chicago:University of Chicago Press,1952),页xiii;《自然正当与历史》,页177—180。

③ 施特劳斯,《自然正当与历史》,页198—199,页198注43。

的这个评述对于理解施特劳斯关于美国政制及其奠基文献的看法极为重要,他将其描述为"18 世纪的产物"。施特劳斯似乎相信,美国政制更契合这一仍然只接受有限宽容的过渡时期。

施特劳斯意识到他的听众的主要专注点,以及神学—政治问题在这里主要是从美国政治制度的角度来看的,这些在他讲座的最后以及问答环节都清楚地反映出来了。但这种意识也出现在一个影射中,在其中施特劳斯强调了莫尔的乌托邦政治秩序中的祈祷议题,并猜测听众也许会"由此想起许多当代的事实"。① 正是从这个特定的语境出发,施特劳斯引导他的听众反思宗教在一个秩序优良的政治制度中的地位,并邀请我们"超然而冷静地"反思公共宗教在其中的确立或缺乏将如何"影响人类,各种各样的人类"。他提醒我们,即使哲学上坚信"没有宗教是真实的",这也没有允许我们轻易赞同知识分子中的常见观念,即宗教的消失将不过是"世界的解脱"。我们也不能满足于那些淡化宗教真正本质特征的人的观点("我是一个宗教人,[因为]我是一个科学家!"),从而规避了启示宗教对人类生活的可能影响。施特劳斯声称,极为重要的是反思那些哲人的教诲,他们似乎断然否认无神论社会是"好社会"的可能性,或者反思另一些人的立场,他们认为"不信宗教的独立君主国或专制国是可能的,不信宗教的共和国则是不可能的"。也许一个好的自由社会需要宗教,那么应该如何对待这些哲人的教诲,因为他们还否认真实宗教的可能性? 我们是否不可避免地要在专制的"无神论和对摩洛克神(Moloch)这样的野兽的活生生的信仰"之间做选择?②

---

① 施特劳斯似乎指的是 1962 年 6 月 25 日合众国最高法院对恩格尔诉维塔利案(*Engel v. Vitale*)的裁决,当时,最高法院以 6 比 1 的投票结果裁定,公立学校的自愿祈祷违宪,违反了第一修正案的政教分离条款(the Establishment Clause of the First Amendment)。施特劳斯的这场讲座是在 1963 年 1 月 27 日,也就是在这一具有里程碑意义的判决七个月后开展的。该判决重申了 1947 年艾佛森诉教育委员会案(*Everson v. Board of Education*),此案将本国的《权利法案》中的政教隔离条款适用于州法律。非常感谢《美国政治思想》的一位匿名审稿人让我们注意到了这一点。

② 施特劳斯,《关于好社会的诸视角》("Perspectives on the Good Society"),收于《古今自由主义》(Ithaca, NY: Cornell University Press, 1968),页 264。

编订者说明

　　在其一生中,施特劳斯在希勒尔学院(Hillel House)多次就不同的话题发表演讲。我们知道这些讲座稿中至少有 5 个不同的文本留存了下来:《进步还是回归?》("Progress or Return?"),在 1952 年 11 月 5 日、12 日、19 日的三次会议上宣读;《弗洛伊德论摩西与一神教》("Freud on Moses and Monotheism"),似乎在 1958 年春季学期(3—6 月)宣读;《迈蒙尼德的〈迷途指津〉引论》("Introduction to Maimonides' *The Guide of the Perplexed*"),在 1960 年 2 月 7 日和 14 日的两次会议上宣读;《我们为什么仍然是犹太人》("Why We Remain Jews"),1962 年 2 月 4 日宣读;以及目前这篇讲座稿,1963 年 1 月 27 日宣读。① 此外,还是在希勒尔学院,施特劳斯为布伯(Martin Buber;1951 年 12 月 3 日)、奥尔特曼(Alexander Altmann;1957 年某个时候)和西蒙(Ernst Simon)的讲座宣读引言。阿纳斯塔普罗(George Anastaplo)在自己的一份出版物的脚注中评述道,② 他这份研究的一部分是改写自他"1963 年 3 月 3 日在芝加哥大学希勒尔基金会犹太学生中心(Hillel Founda-

① 施特劳斯,《弗洛伊德论摩西与一神教》,收于 Kenneth Hart Green 编,《犹太哲学与现代性的危机:施特劳斯关于现代犹太思想的论文和讲演集》(*Jewish Philosophy and the Crisis of Modernity*:*Essays and Lectures in Modern Jewish Thought by Leo Strauss*, Albany, NY:SUNY Press, 1997),页 285—311;《进步还是回归?》,收于 Kenneth Hart Green 编,《犹太哲学与现代性的危机:施特劳斯关于现代犹太思想的论文和讲演集》,页 87—137;《我们为什么仍然是犹太人》,收于 Kenneth Hart Green 编,《犹太哲学与现代性的危机:施特劳斯关于现代犹太思想的论文和讲演集》,页 311—359;《迈蒙尼德的〈迷途指津〉引论》,收于 Kenneth Hart Green 编,《施特劳斯论迈蒙尼德(著述全集)》(*Leo Strauss on Maimonides*:*The Complete Writings*, Chicago:University of Chicago Press, 2013),页 417—491。

② 阿纳斯塔普罗,《美国立宪主义与明智的德性:费城、巴黎、华盛顿和葛底斯堡》("American Constitutionalism and the Virtue of Prudence:Philadelphia, Paris, Washington, Gettysburg"),载 *Loyola of Los Angeles Law Review*,1975,8(1),页 23 注 22。

tion Jewish Student Center)宣读的"演说稿,这是"'宗教和共同福祉'
(*Religion and the Commonweal*)系列的最后一场,该系列是为纪念拉比
佩卡斯基(Rabbi Maurice B. Pekarsky, 1905—1962)"。阿纳斯塔普罗
还说"这个系列由施特劳斯的讲座《政治哲学的传统》(*The Tradition of
Political Philosophy*)开始"。基于这些证据和讲座本身的若干段落,我
们得出结论,讲座的准确标题是《"政治哲学的传统"及其与宗教和共
同福祉问题的关系》("The Tradition of Political Philosophy," in its rela-
tionship with the question of religion and the commonweal)。

这份打字稿基于讲座的音频文件,音频文件可以在施特劳斯中心
的网站上找到。在我们的文字转录稿中,书名得以标准化,一些语法错
误得以纠正,讲座内容被稍加编辑以使其流畅,脚注用来提供相关信息
和指明施特劳斯的参考文献。所有错误由编订者负责。

"宗教和共同福祉"讲座,希勒尔基金会,1963 年 1 月 27 日

主持人:欢迎大家今晚来到希勒尔。当我们有这样的讲座系列时,
总会出现引言人增加的趋势。作为东道主,我非常高兴地欢迎大家的
到来,然后很快会请阿纳斯塔普罗先生上来,①他协助安排了或者说他
实际上安排了今晚的讲座系列。阿纳斯塔普罗先生,大家都很熟悉,他
是学院(the College)商业区中心的自由教育讲师,他将介绍这个讲座
系列和今晚的演讲者。有请阿纳斯塔普罗先生!

阿纳斯塔普罗:很荣幸今晚能请到佩卡斯基夫人,尤其是考虑到这

---

① 阿纳斯塔普罗(1925—2014),洛约拉大学法学院和芝加哥大学自由教育基础
　　课程(Basic Program in the Liberal Arts)教授。他对伊利诺伊州律师品格与健
　　康委员会(Bar's Committee on Character and Fitness)拒绝让他一路进入合众国
　　最高法院提起上诉(1961 年以 5 比 4 的投票结果败诉)。施特劳斯在问答环
　　节所提到的一份"透彻的研究"是阿纳斯塔普罗的博士论文《美国宪法第一修
　　正案注解》("Notes on The First Amendment to The Constitution of America",芝
　　加哥大学,1964),该博士论文后来得以出版,见阿纳斯塔普罗,《立宪主义者:
　　第一修正案注解》(*The Constitutionalist: Notes on the First Amendment*,重印,
　　Lanham, MD: Lexington, 1971/2005)。

是一个纪念她已故丈夫的讲座系列,并且我想这还是一个拉比佩卡斯基会特别喜欢的讲座系列。① 近年来,我们准备了几个这样的讲座,这是他过去在办的一个,事实上也是他去年夏天被送往医院之前在办的最后一个。我要补充一点,这个讲座系列的准备工作在很大程度上要归功于勒纳(Ralph Lerner)先生②和丹豪瑟([Werner] Dannhauser)先生③,他们将在下周日晚上同一时间举行讲座。我们的计划包括演说,然后是提问环节,再然后有茶点或咖啡,之后在这个讲座系列剩余的时间里可以领取手册。我现在转向今晚的讲座。我相信,由一位杰出的政治哲学教授来开启这个关于"宗教和共同福祉"的讲座系列很合适、很恰当,这位教授在与拉比佩卡斯基交往近 15 年或近 20 年的时间里受到了他的高度评价。施特劳斯先生将就政治哲学的传统发表演讲。

施特劳斯:女士们先生们、佩卡斯基夫人,这是在我的朋友拉比佩卡斯基去世后,我第一次有幸在希勒尔学院做讲座。请允许我对他表示敬意。拉比佩卡斯基的灵魂和实质是犹太虔敬,简单而老式的、纯洁的犹太虔敬。他奉献了自己的一生,让这团圣火继续燃烧,或者让它重新燃起。他非常清楚,在 20 世纪中叶,尤其是在我们这样的大学里,这项任务有多么困难。在这种困难的情境下,他以异乎寻常的机敏和明智行事。他并没有反对那试图将犹太教化约为社会伦理的一方和那试图将其化约为种族文化的一方,因为这两派都保留了一部分的古代真理,无论多么微小,还因为它们的对抗本身,普遍事物和特殊事物之间的对抗,指向了一个充分的真理:选民,被选为正义的见证者的人。他没有断然拒绝,反而吸引了那些不如他有福的人,那些没有成功地找到

---

① 拉比佩卡斯基(1905—1962),芝加哥大学希勒尔基金会主任。

② 勒纳,芝加哥大学富兰克林(Benjamin Franklin)名誉教授,著有关于中世纪政治哲学、启蒙运动和美国政治思想的作品,其中包括《天真的解读:政治的晨号与哲学的晨号》(*Naïve Readings: Reveilles Political and Philosophic*, Chicago: University of Chicago Press, 2016)。

③ 丹豪瑟(Werner J. Dannhauser, 1929—2014),康奈尔大学和密歇根州立大学教授,著有《尼采眼中的苏格拉底》(*Nietzsche's View of Socrates*, Ithaca, NY: Cornell University Press, 1974)。

一种调和古老的虔敬和新科学的方式的人,因为他在对真理的热爱中与他们团结在一起。这的确是他的宽容和忍耐的极限。他只是宽容那些认为大学首先是一个提升自己的地方的人,因为他是一个非常有礼貌的人。我相信,而且在听了阿纳斯塔普罗先生的讲话之后,我知道他会赞成阿纳斯塔普罗先生和他的朋友们的努力,即探索如何在不侵犯人权的情况下以人类的手段确保宗教的未来。

我想先说几句我打算如何切入这次的话题。当然,我会以社会科学家的方式来说。社会科学家是这样一种人,他发誓要面对且宣布令人不快的真理(unpleasant truths),一些令他本人不快的真理。有两种令人不快的真理:令人不快但同时又令人愉快的真理和单纯令人不快的真理。关于这两种真理,我都会举一个实例。例如,对大企业的一个朋友来说,指出工会邪恶的、令人不快的权力,并非完全令人不快;而对工会的一个朋友来说,指出大企业令人不快的权力,结果也会那样。对这些人来说,这些是令人愉快的事实,是他们赖以为生的事实。真正令人不快的事实是那些使一个人的党派路线变得可疑的事实。例如,专业自由派眼中的雅尔塔[会议],以及专业保守派眼中的拥有庞大国防预算的强大的中央政府。我正是本着这种精神来切入我的话题:关于宗教和共同福祉,政治哲学的传统教导了什么?伏尔泰曾说,celui qui n'ose regarder fixement les deux pôles de la vie[humaine],la religion et le government n'est qu'un lâche[谁不敢直视生活的两极,宗教和政府,谁就只是个懦夫]。①用我们这个时代的语言来说,生活的两极是低于文

---

① 完整的引文,包括施特劳斯在这里省去的第一句话,如下所示:Le partage du brave homme est d'expliquer librement ses pensées. Celui qui n'ose regarder fixément les deux pôles de la vie humaine,la religion et le gouvernement,n'est qu'un lâche.[一个好人的命运是自由地解释自己的思想。谁不敢正视人类生活的两极,宗教和政府,谁就只是个懦夫。]这一完整引文出现在施特劳斯1939年名为《显白教诲》("Exoteric Teaching")的手稿的题记中(收于 Hannes Kerber、Martin D. Yaffe 和 Richard S. Ruderman 编,《重新定向:1930年代的施特劳斯》[*Reorientation*:*Leo Strauss in the* 1930*s*,New York:Palgrave Macmillan,2014],页 275)。施特劳斯的来源是雅可比(Friedrich Heinrich Jacobi)1782年名为《莱辛之言》的文章,雅可比在其作品末尾引用了这段话,并(转下页注)

化的政府和超越文化的宗教。两种严厉和严苛的东西,区别于文化。如果我们从文化来理解政治和宗教,就模糊了一个根本的困难:政府,或共同福祉,必然是特殊的;宗教,至少就其意图而言,是普遍的,能覆盖所有的人。如果我们从文化的视角来看一切,就会忘记普遍事物,因为文化是以复数形式使用的;我们忘记了普遍事物、真正的人类事物,因为如今使用的文化这个术语本质上是特殊的。

现在,如果我们遵循这种思想,我们或许不仅会被迫质疑文化的概念,甚至还会质疑宗教的概念。宗教(religion)不是一个希伯来词,也不是一个希腊词。虔敬(piety)确实是一个普遍的术语。但是宗教和虔敬一样吗?这个问题相当微妙。当我们说一个人笃信宗教时,和当我们说他虔敬时,我认为我们无论如何指的并不是同一件事。例如,我不相信有人说过布伯虔敬,但他当然是一个宗教人。但让我们不要迂腐也不要显得迂腐了。让我们说,正如我们有资格根据我们的西方传统来说的那样,宗教仅仅意味着每个人都关心一个人格化的神,这个神会思考且有意志,关心着人,关心每一个人,或者用一个流行的表达,是一个"你"(Thou)的存在。[①] 至于讲座题目中提到的政治哲学,我已经通过谈论政治哲学的传统,为我们当前的目标充分地阐明了它的含义。我暗示了政治哲学在我们这个年代恰恰没有蓬勃发展,不是尽管而是因为我相信,"哲学"和"政治哲学"这样的词事实上在我们这个时代每天都在使用,比以往任何时候都要多见。这是我们这个时代的特征之

(接上页注)做了一些修改。这段话原本出自伏尔泰的《ABC,或 ABC 之间的对话》(*L'A,B,C,ou Dialogues entre A,B,C*)。参伏尔泰,《ABC,或 ABC 之间的对话》(*The A B C, or Dialogues between A B C*),收于 David Williams 编,《伏尔泰政治著述集》(*Voltaire:Political Writings*,Cambridge:Cambridge University Press,1994),页 142;雅可比,《莱辛之言:〈教皇之旅〉注疏》("Something Lessing Said:A Commentary on *Journeys of the Popes*"),收于 James Schmidt 编,《什么是启蒙:18 世纪的回答与 20 世纪的问题》(*What Is Enlightenment? Eighteenth-Century Answers and Twentieth-Century Questions*,Berkeley:University of California Press,1996),页 209。

[①]　参布伯,《我与你》(*I and Thou*),Walter Kaufmann 译(New York:Scribner's,1970)。

一。只是举例说明这意味着什么:毫无疑问,"历史的"这个词如今被大量使用。每天我们都会读到另一个"历史的"事件,事实证明,这些事件今天值得成为头条新闻,但明天就会被遗忘,且肯定不会晚于明年。所以换句话说,我们遭受了这些词方面的某种通货膨胀,这一点也适用于"哲学"这个词。通货膨胀不能在实物的匮乏上欺骗我们,这一点也适用于政治哲学本身。不过,无论政治哲学在我们这个年代是多么缺失,当今所有的讨论,比如关于宗教和共同福祉问题的讨论,都是基于政治哲学的,而不管讨论者是否知道。顺便说一句,所谓的自由主义立场尤其如此。在这个议题上,自由主义的立场肯定不是基于宗教,不论是犹太教还是基督教,而是仅仅基于独立无援的人类心智(unassisted human mind),因而也是基于哲学。

现在有一件事可以说说,同时有理由肯定,每个人都批准通过了它,那就是:政治哲学产生于希腊,而希腊政治哲学的经典文献是亚里士多德的《政治学》。让我们从这里开始:关于我们的话题,我们能从亚里士多德处学到什么?在《政治学》第七卷的某处,他列举了共同福祉所必不可少的功能、作为。他以升序的方式提到了其中的六项:从最下面的食物到最上面的政府;在这个列举中出现了如下奇怪的表述,"第五和第一(fifth and first),对神圣事物的关注"①,他这话是什么意思?首先,他的意思是:没有宗教,没有官方确立的宗教(established religion),即所有公民都有义务信奉的国家宗教(state religion),就不可能有共同福祉或城邦。亚里士多德在以他自己的名义所作的关于自然正当(natural right)的唯一评述中暗示,向诸神献祭,因而当然也包括祈祷,属于自然正当。公民的祈祷和献祭在自然上就是正义的。②每个社会都必须把这种对神圣事物的关注作为一种公共的政治关注。从一定程度上讲,这种关注排第一,亚里士多德说"第五和第一"。它排第一是因为它甚至比食物更必要,同时它甚至比政府更高。但在另一方面它不排第一,因此他说"第五或第一"(fifth or first)。

----

① 亚里士多德,《政治学》,1328b11—12。
② 亚里士多德,《尼各马可伦理学》,1134b23—25。

　　神圣事物本身肯定比人类事物更高。但亚里士多德在这里所谈论的对神圣事物的政治关注并不是最高的。这种对神圣事物的政治关注与对神圣事物的知识极为不同,而据亚里士多德所述,对神圣事物的知识是人类最高的追求。这种关注、这种政治关注既不是最高的也不是最根本的。亚里士多德在《形而上学》第十二卷的一段话中解释了这一点,在中世纪,在拉丁中世纪,这段话非常有名,[其中亚里士多德谈论了]初期的[思想家],并引用了"这些祖辈的意见"。①那么在那里他说了什么? 他在那里谈论了关于诸神的通俗观念,这些观念是公共的、官方确立的宗教的基础。这些通俗的观念包含着真理的成分,但它们并不完全真实:有些不真实的东西被加入其中。为了什么? "为说服多数人,并在法律和有益的事[即政治上有益的事——施特劳斯]上有益处。"②法律,普通的政治法律,在某种意义上需要超人的支持。亚里士多德所理解的法律不可能是单纯的理性的或合理的,因为单纯的理性或合理性并没有很大的力量。合理性在艺术、医学、制鞋、战略等领域都很强大,但它与法律无关。法律的有效性决定性地归功于习惯(custom)、习惯化(habituation),而不是其内在的合理性,因此它们需要另一种支持,一种超人的支持。③宗教,用一句话来讲——如果我们可以"用宗教"来翻译亚里士多德的术语"对神圣事物的关注"——宗教就是公民宗教(civil religion)、政治宗教(political religion),是政治建制(political establishment)的一部分。我们还可以使用另一个术语,它不是出现在亚里士多德那里,而是晚些时候才有的:我们可以说,有一种"公民神学"(civil theology),区别于真正的哲理神学(philosophic theology)。这个术语在奥古斯丁的一段引文中最为人所知,它可以追溯到廊下派,但这种思想当然明显是出自亚里士多德。④现在,这种观点并非亚里士多德独有。我提几点。柏拉图:每个人都知道柏拉图《王制》

① 亚里士多德,《形而上学》,1074b13(πάτριος δόξα)。
② 亚里士多德,《形而上学》,1074b4—5。
③ 亚里士多德,《政治学》,1289a20—23。
④ 奥古斯丁,《上帝之城》(The City of God),4.27。

的论点是,哲人的统治是公共幸福的唯一(the)条件。但如果你们在《王制》续篇即一篇叫作《蒂迈欧》的对话的语境中读到这一点,就会看到哲人的统治不仅取代了人民的、贵族的或国王的统治,而且尤其取代了祭司的统治。①可以说,哲人的统治是对祭司统治的唯一适当的回应。

我现在只想断言,这种宗教,作为公民宗教的宗教,是所有古典哲人的教诲。唯一的(the)实例是著名的苏格拉底案。苏格拉底被指控不敬奉城邦的诸神,这样就做了不正义的事。那么这是什么意思?他是没有献上祭品,还是没有以法律规定的方式有序地献上祭品?柏拉图对这一控告的阐释是:苏格拉底不相信雅典城邦所敬奉的诸神的存在。这比偶尔忽略祭品要严重得多,他承认自己在生命的最后时刻忽略了祭品,他对克里同(Crito)说:"我们忘记给阿斯克勒皮俄斯(Asclepius)献上祭品了。"②你们知道这不是非常正统,他给他朋友的最后一条指令是:"明天把祭品献上。"可以肯定,苏格拉底并没有鼓吹雅典城邦所敬奉的诸神不存在,但是,更严重的是,在他著名的《申辩》(Apology)中,他并没有去面对那一指控。当你们读到的时候,你们会发现他并没有做出反驳。他为原告设下了陷阱,原告,一个傻瓜,掉进了陷阱,然后苏格拉底就摆脱了所有的困难。但这肯定不是对控告的反驳。当然,苏格拉底以某种方式声称自己没有所控之罪,由此暗示出,在他被定罪后,他是被无辜地定了罪的。但这是一个有点古怪的故事。有个人,苏格拉底的非常狂热的仰慕者,说"多么可怕啊,苏格拉底,你被不正义地定了罪",苏格拉底笑了——这是他唯一一次笑——然后说,"你宁愿我被正义地定罪吗?"③[笑声]但如果你们读了他被控有罪的证据就不会有疑问了。现在,他不能否认 polis 即城邦有权利要求每个公民相信宙斯、赫拉等全体神明的存在。他只保留了一个他拒绝服从城邦的情况:即使城邦合法地颁布法律来阻止哲思,他说他也会不服从这样的法律。④但这样的法律并不

① 柏拉图,《蒂迈欧》,24a—b。
② 柏拉图,《斐多》,118a。
③ 色诺芬,《苏格拉底的申辩》(Apology of Socrates),28。
④ 柏拉图,《苏格拉底的申辩》,29d。

存在,而且大概也永远不会以这种方式颁布。

当然,苏格拉底没有谈到的是,禁止哲思和禁止不信雅典城邦所敬奉的诸神的存在之间的联系。他甚至在《申辩》中说他的哲思是由于阿波罗神的直接命令,他命令他进行哲思。再一次,如果你们读到的话,就会看到阿波罗没有做任何这样的事情。当[阿波罗被问到]这个模棱两可的问题时,当他被苏格拉底的另一位狂热仰慕者问到,"是否有人比苏格拉底更智慧?"阿波罗或女祭司说,"不,没有人比苏格拉底更智慧",①这当然不完全是一项命令:"苏格拉底,你必须进行哲思!"苏格拉底将其阐释为,在诸神看来他比别人更智慧,因为他知道自己一无所知;因此,为了使自己和别人都信服,他走遍雅典,揭穿每个假装智慧的人。当然,这对他来说并不太难:他表明,这些假装智慧的人事实上非常不智慧。然后他变得非常不受欢迎,最后是遭到指责。但是,无论我们对如何阐释神谕有多么宽泛的看法,说那是阿波罗的明确指令就有点言过其实了。

在苏格拉底的经历之后,柏拉图诚实地努力解决苏格拉底的命运所显示的问题,那就是,他是这样一个哲人,其本身不能相信雅典城邦所敬奉的诸神,哲学和城邦是不相容的。如何能使它们相容? 这是柏拉图在《法义》中解决的一个大问题,特别是在第十卷中,他表明了关于宗教的适当立法是什么,那就是,要求每个公民信仰那些可被证明是存在的神(宙斯等的存在永远无法证明),我们可以称这些神为宇宙诸神(cosmic gods),即柏拉图所认为的作为有生命的存在者的天体。在《法义》的次好城邦中,只要求每个公民有这种理性的信仰,当然还要在法律上强制执行。在这样的城邦里,苏格拉底可以毫无困难地生活和死亡。在那里对不信的惩罚非常复杂。人们的第一印象是在每种情况下都是死刑,但并不完全这样,因为如果一个人正义,过着正义的生活,而不是按照这种理性宗教的路线行事的正统派,他就不会被判处死刑;这一点在后面会很清楚。

这就是亚里士多德和柏拉图的情况。但有人可能会说:但在所有

_____

① [译按]柏拉图,《苏格拉底的申辩》,21a。

情况下都必须有一种每个公民都必须接受的公共宗教。但还有人可能会说:难道古典时代就没有激进分子——就像有些人说的,自由主义者? 现今有不少人坚持这种观点,并且他们提到了像普罗塔戈拉(Protagoras)这样的人,普罗塔戈拉当然不是雅典公民,但他在雅典生活过一段时间并惹上了麻烦,因为他的书大致以这句话起头,"诸神是存在还是不存在,我不知道。问题的艰巨或遥远以及我生命的短暂使我无法找到真相(the truth)"。他被称为不可知论者(agnostic),因为他在形式上没有否认,而只是表达了他的怀疑。但是也必须说——有过这样一些人——不论是普罗塔戈拉,还是我们有一定了解的其他任何一个人,都没有参与宣传那样的观点。这些人在上流社会的非常私人的圈子里说过这些话,也许在某种程度上也写过,但我们只有这些著述的辑语;我们不知道那东西在整本书里是什么样子。根据辑语来判断总是很危险。在我们这个年代,一些马克思主义和原马克思主义(crypto-Marxis)的著者所推崇的观点是,古代所大致划定的界线和我们这个时代是一样的:一个右派和一个左派,右派是苏格拉底、柏拉图和亚里士多德这些被诅咒的家伙,他们是反动派;而左派则是杜威的先驱们[笑声]——我想说,这只是一种没有根据的虚构。柏克的明确、非常明确的声明将有助于澄清这种情况。柏克在某处说过:

> 从前,大胆并不是无神论者(Atheists)的特征。他们的特征甚至几乎完全相反;他们从前就像古老的伊壁鸠鲁派,是相当缺乏进取心的一族。但近来,他们变得活跃起来,图谋不轨,躁动不安,煽动性强。①

这些古老的不信宗教的人不是有进取心的一族,他们有时是我们现在所说的知识分子,有的时候又是一种游民,[笑声]生活在社会边

---

① 柏克,《关于法国事务的思考》(*Thoughts on French Affairs*),收于《埃德蒙·柏克阁下著作集(第 4 卷)》(*The Works of the Right Honorable Edmund Burke*, vol. 4,Boston:Little, Brown,1881),页 355。

缘,但这在政治上并不重要。我们可以有把握地说,存在于古典古代的
政治哲学是像苏格拉底、柏拉图和亚里士多德以及廊下派这样的人的
政治哲学。其他可以被视为现代自由主义的先驱的人在政治上没有兴
趣。这种思想在政治上具有相关性的可能性微乎其微。好。

　　现在让我来总结一下要点。没有宗教——我指的是亚里士多德所
暗示的观点,亚里士多德、柏拉图等人所暗示的观点。请理解我:我现
在把精确意义上的宗教仅仅看成是对亚里士多德所指的作为第五和第
一的"对神圣事物的关注"的翻译。但必须在某种程度上精确。在本
国,我听到有些人说:呃,我是一个宗教人,我是一个科学家! 如果你们
把任何奉献都称为宗教,那么当然可以说每个奉献的人都是笃信宗教
的,但我认为这是一种严重的语词滥用。现在,如果我连贯地陈述古典
的观点,就会说:没有宗教是真实的,但某种宗教、某一宗教在政治上是
必要的。法律和道德对大多数人来说是不够的。对法律和道德准则的
服从不足以使人幸福——呃,众所周知的事实是恶人幸福(happy),而
正义的人生活在苦难(misery)中。因此,法律和道德需要神圣的奖惩
作补充。然而,对法律和道德的真正补充是哲学,但哲学本质上是极少
数人的专利,因为成为哲人需要一种特殊的本性(nature)。宗教在这
里不应该是哲人的作品。这些哲人都不相信自己能创建(found)一种
宗教。宗教是奠基者(founders)或立法者的作品,哲学只是找到
(finds)它,并不得不接受它。不过,哲学能够也应该影响或修正宗教。
虽然宗教对城邦来说不可或缺,但它也给城邦带来了某些危险。著名
的例子有:地震和日食被阐释为不祥的预兆;军队恐慌了。呃,如果你
们有一个被启蒙的将军,比如伯利克勒斯,比如斯奇皮欧(Scipio),你
们会怎么做? 他会给军队做一个简短的演说,告诉他们这完全是自然
发生的,其中并不存在预兆。① 那么[这是]一个有趣的问题,西塞罗
《论共和国》(Republic)的第一卷对此做出了最连贯的讨论。或者另一
个例子:著名的阿尔吉努赛(Arginusae)海战,雅典人获胜了,但在那
里,将军或海军上将并没有负责打捞,不是打捞遭受海难的士兵,而是

---

① 施特劳斯,《思索马基雅维利》(Glencoe, IL: Free, 1958),页 208。

打捞尸体。按照雅典人的宗教观念,尸体得带回家妥善埋葬,将军们被判处死刑。①这里还有一个例子,从哲人的视角来看,一些认为尸体本身是无关紧要的信息,就像柏拉图在《斐多》中给出的信息,对人道(humanity)是有帮助的。

请原谅我再提一个犹太历史上的实例:安息日不打仗。你们知道,在马加比战争(the Maccabean wars)一开始,安息日不打仗;然后这一条不得不被改变,因为事实证明,它不可行。②另一个自古典古代以来延续了许多世代的实例:宗教庇护制度。某个触摸祭坛的人,一个杀人犯,受到这一事实本身的保护——这是一种必须改变的非理性的实践。你们都知道,现今这种性质的、最紧迫和最著名的问题当然是生育控制问题。虔敬的犹太诗人哈勒维明显暗示了哲人在这方面的立场,他说,哲人,与宗教尤其是犹太教不同,并不承认一种普遍有效的、关于活动或行为的单一准则。换句话说,当共同的善(common good)受到威胁时,没有什么准则是不能被忽视的。③

那么哲学在这方面对宗教的实际影响是什么呢? 呃,可以说,例如有一段时间,雅典有一种相当自由的宗教实践,这与伯利克勒斯事实上受到了哲人阿那克萨戈拉斯等人的影响有关,还与其他一些情况有关。从某种程度上讲,罗马帝国也有一种非常自由的实践。但这样的自由实践是一回事,而法律保护则是另一回事。如果我们关注的是法律保护,就必须说古典古代在哲学或非哲学的意义上极为不自由。当时没有任何可与第一修正案相对应的东西。宗教的自由在理论上和实践上都还没有得到承认。重申一遍,在某些城邦的某些时期,由于人们的随和而出现了非常自由的实践,但当遇到考验时,这种自由主义是无法辩护的。现在,从这个视角来看,危险不在于 polis [城邦] 压制宗教自由——宗教自由甚至不是他们所渴望的——而是宗教或祭司对城邦的

---

① 施特劳斯,《关于好社会的诸视角》,收于《古今自由主义》,页 656—666。[译按]该注释显然有误,如果参考文献无误的话,页码可能是 265—266。

② 《马加比一书》(First Maccabees),2:41。

③ 参施特劳斯,"《卡扎尔人书》中的理性之法",见《迫害与写作艺术》,页 95—142。

不当影响。他们对此非常关注,但他们没有以任何方式要求宗教的自由。宗教压制,或者积极地说,宗教统一,是一种需要;对神圣事物的真正关注是知识,而不是祈祷和献祭。其基础是,详细说明我之前暗示的一点——根本的人类事实可以说是哲人们和非哲人们之间的鸿沟,他们称非哲人们为 demos,即平民(common people)。哲人们和非哲人们的目的本身是不同的,因此,哲人们所能拥有的自由是其他任何人不能拥有的。

但有一点并非完全不重要:哲人们承认,在哲人们和 demos[平民]之间存在着一个中间群体,这些人被他们称为受过教育的人,他们听从哲人,受其影响。用更社会的术语来说就是君子(gentlemen)。君子在这里指的是城区的贵族(urban patrician)。按照正统学说,城区的贵族阶级不得不以农业为生,但其实,它主要是商业性的,并且我认为仅仅从哲学社会学的视角来看,哲学史在很大程度上是商业贵族的历史。我认为这种情况一直持续到 18 世纪。这是严格理解的哲学的社会基础。

我绝对有必要说一说我所称的政治神学。①所谓政治神学,我指的是一些基于神圣启示的教诲,这种启示如犹太教、基督教、伊斯兰教,也许还有别的。从任何形式的政治神学的视角来看,一个特殊的宗教是唯一(the)真实的宗教;而从哲人的视角来看,没有宗教是真实的宗教。让我们来看一下三种普遍的一神论宗教之间的差别。犹太教并不要求所有的人都成为犹太人:如你们所知,只有犹太母亲生的人才是犹太人。基督教——基督教在原则上——对所有的人都有要求,但宽容那些极其无能(disability)的犹太人。我现在谈的当然是直到 200 年前的情况。伊斯兰教宽容那些在民事方面相当无能的犹太人和基督徒。这当然与基督徒承认摩西的启示、穆斯林承认犹太教和基督教的启示这一事实有关,尽管他们不承认这些经书。那么犹太人的立场是否意味着承认不信宗教的权利呢?我相信,这是我们必须针对我们时代的迫切问题提出的一个问题。我会说:不!传统犹太教的宽容的基础,无论

① 施特劳斯,《什么是政治哲学?》,收于《什么是政治哲学:及其他研究》,页 13。

我们怎么称呼它,都是那句著名的话,即,在世界各国族(nations)中,也就是在非犹太人中,虔敬的人(the pious)——或者人们所说的义人(the righteous)——在来世中有份,这在基督教的理解中意味着他们将被拯救。但义人是——这个词就是指虔敬的人——这些义人当然会信仰上帝,无须说,这是简单的理解。迈蒙尼德,一般被视为后塔木德时代最伟大的犹太教权威,他只把这个崇高的身份给了那些承认并执行所谓的挪亚七诫(seven Noahidic commandments)的非犹太人,据圣经所述,这些诫命的颁布不晚于挪亚时代,也就是说,是在大洪水之后,紧接大洪水之后。其中包括禁止谋杀和偷窃等等,当然还有禁止偶像崇拜。但是迈蒙尼德只把那种宽容给了那些以摩西启示为基础承认并执行挪亚七诫的非犹太人。也就是说,据迈蒙尼德所述,任何因为自己是、自己自然倾向于戒绝这些活动的人,或者任何因为受自身理性的引导而戒绝的人,这些戒绝它们的人都不属于外邦人(gentiles)中的虔敬的人。在实践中,这意味着迈蒙尼德只把那种宽容给了基督徒和穆斯林,因为从定义上讲他们当然承认摩西的启示。① 异教徒被排除在外,这就造成了某个问题,因为其中一个异教徒是迈蒙尼德极度仰慕的亚里士多德。现代自由主义观念在犹太教中越盛行,迈蒙尼德的决定就变得越是令人震惊。在关于这一决定的讨论中,迈蒙尼德的这个老观点的一位捍卫者引用了《诗篇》的第九篇,我可以读一读这些诗句的英译文:"恶人,就是一切忘记上帝的国族,都必归到阴间。主啊,求你起来,不容人得胜。愿异族在你眼前受审判。"

我必须提到一点,因为这一点在后面会很重要。就政治神学而非政治哲学的基础而言,存在着一个根本的困难。哪个更好:没有宗教抑或一种虚假的宗教?我的意思是,考虑到有人没有唯一(the)真实的宗教这一事实,哪个更好?换句话说,哪个更好或更糟:无神论和对摩洛克神这样的野兽的活生生的信仰?因为对摩洛克神的信仰当然是某种宗教,而无神论则显然不是。真实的宗教本身只有通过启示而不是通过理性或自然(nature)才能被认知,因此不可能有自然的义务去敬奉

① 《关于诸王的律法》(*Hilchot Melachim*),8:11。

和爱上帝,唯一真实的上帝。这也为托马斯·阿奎那所承认:不只是理性,而是受信仰影响的理性教导说,上帝应该被爱和敬奉。①这意味着——背离了亚里士多德,背离是因为对托马斯·阿奎那来说,那才是唯一(the)真实的宗教——托马斯教导说,对神祇的敬奉严格来讲并不是一种自然正当的制度,因为自然神学,也就是关于上帝存在等的自然知识,并没有导致唯有上帝必须被敬奉的见解,这当然是基督教的原则,也是犹太教和伊斯兰教的原则。现在,自然神学并没有导致唯有上帝必须被敬奉的见解,因为还可以选择亚里士多德的观点,他相信世界的永恒性,在此基础上,例如天体是永恒的,因此可以被正当地(legitimately)称为神,亚里士多德就是这么称呼它们的,这样就没有理由说它们不应该被敬奉了。我认为这一点很清楚。

现在让我继续我严格意义上的主题。宗教的自由作为一种权利(right),正如第一修正案所承认的那样,是一种特别现代的东西,尤其是在那种认为宗教的自由(freedom *of* religion)包括不信宗教的自由(freedom *of* irreligion)的解释中,而我认为这是唯一有趣的情况。但有人会说:从最广泛的意义上讲,宗教的自由难道不就是良心(conscience)的权利,其中包括错误良心(*erring* conscience)的权利,因此原则上也包括无神论的权利?这是基督教的观点,对此我首先不得不说,良心不是一个哲学概念,它源于基督教神学,至少在这个意义上是这样。因而这种思路不属于政治哲学的传统。然而其次,我相信错误良心的自由不是就任何虚假宗教而言的自由。我的意思是,错误的良心可以原谅,但是比方说,这并不意味着有错误良心的人拥有充分合法的权利来宣传他的虚假教导。我们也不能完全把那种认为错误的良心具有约束力——它具有约束力,它不赋予我们权利——的教会教导与对教会实践的考虑分开。然而可以说,宗教的自由是宗教改革的间接结果,整个故事你们从小学时代就熟悉了:宗教改革、宗教战争、欧洲的毁灭、渴望停止流血和破坏、宽容。这种历史关联毋庸置疑。还必须提到,从宗教改革一开始就有某些基督教宗派支持宽容。不过我再说一

_____

① 《神学大全》,第二集·第一部,第一〇四题,第一节。

次,但不仅仅是口头上的借口:这不是政治哲学。这些宗派主义者(sectarians)想要的宗教的自由是以基督教关于良心和信仰(faith)的某些观念为基础的,他们肯定不是哲人。

　　然而,在宗教改革之前,或者至少是独立于宗教改革之外,在政治哲学内部出现了对古典政治哲学的某些修正。我提两个名字。第一个是莫尔爵士,《乌托邦》(Utopia),该书根本上讲是从一种哲学视角来写的,出版于1516年,也就是宗教改革爆发的前一年。在其中所描述的完美福祉共同体(commonwealth)即乌托邦中,官方确立的宗教——有一个官方确立的宗教——是唯一(the)自然或理性的宗教,而柏拉图在《法义》中以某种方式暗示过这种宗教。但每个人都可以在它上面自由地添加自己的东西;例如,如果他认为他应该敬奉墨丘利(Mercury),恒星[行星]墨丘利,①那么除了万物的唯一原因方面,他完全可以自由地这样做。没有人会由于自己的宗教而受到迫害。每个人都可以信奉自己所喜欢的宗教,但不相信灵魂不朽和天意(providence)的人不能成为公民。这是绝对的极限。所以就有一个官方确立的宗教。没有人可以公开地为自己的与公认观点不同的宗教观点辩护,但可以在祭司和 viri graves(严肃的人、庄重的人)面前为自己辩护。但同样,违反规定也不会受到惩罚。公共崇拜是统一的,但不违背任何人的私人宗教所特有的任何东西。例如,没有什么祈祷是每个人都不能说的——我想你们会由此想起许多当代的事实;这很有趣,在1516年啊! 简言之,一个由唯一(the)真实的理性宗教统一起来的社会,它能宽容加法,但不能宽容减法。

　　与莫尔同时代的马基雅维利在他的两部几乎与《乌托邦》同时写成的大书中,也对传统学说做出了相当大的改变。我只提一点,唯一具有划时代意义的一点。马基雅维利教导说,公共宗教不可或缺,就像在他之前其他所有人都教导过的那样,但他做出了限定:这是对共和国而非独立君主制(absolute monarchy)而言的;君主的强硬手段可以提供宗教所能提供的东西。这就是对16、17、18世纪所谓的启蒙专制(en-

----

① ［译按］即水星。

lightened despotism)的一种暗示。我不知道更早的文献中是否有任何这样的暗示,但让我们记住马基雅维利的暗示:不信宗教的独立君主国或专制国是可能的,不信宗教的共和国则是不可能的。

　　马基雅维利所带来的改变——在这些问题上霍布斯肯定是他的后继者——是根本性的,因为它关乎着哲学和共同福祉的关系。很遗憾,我必须就此说上几句。简言之,这种改变包含两个要素。[施特劳斯中断了演说,并请求主持人再给点时间:"我有20分钟吗?""是的,先生。"]第一个是:科学是为了权力。科学不是——科学总是意味着哲学,它在这个时候并没有什么不同——科学不是为了它自己,而是为了权力,为"补救人的地位",正如某人①所说。这意味着从现在开始,哲人的最终目的和非哲人的目的一样。古典时代的那种鸿沟不复存在了;而实现那目的的、有史以来最好的公式,就是洛克的公式:舒适的自我保存。②第二个差别:平民,非哲人,可以被启蒙。哲学—科学的教导不再是所谓的知识精英的专利,而是被散布,被传播,并转变了整个公民体。科学第一次成为一种公共权力。它之所以成为一种公共权力,是因为它形成了众多人的心智(minds)。

　　那么我们的问题在这个阶段是什么情况?霍布斯,他的构想仍然是现存最清晰、最好懂的,霍布斯从一个非常重要的事实出发,这个事实与宽容有很大关系,也就是对暴死的恐惧,因为迫害的顶点自然是杀人。暴死是最大的邪恶,这必须由政府来避免,也就是说,不惜一切代价实现和平是一个根本条件,这当然需要强有力的政府。我的意思是,只要政府被划分,就会有各种各样的摩擦、法定延迟等等。无限定的主权——他偏爱君主制,也就是独立君主制。宗教的法定权力只能归功于主权者不受控制且无法控制的行为。比方说,如果基督教是英格兰官方确立的宗教,那是由于英国国王或国王和议会的行为,而不是由于它或许具有的任何内在真理。主权者可以根据他的意愿决定确立哪种宗教。当然,这也意味着他可以根据他的意愿废除它。基督徒在良心

---

① 　培根,《学问的进展》,1.5.8。

② 　《政府论(上篇)》,节87。

上有义务做出偶像崇拜和亵渎的行为,如果他的主权者这样命令的话,因为服从主权者是唯一(the)根本的责任。

现在出现了一个有趣的转折:主权者可以随心所欲地确立或废除任何宗教,但他没有义务确立任何宗教,任何本身是统一的公共敬奉。正如霍布斯所言,他可以允许多种敬奉。多种敬奉。然而在这种情况下,他接着讲道,"压根不能说福祉共同体是有任何宗教的",这极为有趣。① 为什么?因为那里没有公共宗教,没有官方确立的宗教。结果是,霍布斯在这一段中承认——这一段在那部著作中很独特,但也很重要——不信宗教的福祉共同体是可能的。或者直截了当地说,无神论社会是可能的。这是严格意义的思想史上[我们问题的历史中?]最重大的事件之一。

霍布斯死后三年,法国作家培尔出版了一部书,《[有关彗星的]杂感》(Pensées diverses[sur la comète]),是关于一颗出现过的彗星的杂感,其中阐述了霍布斯只提过一次的观点。我必须对这部书说几句,我认为它是这整个发展过程中最重要的作品之一。培尔反对信仰彗星是一种预兆,这一信仰在 17 世纪仍然非常强大,但我们都会将其视为一个极其微不足道的议题。现在,他给出了彗星不是[预兆]的八个理由——这是一部很厚的书,有四五百页。八个理由,第七个理由是神学上的理由,也是他用来反对彗星信仰的唯一神学上的理由。他的论证如下:如果彗星是邪恶的预兆,上帝就是在制作奇迹来证实偶像崇拜。如果它们是预兆,如果它们说明了什么,那么它们就不仅仅是自然事件了,它们是奇迹。而既然彗星在异教古代和在中国是出于偶像崇拜的目标而被使用的,上帝——你们看,这是一个非常巧妙的神学推理——上帝就是在用奇迹来证实偶像崇拜。但这样就会出现一项异议:但上帝很可能已经证实过偶像崇拜,因为它是一种比无神论更小的邪恶。希腊人或中国人是偶像崇拜者总比他们是无神论者好。那么,对这项异议的回应、培尔的回应,是这样的:他否认无神论必然是如此邪恶的。无神论并非必然导致不道德。在这方面他做了些事情。他证明或者他

---

① 《利维坦》,第三十一章。

试图证明无神论社会的可能性。这是迈出了一大步。无神论彻底无辜。我忍不住要提一下他严格意义上的神学论证,这个论证通过人类嫉妒之类比而得出。与偶像崇拜相对立的是上帝的嫉妒。他说,如果妻子不爱包括丈夫在内的任何男人,丈夫的嫉妒心就会比妻子爱别的男人时少[笑声]。① 你们知道,他是出于自己新颖的目标而使用了古老的类比原则。

　　然而,这个与霍布斯和培尔的名字联系在一起的划时代事件一直处于地下,直到 19 世纪才以某种方式影响公共政策或公共讨论,当时,带着政治或社会目标,开始公开宣传公开的无神论,当然尤其是借助了社会主义和布尔什维克主义。但比方说,在约 1670 年到法国大革命之间发生了一件事情,这件事很引人注目,其理据并非每个人都能辨识出来,但那些对这件事负责的人却非常清楚。换句话说,冰山露出来的那一部分是一种技术,是这些哲人的启蒙技术。两条规则:成倍地增加宗派,以及将人们的注意力从来世的目标转移到现世的目标上。经验基础,即作为模式的荷兰共和国,其之所以被视为模式,是因为宗教宽容:在荷兰,每个宗派都有自由,它们越来越富有,而西班牙君主国却一天比一天穷[笑声]。所以有一种联系,这两样东西之间有一种联系:我们可以说,宗派的成倍增加,加上经济。我想我们可以说,这就是这些人在 17 世纪末和 18 世纪策划这场大阴谋时所用的技术。

　　那个年代(17 和 18 世纪)伟大的政治哲人们,除了霍布斯,当然不会像霍布斯和培尔那样走得那么远。我提三个名字。洛克:著名的宽容斗士,但有严格的限制——肯定不会宽容无神论者,这很明显。他甚至不会宽容天主教徒。这当然与英国殖民有关。斯宾诺莎:在共和国中,国家宗教绝对必要。国家宗教必须建立在旧约或者合在一起的旧约和新约的基础上,所以犹太人和基督徒就没事了。自然地,他给予了极大的阐释自由——例如,每个人必须相信上帝的存在;但可以只说质

① 培尔,《有关彗星的杂感》(*Various Thoughts on the Occasion of a Comet*),Robert C. Bartlett 译(Albany, NY:SUNY Press, 2000),页 75—97、134—136(节 57—78、103)。

料(matter)就是上帝;然后就照做了。换句话说,这几乎是零标准,但在法律上,无神论者仍不被宽容。这点很重要。这一传统的最后一位伟大的人是卢梭,大家都知道,他坚决认为公民宗教绝对必要,他被一些对卢梭之前的东西一无所知而只知 19 世纪自由主义的人指控,说他是一个可怕的极权主义者,我不知道这是什么,然而可以说,在这方面,他只是老观点的最后遗迹。好。

所以换句话说,在这个重大的时期、现代的形成时期,对总体理解有了相当大的修正,但显然没有不信宗教的自由。宽容意味着就所有实践目标而言对每个宗教而不是对不信宗教的宽容。我相信,如果想要理解第一修正案就得考虑到这一点,因为第一修正案和美国宪法毕竟都是 18 世纪的产物,或者说是当时伟大权威们的产物;这些哲学权威都是 18 世纪的人。我相信得非常严肃地考虑那一点。所有对宪法负责、对作为一个整体的宪法之外的《联邦党人文集》负责的个人,私下里思考了什么,这个问题完全无趣;重点在于他们能公开地辩护些什么。这一点得考虑。当然,在 19 世纪,自由似乎变得不受限制,不受限制了,这是一种人们遵从的传统。现在让我们来看一下 19 世纪的放任的自由意志主义(free libertarianism)最伟大的代表,我相信大家都会承认,他就是密尔。但我们不是看《论自由》(*On Liberty*);我们看的是他的《自传》(*Autobiography*)。我必须引用一些话来烦你们:

> 我自幼在没有任何寻常所承认的宗教信仰的环境中成长。受过苏格兰长老会信条教育的父亲,通过他自己的研究和反思,很早就不信启示,而且还抛弃一般所称的自然宗教的根基……[父亲]对通常意义上的宗教的厌恶[施特劳斯:你们看出闪烁其词了吗?我不只是通常意义上的不信宗教]与卢克莱修(Lucretius)的厌恶性质相同:他认为宗教不是由单纯的精神错觉而是由巨大的道德邪恶所引起的感觉。他把它看作道德的最大敌人……因而我是本国为数极少的不是抛弃宗教信仰,而是从未有过宗教信仰的人之一[笑声]。我是在一种消极的状态下长大的……[施特劳斯:很明显,现今,即使在英格兰,他也不会那么罕见了。]然而,这一点

在我的早期教育中附带产生了一个值得注意的不良后果。父亲在教我一个与世人的意见相反的意见时,认为有必要把它作为一种无法明智地向世人公开的意见来教。这种使我在幼年隐藏自己思想的教导,伴有一些道德上的损害[原著中作:"不能不是道德上的偏见"]。①

再提一点,然后引文就结束了,我的讲座差不多也结束了,当他竞选议员时,当然是很久以后的事:

> 曾听一个著名的文人说,就是那位全能者(Almighty)自己也没有机会在这样的方案[施特劳斯:他的竞选方案]中当选。我严格遵从这个方案,既不花钱又不游说,也不亲自参加任何选举活动,直到提名的前一个星期左右,我才参加几个公众会议,陈述我的原则并回答选举人行使其正当权利(just right)向我提出的任何问题,以此作为他们自己意向的指导,而我的回答与我的演讲同样清晰坦率。只有在一个话题上,即在我的宗教意见上,我从一开始就宣布我不会回答任何问题;这个决定似乎得到与会者完全认可。②[笑声]

极有趣的是,密尔实行的宗教自由——或者更确切地说是免于宗教的自由——与他在《论自由》中所要求的东西不同,是如何仍然沿着洛克、斯宾诺莎和卢梭而不是杜威的路线的。

我来总结一下要点。唯一的(the)议题是什么?这议题似乎是:福

---

① 选自第二章("少年时期的道德影响 父亲的性格和意见"),见 John M. Robson 和 Jack Stillinger 编,《密尔著作集(第 1 卷)》(*Collected Works of John Stuart Mill*, vol. 1, Toronto: University of Toronto Press, 1981),页 41—44。[译按]中译文参考约翰·穆勒,《约翰·穆勒自传》,郑晓岚、陈宝国译(上海:华东师范大学出版社,2007);吴良建、吴衡康译(北京:商务印书馆,1987);有改动,下同。

② 第七章("此后生活概观"),见 John M. Robson 和 Jack Stillinger 编,《密尔著作集(第 1 卷)》,页 274。

祉共同体为了自己的福祉(well-being)是否需要宗教,从而它是否可以正当地要求每个公民都有某种宗教,即信仰上帝?或者无神论社会能是一个好社会吗?我想给无神论社会下个定义以免有任何疑问。当然,没有一个社会的所有成员会都是无神论者。无神论社会是这样一个社会,其中,公共政府行为和公众支持的行为与神没有任何关联——这种情况在苏联很明显——或者一个人不会因为自己信奉无神论而为任何与政治相关的无能所困,这无能区别于单纯法定的无能。我们心中最重要的是这样一个问题,一个关于美国宪法的问题,即对第一修正案的准确阐释。宗教的自由是否意味着就所有宗教而言的自由,但只是就它们而言,又或者它是否给予了一种免于所有宗教的同等自由?我相信,如果不首先解决我们今晚开始讨论的理论问题,就不可能解决这个极其重要的法律问题。我讲完了。

[掌声]

[换录音带]

施特劳斯:不要拘谨,他或她准备好问题后可以用任何方式示意,除了鞭炮[笑声]。

学生:当社会上的不信宗教有如此多的源头时,您是否相信公众对宗教的支持在现今还能有同样的影响力?您是否相信公众对宗教的支持在现今有效,比如说,与过去相比,在过去,社会相当不同?

施特劳斯:这个问题非常复杂,但我相信它不是首先的问题。首先的问题是:那是可欲的吗?这是一个必须真正摆到心智之眼面前的问题:一个被定义为无神论的社会,和一个非无神论的社会。然后说,让它——呃,当然,我们按自己的意愿去接受一个非无神论的社会,但这个社会未必像过去的那样可能有千百种理由存在缺陷。这是个问题。然后,是否有什么法律强制、是否有什么功用,则是一个完全不同的[问题]——但确实存在——例如,在这个问题上的一个著名案例,我不想触及它,因为我不是一名训练有素的宪法律师,我指的是公立学校中的祈祷,这是一个关于什么是实践议题的例子。① 你看,这是过去那

① 恩格尔诉维塔利案,《合众国判例汇编》第 370 卷第 421 页起(1962 年 6 月 25 日)。

些智慧的人的一句古老格言,立法只能遵循已处于某种准备好的状态下的公共意见。我所说的公共意见并不是指盖洛普民意测验(Gallup Poll)所指的东西,而是指那些既定的信念,它们未必是问卷调查出来的,而人们习惯性地据其行事。你知道的吧?

同一个学生:由公众支持宗教似乎会是可欲的,并且——会——在这个前提下,问题的重要性会取决于——呃,宗教是否应该得到公众支持这个议题的重要性部分地取决于公众对宗教的支持是否有效,有很多人会否认学校的祈祷或类似的事情对孩子的训练有真正的效果,当还有这么多其他的事情——

施特劳斯:这些事情无法衡量,它们无法测量。没有人能知道听到的、昏昏欲睡地说出的、昏昏欲睡地重复的,但在自己生命的关键时刻记得的某句话是什么意思。这句话如果从来没有听到过,就不会被记得。就连斯大林也记得——我记得是在一次与丘吉尔的交谈中——当他们谈到一战的局势时,丘吉尔说了类似这样的话:"上帝会帮助我们!"①呃,当然,他甚至上过牧师神学院(a priest seminary),所以他接受的教育比普通的宗教教育要多。但是你知道我的意思;我现在谈的并不完全是习惯性和欠考虑的用法,但在某些时刻,如果有这样的表达,我是不想别人这样做的,但我想我已经试过……你们每个人的想象力。这是难以琢磨乃至不可预测的,因为这些都是种子,种子是否会长出来,不仅取决于土壤,也取决于天气,又有谁能知道呢?我相信,所有那些方法,定量的方法,我认为它们丝毫没有考虑到深度,尽管我听说它们中现在甚至有深度访谈法(depth interview)[笑声]。但这个深度

---

① "愿上帝帮助这项事业取得成功!"——斯大林对丘吉尔所言,莫斯科,1942年8月12日,见舍伍德,《霍普金斯的白宫文件:一段亲密的历史》(*The White House Papers of Harry L. Hopkins*: *An Intimate History*, London: Eyre & Spottiswoode, 1949),卷2,页618。舍伍德继续写道,"(这句话的译文是丘吉尔对罗斯福说的:'愿上帝使这项事业成功!')有人告诉我,斯大林曾在宗教神学院(a religious seminary)接受过一段时间的教育,他祈求天主的帮助绝非不寻常。"(施特劳斯对这部书评价很高,并把它作为礼物送给了克罗波西。)

当然是相对深度,或许就是深度心理学(depth psychology)①所指的深度。这或许不是真正的深度。所以不能那样说。我认为必须首先面对一个问题,是否——我知道有些人会说,如果不再有任何宗教,人们会去任何犹太会堂或基督教堂,且没有人会在任何时候祈祷,没有人……以及祝福出生和婚礼,葬礼会是——会是世界的解脱。我确信[伯特兰·]罗素勋爵也沿着这样的路线思考。而且不止他一个人,还有好些人。但没事。但必须真正地弄清楚它。必须超然而冷静地看待它:那将如何影响人类,各种各样的人类? 换一种方式——如果那不是一件可欲的事情,如果那不是一件可欲的事情,那么必须看到:呃,能做些什么? 有没有可能是最广义的任何政府活动——未必是法律活动;你知道,也有一些事情只是主要的治国者们等等在声明中做的,比如可以做什么,可以实施什么。无论如何,以上两种决定都会在意料之外的方面产生影响。意料之外的方面。我认为这是首要的问题。这就提出了一些具有重大实践意义的问题,但正如其他所有实践问题一样,它以某种方式预设了一种理论决定。[唐纳德·]兰肯([Donald] Reinken)先生?②

兰肯:我要问的也许是那位先生的问题的另一半:如果严肃对待的话,重新确立一个信仰一位天意之神的、国家确立的宗教,开支和成本最大的地方在哪里?

施特劳斯:官方确立的宗教——严格意义上的宗教,正如你在谈到国家确立的宗教时所指的,当然是指一种特殊的宗教。提两个本国的例子,基督教和犹太教——因为我认为我们可以不管伊斯兰教,虽然有黑人穆斯林。

学生:不,我指的并不是让红衣主教斯佩尔曼③入主白宫,而是一些更温和的东西,那——我们已经在货币上印了"我们信靠上帝"(In

---

① [译按]即精神分析学。
② 唐纳德·兰肯(1934—2018),拥有数学博士学位,并在施特劳斯的许多课程中担任文本的朗读人。
③ 斯佩尔曼(Francis Joseph Spellman,1889—1967),美国天主教会的主教和红衣主教。

God We Trust)。宗教人士认为上帝是财神(Mammon)(施特劳斯:听不见[笑声]),但这逆转了公共场合中的祈祷的趋势,从政治上讲,倘若人们不公开表示对一位天意之神的信靠——有些人称之为"你选择的第一教会"的宗教——本质上就不可能在公共生活中取得成功。

施特劳斯:但是,不论这是什么——我的意思是,如果这是一种宗教,那它肯定是对一位天意之神的信仰,不是吗?问题完全不是确立任何特殊宗教的问题,而是确立到什么程度的问题——我认为,对这个问题最简单的陈述,也是经常出现的陈述,是:第一修正案意味着就所有宗教而言的自由(freedom for *all* religions),还是也包括免于宗教的自由(freedom *from* religion)?这是个问题。当然,还有一点——我本应该查一下的,提醒我一下,阿纳斯塔普罗先生,即使承认它只意味着就宗教而言的自由,那言论的自由呢?或许言论的自由会像保护宗教的言论一样保护不信宗教的言论,因此我们会面临类似的困难,完全会这样。请讲?

学生:博士,我想知道,一旦我们接受宗教的自由这一原则,即在一个国家里有实践任何宗教的自由,是否——我想知道是否可能——

施特劳斯:顺便提一下,还有一些限制条件。摩门教徒(Mormons)。但他们是微不足道的,他们不是……

同一个学生:我想知道,那是否暗示了在国家眼里宗教之间彼此一样好。这一点不是其中的隐含之意吗?

施特劳斯:我相信,在这一点被放弃的那一刻,我相信这个国家就将不再是一个严格意义上的自由主义国家了。我的意思是,我相信那从一开始就意味着,不能将国家与任何特殊宗教等同起来。

同一个学生:呃,如果是这样的话,那么,不可以从逻辑上推出,还是说可以从逻辑上推出那暗示着在国家眼里宗教之间彼此平等的宗教的自由,然后又不可以推出这就是免于宗教的自由?

施特劳斯:不。因为,例如莫尔的例子在现代发展之前就已经给出过说明了。可以有一种东西,我们可以粗略地称之为理性宗教(但就实践目标而言已足够精确)。你知道,现今这个术语已名誉扫地了,现今人们谈论的是希伯来—基督教传统。它是一个历史术语,大致表示这种……也许很自然的是,宗教这一术语也会涵盖不少异教徒,他们没有分享希伯来—基督教的传统。我认为这是现今的实践议题。我相信没有人意图确立一种宗教,哪怕是一般的基督教——你知道,这里不是在说天主教一方与任何新教变体一方之间的差别。这不是议题所在。

呃,当然,我故意不去细究一个非常大的问题,这个问题确实属于理论考虑而非宪法考虑的范围。不论包括宪法在内的法律怎么说,公民的心智状态至少同样重要。你知道的吧?所以,举个例子,比如说,大约——在1800年,绝大多数美国公民都是身体力行的基督徒,毫无疑问。虽然这不是法律事实,但对政治极为重要。呃,假如你还记得上次选举,那是第一次非新教徒成为合众国总统。你知道非法律的——我指的不是非法的而是非法律的——事实与政治是多么相关。我的意思是,也就是说我相信,这就是政治社会学所关注的,你知道,这类事情没有出现在法律上,但对政治非常有影响。对此我不作细究;当然我们也应该要考虑到。但我想,现今,在任何与宗教相关的意义上,有相当一部分美国人既不再笃信基督教也不再笃信犹太教,这一事实造成了这种根本性的现状。我想说,我不相信你能用统计学的术语把这些事情说得非常清楚,但我认为,那是基础,又一次,一个非法律的事实,一个在宪法下可能的非法律的事实,就像在其他情况下全体人都遵从同一种特殊的宗教——这个事实在法律上当然同样可能,不过它会赋予社会一种与下面两种情况完全不同的特征。肯定得考虑这两种可能性:可以称之为宗教同质的自由民主和无神论的自由民主。两者在理论上都可能。应该要考虑到。尽管事实上我相信,自由民主都在那些宗教不同质的国中。难道不是这样的吗?或者我忘了什么?可以肯定,荷兰有相当一部分天主教徒,不列颠则要少些,但却都有各式各样的新教宗派——是哪里,你(where do you),请再说一遍?

兰肯:斯堪的纳维亚,那里的教会——

施特劳斯:对。斯堪的纳维亚诸国可以说是宗教同质的——新教,路德宗。

兰肯:但被稀释了很多,它们如今几乎消失了。

施特劳斯:但这是因为大部分人口不再真正笃信基督教了。这会是一个有趣的研究对象,这种变化如何发生的——你知道,不是狭义上的政治变化,但就社会的特征而言当然是决定性的。请讲? 哦不,是这位女士先的,抱歉。

学生:在如下立场中您会看出什么理论困难:有可能有一个秩序优良且能独立存活的社会,它有……一种公共伦理的帮助,而不具有——它的义务完全和严格地存在于由整个社会决定的目的论目标中,一种严格地——只有在社会能够决定某些目标时才是善的伦理,如果目标改变了,这种伦理就会变化。

施特劳斯:但是什么样的目标呢? 食人?

同一个学生:不,让我们说,一个社会要形成的目标与许多人说我们国族如今所拥有的目标非常相似。

施特劳斯:所以你说的是正派的目标。这是一个很大的不同。好吧。但让我们假设一些正派的目标;但接下来的问题是:是否社会对正派目标的奉献,我想还有人口中那严肃的部分的奉献——否则社会就是由个人组成的——是否这就足够了,在人力所及的范围内足够了? 关于有时被称为不安全感的事实,你无疑已经听说过,而且大概比我知道得更多——不安全感,甚至正派的人都有——还有孤独感——你知道,孤独感之类的东西。所以我认为,为了现实,你不得不说:对正派目标的奉献加上精神病学,因为精神病学就是解决个人的这些问题的唯一途径,这些问题不能通过这种对正派目标的奉献来解决。我并没有说这是一幅完整的图景,但我相信它比你画的那幅要更完整些:正派的目标,比如,社会福利、社会主义,或者你知道的,福利国家加上精神病学。这在某种程度上是我们所拥有的;我们正在通往它的路上。①但问题仍是:“这能令人满意吗?”会是一个问题。不得不面对这一点。

---

① 施特劳斯,《尼采〈善恶的彼岸〉讲疏(1971—1972)》(1971—1972 *Course on Nietzsche's "Beyond Good and Evil" offered at the St. John's College, Annapolis, Maryland*),Mark Blitz 整理(Chicago:Leo Strauss Center,2014),页 5(第一讲,1971 年 10 月 6 日);《论尼采的〈扎拉图斯特拉如是说〉》(*On Nietzsche's "Thus Spoke Zarathustra"*),Richard L. Velkley 整理(Chicago:University of Chicago Press,2017),页 98。

同一个学生：可不可以补充说，也许有一种基于共同目标的公共伦理，外加一种笃信宗教和不信宗教的完全而绝对的自由……

施特劳斯：最后一部分我没听清。

同一个学生：补充说，一个人可以私下选择任何宗教作为个人的——

施特劳斯：但我相信这不是问题，因为按照任何关于第一修正案的阐释都能理解，宪法并没有向任何个人规定他或她拥有何种宗教。还有其他一些更微妙的问题，我不能去细究；任何讨论都有一个限度。例如，有些人说，例如严格理解的佛教是一种无神论宗教。我的意思是，换句话说，它不是单纯的——我该怎么说呢？——精神上的空虚，但它是精神上的东西，不过它是无神论的。这就是我听到的。那么将不得不考虑这类事情；尤其是我听说现在在合众国的一些圈子里有一场支持禅宗的重要运动，人数上可能不是很多。你听说过吗？我听说过[笑声]。但是，如果想要有一幅完整的图景，就必须毫不挑剔地考虑所有这类事情。我的承诺非常有限度：如果想要澄清一个看似纯粹法律的宪法问题，就要说明不得不面对的根本议题是什么。请允许我再重复一遍，对宪法的阐释，正如我从我愉快阅读过的阿纳斯塔普罗先生一项非常透彻的研究中学到的那样，总是遇到这样一个问题：国父们的想法是什么？当然，这可以部分地通过他们明确的话语来确立，但是，既然严格讲来他们并不是理论人，那么就必须在一定程度上通过研究那些影响他们的理论家来了解。当然，洛克总是在这方面被提及，但也许还有一些人也不得不考虑。简言之，政治哲学的形态及其回旋余地在 18 世纪晚期是有限度的。你会同意这一点，不是吗？从某种程度上讲，这就是我试图提供的。[查尔斯·]巴特沃思先生。①

巴特沃思：哲学观点认为"没有一种宗教是真实的"，而宗教观点

---

① 巴特沃思（Charles E. Butterworth）是马里兰大学帕克分校的名誉教授，著有关于中世纪伊斯兰政治哲学的作品，翻译了阿尔法拉比、阿威罗伊（Averroes）和卢梭的作品，最近的译作是阿尔法拉比，《政治著述集》（*The Political Writings*），第 2 卷，《政治制度与柏拉图〈法义〉概要》（*Political Regime and Summary of Plato's Laws*，Ithaca，NY：Cornell University Press，2015）。

认为"我们的宗教观就是真理",如果有的话,这两者达成和解的依据是什么?

施特劳斯:我相信,没有——实践上的调和、实践上的容忍,没有理论上的调和。我的意思是,存在着各种各样的东西——例如,举一个也许是最著名的例子:黑格尔,他说唯一的(the)哲学体系显示了基督教教条(dogma)的唯一(the)真实性。但当然也正是通过这个事实,他把基督教的教条转变成了一种哲学定理,其中,所有非哲学的东西都被认为只是想象出来的无关之物而遭摒弃。你知道的吧? 也有一些犹太人做了同样的事。但我认为,这掩盖了议题。老的观点,朴素的老观点,认为有自然理性也有超越理性的启示,后者当然不会被哲人接受为超越理性的,但由于这种清晰的区分,至少使问题得以存活而没有被虚假的等同所掩盖。请讲?

学生:对问题做一延伸:如果政治哲人原则上是一个无信仰者,但另一方面又在原则上以某种方式对社会负有治理职责,那么他的身份,也就是作为无信仰者,是不是为无神论社会指明了道路? 在政治哲人和……之间是否存在某种不可逾越的鸿沟——

施特劳斯:这个问题很长。在实践中,各种组合都有可能。但这很可能是由于人类和太人类的欲望,想鱼与熊掌兼得(eat the cake and have it)。但假如我们现在谈论严肃的人——我的意思是那些承担智性职责的人——我认为十分明显的是,哲人——我的意思是建议你去参考托马斯·阿奎那本人——作为哲学的哲学并不取决于信仰。我的意思是,那种观点是信仰主义的(fideistic),它或许为帕斯卡尔(Pascal)和其他一些人所持有,但肯定不是托马斯主义的观点。有一个人类理性可以发挥作用的领域,这当然是"哲学"或"科学"这个词的意思,而政治哲学是"哲学"或"科学"的一部分。现在关键的争论是:哲学的领域在本质上是如此不完整,而它本身又是自主的(autonomous),那么它指向它在启示中的完成吗? 如果我没理解错的话,托马斯说情况就是这样,它是不完整的并指向这种完成。但由于托马斯是这样教导的并在理论上按照他的教导行事这一事实,他就是一个运用哲学的神学家,也许有人会说,他是一个比其他哲人更好的哲人。这大概就是你会说的。但是,在哲学本身的基础上,那种事情依旧不再可能。因为如果你没有获得补充,那么即使是所有能够证明哲学的缺陷、哲学的有缺陷性的证据也没有多大帮助,还因为这种补充只有在信仰的基础上才能得到,所以结论就是那样的。

同一个学生:假设您没有获得这种补充,那么我想,我在您的讲座中得到的印象是,您暗示了政治哲学本身就意味着无信仰。承认托马斯主义哲学暗示——指向更多的东西,而您并没有获得这更多的东西;同时也假设政治哲人对共同体负有一定的治理职责。

施特劳斯:但他只有在人类理性的基础上才能履行这一职责。我会说,我相信托马斯·阿奎那也会说,政治哲学对共同福祉所做的指导就其本身而言是真正的指导,我指的是对现世目的所做的指导。

同一个学生:但是,假设政治哲人是一个无信仰者,而这是原则,那么这种指导难道不会必然与公民宗教相冲突吗?

施特劳斯:为什么应该这样?呃,假如你甚至以卢梭的学说为例,它意味着什么?有道德制裁,超人的道德制裁;道德的内容则完全由人类理性所决定。我想说,我不希望——恰恰相反,我希望尽可能清楚地表明,那里有一些真正的问题,但我要说,这些是真正的问题而不是一些通常讨论的问题。我想补充一点,我一开始就已经说过的一点:你们有些人或许已看出我不是百分之百的自由主义者。但现今,至少在现代学术圈,自由主义的立场差不多是全能的。这个立场,自由主义的立场,肯定是仅仅基于哲学的——我想说,他们不再称哲学了,但你们可以仅仅使用独立无援的人类心智这个术语。我想说,社会科学无论如何都不是基于任何意义上的启示;我相信这一点是得到普遍同意的。因此,仅仅由于这个原因,我就不得不仅仅在这个基础上探讨我们的议题。因为否则就有人会简单地说:呃,你拥有的信念是你的私人偏见,这些偏见可能是不错的(nice),也可能是可憎的,但这在学术讨论中没有立足之地;你们会听到的。我相信那里有人举起了手或手指。没有吗?呃,如果我们已经穷尽了这个话题[笑声],就没有理由不吃茶点。

[掌声]

参考文献

Alfarabi. 2015. *The Political Writings*. Volume 2, *Political Regime and Summary of Plato's Laws*. Trans. Charles E. Butterworth. Ithaca, NY: Cornell University Press.

Anastaplo, George. 1971/2005. *The Constitutionalist: Notes on the First Amendment*. Repr. Lanham, MD: Lexington.

——. 1975. "American Constitutionalism and the Virtue of Prudence: Philadelphia, Paris, Washington, Gettysburg." *Loyola of Los Angeles Law Review* 8 (1): 1—87.

Bayle, Pierre. 2000. *Various Thoughts on the Occasion of a Comet*. Trans. Robert C. Bartlett. Albany, NY: SUNY Press.

Buber, Martin. 1970. *I and Thou*. Trans. Walter Kaufmann. New York: Scribner's.

Burke, Edmund. 1881. *Thoughts on French Affairs*. In *The Works of the Right Honorable Edmund Burke*, vol. 4. Boston: Little, Brown.

Dannhauser, Werner J. 1974. *Nietzsche's View of Socrates*. Ithaca, NY: Cornell Uni-versity Press.

Jacobi, Friedrich H. 1996. "Something Lessing Said: A Commentary on Journeys of the Popes." In *What Is Enlightenment? Eighteenth-Century Answers and Twentieth-Century Questions*, ed. James Schmidt, 191—212. Berkeley: University of California Press.

Lerner, Ralph. 2016. *Naïve Readings: Reveilles Political and Philosophic*. Chicago: University of Chicago Press.

Manent, Pierre. 1987. "Quelques Remarques Sur La Notion de Sécularisation." In*The French Revolution and the Creation of Modern Political Culture*, vol. 3, *The Transformation of Political Culture 1789—1848*, ed. François Furet and Mona Ozouf, 351—57. Oxford: Pergamon.

Meier, Heinrich. 2006. *Leo Strauss and the Theologico-Political Problem*. Trans. Marcus Brainard. Cambridge: Cambridge University Press.

Mill, John Stuart, 1981. *Autobiography*. In *Collected Works of John Stuart Mill*, vol. 1, ed. John M. Robson and Jack Stillinger. Toronto: University of Toronto Press.

Sherwood, Robert E. 1949. *The White House Papers of Harry L. Hopkins: An Intimate History*. Vol. 2. London: Eyre & Spottiswoode.

Strauss, Leo. 1952a. "The Law of Reason in the Kuzari." In *Persecution and the Art of Writing*, 95—142. Glencoe, IL: Free.

——. 1952b. *The Political Philosophy of Hobbes: Its Basis and Its Genesis*. Trans. Elsa M. Sinclair. Chicago: University of Chicago Press.

——. 1953. *Natural Right and History*. Chicago: University of Chicago Press.

——. 1958. *Thoughts on Machiavelli*. Glencoe, IL: Free.

——. 1959a. "How Fārābī Read Plato's Laws." In *What Is Political Philosophy? And Other Studies*, 134—55. Glencoe, IL: Free.

——. 1959b. "On a Forgotten Kind of Writing." In *What Is Political Philosophy? And Other Studies*, 221—33. Glencoe, IL: Free.

——. 1959c. "On Classical Political Philosophy." In *What Is Political Philosophy? And Other Studies*, 78—95. Glencoe, IL: Free.

——. 1959d. "What Is Political Philosophy?" In *What Is Political Philosophy? And Other Studies*, 9—56. Glencoe, IL: Free.

——. 1964. *The City and Man*. Charlottesville: University of Virginia Press.

——. 1968. "Perspectives on the Good Society." In *Liberalism Ancient and Modern*, 260—73. Ithaca, NY: Cornell University Press.

——. 1975. *The Argument and the Action of Plato's Laws*. Chicago: University of Chicago Press.

——. 1979. "Preface to Hobbes Politische Wissenschaft." *Interpretation: A Journal of Political Philosophy* 8:1—3.

——. 1997a. "Freud on Moses and Monotheism." In *Jewish Philosophy and the Crisis of Modernity Essays and Lectures in Modern Jewish Thought by Leo Strauss*, ed. Kenneth Hart Green, 285—311. Albany, NY: SUNY Press.

——. 1997b. "Progress or Return?" In *Jewish Philosophy and the Crisis of Modernity Essays and Lectures in Modern Jewish Thought by Leo Strauss*, ed. Kenneth Hart Green, 87—137. Albany, NY: SUNY Press.

——. 1997c. "Why We Remain Jews." In *Jewish Philosophy and the Crisis of Mo-*

dernity Essays and Lectures in Modern Jewish Thought by Leo Strauss, ed. Kenneth Hart Green, 311—59. Albany, NY: SUNY Press.

———. 2000. *On Tyranny. Including the Strauss-Kojève Correspondence.* Ed. Victor Gourevitch and Michael Roth. Chicago: University of Chicago Press.

———. 2006. "Reason and Revelation (1948)." In *Leo Strauss and the Theologico-Political Problem*, ed. Heinrich Meier, trans. Marcus Brainard, 141—81. Cambridge: Cambridge University Press.

———. 2013. "Introduction to Maimonides' *The Guide of the Perplexed.* " In *Leo Strauss on Maimonides: The Complete Writings*, ed. Kenneth Hart Green, 417—91. Chicago: University of Chicago Press.

———. 2014a. "Exoteric Teaching." In *Reorientation: Leo Strauss in the* 1930s, ed. Hannes Kerber, Martin D. Yaffe, and Richard S. Ruderman, 275—87. New York: Palgrave Macmillan.

———. 2014b. 1971—1972 *Course on Nietzsche's "Beyond Good and Evil" offered at the St. John's College, Annapolis, Maryland.* Ed. Mark Blitz. Chicago: Leo Strauss Center.

———. 2017. *On Nietzsche's " Thus Spoke Zarathustra. "* Ed. Richard L. Velkley. Chicago: University of Chicago Press.

Voltaire. 1994. *The A B C, or Dialogues between A B C. In Voltaire: Political Writings*, ed. David Williams, 85—195. Cambridge: Cambridge University Press.

Zuckert, Catherine, and Michael Zuckert. 2014. *Leo Strauss and the Problem of Political Philosophy.* Chicago: University of Chicago Press.

图书在版编目（CIP）数据

古典政治哲学基本原则：亚里士多德讲疏/（美）
施特劳斯讲疏；（美）辛曼编订；徐健译. --上海：
华东师范大学出版社，2025

--ISBN 978-7-5760-5942-7

Ⅰ. B502. 233；D0

中国国家版本馆 CIP 数据核字第 2025R553K7 号

华东师范大学出版社六点分社

施特劳斯讲学录

古典政治哲学基本原则

讲 疏 者	（美）施特劳斯
编 订 者	（美）辛曼
译 者	徐 健
责任编辑	彭文曼
责任校对	王 旭
封面设计	吴元瑛

出版发行 华东师范大学出版社
社　　址 上海市中山北路 3663 号　邮编　200062
网　　址 www. ecnupress. com. cn
电　　话 021 - 60821666　行政传真　021 - 62572105
客服电话 021 - 62865537　门市（邮购）电话　021 - 62869887
地　　址 上海市中山北路 3663 号华东师范大学校内先锋路口
网　　店 http://hdsdcbs. tmall. com

印 刷 者	上海景条印刷有限公司
开　　本	700×960　1/16
插　　页	6
印　　张	28
字　　数	360 千字
版　　次	2025 年 7 月第 1 版
印　　次	2025 年 7 月第 1 次
书　　号	ISBN 978-7-5760-5942-7
定　　价	129. 80 元
出 版 人	王　焰

（如发现本版图书有印订质量问题,请寄回本社客服中心调换或电话 021 - 62865537 联系）

施特劳斯讲学录